완역 한서 ❼ 열전列傳 3

완역 ⑦
한서 漢書
열전 列傳
3

반고 지음 • 이한우 옮김

21세기북스

〖 옮긴이의 말 〗

 우선 중국 한(漢)나라의 역사서인 반고(班固)의 『한서(漢書)』를 우리말로 옮겨 세상에 내놓는다.

 편년체(編年體)와는 구별되는 기전체(紀傳體)로 사마천(司馬遷)의 『사기(史記)』는 이미 여러 사람들에 의해 국내에 번역이 돼 있는데 아직 어떤 번역본도 대표 번역의 지위를 얻지 못하고 있다. 아마도 번역상의 문제 때문일 것이다.
 고대에서부터 한나라 무제(武帝)까지를 범위로 하는 『사기』와 달리 『한서』는 오직 한나라만을 대상 범위로 하고 있어 흔히 단대사(斷代史)의 효시로 불리기도 한다. 서(書)란 곧 사(史)다. 『서경(書經)』도 그렇지만 적어도 『한서(漢書)』와 『당서(唐書)』의 이름에서 보듯이 중국의 오래된 역사서 서술 방식인 기전체라는 것은 본기와 열전(列傳)으로 돼 있다는 뜻인데, 그밖에도 표(表)와 지(志)가 포함돼 있다. 서(書)란 곧 사(史)였다.

 『당서』 편찬에 참여했던 당(唐)나라 역사학자 유지기(劉知幾)는 중국 역사학의 전통을 체계적으로 정리한 『사통(史通)』에서 옛날부터 그가 살았던 당나라 때까지의 역사서를 여섯 유파로 분류했다.

첫째가 상서가(尙書家)다. 『상서(尙書)』란 바로 육경(六經)의 하나인 『서경(書經)』을 가리킨다.

둘째는 춘추가(春秋家)다. 공자가 지은 『춘추(春秋)』를 가리킨다. 편년체 역사의 원조다.

셋째는 좌전가(左傳家)다. 좌구명(左丘明)이 『춘추』를 기반으로 해서 역사적 사실을 보충한 것이다.

넷째는 국어가(國語家)다. 『국어(國語)』는 좌구명이 『좌씨전(左氏傳)』을 쓰기 위해 각국의 역사를 모아 찬술(撰述)한 것으로, 주어(周語) 3권, 노어(魯語) 2권, 제어(齊語) 1권, 진어(晋語) 9권, 정어(鄭語) 1권, 초어(楚語) 2권, 오어(吳語) 1권, 월어(越語) 2권으로 돼 있다. 주로 노(魯)나라에 대해 기술한 『좌씨전』을 '내전(內傳)'이라 하는 데 비해 이를 '외전(外傳)'이라고 한다. 사마천이 좌구명을 무식꾼으로 몰았다 하여 '맹사(盲史)'라고도 한다. 또 당나라 유종원(柳宗元)이 『비국어(非國語)』를 지어 이 책을 비난하자 송(宋)나라의 강단례(江端禮)가 『비비국어(非非國語)』를 지어 이를 반박하는 등, 그후로도 학자들의 논쟁이 끊이지 않았다.

다섯째는 사기가(史記家)다. 사마천의 『사기』를 가리킨다. 이 책은 기전체(紀傳體)의 효시로 불린다. 그러나 지나치게 문장의 꾸밈에 치중하고 사실의 비중을 낮췄다는 비판이 줄곧 제기됐다.

여섯째는 한서가(漢書家)다. 반고의 단대사 『한서』를 말한다.

그런데 유지기는 책의 결론에서 "상서가 등 4가의 체례는 이미 오래전에 폐기되었다. 본받아 따를 만한 것으로는 단지 『좌전』과 『한서』 2가만 있을 뿐이다"라고 단정 지었다. 즉, 편년체는 『좌씨전』, 기전체는 『한서』만이 표준이 될 만하다는 것이다. 그후에 사마광(司馬光)은 『좌씨전』의 전통에서 『자치통감(資治通鑑)』을 편찬했고, 나머지 중국의 대표적 역사서들은 한결같이 『한서』를 모범으로 삼아 단대기전(斷代紀傳)의 전통을 따랐다. 참고로 사마천의 『사기』는 통고기전(通古紀傳)이라고 한다.

그후에도 중국 역사학계에서는 편년체와 기전체 중에 어느 것이 좋은 역사 서술이냐를 놓고서 지속적인 논쟁이 이어졌고, 동시에 사마천과 반고 중 누가 더 뛰어난 역사가인지를 두고서도 지속적인 논쟁이 이어졌다. 편년체와 기전체의 우열 논쟁은 조선 세종 때 고려의 역사를 정리하는 문제를 두고도 치열하게 진행됐다. 결국 세종은 어느 한쪽의 손을 들어주지 않은 채 기전체 『고려사(高麗史)』와 편년체 『고려사절요(高麗史節要)』를 다 편찬하도록 했다. 그만큼 쉽지 않은 문제인 것이다.

그러면 중국에서 『한서』와 『사기』의 우열 논쟁은 어떻게 진행돼왔는가? 이에 대해서는 옮긴이의 생각보다는 『반고평전(班固評傳)』(진기태·조영춘 지음, 정명기 옮김, 다른생각)에 있는 내용을 간략히 정리하는 것으로 대신하고자 한다. 그에 앞서 『논어(論語)』 「옹야(雍也)」 편에 나온 공자의 말을 읽어둘 필요가 있다.

"바탕이 꾸밈을 이기면 거칠고 꾸밈이 바탕을 이기면 번지레하니, 바탕과 꾸밈이 잘 어우러진 뒤에야 군자답다[質勝文則野 文勝質則史 文質彬彬 君子]."

『후한서(後漢書)』를 지은 범엽(范曄)은 이미 사마천과 반고를 비교해 이렇게 말한 바 있다.

"사마천의 글은 직설적이어서 역사적 사실들이 숨김없이 드러나며, 반고의 글은 풍부한 내용을 담고 있어서 역사적 사실들을 상세하게 서술하고 있다."

송나라 작가 양만리(楊萬里)는 또 더욱 운치 있는 말을 남겼다.
"이백(李白)의 시는 신선과 검객들의 말이며, 두보(杜甫)의 시는 전아(典雅)한 선비와 문사(文士)의 말이라고 할 수 있다. 이들을 문장에 비유하자면 이백은 곧 『사기』이며, 두보는 곧 『한서』다."

『반고평전』은 『한서』가 후한 초에 발간된 이래 지식인들의 필독서가 된 과정을 이렇게 요약한다.
"『한서』는 동한 시기에 조정 당국과 학자들 사이에서 매우 높은 지위를 차지했다. 이후 반고를 추종하고 『한서』에 주석을 다는 사람들이 끊임없이 증가하여 『한서』의 지위가 계속 높아지자 전문적으로 『한서』를 가르치고 배우는 데까지 이르렀으며, 마침내 오경(五經)에 버금하게 됐다."

남북조(南北朝)시대를 거쳐 당나라에 이르면 『한서』에 주석을 단 저작들이 20여 종에 이른다. 당나라 안사고(顔師古)는 '한서서례(漢書敍例)'라는 글에서 3국, 양진(兩晉), 남북조시대까지 『한서』를 주석한 사람들로 복건(服虔), 응소(應劭), 진작(晉灼), 신찬(臣瓚) 등 23명의 학자들을 열거하고 있다. 이는 곧 이때에 이미 『한서』가 『사기』에 비해 훨씬 더 중시되고 있었음을 보여준다. 물론 여기에는 『한서』의 경우 고문자(古文字)를 많이 사용한 데 반해 『사기』는 고문자를 별로 사용하지 않고, 그나마 인용된 고문자조차 당시에 사용하던 문자로 번역했기 때문에 많은 주석이 필요치 않은 이유도 작용했다.

그리고 안사고가 주석을 단 이후에 『한서』는 비로소 더 이상 배우기 어려운 책이 아닌 것으로 인식됐고 주석도 거의 사라졌다.

당나라 때 『사기』를 연구해 『사기색은(史記索隱)』을 지은 사마정(司馬貞)은 "『사기』는 반고의 『한서』에 비해 예스럽고 질박한 느낌이 적기 때문에 한나라와 진(晉)나라의 명현(名賢)들은 『사기』를 중시하지 않았다"고 말했다. 이런 흐름은 명(明)나라 때까지 이어져 학자 호응린(胡應麟)은 "두 저작에 대한 논의가 분분해 정설은 없었지만, 반고를 높게 평가하는 사람이 대략 열에 일곱은 됐다"고 말했다.

물론 사마천의 손을 들어주는 학자도 있었다. 진(晉)나라의 장보(張輔)는 이렇게 말했다. "세상 사람들은 대부분 반고가 뛰어나다고 말한다. 하지만 나는 이것이 잘못이라고 본다. 사마천의 저술은 말을 아껴 역사적 사실들을 거론해 3,000년 동안에 있었던 일을 서술하면서 단지 50만 자로 표현해냈다. 그러나 반고는 200년 동안에 있었던 일을 80만 자로 서술했으니, 말의 번거로움과 간략함이 같지 않다."

이런 흐름 속에서 반고의 편을 드는 갑반을마(甲班乙馬)라는 말도 생겨났고, 열고우천(劣固優遷)이라는 말도 생겨났다.

그러나 우리의 입장에서는 굳이 이런 우열 논쟁에 깊이 관여할 이유는 없다. 장단점을 보고서 취할 것은 취하고 버릴 것은 버리면 그만이다. 송나라 때의 학자 범조우(范祖禹)는 사마광의 『자치통감』 편찬에도 조수로 참여한 인물이었는데, 그의 말이 우리의 척도라 할 만하다.

"사마천과 반고는 뛰어난 역사가의 인재로서 박학다식하고 사건 서술에 능하여 근거 없이 찬미하거나 나쁜 점을 감추지 않았다. 그러므로 그들의 저서는 1,000년 이상을 전해오면서 사라지지 않았다."

『한서』 번역은 그저 개인의 취향 때문에 고른 작업이 아니다. 그것은 지금 우리가 처해 있는 상황과 깊은 관련이 있다.

첫째, 중국의 눈부신 성장이다. 그것은 곧 우리에게 위험과 기회를 동시에 가져다준다는 점에서 말 그대로 위기(危機)이다. 기회로 만드는 길은 분명하다. 중국을 정확히 알고서 그에 맞게 대처해가는 것이다. 중국을 정확히 아는 작업은 크게 두 가지 방향에서 이뤄질 수밖에 없다. 지금 당장 일어나고 있는 중국의 정치, 경제, 문화, 사회의 변동을 깊고 넓게 파악하는 것이다. 이것은 어느 한 사람의 노력으로 될 일이 아니며, 우리 사회의 전반적인 정보 및 지식의 종합 대응력을 높이는 데 달려 있다. 또 하나는 중국의 역사를 깊이 들어가서 정확하게 아는 일이다. 옮긴이의 이 작업은 바로 그 방향으로 나아가기 위한 첫걸음이라 여긴다.

둘째, 우리의 역사적 안목과 현실을 보는 시야를 깊고 넓게 하는 데 『한서』가 크게 기여한다고 보았기 때문이다. 그것이 중국의 역사라는 점과는 별개로, 오래전에 이와 같은 치밀하고 수준 높은 역사를 저술할 능력을 갖췄던 반고의 식견은 지금도 여전히 우리에게 절실히 필요한 안목이다. 역사에서 중요한 것은 무엇을 취하고 무엇을 버리느냐에 달려 있는데, 그런 점에서 반고는 여전히 우리의 스승이 될 수 있다.

셋째, 우리에게 필요한 고전의 목록에 반드시 『한서』를 포함시키고 싶은 욕심이 있었다. 서양의 역사 고전은 읽으면서 우리가 속한 동양의 고전을 소홀히 여겨서는 안 된다. 사실 그렇게 된 이유 중의 하나는 이 분야에 대한 제대로 된 번역서가 없기 때문이기도 하다. 그래서 우리 다음 세대들은 중국에 대한 단편적인 지식보다는 이 같은 정사(正史), 특히 저들의 제국 건설의 역사를 깊이 파고듦으로써 중국 혹은 중국인을 그 깊은 속내에서 읽어내주기를 바라는 바람으로 이 작업에 혼신의 힘을 다했다.

넷째, 다소 부차적인 이유가 되겠지만, 일본에는 『한서』가 완역돼 있는데 우리는 열전의 일부만이 편집된 채 번역된 것이 전부라는 지적 현실에 대한 부끄러움이 이 작업을 서두르게 한 원동력의 하나가 됐다는 점을 말하고 싶다.

이 책이 나오게 되기까지 많은 분들의 도움과 성원이 있었다. 21세기북스 김영곤 대표의 결단이 없었다면 이 책은 세상에 나오지 못했을 것이다. 이 자리를 빌려 깊이 감사드린다. 그리고 함께 공부하는 즐거움을 누리고 있는 우리 논어등반학교 대원들에게 진심으로 고맙다는 말을 전하고 싶다.

22년 동안 재직한 조선일보의 방상훈 사장님을 비롯해 선후배님들에게도 깊은 고마움을 전한다. 또 2016년 조선일보를 그만두고 강의와 저술에 뛰어든 이래로 물심양면의 지원을 아끼지 않으시는 LS그룹 구자열 회장님께 진심으로 감사드린다.

아마도 이 책의 출간을 가장 기뻐해주셨을 분은 돌아가신 아버님과 장인어른, 그리고 고 김충렬 선생님이시리라. 아쉽다. 하늘나라에서나마 축하해주시리라 믿는다. 학문적 기초를 닦게 해주신 이기상 교수님께도 감사드린다. 그리고 내 글쓰기의 든든한 원동력인 가족에게 고마움을 전한다.

2020년 4월 상도동 보심서실(普心書室)에서
탄주(灘舟) 이한우(李翰雨) 삼가 쓰다

【 차례 】

옮긴이의 말 · · · · · · · · · · · · · · · · 4

권58 공손홍·복식·예관전(公孫弘卜式兒寬傳) · · · · · 17

권59 장탕전(張湯傳) · · · · · · · · · · · · 49

권60 두주전(杜周傳) · · · · · · · · · · · · 77

권61 장건·이광리전(張騫李廣利傳) · · · · · 111

권62 사마천전(司馬遷傳) · · · · · · · · · 137

권63 무오자전(武五子傳) · · · · · · · · · 181

권64 엄조·주매신·오구수왕·주보언·서락·엄안·종군·왕포·가연지전(嚴朱吾丘主父徐嚴終王賈傳) (상) · · 225

| 권64 | 엄조·주매신·오구수왕·주보언·서락·엄안·종군·왕포·가연지전(嚴朱吾丘主父徐嚴終王賈傳) (하) ·· 269 |

| 권65 | 동방삭전(東方朔傳) ············ 307 |

| 권66 | 공손하·유굴리·전천추·왕흔·양창·채의·진만년·정홍전(公孫劉田王楊蔡陳鄭傳) ····· 347 |

| 권67 | 양왕손·호건·주운·매복·운창전(楊胡朱梅云傳) ·· 387 |

| 권68 | 곽광·김일제전(霍光金日磾傳) ········ 421 |

| 권69 | 조충국·신경기전(趙充國辛慶忌傳) ······· 471 |

| 권70 | 부개자·상혜·정길·감연수·진탕·단회종전(傅常鄭甘陳段傳) ············ 511 |

| 일러두기 |

1. 『한서(漢書)』에는 안사고(顏師古)를 비롯한 많은 학자들의 원주가 붙어 있다. 아주 사소하거나 지금의 맥락에서 중요성이 떨어지는 것 외에는 가능한 한 원주를 다 옮겼다(원주는 해당 본문에 회색 글자로 〔○   〕 처리해 넣었다). 그리고 인물과 역사적 배경이 중요하기 때문에 문맥에서 필요한 범위 내에서 충실하게 역주(譯註)를 달았다.

2. 간혹 역사적 흐름에 대한 설명이 필요한 경우 간략한 내용을 주로 달았다. 그러나 독자들의 해석과 평가에 영향을 미치지 않도록 최소한의 범위에서만 언급했다. 단어 수준의 풀이가 필요한 경우에는 별도의 역주로 처리하지 않고 괄호 안에 짧게 언급했다.

3. 『논어(論語)』를 비롯해 동양의 고전들을 인용한 경우가 많은데, 기존의 번역에서는 출전을 거의 밝히지 않았다. 그러나 『한서(漢書)』의 경우 특히 열전(列傳)에서 인물들을 평가할 때 『논어』를 비롯한 유가의 경전들을 빈번하게 인용하기 때문에 그 속에 중국 고전들이 얼마나 자연스럽게 녹아 있는지를 살피는 것이 중요하다. 그래서 확인 가능한 고전 인용의 경우 주를 통해 그 전거를 밝혔다.

4. 분량이 워낙 방대하기 때문에 설사 앞서 주를 통해 언급한 바 있더라도 다시 찾아보는 번거로움을 덜기 위해 중복이 되더라도 다시 주를 단 경우가 있음을 밝혀둔다.

5. 한자는 대부분 우리말로 풀어쓰고 대괄호([ ]) 안에 독음과 함께 한자를 표기했다. 그래서 '천명(天命)'이라고 표기한 경우도 있지만 대부분 '하늘의 명[天命]'이라는 방식으로 표기했다. 또한 한자 단어의 경우 독음을 붙여쓰기로 표기하여 한문 문장을 이해하는 데 도움이 되도록 했다.

권
◆
58

공손홍·복식·예관전
公孫弘卜式兒寬傳

공손홍(公孫弘)은 치천국(菑川國) 설(薛) 땅 사람이다. 젊었을 때 옥리(獄吏)로 있었는데 죄를 지어 쫓겨났다. 집안이 가난해 바닷가에서 돼지를 쳤다[牧豕]. 40세가 넘어서 마침내 『춘추(春秋)』의 제반 학설을 배웠다.[1] 무제
목시

---

1 공손홍은 그중에서도 『춘추공양전(春秋公羊傳)』을 주로 파고들었다. 『춘추공양전(春秋公羊傳)』은 『춘추(春秋)』를 해석한 책으로 모두 11권으로 돼 있다. 공자(孔子)가 저술한 것으로 전해지는 『춘추(春秋)』는 매우 간결한 서술을 특징으로 하며 명분(名分)에 따라 용어들을 엄격히 구별하고 있다. 이 때문에 수많은 학자들이 그 의미를 해석하고 풀이하는 주석서(註釋書)인 전(傳)을 지으면서 이른바 춘추학(春秋學)이 나타났는데, 반고(班固)의 『한서(漢書)』 「예문지(藝文志)」에는 『춘추(春秋)』에 대한 전(傳)이 모두 23가(家) 948편(篇)이나 된다고 기록돼 있다. 이 가운데 『공양전(公羊傳)』은 곡량숙(穀梁俶)의 『곡량전(穀梁傳)』, 좌구명(左丘明)의 『좌씨전(左氏傳)』과 함께 춘추삼전(春秋三傳)으로 꼽히며 중시된다. 춘추삼전(春秋三傳)은 모두 유가(儒家)의 핵심 경서(經書)인 13경(十三經)에 포함된다. 춘추삼전(春秋三傳)에서 『좌씨전(左氏傳)』은 『춘추(春秋)』에 기록된 사실(史實)에 대한 역사적·실증적 해석을 중심으로 하지만 『공양전(公羊傳)』과 『곡량전(穀梁傳)』은 경문(經文) 해석을 중심으로 한다. 특히 『공양전(公羊傳)』은 문답(問答) 형식으로 경문의 의미를 설명하고 있어 예로부터 『춘추(春秋)』의 경문(經文)에 숨겨져 있

(武帝)가 처음 즉위했을 때-건원(建元) 원년(기원전 140년)-현량(賢良)과 문학(文學-유학)을 아는 선비들을 불렀는데, 이때 홍(弘)의 나이 60세였고, 그는 현량으로 불려와 박사(博士)에 올랐다. 흉노(匈奴)에 사신으로 갔다가 돌아와 보고하니[還報=復命] 상의 뜻에 부합하지 않아 상은 화가 나서 그를 무능하다고 여겼고, 이에 홍은 병을 핑계로 사직하고서 고향으로 돌아갔다.

원광(元光) 5년(기원전 130년)에 다시 현량(賢良)과 문학(文學-유학)을 부를 때 치천국에서 또 홍을 위에 추천하니 홍은 거절하며 말했다.

"(나는) 전에 이미 일찍이 서쪽으로 갔다가 무능하다고 해 파면됐으니 저 말고 다른 사람을 다시 뽑아주기를 바랍니다."

그러나 나라 사람들이 굳게 홍을 추천했고 홍은 태상(太常)에 이르렀다. 상은 책문을 내어 여러 유자들[諸儒]에게 조(詔)하여 말했다.

"대개 듣건대 상고시대(-요순시대)에 지극한 다스림이 이뤄질 때는 옷과 갓에 (형벌의) 그림만 그려놓고 복장만 다르게 해도 백성들은 법을 어기지 않았다.[2] 그래서 음과 양은 조화를 이루고, 다섯 가지 곡식은 잘 자라고[登=成], 여섯 가지 가축은 크게 번식했으며[蕃=多], 감로가 내리고, 바람과 비는 때에 맞게 내려 벼도 잘 익고 온갖 풀들도 잘 자라며, 산에는 민둥산이 없어졌고 연못은 마르지 않았다. 또 기린과 봉황이 교수(郊藪) 〔○ 사고(師古)가 말했다. "읍의 외곽을 교(郊)라 하고 못에 물이 없는 것을

는 공자의 뜻, 곧 미언대의(微言大義)를 밝히는 중요한 서적으로 여겨졌다.
2 이와 비슷한 표현이 신자(愼子)가 엮은 『일문(逸文)』에 실려 있다.

수(藪)라 한다.")에 나타나고, 하수와 낙수(洛水)에서는 그림과 글[圖書]이 나왔다. 아버지가 자식의 상을 치르는 일이 없었고 형이 동생을 위해 곡하는 일도 없었다. 북쪽으로는 거수(渠搜)[○ 사고(師古)가 말했다. "먼 오랑캐 나라를 말한다."]를 불러들였고, 남쪽으로는 교지(交阯)를 어루만져주었고, 배와 수레가 갈 수 있는 곳과 사람의 발길이 닿을 수 있는 곳이라면 숨 가쁘게 다 다니면서 (세상에 실현해야 할) 마땅한 도리를 모두 얻었다.

짐은 이런 것들을 아름답게 여기니 지금 어떻게 하면 그런 세상을 만들 수 있겠는가? 그대 대부는 옛 빼어난 이들의 방법을 잘 닦고 임금과 신하의 도리에 밝아 강론하는 바가 뛰어나다고 해서 지금 세상에서 이름을 얻었으니 감히 그대 대부들에게 묻겠다. 하늘과 사람의 도리는 본래 어디에서 시작하는가? 길하고 흉한 효험은 어디에서 찾을 수 있는가? 우왕과 탕왕 때에도 홍수와 가뭄이 있었는데 그러면 어떤 허물 때문에 그런 것인가? 어짊과 의로움과 예 갖춤과 지혜로움[仁義禮智], 네 가지 도리는 마땅히 어떻게 베풀어야 하는가? 선왕들의 큰 공업을 잇고, 만물이 바뀌며, 천명이 흥하고 망하는 것은 어째서인가? 천문(天文)과 지리(地理)와 인사(人事)를 그대 대부들은 다 익혔다. 그 뜻을 바르게 논해 대책에 상세히 담아 간책[篇=簡]으로 제출하면 짐은 장차 친히 열람할 것이다. 숨기는 바가 있어서는 안 된다."

홍(弘)이 대책(對策)을 올려 말했다.

'신이 듣건대 상고(上古)의 요순(堯舜) 시절에는 작위와 상을 주는 것을 귀하게 여기지 않았는데도 백성들은 좋은 일을 하려고 했고[勸善], 형벌을 무겁게 하지 않았는데도 백성들은 법을 어기지 않았으며, 몸소 바름으로 이끌면 백성들은 믿음을 보여주었습니다. (반면에) 말세에는 작위를 귀하게 여기고 상을 두텁게 주었지만 백성들은 좋은 일을 하려 하지 않았고, 형벌을 아주 무겁게 했으나 간사함이 그치지 않았으니 이는 윗사람이 바르지 못해서 백성들이 불신을 보여준 것입니다. 무릇 상을 후하게 주고 형벌을 무겁게 하는 것으로는 아직 좋은 일을 권면하고 잘못된 일을 금하게 하기에는 부족하며, 반드시 믿음이 있고서야 가능할 뿐입니다.

이 때문에 능력을 바탕으로 관직을 맡긴다면 직책을 나누어 잘 다스리게 되고, 쓸데없는 말을 하지 않는다면 일의 실상을 잘 파악할 수 있으며, 쓸데없는 기구(-관직)를 만들지 않는다면 부렴은 줄어들 것이고, 백성들의 농사 시기를 빼앗지 않고 백성들의 노동력을 방해하지 않는다면 백성들은 넉넉해질 것이며, 다움을 갖춘 사람을 나아가게 하고 다움이 없는 사람을 내친다면 조정은 존경을 받을 것이고, 공을 세운 사람을 위에 있게 하고 공이 없는 사람을 아래에 있게 한다면 여러 신하들 사이에 순차가 생기게 될 것이고, 벌은 죄에 맞도록 준다면 간사한 일이 그칠 것이며, 상은 마땅히 뛰어난 사람에게 준다면 신하들은 더욱 (선을 행하도록) 노력할 것입니다.

무릇 이 여덟 가지는 다스림의 근본입니다. 그래서 백성이란 일을 하되 다투지 않으며, 이치에 맞으면 원망하지 않고, 예의를 갖추면 흉포하지 않으며, 아껴주면 윗사람을 제 몸처럼 여길[親] 것입니다.

이것이 천하에서 가장 급히 해야 할 일입니다. 그래서 법이 의로움과 멀지 않을 때라야 백성들은 복종하고 거기서 떠나지 않을 것이며, 화합이 예와 멀지 않을 때라야 백성들은 (윗사람을) 제 몸처럼 여기며 사납게 굴지 않을 것입니다. 그렇기 때문에 법이 벌주려는 것은 곧 의로움을 없애고자 하는 것이며, 화합이 상을 주려는 것은 예를 갖추고자 하는 것입니다. 예 갖춤과 의로움이라는 것은 백성들이 복종하는 바인데 상과 벌을 통해 백성들을 고분고분하게 한다면 백성들은 금지하는 법을 범하지 않을 것입니다. 그래서 옷과 갓에 (형벌의) 그림만 그려놓고 복장만 다르게 해도 백성들이 법을 어기지 않았던 것은 바로 이런 도리가 평소에 행해졌기 때문입니다.

신이 듣건대 기운이 같으면 서로 따르고 소리가 비슷하면 서로 감응한다고 했습니다. 지금 임금이 위에서 온화하고 다움이 있으면 백성들은 아래에서 화합을 할 것이니, 그래서 마음이 화합하면 기운이 조화를 이루고, 기운이 화합하면 형체도 화합하게 되며, 형체가 화합하면 소리도 화합하고, 소리가 화합하면 천지가 화합해 응답을 하게 됩니다. 그러므로 음양이 화합하고, 바람과 비가 때를 맞추며 감로(甘露)가 내리니 다섯 곡식은 풍년이 들고, 여섯 가지 가축은 잘 번식해 아름다운 조화가 일어나고, 상서로운 초목이 생기면 산은 민둥산이 되지 않을 것이며, 자연은 윤택해져 목이 마르지 않을 것이니, 이것이 바로 화합의 지극함[和之至]입니다. 그래서 형체가 화합하면 질병이 없고, 질병이 없으면 일찍 죽지 않으니, 아버지가 자식의 상을 치르지 않아도 되고, 형이 동생을 위해 곡을 하지 않아도 됩니다. (임금의) 다움[德]이 (성대해) 하늘과 땅과 짝을 이루고[配], (임금의) 눈 밝음이 해와 달과 나란히 하게 되면 기린과 봉황은 찾아오고, 거북이와 용이 교외에 있으며, 황하에서 그림이 나오고 낙수에서 글이 나오며, 먼 나라의 임금들 중에 의로움을 사모해 폐물을 받들고서 찾아와 조회하지 않는 자가 없을 것이니, 이것이 화합의 표준[和之極]입니다.
 화 지 극

　신이 듣건대 어젊[仁]이란 사람을 사랑하는 것[愛=愛人]이고, 의로움
 인 애 애인
[義]이란 옳음 혹은 마땅함[宜]이고, 예 갖춤[禮]이란 사람이라면 차곡차
 의 의 예
곡 밟고 가야 하는 것[所履]이고, 앎[智]이란 방법이나 지략[術]의 원천입
 소리 지 술
니다. 세상에 이익이 되는 것을 이루고, 해악이 되는 것을 없애며, 모두를
사랑하고, 사사로움을 없애는 것[兼愛無私]을 일러 어젊이라 합니다. 옳고
 경애 무사
그름을 밝혀도 되는지 안 되는지[可否]의 원칙을 세우는 것을 일러 의로
 가부
움이라고 합니다. (조정에) 나아가고 물러남에 일정한 법도가 있고, 높고
낮음[貴賤]을 나누는 것을 일러 예 갖춤이라고 합니다. 죽일지 살릴지를
 귀천
결정하는 권한이나 꽉 막혀 있는 것을 뚫는 방법, 가벼운 것인지 무거운
것인지를 재는 수법, 얻음과 잃음을 논하는 도리, 멀고 가까운지 실제인지
거짓인지 등을 반드시 위에서 알아내는 것 등을 일러 방법이나 지략이라
고 합니다. 무릇 이 네 가지는 다스림의 원천이자 도리의 쓰임이니 하나도
남김없이 다 베풀어야 하고 폐기해서는 안 될 것입니다. 그 요체를 얻게 되
면 천하는 안락해질 것이고, 법을 두어도 그것을 어기는 자가 없어 쓸데가
없을 것입니다. 반면에 이런 방법이나 지략을 얻지 못하면 위에서는 임금
이 가리워질 것이고 아래에서는 관리가 문란해질 것입니다. 이런 일의 실
상은 후세에 공업을 드리울 때의 근본입니다.

　신은 요(堯)임금이 홍수(鴻水)를 만났을 때 우(禹-우왕)를 시켜 그것을
다스리게 했다는 말은 들었지만 우왕의 시대 때 홍수가 있었다는 말은 듣
지 못했습니다. (은나라를 세운) 탕왕(湯王) 때 가뭄이 있었던 것은 (하나
라 마지막 임금인 폭군) 걸왕(桀王)의 여독(餘毒) 때문입니다. 걸과 주(紂)

는 악행을 저질러 하늘의 벌을 받았고, 우왕과 탕왕은 다움을 쌓아[積德]
적덕
천하의 왕 노릇을 할 수 있었던 것입니다. 이로 말미암아 보건대 하늘의
다움에는 사사로이 친하게 해주는 바가 없어 그것에 고분고분하면 화기(和
氣)가 일어나고 그것에 거스르면 해악이 생겨납니다. 이것은 천문(天文)과
지리(地理)와 인사(人事)의 법칙[紀]입니다. 신 홍(弘)은 어리석고 몽매해
기
[愚戇] 큰 책문[大策]에 대한 답을 받들기에는 능력이 부족합니다.'
우당   대책

　이때 대책을 올린 사람은 100여 명이었는데 태상(太常)은 홍의 성적을 최
하로 해서 올렸다. 책문이 올라가자 천자는 홍의 대책을 뽑아 제1로 삼았
다. 홍을 불러 만나보니 용모가 수려해 그를 제배해 박사(博士)로 삼고 금마
문(金馬門-미앙궁의 문으로 문사들의 출입문)에서 대조(待詔)하게 했다.

　홍이 다시 소를 올려 말했다.

　'폐하께서는 옛 빼어난 임금[先聖]과 같은 지위를 갖고 계시면서도 옛
선성
빼어난 임금과 같은 명성은 없으시고, 옛 빼어난 임금과 같은 백성³을 갖
고 계시면서도 옛 빼어난 임금과 같은 관리는 없으시니, 이 때문에 형세
는 같은데도 다스림에는 차이가 있는 것입니다. 옛 치세 때에는 관리들이
바르기 때문에 그 백성들도 도타웠던[篤] 것인데, 지금은 관리들이 간사하
독
기 때문에 그 백성들도 엷은[薄] 것입니다. 정치에 폐단이 있어 제대로 시
박
행되지 못하면 법령도 안일해져서 제대로 실천되지 못합니다. 무릇 간사한
관리로 하여금 폐단이 있는 정치를 행하게 하면 나태한 법령을 써서 경박

3　원문에는 명(名)으로 돼 있지만 일본어 번역판을 참고해 백성으로 옮겼다. 문맥상으로 볼 때
　민(民)으로 써야 할 것을 명(名)으로 쓴 것으로 보인다.

스러운 백성들을 다스리는 꼴이니 백성들은 교화가 될 수 없습니다. 이것이 바로 다스림에 차이가 있는 까닭입니다. 신이 듣건대 주공 단(旦)이 천하를 다스리자 1년 만에 바뀌었고[變], 3년 만에 교화가 이루어졌으며[化], 5년이 지나자 안정됐다[定]고 합니다. 폐하께서는 오직 여기에 뜻을 두셔야 할 것입니다.'

글이 올라가자 천자는 책서(冊書)로 답하며 말했다.

'묻노라. 홍(弘)은 주공의 다스림을 칭송했는데 홍의 재주는 스스로 주공과 비교해볼 때 누가 더 뛰어난가?'

홍이 대답해 말했다.

'어리석은 신은 천박한데 어찌[安] 감히 주공과 비교할 수 있겠습니까? 그럼에도 불구하고 어리석은 마음으로나마 다스리는 도리가 어떠해야 하는지는 훤하게 볼 수가 있습니다. 무릇 호랑이나 표범, 소나 말은 짐승들 중에서도 제어할 수가 없는 동물들이지만 그것들을 잘 가르치고 훈련해 복종하게 만들고 나면 수레를 끌 수 있게 하고 오직 사람의 뜻대로 잘 따르게 할 수 있습니다. 신이 듣건대 휘어진 나무를 곧게 펴는 데[揉=矯正] 여러 날이 걸리지 않고, 쇠와 돌을 녹이는 데 여러 달이 걸리지 않는데, 사람이 이해(利害)와 호오(好惡)에 눈 뜨게 하는 데 어찌 금수나 목석과 비교하겠습니까? 1년 만에 바뀌는 것도 신 홍은 오히려 남몰래 늦다고 생각합니다.'

상은 그 말을 비범하다고 여겼다.

이때 마침 서남이(西南夷)로 통하는 길을 내느라 파촉(巴蜀)(의 백성들)이 고통스러워했다. 이에 조서를 내려 홍으로 하여금 현지를 돌아보고 오게 했다. 돌아와서 일을 아뢰면서 서남이는 쓸모가 없다는 땅이라고 심하게 폄하했으나[盛毁] 상은 그의 말을 들어주지 않았다. 매번 조회 때마다 토의를 할 때 그는 어떤 사안의 실마리만 진술하고 임금으로 하여금 스스로 결정하게 하고, 면전에서 다른 사람의 의견을 꺾으며 조정에서 논쟁을 하려 하지 않았다. 이에 상은 그의 행실이 신중하고 두터우며 변론에 여유가 있고, 문서와 법령, 그리고 관리의 공무에 익숙할 뿐 아니라 그것을 유학의 이론으로 잘 꾸며내는 것을 꿰뚫어보고서 매우 기뻐해 1년도 안 돼 좌내사(左內史)로 올렸다.

홍은 일을 아뢰었다가 윤허되지 않더라도 조정에서 적극적으로 그것을 따지지 않았다. 늘 주작도위(主爵都尉) 급암(汲黯)과 함께 천자의 한가한 때를 틈타 알현하기를 청했는데, 그때마다 암(黯)이 먼저 말을 꺼내면 홍은 그 뒤를 덧붙여서 설명하니, 상은 그때마다 기뻐하면서 두 사람의 말을 모두 들이주었고, 이 때문에 홍은 날로 천자와 가까워져 귀하게 됐다. 그는 일찍이 공경들과 어떤 일을 건의하기로 약속해놓고는 상 앞에 이르러서는 그 약속을 다 저버리고 상의 뜻만 따랐다. 그러자 급암이 조정에서 그를 비난해 말했다.

"제(齊)나라 사람은 거짓말을 많이 하고 솔직하지 못합니다[無情=無實]. 애초에 그는 신 등과 어떤 의견을 함께 내기로 해놓고 이제 와서 그 약속을 다 저버리니 그는 충직한 자가 아닙니다."

상이 홍에게 그 까닭을 묻자 홍은 사죄하며 말했다.

"무릇 신을 아는 자는 저를 충직하다 하고 신을 모르는 자는 신을 충직하지 못하다고 합니다."

상은 홍의 말이 맞다고 여겼다. 좌우의 총애받는 신하들이 매번 홍을 헐뜯을 때마다 상은 더욱더 그를 두텁게 대우했다.

홍은 사람됨이 담소를 좋아했고 견문이 넓었으며, 늘 임금의 병통은 넓고 크지 못한 것에 있고 신하의 병통은 절검하지 못한 것에 있다고 말했다. 그는 계모[後母]를 효도와 삼감으로 받들어 모셨고 계모가 죽자 3년 동안 상복을 입었다.

내사가 된 지 몇 년 지나서 어사대부(御史大夫)로 승진했다. 이때 또 동쪽으로 창해군(蒼海郡)을 두고 북쪽으로 삭방(朔方)의 군에 성을 쌓았다. 홍은 여러 차례 간언을 올려 이는 중국(中國)을 피폐하게 만들 뿐이고 아무 짝에 쓸모 없는 땅이라며 그것을 폐지할 것을 바랐다. 이에 상은 마침내 주매신(朱買臣) 등에게 삭방군을 설치하는 것의 이점을 들어 홍을 비판하게 했다. 주매신 등은 열 가지 이점을 제시했는데 홍은 한 가지도 반박하지 못했다. 홍은 마침내 사과했다.

"산동(山東)의 비루한 사람이라 그 이점이 이런 정도인지 몰랐습니다. 바라건대 서남이와 창해 쪽의 일은 중지하고 오직 삭방에만 힘쓰셔야 합니다."

상이 마침내 허락했다.

급암이 말했다.

"홍은 지위가 삼공(三公)에 있어 봉록도 아주 많은데도 포의(布衣)를 입고 다니니 이는 거짓된 행동입니다."

상이 홍에게 물으니 홍은 사죄해 말했다.

"그런 적이 있습니다. 무릇 구경(九卿) 가운데 신과 사이가 좋기로 암

(黜)만 한 사람이 없습니다. 그런데 오늘 그가 조정에서 이 홍을 비난했으니 참으로 홍의 병통을 콕 짚어낸 것입니다. 무릇 삼공에 있으면서 포의를 입고 다니는 행위는 확실히 거짓으로 꾸며서 명성을 낚고자[釣名] 하는 것입니다. 또 신이 듣건대 관중(管仲)은 제나라 재상이 돼 세 명의 부인 [三歸]을 거느렸고 그 사치함은 거의 군주와 같았다고 합니다. (그의 보필을 받은) 환공(桓公)은 패자(覇者)라고 칭했는데 이 또한 천자를 엿보는 참람한 짓이었습니다. (반면에) 안영(晏嬰, ?~기원전 500년)[4]은 (제나라) 경공 (景公)의 재상이 돼 두 가지 고기반찬을 겹쳐 먹지 않았고, 시첩들은 비단옷을 입지 않았는데도 제나라는 역시 잘 다스려졌고, 아래 백성들 또한 비슷했다고 합니다.

지금 신 홍은 어사대부에 있으면서 포의를 입고 다녀 구경으로부터 말단 관리에 이르기까지 귀천 고하의 차등을 없앴으니 진실로 암이 말한 것과 같습니다. 만일 암이 없었다면 폐하께서 어찌 이런 말을 들으실 수 있었겠습니까?"

---

4 중국 춘추시대(春秋時代) 제(齊)나라의 정치가로 이름은 영(嬰), 자(字)는 중(仲)이다. 시호(諡號)는 평(平)으로 보통 평중(平仲)이라고도 불리며 안자(晏子)라고 존칭되기도 한다. 제(齊)나라 영공(靈公)과 장공(莊公), 경공(景公) 3대에 걸쳐 몸소 검소하게 생활하며 나라를 바르게 이끌어 관중(管仲)과 더불어 훌륭한 재상(宰相)으로 후대(後代)에까지 존경을 받았다. 재상이 된 뒤에도 한 벌의 옷을 30년이나 계속해서 입을 정도로 검소하게 생활해 백성의 존경을 받았다고 한다. 여기에서 안영호구(晏嬰狐裘)라는 말이 비롯됐는데, 이는 고관(高官)이 매우 검소하게 생활하는 것을 나타낸다. 그리고 벼슬에 있으면서 어떤 상황에서도 충간(忠諫)과 직언(直言)을 하는 데 머뭇거리지 않았으며 의롭게 행동해 이름을 떨쳤다. 장공(莊公)이 신하인 최저(崔杼)에게 살해당했을 때에도 두려워하지 않고 신하로서 도리를 다해 곡(哭)을 하며 문상(問喪)을 하는 용기를 보였다.

상은 (공손홍이) 겸양의 미덕을 갖추었다고 여겨 더욱더 그를 뛰어난 인재로 대우했다.

원삭(元朔) 연간 중에 평극후(平棘侯) 설택(薛澤)[5]을 대신해 승상이 됐다. 그 이전까지 한나라는 늘 열후(列侯) 중에서 승상을 삼았는데 오직 홍만이 작위가 없는 상태에서 승상에 올랐으니 상은 이에 조서를 내려 말했다.

'짐은 옛 빼어난 이들의 도리를 아름답게 여겨 문로(門路)를 넓게 열고서 사방의 선비들을 다 불러 모았다. 옛날에는 뛰어난 이에게 일을 맡겨서 서열을 정해주고 그의 능력을 헤아려 그에 어울리는 자리를 주었으며, 공로가 큰 사람[大勞者]에게는 그 복록[祿]을 두터이 했고, 다움이 출중한 자[德盛者]에게는 작위[爵=신분]를 높게 해주었다. 그래서 무(武)는 공(功)을 척도로 삼아 그 사람을 드러내어 무겁게 해주었고 문(文)은 다움[德]을 척도로 삼아 포상을 했던 것이다. 이에 고성(高城)의 평진향(平津鄕) 650호에 봉해 승상 홍을 평진후(平津侯)로 삼노라!'

이 일을 계기로 그 이후 승상이 되면 곧 (후(侯)에) 봉해주었는데 이는 홍으로부터 처음 시작된 것이다. 이때 상은 바야흐로 공업(功業)을 일으키느라 여러 차례 현량(賢良)을 천거하게 했다. 홍은 자기 자신이 천거의 절차를 거쳐 포의로 시작해 수년 만에 재상에 이르고 후에 봉해졌기에, 이에 객관(客館)을 세우고 동쪽에 작은 문[闔=小門]을 열어 뛰어난 이들을

5　개국공신 광평경후(廣平敬侯) 설구(薛歐)의 자손으로 문제 후(後) 3년(기원전 161년) 광평정후(廣平靖侯) 설산의 작위를 계승했다. 경제 중(中) 2년(기원전 148년) 혹 중(中) 3년(기원전 147년) 죄를 지어 봉국을 몰수당했다. 경제 중(中) 5년에 평극(平棘)에 봉해져 다시 열후의 반열에 들었다. 원광 4년(기원전 131년) 승상 전분이 죽으면서 후임 승상이 됐다.

불러들여 모의에 함께 참여할 수 있게 해주었다. 자신은 고기반찬 한 가지에 거친 밥을 먹으면서도 절친한 친구[故人]들이나 빈객이 와서 의식(衣食)을 청하면 자신의 봉록을 몽땅 다 주어버리고 자기 집에는 남는 것이 하나도 없을 지경이었다. 그러나 그의 성품은 남을 의심하고 시기했으며[意忌], 겉으로는 너그러운 척하면서 그 속마음은 알 수 없게 했다. 평소 자신과 틈이 있는 자들과는 그와 가깝건 멀건 상관없이 비록 겉으로는 사이가 좋은 것처럼 꾸며댔지만 뒤에는 끝내 남몰래 보복을 가했다. 주보언(主父偃)이 살해되고 동중서(董仲舒)가 교서(膠西)로 좌천된 것은 모두 홍이 힘을 쓴 때문이었다.

뒤에 회남왕(淮南王)과 형산왕(衡山王)이 모반을 일으켜 이들과 결탁된 당여들을 색출하느라 바야흐로 여념이 없을 때 홍은 심한 병을 앓고 있으면서 스스로 이렇게 생각했다.

'아무런 공로도 없이 후(侯)에 봉해지고 재상의 지위에까지 이르렀으니, 마땅히 밝은 군주를 잘 보필해 국가를 어루만져 안정시키고 사람들로 하여금 신하 된 도리를 지키게 해야 한다. (그런데) 지금 제후가 반역의 음모를 꾀했으니 이는 모두 대신이 자기 직책을 제대로 받들지 못한 때문이다. 이대로 병들어 죽어 아무런 책임도 다하지 못할까 두렵구나.'

이에 글을 올려서 다음과 같이 말했다.

'신이 듣건대 천하에 두루 통하는 도리가 다섯 가지가 있고 이것을 행하는 데 세 가지 방법이 있다고 했습니다. 군신, 부자, 부부, 장유(長幼), 붕우의 사귐이 천하에 두루 통하는 도리이며, 인(仁), 지(智), 용(勇) 세 가지는 그것들을 행하는 방법입니다. 그래서 말하기를 "묻기를 좋아하는 것

[好問]은 지에 가깝고, 힘써 행하는 것[力行]은 인에 가까우며, 부끄러움을 아는 것[知恥]은 용에 가깝다. 이 세 가지를 알게 되면 스스로를 다스리는 법을 알게 되고, 스스로를 다스리는 법을 알게 된 연후에야 남을 다스리는 법을 알게 된다〔○ 사고(師古)가 말했다. "『예기(禮記)』「중용(中庸)」[6] 편에 나오는 말이다."〕"라고 했습니다.

자신을 다스리지 못하면서 남을 다스릴 수 있는 자는 없습니다. 폐하께서는 몸소 효도와 공순함[孝弟]을 행하시고, 삼왕(三王)을 본보기로 삼아 주(周)나라의 도리를 세우시고, 문왕(文王)과 무왕(武王)의 다움과 재능을 겸비하시어 사방의 선비들을 불러서 오게 하고, 뛰어난 이에게 일을 맡기며, 능력에 따라 벼슬을 내리시어 백성들을 격려하고, 뛰어난 인재들을 권면하고 계십니다. (그런데) 지금 신은 어리석고 우둔해 전쟁터에서 세운 공로도 없는데, 폐하께서는 파격적으로 신을 졸개들 가운데서 발탁하시어 봉해 열후(列侯)로 삼으시고 삼공의 지위에 오르게 했습니다. 신 홍은 행실과 능력 면에서 이렇다 할 것을 보여주지도 못했고, 게다가 평소 가난할 때 얻은 병이 있어 주군에게 충성을 다하기도 전에 쓰러져 폐하로부터 입은 은덕에 보답해 소임을 다하지 못할까 두렵습니다. 바라건대 제후의 인장을 반납하고[歸侯] 사임코자 하니 뛰어난 이들에게 길을 터주시옵소서.'

상이 답해 말했다.

"예로부터 공로가 있는 자에게는 상을 내리고[賞], 다움이 있는 자는 널리 기렸으며[褒], 이루어놓은 것을 지킬 때는 문(文)을 높였고, 환란을

---

6   지금은 「중용」이 독립돼 사서(四書)의 하나로 꼽힌다.

만났을 때는 무(武)를 존중했으니[守成上文 遭禍右武], 지금까지 이를 바꾼 적이 없었다. 짐은 아침저녁으로 늘 그렇게 하려 하며 지존의 자리를 이어받은 이래 늘 두려워하느라 평안할 수가 없었다. 그리고 오직 누구와 함께 잘 다스릴 수 있을까만을 생각하고 있다는 것은 그대도 마땅히 알고 있을 것이다.

대개 군자는 좋은 사람(혹은 일)을 좋아한다[善善]. 그대가 그러했다는 것을 짐은 한시도 잊은 적이 없다. 그대가 불행하게도 서리와 이슬을 맞아 병에 걸렸다고 하지만 어찌 낫지 않겠는가? 글을 올려 후의 작위를 반납하고 자리에서 물러나겠다고 했는데 이는 짐의 황제답지 못함[不德]을 드러내는 것이다. 지금은 나랏일이 조금 여유로우니 그대는 정신을 가다듬고 염려하는 마음을 그쳐 의약의 도움을 받아 자신을 잘 지키도록 하라."

그리고 나서 그에게 휴가[告]를 주고, 소고기와 술, 그리고 각종 비단을 내려주었다. 몇 달 지나 병이 낫자 다시 업무를 보았다[視事].

승상과 어사로 있는 것이 모두 6년이고 나이 80세에 승상의 지위에 있으면서 생을 마쳤다. 그 뒤로 이채(李蔡), 엄청적(嚴靑翟), 조주(趙周), 석경(石慶), 공손하(公孫賀), 유굴리(劉屈氂)가 계속 뒤를 이어[繼踵] 승상이 됐다. 채(蔡)에서 경(慶)에 이르기까지는 승상부의 빈 객관이 텅 비어 있을 뿐이었고〔○ 사고(師古)가 말했다. "뛰어난 이를 나아오게 하지 못해 객관을 손보지 않았다는 뜻이다."〕, 하(賀)와 굴리(屈氂)에 이르러 그 건물은 무너져 마구간이나 수레 창고 혹은 노비의 방으로 쓰였을 뿐이고, 다만 경(慶)만이 돈후하고 근신해 다시 승상의 지위에 있으면서 생을 마쳤다. 그 나머지 사람들은 모두 복주됐다고 한다.

홍의 아들 도(度)가 후작을 이어받았고, 산양군(山陽郡) 태수가 된 지 10여 년 만에 조서에 의해 거야현(鉅野縣)의 현령 사성(史成)이 공거(公車-사직을 청하는 곳)에 불려왔을 때 도를 머물게 하고서 그를 보내주지 않은 죄에 걸려 논죄를 받고서 성단(城旦)의 형에 복무했다.

원시(元始) 연간에 공신의 후예들을 재정비하면서 조서를 내려 말했다.

'한나라가 일어난 이래 신하들은 몸소 근검절약을 실천하면서 재물을 경시하고 의로움을 중시했지만 그중에서도 공손홍 같은 이는 없었다. 지위가 재상인 데다가 후에 봉해졌으면서도 포의를 입고 거친 밥을 먹으며, 자신의 봉록을 오랜 벗이나 사이좋은 빈객들에게 나누어주고 자신을 위해 남긴 것은 없었으니, 제도에 정해진 규정보다 낮추면서도 아랫사람을 이끌어 풍속을 돈독하게 해준 사람이라 할 것이고, 이는 내면은 사치하면서도 겉으로는 마음에도 없이 복종해 거짓 명예를 낚으려는 사람과는 달랐다. 무릇 다움을 드러내고 의로움을 표창하는 것은 세상을 이끌어 풍속을 권장하려는 때문이며 이는 빼어난 임금의 제도다. 이에 홍의 후손들 중에서 두드러진 적자가 있으면 관내후를 내려주고 식읍은 300호로 하라.'

복식(卜式)은 하남(河南) 사람이다. 농사와 목축을 업으로 삼았다. 어린 동생이 있었는데 동생이 장성하자 식은 집을 나와 분가하면서 홀로 키우던 양 100마리만 자기가 갖고서 땅과 집과 재물 등은 모두 동생에게 주었다. 식(式)은 산에 들어가 10여 년 동안 방목해 양이 1,000여 마리로 늘어나자 그것으로 땅과 집을 샀다. 그런데 그의 동생이 완전히 파산하자 식은 곧장[輒] 다시 동생에게 자신의 재산을 나누어준 것이 여러 차례였다.
첩

이때 한나라는 마침 흉노의 일에 전념하고 있었는데 식은 글을 올려 자신의 재산 반을 바쳐 변방의 일을 돕고 싶다고 했다. 이에 천자는 사자를 보내 식에게 물었다.

"관리가 되고 싶어서인가?"

식이 대답했다.

"신은 어릴 적부터 양 기르는 일만 해서 관리의 일에 익숙하지 않으니 원하지 않습니다."

사자가 물었다.

"집안에 무슨 억울한 일이 있어 그 일을 고발하고자 하는 것인가?"

식이 말했다.

"신은 평생 다른 사람과 분쟁한 바가 없고, 고을 사람들 중 가난한 사람에게 베풀어주었으며, 좋지 못한 사람이 있으면 가르치고 순종시켜서 고을 사람들 모두 이 식을 따르니 제가 어찌 억울한 일을 당하겠습니까?"

사자가 말했다.

"그렇다면 그대는 어째서 이러는가?"

식이 대답했다.

"천자께서 흉노를 주벌하려면 어리석은 제 소견으로는 뛰어난 이들은 마땅히 죽음으로써 절개를 지켜야 하고, 재산이 있는 자들은 마땅히 조정에 헌납하고, 이런 식으로 할 때라야 흉노를 멸할 수 있다고 봅니다."

사자가 이를 천자에게 보고했다. 천자가 이런 내용을 승상 홍(弘)에게 말해주었다. 홍이 말했다.

"이것은 인정에 맞지 않습니다. 법도에서 벗어난 사람을 교화의 모범으로 삼아 법을 어지럽혀서는 아니 되니 바라건대 폐하께서는 그의 청을 허락해서는 안 될 것입니다."

상(上)은 (복식의 상서에) 회답하지 않다가 몇 년이 지난 후에야 마침내 식에게 그만두도록 했다. 식은 돌아가서 다시 농사를 짓고 목축을 했다.

1년여가 지나 때마침[會] 혼야왕(渾邪王) 등이 투항해왔고, (이들에게) 포상으로 돈을 주다 보니) 현관(顯官-중앙 재정 담당 기구)의 부담이 크게 늘어나 창고는 비고, 빈민들이 대량으로 이주해와서 모두 현관에만 의지하니 그들을 다 지원할 수 없었다. 식은 다시 20만 전을 가지고 하남(河南)태수에게 주니 그것을 이주민들에게 나눠주었다. 하남태수가 빈민들을 도운 부자들의 명부를 상부에 올렸는데 상은 식의 이름을 기억하고서 말했다.

"이자는 본래 전에도 자기 재산의 반을 내어 변방의 비용으로 대려 했다."

이에 식에게 400명이 변경을 지키는 요역에서 면제 받을 수 있는 권한〔○ 소림(蘇林)이 말했다. "한 명이 면제를 받으려면 300전을 내야 했다. 복식은 1년에 12만 전을 벌 수 있는 권한을 얻은 것이다."〕을 내려주니 식은 또 그 권한을 조정에 전부 반납했다. 이때에 부호들은 모두 다투어 재산을 은닉했는데 오직 식만은 앞장서서 조정의 비용에 보탬이 되고자 했다. 천자는 이에 식이 덕망이 높은 사람[長者]라고 여기고 마침내 그를 불러 제배해 중랑(中郞)으로 삼고, 작위는 좌서장(左庶長)〔○ 사고(師古)가 말했다. "제10작(爵)이다."〕을 내려주었고 땅 10경을 주었으며, 천하에 이를 널리 알려 그를 높여줌으로써 백성들의 모범으로 삼았다.

애초에 식은 낭(郞)이 되는 것을 원하지 않았지만 상이 말했다.

"나의 양들도 상림원에 있는데 그대가 키웠으면 좋겠다."

식은 이미 낭이 됐으나 베옷과 짚신 차림으로 양들을 길렀다. 1년 남짓이 되자 양들은 살찌고 또 많은 새끼들을 낳았다[息=生]. 상이 양들을 기르는 곳을 지나다가 보고서 그의 방법이 좋다고 칭찬했다.

식이 말했다.

"단지 양들뿐만 아니라 백성들을 다스리는 것 또한 이와 같을 것입니다. 시간에 맞춰 생활하도록 하고 병든 양이 있으면 바로 제거해 나머지 양들에게 전염되지 않도록 해야 합니다."

상은 그 말이 뛰어나다고 여겨 그로 하여금 백성들을 다스리게 시험해 보려고 했다. 식을 구지(緱氏)현령(縣令)에 제배하니 (얼마 후에) 구지 사람들이 다 좋아했고, 옮겨서 성고(成皐)현령으로 승진시켜 조운(漕運)까지 맡겼는데 인사고과가 가장 좋았다. 상은 식이 질박하고 충성스러운 사람[朴忠]이라고 여겨 그를 제배해 제왕(齊王)[7]의 태부(太傅)로 삼고 옮겨서 재상으로 삼았다. 때마침 여가(呂嘉)가 반란을 일으키자 식은 글을 올려 말했다.

'신이 듣건대 '군주에게 치욕이 있으면 신하는 죽는다[主媿臣死]'[8]라고 했습니다. 여러 신하들은 마땅히 절의를 다해 죽기로 싸워야 하고 그 아래에 있는 일반 백성들은 마땅히 재산을 바쳐 군대를 도와야 합니다. 이렇게

---

7 무제의 아들인 유굉(劉閎)이다.

8 이 글은 사마천의 『사기(史記)』 「평준서(平準書)」 편에 실려 있다. 거기에서는 주우신욕(主憂臣辱)이라고 했다. '군주에게 근심이 있으면 신하는 욕되다'라는 뜻이나.

한다면 나라가 강해지고 다른 나라의 침범을 받지 않는 길입니다. 신은 바라건대 저희 부자(父子)가 임치현(臨菑縣)에서 쇠뇌를 잘 쏘는 자와 박창현(博昌縣)에서 배를 잘 부리는 자들을 데리고 가서 죽기를 각오하고 싸워 신하의 절의를 다하고자 합니다.'

상은 이를 뛰어나다고 여기고 조서를 내려 말했다.

'짐이 듣건대 덕은 덕으로 갚고 원한은 곧음으로 갚는다[報德以德 報怨以直]⁹고 했다. 지금 천하에는 불행하게도 변고가 있는데 군현과 제후들은 곧은 도리[直道]를 갖고서 떨쳐 일어나지 않고 있다. 제나라 상국은 품행이 바르고, 몸소 경작을 하며 목축에 종사해 성공적인 번식을 이루었다가 문득 그것을 형제에게 나누어주었고, 다시 목축을 일으키면서도 조금도 이익에 미혹되지 않았다. 예전에 북방에 일이 있을 때는 글을 올려 조정을 도우려 했다. 지난해에는 서하(西河)에 흉년이 들었을 때 제나라 사람들을 이끌고 곡물을 가지고서 왔다. 그런데 지금 (천하에 불행하게도 위급한 일이 생기자) 식은 또 앞장서서 싸우려고 하니 비록 전쟁에 내보내지는 않겠지만 그 마음속 의로움이 밖으로 드러났다고 할 수 있다. 이에 복식에게 관내후(關內侯)의 작위와 황금 60근과 밭 10경(頃)을 내려주도록 하고 천하에 이를 널리 알려 백성들이 이를 분명하게 알도록 하라.'

원정(元鼎) 연간에 식은 불려가 석경(石慶)을 대신해 어사대부가 됐다.

---

9 『논어(論語)』「헌문(憲問)」 편에 나오는 말이다. 어떤 이가 물었다. "덕으로써 원한을 갚는 것은 어떻습니까?" 공자가 말했다. "그러면 덕은 무엇으로써 갚을 텐가? 원한은 곧음으로써 갚고 덕은 덕으로써 갚아야 한다."

식은 이미 그 자리에 있으면서 군국들이 염철을 전매하는 것은 불편하고, 또 배를 소유하고 있는 자에게 일산(一算)의 세금을 매기는 것은 상업을 활성화하는 데 폐단이 될 수 있으니 없애야 할 것이라고 말했다. 상은 이로 말미암아 식을 좋아하지 않게 됐다. 이듬해 봉선의 의식을 집행해야 할 때 식은 문장(文章)에 능통하지 못했기 때문에 작질이 강등돼 태자태부가 됐고, 그를 대신해 예관(兒寬=倪寬)이 어사대부가 됐다. 식은 천수를 누리고 세상을 떠났다[壽終].

예관(兒寬)은 천승(千乘) 사람이다. 『상서(尙書)』를 익혔고 구양생(歐陽生)[10]을 섬겼다. 군국의 천거를 받아 박사에 이르렀고 공안국(孔安國)[11]에게 학문을 배웠다. 집안이 가난해 제대로 먹고살 것이 없어 일찍이 제자들의 취사 담당자들을 돌보아주며 생계를 이었다. 이때에는 날품팔이가 성행했는데, 경전을 끼고 다니면서 밭갈이를 하러 다녔고, 잠깐이라도 쉴 틈

---

10 『금문상서(今文尙書)』 구양씨학(歐陽氏學)의 개창자로, 성은 구양(歐陽)이고, 자는 화백(和伯)인데 이름은 자세하지 않다. 복생(伏生)에게서 『상서(尙書)』를 배웠다. 복생의 학문을 예관에게 전수했고, 예관이 구양생의 아들에게 전수해 이로부터 구양씨가 대대로 상서학(尙書學)을 전수하게 됐다. 증손 구양고(歐陽高)가 박사를 지냈고 하후승(夏侯勝)도 그에게서 학문을 전수받았다. 현손 구양지여(歐陽地餘)와 8세손 구양흡(歐陽歙)에 이르기까지 박사(博士)를 역임했다.

11 자는 자국(子國)이고, 공자의 11세손이며 공충(孔忠)의 아들이다. 『상서(尙書)』 고문학의 시조다. 무제(武帝) 때 박사(博士)를 지내고, 간대부(諫大夫)와 임회태수(臨淮太守)에 이르렀다. 『시(詩)』는 신공(申公)에게 배우고, 『상서』는 복생(伏生)에게서 받았다. 노공왕(魯共王)이 공자의 옛집을 헐었을 때 과두문자(蝌蚪文字)로 된 『고문상서(古文尙書)』와 『예기(禮記)』, 『논어』, 『효경(孝經)』이 나왔다. 아무도 이 글을 읽지 못한 것을 금문(今文)과 대조해 고증, 해독해 주석을 붙였다. 『상서공씨전(尙書孔氏傳)』을 지었다. 이 일에서 고문학(古文學)이 비롯됐다고 한다.

만 있으면 경전을 읽고 외웠으니 그 정진함이 이와 같았다. 선비를 뽑는 사책(射策)을 통해 고사를 담당하는 장고(掌故)가 됐고, 연공(年功)이 쌓이면서 정위(廷尉) 문학졸사(文學卒史-하급 서기)에 보임됐다.

관(寬)은 사람됨이 따뜻하고 선량하며[溫良] 밝은 지혜로 자신을 지켰으며, 문장 짓기[屬文=綴文]를 잘했으나 무술에 대해서는 유약했고, 자신의 뜻을 말로 제대로 표현할 줄을 몰랐다. 이때 장탕(張湯)이 정위였는데 정위부(廷尉府)에서 고용하고 있던 관리들은 모두 유학, 역사, 법률에 정통한 자들이었기 때문에 관은 유생으로서 그들 사이에 있으면서 정사나 해당 조(曹)의 업무에 능통하지 못하다는 평가를 받아, 종사(從史)가 돼 북지군(北地郡)으로 좌천당해 여러 해 동안 여러 관청의 소와 양을 살피는 일을 맡았다. 부(府-정위부)로 돌아와 가축을 정리한 문서를 올렸으나, 마침 정위가 이때 다소 불확실한 내용을 아뢰었다가 이미 두 번이나 기각을 당해, (정위의) 연(掾)과 사(史)는 어찌해야 할지를 모르고 있었다. 관이 그 뜻을 말해주자 연(掾)과 사(史)는 관으로 하여금 주문(奏文)을 작성하게 했다. 주문이 완성돼 그것을 읽어주자 모두 탄복하더니 그 일을 정위 탕(湯)에게 아뢰었다. 탕은 크게 놀라 관을 불러서 함께 이야기를 나누고서[與語] 마침내 그의 재주를 기이하게 여겨 연(掾)으로 삼았다. 관이 작성한 주문을 올리자 즉각 재가가 나왔다. 다른 날에 탕이 상을 알현했을 때 상이 물었다.

"지난번 주문은 속리(俗吏)가 미칠 바가 아니던데 누가 지은 것인가?"

탕이 예관이라고 말하니 상이 말했다.

"내가 정말로 그에 관해 들은 것이 오래됐다."

탕은 이로 말미암아 학문에 마음을 두었고, 관을 주얼연(奏讞掾)으로 삼아 옛날의 법의 뜻을 갖고서 의혹이 있는 옥사를 판결하게 하고서 관을 매우 존중했다. 탕이 어사대부가 되자 관을 자신의 연으로 삼은 다음에 시어사(侍御史)로 천거했다. 상을 알현하고서 경학(經學-유학)을 이야기했다. 상은 기뻐하며 『상서(尙書)』 1편에 관해 질문을 던졌다[從問].[12] 그를 발탁해 중대부(中大夫)로 삼고 좌내사(左內史)로 승진시켰다.

관이 이미 백성들을 (직접) 다스리게 되자 농업을 장려했고, 형벌을 완화했으며, 옥사(獄事)를 순리대로 처리하며, 몸을 낮춰 일반 선비에게도 겸손히 하면서 인심을 얻는 데 힘을 쏟았다. 어질고 도타운 선비들을 골라서 쓰고, 사람의 마음을 미루어 헤아려 아랫사람들을 대했으며, 명성을 구하지 않으니 관리와 주민들은 그를 크게 신임하고 아꼈다. 관은 표문(表文)을 통해 육보거(六輔渠)를 열 것을 건의했고 용수의 사용 조항들을 정해 논밭에 물을 대는 것을 확대했다. 세금을 거두는 데 있어 백성들의 빈부를 고려해 백성과 서로 빌려주어가면서 거두다 보니 조세가 많이 걷히지 않았다. 그후에 군대가 출동하게 됐을 때 좌내사의 세금 징수 성적이 최하[殿]였는데 이는 면직에 해당하는 것이었다. 백성들은 관이 면직되게 생겼다는 말을 듣고서 모두 다 그를 잃게 될까 두려워 큰 집에서는 소수레에 싣고서, 작은 집에서는 등짐을 지고서 세금을 운반했는데 그 줄이 (도로에서) 끊어지지가 않았고, 세금 징수 성적은 다시 최고[最]가 됐다. 상은 이로 말미암아 관을 더욱 기이하게 여겼다.

---

12 이 일은 「유림전(儒林傳)」에 상세하게 나온다.

천자가 옛날의 순수(巡狩)하고 봉선(封禪)하던 일에 의거해[放=依] 의견을 내도록 하자 여러 유자들 중에 대답을 한 사람이 50여 명이었지만 아직 결정을 보지 못했다. 이에 앞서 사마상여가 병으로 죽으면서 남긴 글이 있었는데, (무제의) 공덕을 노래하고 상서로운 조짐을 언급하면서 충분히 태산에 봉선의 제사를 올려도 된다고 했었다. 상이 그 글을 기이하게 여겨 그것을 가지고 관에게 묻자 관은 이렇게 대답했다.

"폐하께서는 몸소 빼어난 다움을 보이시고, 여러 역수(曆數)의 으뜸이 되는 것들을 한데 모으시어 하늘과 땅에 큰 제사를 지내고 수많은 신들에게 예물을 올려 제사를 지냈으며, 이런 정신이 향하는 곳에는 상서로운 징조가 반드시 징험을 보이셨고, 하늘과 땅은 나란히 응답했으며, 부서(符瑞-길조)는 밝디밝았습니다. 이에 태산(泰山)에 봉하고 양보(梁父)에 선하며 성계(姓系)를 밝히시고, 상서로운 조짐들을 고찰한 것은 제왕의 성대한 예절입니다. 그러나 그것을 제향하고 천신(薦新)하는 의례 절차는 경전에 나와 있지 않습니다. 그것은 생각건대 봉선은 대업의 성공을 고하는 것이고, 천지신기(天地神祇)를 합쳐서 거행해 삼가 경계하는 마음을 순수하고 정일(精一)하게 해 신명과 만나는 것입니다. 백관의 직책을 총괄하고 각자 사안의 마땅함에 어울리게 해 그 글을 절절하게 꾸며내야 하는 것입니다. 오직 빼어난 임금[聖主=聖君]으로부터 말미암을 때만 그 마땅함을 제정할 수 있지 여러 신하들이 이러쿵저러쿵 할 수 있는 사안이 아닙니다. 그런데 지금 장차 큰 일을 거행하려 하면서 결정을 하지 못한 채 여러 해가 지났고, 여러 신하들로 하여금 사람을 얻어 의견을 내놓으라고 하지만 끝내는 그렇게 할 수 없을 것입니다. 오직 천자만이 중화(中和)의 표준[極]을 세워

조리를 갖추고서 쇠소리와 옥소리로 널리 선포함으로써, 하늘의 경사를 순조롭게 완성시키고 만세의 기반을 드리울 수 있을 것입니다."

상은 그렇다고 여겨 마침내 스스로 의례를 제정하고 유술(儒術)을 채용해 그것을 문식(文飾-글로 꾸밈)했다.

이미 준비가 끝나고 장차 일을 집행하게 되자 관을 제배해 어사대부로 삼고 동쪽으로 태산에서 봉하고 돌아와 명당(明堂)에 올랐다. 관은 장수를 비는 글[壽=壽詞]을 올려 말했다.

'신이 듣건대 하, 은, 주 삼대는 각각 자기 시대에 맞게 (제도들을) 고쳤지만 정교(政敎)의 법은 서로 이어졌다고 합니다. 그러나 그 사이에 빼어난 이의 유업[聖統]이 폐기되고 끊어졌는데, (다행히) 폐하께서 발분하시어 그 뜻을 하늘과 땅에 합치시키시어 비로소[祖=始] 명당과 벽옹(辟雍)을 세우시고 태일(泰一)에 큰 제사를 올리며, 육률오성(六律五聲)을 갖추어 빼어난 뜻을 그윽하게 밝히시자 신령스러운 음악이 사방에서 합치돼 각각이 그에 맞는 상징을 갖게 되고, 그것을 통해 아름다운 제사를 이어 만세에 법칙을 만들어주셨으니 천하는 참으로 다행입니다. 장차 대원(大元)의 본단(本端)¹³을 세우시어 대종(岱宗)에 올라 고하시고 지성을 다해 문을 열어 아름다운 동지(冬至)의 모습을 기다려야 할 것입니다. 계해일(癸亥日)에 천신지기에게 제사를 올리면 해는 마땅히 이중으로 겹쳐서 빛을 비추일 것입니다. 상원(上元) 갑자일(甲子日)에는 온갖 신들을 모아 화합시켜 그들에

---

13 대원은 개원(改元)이고, 본단은 하늘이 내려주는 상서로움이다. 상서로움이 있어 연호를 바꾼다는 말이다.

게 영원한 흠향을 올려야 할 것입니다. 그러면 광휘는 충만하고 천문(天文)은 찬연해 상징은 밝게 될 것이고, 하늘은 보답의 차원에서 상서로운 조짐을 내려줄 것입니다. 신 관(寬)은 상(觴-술잔)을 받들어 두 번 절하고 상의 천만세 수(壽)를 비옵니다.'

제(制)하여 말했다.

'삼가 그대의 상(觴-술잔)을 받겠노라.'

그후에 태사령(太史令) 사마천(司馬遷) 등이 말했다.

"역기(曆紀)가 무너지고 폐기돼 한나라가 일어나고서도 아직 정삭(正朔)을 고치지 못했으니 마땅히 바로잡아야 할 것입니다."

상은 이에 관과 천(遷) 등을 불러 함께 한나라의 태초력(太初曆)을 정하게 했다. 이에 관한 상세한 이야기는 「율력지(律曆志)」에 실려 있다.

애초에 양(梁)나라 재상 저대(褚大)[14]가 오경(五經)에 통달해 박사가 됐고 당시에 관은 그의 제자였다. 어사대부 자리가 비자 저대를 불렀는데 그는 스스로 어사대부가 될 만하다고 생각했다. 낙양(洛陽)에 이르러 예관이 그 자리를 차지했다는 소식을 듣고서 저대는 웃었다. 경사에 도착해 관과 함께 상 앞에 나아가 봉선에 관해 토의를 하는데, 대(大)는 (관에) 미칠 수가 없었고 물러나면서 감복해 말했다.

"상께서는 참으로 사람을 보실[知人] 줄 아시는구나!"

관은 어사대부가 돼 상의 뜻에 맞춰 직무에 임했기에 오랫동안 상을 바로잡아주거나 간언한 바가 없어 부하 관리들은 그를 가벼이 여겼고[易=이]

---

14 동중서를 사사했고, 관직이 양나라 재상에 이르렀다.

輕], 재직 중에 세상을 떠났다[卒].

찬(贊)하여 말했다.

"공손홍(公孫弘)과 복식(卜式)과 예관(兒寬)은 모두 큰 기러기의 차차 날아오르는 날개[鴻漸之翼]15를 가졌으면서도 제비와 참새의 시달림을 받아서 멀리 가서 양이나 돼지의 무리 속에서 살아야 했으니, 그때를 만나지 못했다면 어찌 능히 이런 자리에 이를 수 있었겠는가? 이때는 한나라가 일어난 지 60여 년으로 온 천하가 잘 다스려져 평안했고[乂安=治安] 국고가 가득 찼지만, 사방의 오랑캐는 아직 복종하지 않았고 각종 제도들도 결여된 것들이 많았다.

상(上-무제)은 바야흐로 문무의 인재들을 쓰고 싶어 그러한 인재들을 얻지 못할까 애를 태우며 구했기에, 처음에 포륜(蒲輪)16으로 매승(枚乘)을 (사부(師傅)로서) 맞이했고 주보언(主父偃)을 보고서는 (늦게 만난 것을) 탄식했다. 여러 선비들은 (상을) 흠모해 찾아왔고 뛰어난 능력을 갖춘 인재들이 잇달아 나왔다. 복식(卜式)은 꼴을 먹이던 목동으로 있다가 뽑혔고, 상홍양(桑弘羊)은 장사치[賈竪]에서 발탁됐으며, 위청(衛靑)은 노비에서 떨쳐 일어났고, 김일제(金日磾)는 항복한 흉노 출신이었는데 이들은 진실로 옛날에[曩時] 판(版)으로 담을 쌓거나 소에게 꼴을 먹이던 친구들이었다.

---

15 큰 기러기의 날개는 커서 1,000리의 먼 길도 날아갈 수 있으므로 한 시대의 의표(儀表)가 될 만한 그릇을 가졌음을 비유한 것이다.

16 부들풀[蒲]로 바퀴를 감아 흔들리지 않게 만든 수레인데, 그만큼 정중하게 인재를 맞이하려 했다는 것이다.

한나라가 사람을 얻은 것은 이때가 가장 왕성했는데 고매한 유자(儒者)로 공손홍(公孫弘), 동중서(董仲舒), 예관(兒寬)이 있었고, 독실한 행실로는 석건(石建)과 석경(石慶)이 있었으며, 질박하고 곧은[質直] 인사로는 급암(汲黯)과 복식(卜式)이 있었고, 뛰어난 이를 추천한 면에서는 한안국(韓安國)과 정당시(鄭當時)가 있었으며, 법령 제정에는 조우(趙禹)와 장탕(張湯)이 있었고, 문장(文章)에는 사마천(司馬遷)과 상여(相如-사마상여)가 있었으며, 골계(滑稽)에는 동방삭(東方朔)과 매고(枚皋)가 있었고, 응대(應待-일처리)에는 엄조(嚴助)와 주매신(朱買臣)이 있었으며, 역수(曆數)에는 당도(唐都)와 낙하굉(落下閎)이 있었고, 음률(音律)과 조화(調和)에는 이연년(李延年)이 있었으며, 산수(算數)와 회계(會計)에는 상홍양(桑弘羊)이 있었고, 외국에 간 사신으로는 장건(張騫)과 소무(蘇武)가 있었으며, 장수로는 위청(衛靑)과 곽거병(霍去病)이 있었고, 유조(遺詔)를 받아 어린 천자를 보좌한 데는 곽광(霍光)과 김일제(金日磾)가 있었으며, 그밖의 인물에 대해서는 이루 다 기록할 수가 없다. 이 때문에 공업(功業)을 일으켜 세우고 제도와 문물을 남기게 되니 후세에는 이때에 미칠 만한 시대가 없었다.

효선제(孝宣帝)가 황통을 이어 대업[洪業]을 맡아 다스리게 됐는데 그 또한 육예(六藝)를 연마 강론하고 뛰어난 인재들[茂異]을 부르고 뽑으니, 소망지(蕭望之), 양구하(梁丘賀), 하후승(夏侯勝), 위현성(韋玄成), 엄팽조(嚴彭祖), 윤갱시(尹更始) 등은 유학(儒學)의 학술로 나아왔고, 유향(劉向)과 왕포(王褒)는 문장(文章)으로 이름을 드높였으며, 장상(將相)으로는 장안세(張安世), 조충국(趙充國), 위상(魏相), 병길(邴吉), 우정국(于定國), 두연년(杜延年)이 있었고, 백성들을 다스림에 있어서는 황패(黃霸), 왕성(王成), 공수(龔遂), 정홍(鄭弘), 소신신(邵信臣), 한연수(韓延壽), 윤옹귀(尹翁歸), 조광한(趙廣漢) 등이 있었는데 이들은 모두 공적이 있어 후세에 전해졌다. 명신(名臣)들이 많았다는 점에서는 효무제 때 다음이라고 하겠다."

권

59

장탕전

張湯傳

장탕(張湯)은 (장안의 동남쪽) 두릉(杜陵) 사람이다. 아버지는 장안현(長安縣)의 승(丞)이었는데 한번은 외출을 하면서 어린 탕(湯)에게 남아서 집을 지키게 했다. 아버지가 집에 돌아왔을 때 쥐가 고기를 훔쳐간 것을 알고 노해 탕에게 회초리를 때렸다. 탕은 구멍을 파고 연기를 피워 고기를 훔친 쥐와 먹다 남은 고기를 찾아내고서, 쥐를 붙잡아 조서를 만들고 체포장을 발급해 심문을 하고 나서 심문 내용을 문서로 기록했고, 더불어 그 문서를 상급자에게 보고하고 남은 고기를 증거로 압수했으며, 쥐는 감옥에 넣었다가 대청 아래에서 사지를 찢어 죽이는[磔] 형벌에 처했다. 아버지는 이 광경을 목격하고서 아들이 작성한 판결문을 읽어보았더니 노련한 옥리(獄吏)가 작성한 듯해 크게 놀라서 드디어 재판 문서를 익히도록 했다.

아버지가 돌아가신 후에 탕은 장안의 관리가 됐다. 주양후(周陽侯)[1]가 아직 (후에 봉해지지 못하고) 경(卿)으로 있을 때 일찍이 장안의 감옥에 구금된 적이 있었는데 탕은 전심전력으로 그를 모셨다. 옥을 나와 후(候)가 되자 탕과 크게 교유했고 탕을 여러 귀인들에게 두루 소개했다. 탕은 급사(給事-일종의 비서)로서 내사(內史-수도의 관직)에서 일할 때 영성(甯成)의 연(掾)이었는데, 업무 능력이 최고[無害=最勝]였기 때문에 영성이 대부(大府-승상부)에 말해[言][2] 무릉(茂陵) 위(尉)로 승진했고, 무제가 장차 묻히게 될 능[方中]을 만드는 일을 감독했다.

무안후(武安侯-전분(田蚡))가 승상이 되자 탕을 불러 사(史)로 삼았고 천자에게 추천해 시어사(侍御史)로 보임시켰다. 그로 하여금 중요한 사건을 맡겨 처리하게 했다. 진황후(陳皇后) 무고(巫蠱) 사건[3]을 다루면서 끝까지 그 당여(黨與)들을 파헤쳤기 때문에 상은 그를 유능하다고 여겨 태중대부로 승진시켰다. 조우(趙禹)와 함께 각종 율령을 제정했는데 법조문을 각박하게 만들어[深文] 관리들을 꼼짝달싹 못하게 구속하는 데에 힘썼다.

얼마 후에[已而] 우(禹)는 소부(少府)에 올랐고 탕은 정위(廷尉)가 됐는데, 두 사람은 서로 잘 사귀었고[交驩] 탕은 우를 친형님처럼 모셨다. 우는 그 뜻이 봉공(奉公)에 있어 스스로를 고립시켰고 탕은 지혜를 맘껏 발휘해[舞智] 다른 사람들을 제어했다. 처음에 낮은 관리였을 때는 장안의 부자

---

1 전분(田蚡)의 동생 전승(田勝)이다. 무제 어머니의 동생이다.

2 천거했다는 뜻이다.

3 진황후가 위(衛)황후를 무고하다가 발각돼 황후의 자리에 쫓겨나 장문궁(長門宮)에 유폐됐다.

상인 전갑(田甲)이나 어옹숙(魚翁叔) 등의 무리와 사사로운 교제를 맺기도 했다. 그러나 구경(九卿)의 반열에 오르자 천하의 이름난 선비나 대부들을 자기 편으로 거둬들이면서 자기 마음에 들지 않아도 겉으로는 잘 따라주는 척했다.

이때 상은 바야흐로 문학(文學-유학)에 뜻을 두고 있었기에 탕은 큰 사건을 판결해야 할 경우 유가 경전의 옛 뜻[古義]에 부합하고자[傅=附] 해, 이에 박사(博士) 제자들 가운데 『상서(尙書)』나 『춘추(春秋)』를 연구한 자들을 청해 정위의 사(史)로 보임해 그들로 하여금 법률 중에 의심스러운 부분을 심사해 해결하게 했다. 의문이 있는 안건을 올릴 때에는 반드시 그에 앞서 상을 위해 미리 그 사건의 원인을 분명하게 밝혀놓고서, 상이 어느 것이 옳다고 하면 그 뜻을 받들어 판결의 원안으로 삼고, 이것을 정위의 판례에 반드시 기록해 상의 눈 밝음을 높이 드러냈다. (반대로) 올린 안건이 기각될 경우 탕은 사죄하고서 상의 의향을 따랐는데, 이때에는 반드시 정(正), 감(監), 연(掾), 사(史) 중에서 뛰어난 이들을 끌어들여 이렇게 말했다.

"그들이 신을 위해 낸 의견은 폐하께서 신을 꾸짖으시는 바가 똑같았습니다. 그런데 신이 그들의 말을 받아들이지 않아 어리석게도 이런 잘못을 범하게 됐습니다."

그의 죄는 늘 용서를 받았다. 어떤 때 나아가 일을 아뢰어[奏事] 상이 좋다고 하면 이렇게 말했다.

"신은 이 주문을 잘 알지 못하고 이는 감, 연, 사 아무개가 작성한 것입니다."

그는 부하 관리를 추천하고 다른 사람의 좋은 점을 높이고 과실을 해명하는 것이 이와 같았다. 보고한 안건 중에 만일 상이 죄를 주고자 하는 뜻을 보이면 탕은 그 안건을 냉혹하게 다루는 감(監)이나 사(史)에게 맡겼고, 만일 상이 풀어주고자 하는 뜻을 보이면 탕은 법을 가볍게 적용하고 공평무사하게 집행하는 감이나 사에게 맡겼다. 또 다루려는 안건이 권세 있는 호족과 관련됐을 때에는 반드시 법률조문을 엄격히 적용해 법에 걸려들게 했고, 힘없는 하층 백성일 경우에는 때를 틈타 상에게 구두로 아뢰었다.

"법조문에 의거하면 마땅히 벌을 받아야 하지만 잘 재량하시어 판결하시길 바랍니다."

이에 종종 탕의 말을 받아들여 풀어주기도 했다. 탕은 고관[大吏]이 되자 안으로 행실을 바르게 하고 빈객들과 교제하며 그들과 더불어 흔쾌히 술과 식사를 했으며, 옛 친구의 자제들 중에서 관리가 된 자나 가난한 형제들을 더욱 두텁게 보살펴주었다. 또한 여러 공(公)들에게 문안을 드릴 때에는 추위와 더위를 피하지 않았다. 탕이 비록 법을 가혹하게 집행하고 시기심으로 인해 불공평하게 사건을 처리한 적도 있었으나 이같이 해서 좋은 명성을 얻을 수 있었다. 그리고 가혹하게 법 집행을 했던 관리들 대부분은 그의 수하가 됐고 이들은 또 모두 유학에 정통한 선비들이었다. 승상 홍(弘-공손홍)도 그의 훌륭한 점을 자주 칭찬했다.

회남왕(淮南王), 형산왕(衡山王), 강도왕(江都王) 등의 모반 옥사[反獄]를 처리할 때 모두 그 뿌리까지 파헤쳤다. 엄조(嚴助)와 오피(伍被)에 대해서는 상이 풀어주려 했으나 탕이 간쟁해 말했다.

"오피는 본래 모반을 획책한 자이고, 조(助)는 총애를 얻어 궁중을 제 마음대로 드나들었던 복심(腹心)의 신하인데도 마침내 제후들과 몰래 내통했으니, 만약에 이런 자들을 주살하지 않으면 이후에 어떤 죄인도 다스릴 수 없습니다."

상은 그리하라고 했다. 사건을 처리할 때 장탕은 대신들을 배격하고 스스로 공을 세웠는데 이런 경우들이 아주 많았다. 이로 인해[繇是=由是] 더욱 총애와 신임을 받아 어사대부(御史大夫)로 승진했다.
요시   유시

때마침 (흉노의) 혼야왕(渾邪王) 등이 한나라로 투항해오자 (한나라 조정에서는) 대군을 일으켜 흉노를 토벌했는데, 이 무렵 산동(山東) 지방에는 홍수와 가뭄이 겹쳐 가난한 백성들은 떠돌아다니며, 모든 것을 다 현관(縣官)에 의지했기 때문에 현관의 창고는 텅 비게 됐다. 탕은 상의 뜻을 받들어 백금(白金)과 오수전(五銖錢)을 주조하길 청했고, 천하의 소금과 철의 생산을 나라의 전매사업으로 독점해 부유한 장사꾼들을 물리쳤고, 더불어 고민령(告緡令-일종의 재산세)을 선포해 호족들과 다른 사람의 토지를 빼앗아가지고 있던 대지주들의 세력을 제거했으며, 또 법률조문을 교묘히 왜곡해서 적용해 호족이나 대지주들을 범법자로 만들어 법의 미비한 점을 보완했다.

탕이 매번 입조해 일을 아뢰거나 국가 재정을 이야기할 때면 밤늦게까지 이어졌는데, 천자는 식사 시간마저 잊을 정도였다. 승상(이었던 이채(李蔡)와 장청적(莊靑翟))은 그저 자리만 차지하고 있었을 뿐 천하의 일은 모두 탕에 의해 결정됐다. (이 당시) 백성들은 생활이 안정되지 못해 소동을 일으켰고, 조정에서 새롭게 시작한 일들은 큰 실효를 거두지 못했으며, 간사한 관리들은 서로 침탈하고 핍박하니, 이에 탕은 법에 의거해 그들을 철저하게 징벌했다. (그럼에도 별다른 효과가 없자) 삼공구경 이하부터 일반 백성들에 이르기까지 모두 탕을 질타했다. (하지만) 탕이 일찍이 병에 걸렸을 때 상이 친히 그의 집에 문병을 갈 정도였으니 그를 높이고 귀하게 해준 것[隆貴]이 이와 같았다.
융귀

흉노가 와서 화친을 요청하자 여러 대신들이 상 앞에서 토의를 했는데 이때 박사 적산(狄山)이 말했다.

"화친하는 것이 좋습니다."

상이 그 이유를 묻자 산(山)이 말했다.

"군사나 무기는 흉기(凶器)이므로 쉽게 자주 움직여서는 안 됩니다. 고조께서는 흉노를 토벌하시려다가 평성(平城)에서 큰 곤경을 치르고서야 마침내 화친을 맺었습니다. 효혜(孝惠)와 고후(高后) 시절에는 천하가 편안했지만, 문제(文帝) 때에는 흉노를 정벌하려다가 북쪽 변방 일대가 소란스러워지고 군사들은 고통을 겪어야 했습니다. 효경(孝景) 시기에는 오, 초 7국의 반란이 일어나 경제(景帝)께서 미앙궁(-황궁)과 장락궁(-황태후궁) 사이를 오가면서 수개월 동안 천하에 대한 근심으로 마음을 졸이셨습니다[寒心]. 오, 초의 반란이 이미 평정된 후에 끝내 경제께서는 전쟁에 대해
한심
말씀하지 않으시니 천하는 부유해져 재물이 가득 차게 됐습니다. 그런데 지금 폐하께서 군사를 동원해 흉노를 공격하고부터는 나라 안이 텅 비고, 변경의 백성들은 가난에 시달리며 고통스럽게 생활하고 있습니다. 이로 말미암아 보건대 화친하는 것이 낫습니다."

상이 탕에게 묻자 탕이 말했다.

"이 어리석은 유생은 아는 것이 없습니다."

산이 말했다.

"신은 진실로 어리석은 충성[愚忠]을 바치고 있지만 저 어사대부 탕은 곧 거짓된 충성[詐忠]을 하고 있습니다. 탕이 회남왕과 강도왕 모반 사건을 처리할 때 법률조문을 교묘하게 이용해 제멋대로 제후들을 탄핵해 황족의 골육을 이간시켜 소원하게 만드는 바람에 (골육들이 왕을 맡고 있는) 제후국들을 스스로 불안에 떨게 만들었으니, 신은 진실로 탕의 거짓된 충성에 대해서는 잘 알고 있습니다."

이에 상은 낯빛을 바꾸며 말했다.

"내가 (그대를) 일개 군의 태수로 임명해 지키게 하면 능히 흉노의 침탈을 막아낼 수 있겠는가?"

산이 대답했다.

"할 수 없습니다."

상이 물었다.

"한 현(縣)은 지킬 수 있겠는가?"

"할 수 없습니다."

"변경의 작은 성곽[鄣間]은 지킬 수 있겠는가?"

산은 스스로 생각하기를 만일 (더 이상) 승낙을 하지 않으면 자신을 옥리에 내려보낼 것이라 여겼다.

"할 수 있습니다."

이에 산을 변경의 작은 성곽으로 보내 그곳을 지키게 했다. 그리고 1개월 남짓 지나서 흉노는 산의 머리를 베어가버렸다. 이후부터 여러 신하들은 (장탕에 대해) 두려워하며 떨었다[聾=失氣].

탕의 빈객 전갑(田甲)은 장사꾼이기는 했지만 뛰어난 데다가 행실에 지조가 있어[賢操], 애초에 탕이 하급 관리였을 때 서로 돈거래도 했지만, 그 뒤에 고위 관리가 되고 나서 갑은 탕의 행동에 허물이 있을 경우에 꾸짖었으니 열사(烈士)의 풍모가 있는 사람이었다.

탕은 어사대부가 된 지 7년 만에 실각했다[敗].

하동(河東) 사람 이문(李文)은 예전부터 일찍이 탕과 틈이 있었는데, 얼마 뒤에 어사중승(御史中丞)이 되자 여러 차례 궁중 문서 중에서 탕에게 해가 될 만한 것을 찾았으나 이렇다 할 여지를 찾아낼 수 없었다.

탕에게는 아끼던 사(史) 노알거(魯謁居)가 있었는데, 탕이 이문에 대해 마음이 불편한 것을 알아차리고 사람을 시켜 급히 아뢰어 이문의 간사한 행위를 고발했다. 이 사건이 탕에게 내려오자 탕은 논죄해 문(文)을 사형에 처했는데 탕은 내심 알거(謁居)가 꾸민 것을 알고 있었다.

상이 탕에게 물었다.

"이문의 사건을 고발한 출처는 어디인가?"

탕은 짐짓[陽] 놀라는 척하며 말했다.

"이는 아마도 문의 옛 친구가 원한을 품고서 그리한 것일 것입니다."

뒤에 알거가 병들어 시골의 아는 사람 집에 누워 있으니 탕은 몸소 문병을 가서 알거의 다리를 주물러주었다[摩足].

조(趙)나라는 야금과 제철을 주요 산업으로 삼고 있었기 때문에 왕(-무제의 형 팽조(彭祖))은 수차례 철관(鐵官)의 일로 중앙 조정에 소송했는데 탕은 늘 조나라 왕(의 제소)을 물리쳤다. 조나라 왕은 탕의 부정행위를 파헤쳤다. 알거가 일찍이 조나라 왕을 조사한 적이 있었기 때문에 왕은 그에 대해서도 원한을 품고 있다가 두 사람을 한꺼번에 고발하는 글을 올렸다.

'탕은 대신인데 사(史) 알거가 병에 걸리자 탕이 가서 그의 다리를 주물러주었으니 이 두 사람이 큰 음모를 꾸미고 있는 것 같은 의심이 듭니다.'

이 일을 정위(廷尉)에게 내려보냈다. 알거는 병으로 죽었지만 일이 알거의 동생과 연루돼서 아우는 도관(導官)〔○ 사고(師古)가 말했다. "도(導)는 고르다[擇]는 뜻이다. 쌀을 선별하는 일을 주관하기 때문에 도관(導官)이라고 했다. 이는 「백관표(百官表)」에 나온다. 당시에는 여러 감옥들이 다 꽉 찼기 때문에 임시로 이 관서에 사람을 가뒀다. 원래는 감옥이 아니다."〕에 갇혔다. 탕 또한 도관에 잡혀온 다른 죄수들을 심문하다가 알거의 동생을 보았으나 몰래[陰] 그를 도와줄 심산으로 짐짓[陽] 모른 척했다[不省=不視]. 알거의 동생은 그것도 모른 채 탕을 원망해 사람을 시켜 글을 올려 탕이 알거와 공모해 이문의 변고 사거을 고발했다고 말했다.

이 일은 감선(減宣)에게 맡겨졌다. 선(宣)은 일찍이 탕과 틈이 있었기 때문에 이 사건을 맡게 되자 진상을 끝까지 파헤쳐놓고 아직 아뢰지는 않았다. 때마침 어떤 사람이 효문제의 능원(陵園)에 부장했던 예전(瘞錢-죽은 자를 위한 노자돈)을 도굴한 사건이 발생했다. 이에 승상 청적(青翟)은 입조해 탕과 함께 천자에게 사죄하기로 약속했다. (그런데) 천자 앞에 이르자 탕은 승상만이 사계절마다 반드시 능원을 순시해야 하는 책무가 있기에 마땅히 사죄해야 하고, 자신은 무관하다고 여기며 사죄하지 않았다. 승상이 사죄한 뒤에 상은 어사에게 이 일을 조사하게 했다. 탕은 승상에게 견지법(見知法)[4]을 적용하려고 했고 승상은 이를 걱정했다. 승상 아래 세 명의 장사(長史)(○ 사고(師古)가 말했다. "「백관표(百官表)」에 따르면 승상에게는 두 명의 장사가 있다. 여기서 세 명이라고 한 것은 그중 한 사람은 수(守)로 정원에 포함되지 않는다.")(-주매신(朱買臣), 왕조(王朝), 변통(邊通))가 모두 탕을 미워했기 때문에 그를 함정에 빠뜨리려고 했다.

먼저 장사 주매신은 평소에 탕에게 원한을 품고 있었는데 상세한 이야기는 그의 전(傳)에 실려 있다. 왕조는 제(齊)나라 사람으로 학술에 정통해 우내사(右內史)에 이르렀다. 변통은 종횡가의 학설[短長術]을 익힌 인물로 성품이 강직하고 사나운 사람인데 벼슬길이 제남(濟南)의 재상에 이르렀다. 예전에 이들 모두 탕보다 높았지만[右=在上] 얼마 후에 관직을 잃고 겨우 장사 자리를 지키며 탕에게 몸을 굽혀야 하는 신세였다. 탕은 여러 차례 승상의 일을 대신 수행하면서 이 세 사람의 장사들이 본래 자신보다 지위가 높았던 인물들인 것을 알면서도 항상 그들을 무시하고 꺾었기 때문에 세 장사는 함께 모의해 말했다.

"애초에 탕은 승상과 함께 사죄하기로 약속했다가 뒤에 가서는 승상을 배반하더니 지금은 종묘의 일을 가지고 승상을 탄핵하려 하니 이는 승상의 자리를 차지하려는 것일 뿐입니다. 저희들은 탕이 숨기고 있는 일을 알고 있습니다."

부하 관리를 시켜 탕의 증인[左=證左]으로서 전신(田信) 등을 체포해

---

4 다른 사람의 죄를 알고서도 잡지 않으면 죄인과 같은 죄를 지은 것으로 간주해 처벌토록 하는 법으로 장탕이 만든 것이다.

심문하니 이렇게 말했다.

"탕이 장차 주청을 하려고 하면 그때마다 제가 먼저 그것을 알고서 물건을 사서 쌓아두었기 때문에 큰 부를 쌓았고 그것을 탕과 나누었습니다."

그밖에 다른 간사한 일들도 있었다. 이런 내용들이 상당수[頗] 천자에게도 보고됐다. 상이 탕에게 물었다.

"내가 시행하려던 일들을 장사꾼들이 먼저 알고 물건을 쌓아두었다니 아마도[類=似] 이는 나의 계획을 미리 그들에게 알려준 자가 있었던 것 같다."

탕은 사죄하지 않고 오히려 짐짓 놀라는 척하면서 말했다.

"분명 그런 것 같습니다."

감선도 알거의 일을 아뢰었다. 상은 탕이 간교한 마음을 품고서 자신을 속인 자로 여기고 8명의 사자를 보내 죄상을 기록해 탕을 문초하게 했다. 탕은 문책할 때마다 조목조목 따지며 그런 일이 없다며 승복하지 않았다. 이에 상은 조우(趙禹)로 하여금 탕을 문책하게 했다. 우가 탕에게 와서 꾸짖어 말했다.

"그대는 어찌 자신의 분수를 모르오? 그대가 사건을 판결해 멸문을 당한 사람들이 얼마나 되는지 알고 있소? 지금 사람들이 그대의 죄상을 폭로하는데 모두 확실한 증거가 있소. 천자께서는 그대를 옥에 가두는 것을 어려워하시어[重=難] 그대 스스로 결단을 내리기를 바라시고 있소.[5] 그런데 어찌 일일이 변명을 하려고 합니까?"

---

5 자결하라는 뜻이다.

탕은 마침내 사죄의 글을 올려 말했다.

'탕은 한 자 한 치의 공로도 없이 도필리(刀筆吏-문서를 베끼는 말단 관리)에서 일어나 폐하의 총애에 힘입어 삼공의 지위에 올랐습니다만 소임을 다하지[塞責=當責] 못했습니다. 그러나 탕을 모함해 죄에 빠뜨린 자는 저 세 장사들입니다.'

드디어 스스로 목숨을 끊었다.

탕이 죽은 뒤에 그의 집 재산의 값어치는 500금을 넘지 않았고 모두 봉록이나 하사금일 뿐 더 이상 다른 재산은 없었다. 형제와 아들들이 탕의 장례를 두텁게 치르려고 하니 탕의 어머니가 말했다.

"탕은 천자의 대신으로 있다가 추악한 모함을 받고 죽었는데 어찌 두터운 장례를 치른다고 하느냐!"

소달구지에 탕의 관을 실었는데 속널[棺]만 있었을 뿐 겉널[槨]은 없었다. 상은 이 소식을 듣고 말했다.

"이런 모친이 아니고서야 이런 아들을 낳을 수 없다."

마침내 세 장사들의 음모를 밝혀내 모두 사형에 처했다. 승상 청적은 자살했고 전신은 풀려났다. 상은 탕을 애석하고 가련하게 여겨 다시 그의 아들 안세(安世)를 점차 승진시켰다.

안세(安世)는 자(字)가 자유(子孺)이며 어릴 때 아버지 덕에 낭(郎)에 임명됐다. 글씨를 잘 써서 상서(尙書)에서 급사(給事)했고, 직무에 정력을 다했으며 휴가 때에도 일찍이 집 밖으로 나가지 않았다.

상(上-무제)이 하동(河東)에 행차했다가 (상서에 내려주었던) 책 세 상자 분량(의 문서)을 분실했는데, 내용에 대해 물어보았지만 아무도 대답을 못하고 있을 때 오직 안세만이 그것을 기록해두었고 그 요점을 파악하고 있었다. 나중에 문서를 찾아 안세가 말한 것과 대조해보니 놓친 것이 하나도 없었다. 상은 그의 재주를 기이하게 여겨 발탁해서 상서령(尙書令)으로 삼고 광록대부(光祿大夫)로 승진시켰다.

소제(昭帝)가 즉위하자 대장군 곽광(霍光)이 정권을 장악했는데, 안세(安世)가 두터운 행실[篤行=厚行]이 있다 해 광(光)은 그를 가까이하며 중하게 여겼다. 때마침 좌장군 상관걸(上官桀) 부자와 어사대부 상홍양(桑弘羊)이 모두 연왕(燕王), 개주(蓋主)와 함께 모반했다가 주살되자 광은 조정에 오래된 신하[舊臣]가 없다 해 안세를 우장군 광록훈(右將軍光祿勳)으로 쓸 것을 건의해[白=建白] 자신의 보좌역으로 삼았다. 오랜 시간이 흘러 천자는 조서를 내려 말했다.

'우장군 광록훈 안세가 정사를 돕고[輔政] 숙위를 하면서 삼가고 조금도 게을리하지 않은 것이 13년이나 돼 그 덕에 모두 평안할 수 있었다. 무릇 혈친을 제 몸처럼 여기고, 뛰어난 이에게 일을 맡기는 것[親親任賢]은 요임금과 순임금[唐虞]의 도리이니 이에 안세를 봉해 부평후(富平侯)로 삼는다.'

이듬해 소제(昭帝)가 붕(崩)하자 아직 장례도 끝나기 전에 대장군 광(光)이 태후에게 건의해 안세를 옮겨 거기(車騎)장군으로 삼고 그와 함께 창읍왕(昌邑王-하(賀))을 불러와 세웠다. (그런데) 왕의 행실이 음란하자 다시 안세와 모의해 왕을 폐위하고 선제(宣帝)를 높여 세웠다[尊立]. 제(帝)가 처음 자리에 나아가 대신들을 포상하며 조하여 말했다.

"무릇 다움이 있는 자는 기리고 공로가 있는 자는 상을 내리는 것이 고금에 통하는 도리다. 거기장군 광록훈 부평후 안세는 숙위를 맡아 충성스럽고 바르게 다움을 펴고 은혜를 밝혀, 나라에 부지런히 노고를 다해 직무를 지키고 의로움을 견지해 종묘를 안정시켰으니, 이에 1만600호를 더 봉하고 그 공로는 대장군 광 다음이다."

안세의 아들 천추(千秋), 연수(延壽), 팽조(彭祖)는 모두 중랑장(中郞將) 시중(侍中)이 됐다.

대장군 광이 훙(薨)하고 몇 개월이 지나 어사대부 위상(魏相)이 봉사(封事)를 올려 말했다.

'빼어난 임금이 다움이 있는 자는 기려 만방을 품어주고 공로가 있는 자는 상을 내려, 백료들을 권면해 조정은 영예를 높이고 천하는 풀이 바람의 방향에 따라 쓰러지듯 교화가 이루어집니다. 국가가 조종(祖宗)의 위업을 이어받고, 제후들의 무거운 권력을 제어하려면 새롭게 대장군을 잃어버린 지금의 시점에 있어 마땅히 성대한 다움을 갖춘 이를 널리 밝힘으로써 천하에 보여주고, 공로가 있는 신하를 높이 받듦으로써 번국을 눌러야 할 것입니다. 큰 자리는 비워두지 말아서 권력 쟁탈이 일어나지 않도록 해야 하는 것이니, 이는 사직을 편안케 하고 변고가 생겨나는 싹을 미연에 잘라내는 이치가 됩니다. 거기장군 안세는 효무황제를 30여 년간 섬기면서 충성스럽고 신의가 있으며, 삼가고 마음 씀이 두터우며 정사에 부지런히 임해 밤낮으로 게을리함이 조금도 없이 대장군과 함께 계책을 정해, 천하는 그 복을 받은 국가의 무거운 신하[重臣]입니다. 마땅히 그 지위를 높이시어 대장군으로서 광록훈의 일은 맡지 말도록 하시고 오직 정신을 천하에 대한 근심에만 쏟아 그 얻고 잃음만을 생각도록 해야 할 것입니다. 안세의 아들 연수는 사람이 진중하고 두터워 광록훈을 맡길 만하니 숙위하는 신하들을 통솔하게 하소서.'

상도 그를 쓰고 싶어 했다. 안세는 이런 뜻을 듣고서 감당하지 못할까 두려워 (상이) 한가한 틈을 타서 알현을 요청해 관을 벗고 머리를 조아려 말했다.

"노신(老臣)의 귀는 망령된 것만 듣는 귀라 말씀을 드리게 되면 혹시라도 폐하께서 생각지도 않는 것을 지레짐작으로 말씀드리는 것이 되고 [先事], 말씀을 드리지 않게 되면 제 속마음을 전하지 못할까 두렵습니다만 진실로 제가 생각할 때 대위(大位-대장군)를 맡는 것은 역량에 모자라오니, 계속 대장군의 뒷자리나 맡도록 해주옵소서. 오직 천자께서 불쌍히 여기시어[財=裁] 노신의 수명을 온전하게 해주옵소서."

상이 웃으며 말했다.

"그대의 말은 지나친 겸손[泰謙]이오. 그대가 할 수 없다면 도대체 누가 할 수 있단 말이오!"

안세는 정말로 물러날 뜻을 밝혔으나 며칠 후에 결국 그를 제배해 대사마 거기장군 영상서사(領尙書事)로 삼았다. 몇 달 후에 거기장군으로서 둔병의 임무를 없애고 다시 위(衛)장군 양궁위위(兩宮衛尉)가 돼 성문(城門) 및 북군병(北軍兵)이 모두 그에게 소속됐다.

이때 곽광의 아들 우(禹)가 우장군으로 있었는데, 상은 또한 우를 대사마로 삼으면서 그의 우장군으로서의 둔병(屯兵)을 없애버림으로써 명목상으로만 높여주고 실제로는 그의 병력을 빼앗았다. 1년여 후에 우가 반란을 모의했다가 그 종족이 주멸(誅滅)되자, 안세는 평소에도 조심하고 권세가 지나쳐 화를 당할까 두려워하며 속으로 이미 큰 걱정을 하고 있었다. 그의 손녀 경(敬)이 곽씨(霍氏)의 인척 아내였기에 마땅히 연좌될 것이었기 때문에 안세는 파리해질 만큼 근심을 했고, 그것이 얼굴빛으로 다 나타났다. 상은 이해가 안 되고 그가 불쌍해 보여 좌우에 물어서 (그 이유를 알게 되자) 마침내 경을 사면해주고 안세의 마음을 위로했다. 안세는 더욱[浸=益] 두려워했다.

추기(樞機-국가의 중추 임무)를 관장했는데, 삼가고[謹愼] 주도면밀해[周密] 스스로 모범을 보였으며[自著], (마음의) 안팎으로 아무런 차이가 없었다. 큰 정사를 결정할 때면 이미 결정을 하고 나서는 문득 편지를 보내 병이 났다고 말하고서 물러났으며, 조령(詔令)이 있었다는 말을 들으면 이에 놀라 관리를 승상부에 보내 묻게 했다. (그래서) 조정 대신을 비롯한 어느 누구도 그가 (조정의) 토의에 참여하는지[與議=豫議]를 알지 못했다.

일찍이 사람을 천거한 적이 있는데, 그 사람이 와서 감사의 인사를 하면 안세는 크게 탓하며, 뛰어난 이를 들어 올리고 유능한 이를 자리에 이르게 한 것인데 어찌 사사로이 감사할 수 있는가라며 그 사람과 통교를 끊어버렸다. 어떤 낭관은 공로가 높은데도 뽑히지 않자[不調=不選] 스스로 불만을 말하니, 안세는 "그대의 공이 높은 것은 눈 밝은 주상께서 아실 것이네. 신하가 어찌 일을 하면서 그에 대한 장단점을 스스로 말할 수 있는가!"라며 그에 대해 단호하게 말했다. 얼마 후에 낭이 과연 승진을 했다. 또 막부의 장사가 승진을 해서 다른 관직으로 옮기게 됐을 때 안세가 자신의 과실에 대해 물었다. 장사가 말했다.

"장군께서는 눈 밝은 주상의 고굉과도 같은 신하이면서 선비 하나도 추천을 아니 하시니 논하는 자들은 그것을 기롱합니다."

안세가 말했다.

"눈 밝은 주상께서 위에 계시고 뛰어난지 아닌지는 확연히 드러나니, 신하는 그저 스스로를 닦기만 하면 되지 어찌 선비를 알아서 그를 천거한다는 것인가?"

그가 명성이나 업적을 숨기고 권세로부터 떨어지려 했던 것이 이와 같았다.

안세가 광록훈으로 있을 때 낭(郞) 한 명이 술에 취해 전상(殿上)에서 소변을 눴다. 주사(主事)가 법에 따라 처벌할 것을 건의하자 안세가 말했다.

"술이 취했는데 그런 생리현상을 어찌 알겠는가? 어떻게 작은 허물로 죄를 만들 수 있겠는가?"

또 다른 낭 한 명이 관비와 간음을 하니 비의 오빠가 신고를 했다. 이에 안세가 말했다.

"노비가 화가 나서 우리 의관을 더럽혔다."

관아에 고발해 그 노비를 유배 보냈다. 그가 다른 사람의 허물이나 과실을 숨겨준 것이 다 이런 식이었다.

안세는 스스로 부자(父子)가 존귀해진 데 대해 늘 편안치 못한 생각을 품고 있어 아들 연수를 지방으로 내보내려 하자 상은 그를 북지태수(北地太守)로 삼았다. 1년여 후에 상은 안세가 연로한 점을 안타깝게 여겨 연수를 다시 불러들여 좌조태복(左曹太僕)으로 삼았다.

애초에 안세의 형 하(賀)는 위(衛)태자에게 총애를 받았다. 태자가 패멸하자 그의 빈객들이 모두 주멸됐는데, 안세가 하를 위해 (천자에게) 글을 올리는 바람에 잠실(蠶室)에 내려질 수 있었다.[6] 그 뒤에 하는 액정령(掖庭令)이 됐고 훗날의 선제(宣帝)가 황증손이라 해 당시 액정에서 거두어 길렀다. 하는 내심 태자에게는 죄가 없는데 증손이 고립되고 어리다 해 피해를 입고 있는 것이라 여겨 온 힘을 다해 황증손을 기르고 돌보아 그 은혜가 참으로 깊었다. 증손이 성장하자 하는 책 읽기를 가르쳤고 『시경(詩經)』을 배우게 했으며, 그를 위해 허비(許妃)를 아내로 맞을 수 있게 해주었고 가정을 꾸릴 수 있도록 자신의 재산까지 내어주었다. 증손에게는 여러 차례 이상한 징조들이 있었는데 상세한 이야기는 「선기(宣紀)」에 실려 있다.

하가 그것을 들어서 알고는 안세에게 말하며 증손의 재능이 뛰어남을 칭찬했다. 안세는 곧바로 이야기를 못 하게 막았다. 지금 어린 임금이 위에 있으니 마땅히 증손에 관해서는 칭찬이나 언급조차 해서는 안 된다고 여겼기 때문이다. 선제가 자리에 나아갔을 때 하는 이미 죽었다. 상이 안세에게 말했다.

"액정령은 평생 나를 칭찬했고 장군은 그것을 못하게 했다는데 둘 다 옳다."

상은 하의 은혜를 추억해 그의 무덤을 (추)봉해 그를 은덕후(恩德侯)로 삼고 묘지기 200가구를 두려고 했다. 하에게는 아들 하나가 있었는데 일찍 죽어 자식이 없었기 때문에 안세의 어린 아들 팽조를 양자로 삼았다

---

6 이는 부형(腐刑), 즉 궁형(宮刑)을 당했다는 말이다. 궁형을 하고 나면 따뜻한 밀실에서 얼마간 있어야 했는데, 그 환경이 누에를 기르는 방과 비슷하다 해서 이런 말이 생겨났다.

[子]. 팽조도 어려서부터 상과 함께 자리를 하며 책을 보았기 때문에 상의 뜻은 그를 봉하려는 데 있었다. 우선 관내후의 작위를 내려주었다. 그래서 안세는 하를 봉해주려는 데 대해 깊이 사절했으나 들어주지 않았고 다시 무덤을 지키는 가구를 줄여줄 것을 청해 점점 줄어들어 30가구가 됐다. 상이 말했다.

"내 스스로 액정령을 위해 한 것이지 장군을 위함이 아니다."

안세는 마침내 그치고 그 문제에 대해 감히 다시는 말하지 않았다. 드디어 조서를 내려 말했다.

"이에 고(故) 액정령 장하(張賀)를 위해 무덤지기 30가구를 두도록 하라."

상은 직접 그 마을을 정해 묘의 서쪽, 투계옹(鬪鷄翁) 집의 남쪽에 두었는데 상이 어릴 때 일찍부터 놀러다니던 곳이었다. 이듬해 다시 조서를 내려 말했다.

"짐이 아무깃도 모르던 시절 고(故) 액정령 장하가 짐의 몸을 보도(輔道)해 문학과 경술을 닦게 했으니 그 은혜는 탁월하고 그 공로는 성대하다. 『시경(詩經)』에 이르기를 "말을 하면 반드시 답을 해야 하고 은덕을 입으면 반드시 보답해야 한다"[7]라고 했으니, 이에 하(賀)의 동생의 아들 시중 관내후 팽조를 양도후(陽都侯)로 삼고, 하에게는 시호 양도애후(陽都哀侯)를 내려주노라."

이때 하에게는 고아인 손자[孤孫] 패(覇)가 있어 나이가 7세였는데, 그 아이를 제배해 산기중랑장(散騎中郞將)으로 삼고 관내후의 작위를 내려주

---

7 「대아(大雅)」 '어(抑)' 편에 나오는 구절이다.

었으며, 식읍은 300호였다. 안세는 부자가 후에 봉해져 관위(官位)가 너무 성대하다고 여겨 녹을 사양했으나 받아들여지지 않았다. 도내(都內-천자의 사금고)에 조하여 별도로 장씨(張氏)가 헌납한 무명전(無名錢-일종의 헌금)을 받게 하니 그 액수가 100만을 헤아렸다.

안세는 존귀해져 공후(公侯)가 됐고 식읍은 1만 호였으나 몸에 걸친 옷은 검은색의 두꺼운 비단이었고 부인은 직접 실을 뽑았으며 가동(家童)은 700명이었는데 모두 수공업과 생산에 종사하게 해 점점 부가 쌓여, 이 때문에 재물이 계속 늘어가 부유하기가 곽광보다 앞섰다. 천자는 대장군을 존경하면서도 꺼렸지만 내심 곽광보다 안세에게 더 친근했고 마음으로도 가까웠다. 원강(元康) 4년 봄에 안세는 병이 나자 소를 올려 후(侯)를 반납하고 관직을 면해줄 것을 청했다[乞骸骨]. 천자가 이에 답해 말했다.

"장군이 나이가 많아 병에 걸리니 짐은 심히 마음이 아프다. 비록 일을 볼 수는 없고 만 리 국경을 다루는 외교 업무 또한 챙길 수 없겠지만, 그대는 옛 황제의 대신(大臣)으로 어지러움을 다스리는 데[治亂] 밝아, 짐이 미처 모르는 문제들이 있으면 여러 차례 물어서 해법을 구했다. 그런데 무슨 서운함이 있어 글을 올려 위장군(衛將軍)과 부평후(富平侯)에서 물러나겠다는 글을 올리니, 다움이 모자란 짐은 그 연유를 모르겠고 짐이 바라는 바도 아니다. 바라건대 장군은 식사를 잘하고 의약을 잘 챙겨서 정신을 온전히 해 천년토록 보필해야 할 것이다."

안세는 다시 건강을 회복해 일어나 정사를 보았지만 그 해 가을에 이르러 훙(薨)했다. 천자는 인끈[印綬]을 내려주었고 경거(輕車-덮개 없는 수레)와 갑사(甲士)를 보내 장례를 치르게 했으며 시호는 경후(敬侯)라고 했다. 두(杜)의 동쪽에 장지를 내려주었으며 장작(將作-궁실 축조 담당)이 무덤을 파고 묘와 사당을 세웠다. 아들 연수(延壽)가 뒤를 이었다[嗣].[8]

연수(延壽)는 이미 지위가 구경(九卿)을 지냈지만 후의 작위를 이어받게 돼 봉국이 진류군(陳留郡)에 있었고, 그와는 별도의 봉읍이 위군(魏郡)에 있어 조세 수입이 1년에 1,000여만 전에 이르렀다. 연수는 스스로 아무런 공로나 다움도 없는데 어찌 능히 선조의 큰 봉국을 오랫동안 감당할 수 있겠냐고 생각해 여러 차례 글을 올려 식읍을 줄여줄 것을 청했고, 또한 동생인 양도후 팽조의 입을 통해 자신의 지극한 정성을 전해 올렸다. 천자는 이를 겸양의 덕으로 받아들이고서, 이에 그 봉지를 평원군(平原郡)으로 옮기고 합쳐서 하나의 봉국으로 만들어, 읍호의 수는 예전대로 하되 조세는 반으로 줄여주었다. 훙하니 시호를 내려 애후(愛侯)라고 했다. 아들 발(勃)이 이어받아 산기간대부(散騎諫大夫)가 됐다.

원제(元帝)가 즉위한 초기에 열후들에게 무재(茂才)들을 천거할 것을 조하니 발은 태관헌승(太官獻丞)[○ 소림(蘇林)이 말했다. "헌승은 공물과 헌물을 담당한다."] 진탕(陳湯)를 추천했다. 탕(湯)이 죄를 짓는 바람에 발은 연좌돼 읍호 200호가 깎였고, 마침 훙하니 시호를 내려 무후(繆侯)[○ 사고(師古)가 말했다. "사람을 잘못 추천했다고 해서 나쁜 시호[惡諡]를 내린 것이다. 무(繆)란 거짓 혹은 망령되다[妄]는 뜻이다."]라고 했다. 뒤에 탕이 서역에서 공을 세우자 세상 사람들은 발이 사람을 알아보았다[知人]고 말

---

8 직위를 이었다는 뜻이다

했다. 그의 아들 림(臨)이 이어받았다.

림 또한 겸손하고 검약해 전각에 오를 때마다 늘 조심스레 탄성을 내며 말했다.

"상홍양과 곽우[桑霍]가 우리의 경계가 돼주니 어찌 두텁지 않겠는가!"

장차 죽음을 앞두고는 재산을 종족과 옛 친구들에게 나누어주고서 장례는 엷게 하고[薄葬] 봉분을 일으키지 말라고 했다. 림은 (원제의 여동생) 경무공주(敬武公主)와 혼인했다[尙霍]. 훙하니 아들 방(放)이 이어받았다.

홍가(鴻嘉) 연간에 상(上-성제)은 무제(武帝)의 고사를 따라서 근신들과 함께 유연(遊宴)을 하고자 했다. 방은 공주의 아들로서 마음을 열고 매사를 민첩하게 처리했기 때문에 총애를 얻었다. 방이 황후의 동생 평은후(平恩侯) 허가(許嘉)의 딸을 아내로 맞이하자 상은 방을 위해 (황실의) 장막을 내려주고 제1등 저택[甲第]을 주었으며, 거기에 승여와 각종 복식 등을 가득 채워주었고, "천자는 며느리를 맞았고 황후는 딸을 시집보냈도다"라는 칭송이 생겨났다. 대관(大官)과 사관(私官-황후의 관리)이 나란히 그 집에 필요한 것들을 댔고, 양 궁(兩宮-태후와 황후)에서 보낸 사자의 관과 수레 덮개가 끊어지지 않아 상으로 내려준 것이 천만을 헤아렸다. 방은 시중중랑장(侍中中郞將)이 돼 (상림원 내의) 평락관(平樂觀)의 둔병을 감독했고 막부를 두어 의례가 장군과 같았다. 주상과 일어나고 눕는 것[臥起]을 함께할 만큼 그 총애가 비할 바가 없었고, 늘 상을 따라서 미행해 밖으로 나가 북쪽으로는 감천(甘泉)에 이르고, 남쪽으로는 장양궁(長楊宮), 오작궁(五柞宮)에 이르렀으며, 장안성 안에서는 투계와 경마[走馬]를 즐겼고,

이러기를 여러 해 동안 계속했다.

이때 상의 여러 외삼촌들은 모두 이런 총애는 폐단을 일으킬 수 있다며 태후에게 건의를 했다. 태후는 상의 춘추가 아직 어리기[富] 때문에 행동에 절제가 없는 것은 대부분 방의 탓이라고 여겼다. 그 무렵 자주 재이(災異)가 있었고 조정에서 의견을 내는 자들[議者]은 그 허물을 방 등의 탓으로 돌렸다. 이에 승상 선(宣-설선(薛宣)), 어사대부 방진(方進-적방진)이 아뢰어 말했다.

"방(放)은 교만 방자하고 음란 사치해 절제하는 바가 없습니다. 그 전에 시어사(侍御史) 수(修) 등 네 명이 사명을 받들어 방의 집에 이르렀을 때 이름이 알려져 있는 자를 조서에 따라 체포하려는데, 이때 방은 집 안에 있었지만 노비들이 문을 닫고서 무기와 쇠뇌를 들고 관리들을 겨냥하며 사자를 거절해 안으로 들어갈 수 없게 했습니다. 이유군(李游君)이라는 남자가 여사를 바치려 한다는 것을 알고서 악부(樂府)의 음감(音監-음악감독) 경무(景武)를 시켜 강압적으로 바칠 수 없게 하려고 노비 강(康) 등으로 하여금 그의 집에 가게 해 세 명에게 상해를 입혔습니다. 또 현관(縣官)의 일로 악부의 유요(游徼-마을 순회 순찰 요원) 망(莽)에게 원한을 품어 노비의 두목 준(駿) 등 40여 명을 시켜 무리를 짓게 해 무기와 쇠뇌로 무장하고서 한낮에 악부에 들어가 관시(官寺)를 공격하고, 그 장리(長吏)와 자제들을 포박하고 무기를 파괴하는 바람에, 중궁 낭에서는 모두 도망치고 달아나 엎드리고 숨느라 야단이었습니다. 망은 스스로 머리를 깎고 목에 쇠칼을 찬 채 붉은 옷을 입었고, 유수(留守)의 영사(令史) 조(調) 등은 모두 맨발로 나와[跣] 머리를 땅바닥에 조아리며 방에게 사죄하니, 방은 그때서야 그쳤습니다. 방의 노비들과 그의 일족까지도 모두 권세에 올라타 포학한 짓을 자행해, 관리의 아내를 차지하려다가 뜻을 이루지 못하자 그 지아비를 죽이고, 혹은 어떤 사람을 미워해[恚=怒] 망령되이 그 친족들까지 죽이고는 곧장 방의 집에 숨어들어가면 체포할 수가 없으니 제대로 법으로 다스릴 수가 없습니다. 방은 행실이 경박하고 연달아 큰 죄악을 범하는 바람에 음양의 허물에도 감응을 일으켜 신하 된 자 중에 불충(不忠)으로는 우두머리이며, 죄명은 비록 드러났으나 예전의 은혜를 입어 무사할 수 있었습니다. 하지만 그의 교만은 도리에 크게 어긋나 모반과 아무런 차이가 없으며, 따라서 신하들의 악 중에 이보다 큰 것은 없으니 마땅히 숙위하는 자리에 있어서는 안 될 것입니다. 신들이 청하건대 방을 면직해 봉국으로 돌려보냄으로써 온갖 간악스러움의 싹을 잘라버려 온 나라 안의 인심을 채워주셔야[厭=滿] 할 것입니다."

상은 어쩔 수 없이 방을 좌천시켜 북지도위(北地都尉)로 내보냈다. (그러나) 몇 달 뒤에 다시 불러들여 시중(侍中)으로 삼았다. 태후가 방의 일을 다시 말하니 그를 내보내 천수군(天水郡) 속국도위(屬國都尉)로 삼았다. 영시(永始) 원연(元延) 연간에 해를 이어 일식이 일어났고, 그 때문에 오랫동안 방을 도성으로 불러들이지 못했지만, 새서(璽書)를 보내 방을 위로하는 일은 끊이지 않았다. 그곳에 머문 지 1년여가 됐을 때 방을 불러 자기 저택으로 돌아가게 해 어머니인 공주의 병을 간호하게 했다. 여러 달 후에 공주의 병이 낫자 방을 내보내 하동도위(河東都尉)로 삼았다. 상은 방을 아꼈으나 위로는 태후의 압박이 있고 아래로는 대신들이 반대했기 때문에 늘 눈물을 흘리면서 그를 내보냈다. 뒤에 다시 방을 불러 시중 광록대부(侍中光祿大夫)로 삼았는데 작질은 중(中) 2,000석이었다. 1년여 후에 승상 방진이 다시 방의 일을 아뢰니 상은 어쩔 수 없이 방을 면직하고, 500만 전을 내려주며 봉국으로 돌아가게 했다. 여러 달 후에 성제(成帝)가 붕(崩)하자 방은 (성제를) 사모해 곡을 하며 울다가 죽었다.

애초에 안세의 장남 천추(千秋)와 곽광의 아들 우(禹)가 함께 중랑장(中郎將)이 돼 병사들을 이끌고 도료(度遼)장군 범명우(范明友)를 수종해 오환(烏桓)을 쳤다. 돌아와 대장군 광을 알현하자 광이 천추에게 전투의 방략과 산천의 형세를 물으니 천추가 구두로 군사의 일을 말했는데, 땅에 줄을 긋고서 지도를 만들어 어느 것 하나도 남김없이 답했다. 광은 다시 우에게 물었지만 우는 아무것도 기억하지 못하고 말했다.

"모두 문서에 기록돼 있습니다."

광은 이를 보면서 천추를 뛰어나다고 여기고 우는 재주가 없다고 보아 한탄해 말했다.

"곽씨의 세상은 가고 장씨 집안이 흥하리라!"

우는 주살되기에 이르렀지만 안세의 자손들은 서로 이어가면서 출세를 해 선제(宣帝)와 원제(元帝) 이래로 시중, 중상시(中常侍), 여러 조의 산기(散騎), 각종 교위(校尉) 등에 오른 사람이 모두 10여 명이었다. 공신의 집안 중에서 오직 김씨(金氏)와 장씨(張氏)만이 친근과 총애를 받은 점에 있어서 외척에 비견될 만했다.

방의 아들 순(純)이 후의 작위를 이어받았는데, 공손하고 검소하며 스스로를 닦아[自修] 한나라의 제도와 고사를 잘 익혀 경후(敬侯)의 유풍이 있었다. 왕망(王莽) 때에도 작위를 잃지 않았고 (후한) 건무(建武) 연간에 지위는 대사공(大司空)에 이르렀으며, 다시 부평현(富平縣)의 별향(別鄕)을 봉해 무시후(武始侯)가 됐다.

장탕(張湯)은 본래 두릉(杜陵)에 살았고, 안세는 무제, 소제, 선제 때마다 그 능을 따라 모두 세 번 옮겼고 다시 두릉으로 돌아왔다.

찬(贊)하여 말했다.

"풍상(馮商)[○ 사고(師古)가 말했다. "유흠(劉歆)의 『칠략(七略)』에 이르기를 상(商)은 양릉(陽陵) 사람이며 『주역(周易)』을 배웠고, 오록충종(五鹿充宗)을 섬겼으며 속문(屬文)에 능했다고 한다."]은 장탕의 선조가 유후(留後-장량)와 같은 선조라고 했지만 사마천은 이에 관해 언급하지 않았기 때문에 여기에서도 그 점은 뺐다. 한나라가 일어난 이래 후(侯)가 된 사람은 100여 명이나 되지만 자신을 보호하고 총애를 유지한 사람 중에 부평후만 한 사람이 없다. 탕(湯)은 비록 가혹했으나[酷烈] 자기 몸에 허물이 될지언정 뛰어난 이를 추천하고, 다른 사람의 좋은 점을 말한 점 때문에 진실로 마땅히 그 후손들이 복을 누릴 수 있었다. 안세(安世)는 정도를 밟아[履道] 가득 차되 넘치지 않았다[滿而不溢]. 하(賀)가 쌓은 음덕(陰德) 또한 (집안이 번성하는 데) 도움이 됐다고 할 수 있다."

권
◆
60

두주전
杜周傳

두주(杜周)는 남양군(南陽郡) 두연(杜衍) 사람이다. 의종(義縱, ?~기원전 117년)¹이 남양태수로 있을 때 주(周)를 발톱과 어금니[爪牙] 같은 수족으로 부렸고 장탕(張湯)에게 천거해 정위(廷尉)의 사(史)가 되게 했다. 명을 받아 오랑캐의 침입으로 변방이 입은 손실을 조사했는데 그가 사형을 판결해 죽은 자가 아주 많았다. 일을 아뢰는 것이 상(-무제)의 뜻에 맞아

---

1 젊어서는 도둑이었다. 누이가 의술로 황태후(皇太后)의 총애를 받아 그도 중랑(中郞)이 됐다가 상당군(上黨郡) 현령에 올랐다. 치적이 있어 장릉(長陵)과 장안(長安)의 영(令)이 됐다. 법대로 일을 처리하면서 권귀(權貴)를 두려워하지 않았다. 하내도위(河內都尉)로 옮겨 호족 양씨(穰氏)의 일족들을 멸문시키니 하내(河內) 사람들이 조금도 범죄를 저지르지 않았다. 남양태수(南陽太守)로 옮겨 혹리(酷吏)인 관도위(關都尉) 영성(甯成)을 징계하고 집안을 궤멸시켰다. 나중에 우내사(右內史)로 옮겼다. 무제(武帝)가 양가(楊可)를 시켜 고민(告緡)을 주관하게 했는데 양가의 사자를 체포하자 무제가 화를 내 벌을 내려 기시(棄市)됐다.

권60 두주전(杜周傳) 79

[中意] 중용됐고 감선(減宣, ?~기원전 101년)[2]과 함께 중승(中丞)의 직무를 10여 년 동안 수행했다.

주(周)는 말이 많지 않았고 진중해 매사를 천천히 처리했지만 내면의 냉혹함은 뼛속까지 파고들 정도였다. 선(宣)이 좌내사(左內史)가 됐을 때 주는 정위가 됐는데 그가 일을 다스리는 법은 대체로 장탕을 본떠[放=依] 상의 뜻을 잘 살폈다. 상이 배척하려는 자가 있으면 곧바로 함정에 빠뜨렸고, 상이 풀어주려는 자가 있으면 오랫동안 가두었다가 상이 묻기를 기다려 그의 억울한 정황을 슬쩍 비쳤다[微見]. 어떤 객이 주에게 말했다.

"그대는 천하를 위해 판결해야 하는 자리에 있으면서 삼척법(三尺法) 〔○ 맹강(孟康)이 말했다. "석 자 크기의 나뭇조각에 법률을 기록해두었기 때문에 이렇게 말한 것이다."〕은 따르지 않고 오로지 임금의 의지에 따라 옥사를 행하니 옥관이란 원래 이런 것입니까?"

주가 대답했다.

---

2 좌사(佐史)로 있는 동안 맡은 일을 완벽하게 해 하동태수의 관청에서 일하게 됐다. 이때 위청이 말을 사기 위해 하동군에 갔었는데, 감선의 일처리가 뛰어난 것을 보고는 그를 무제에게 천거했다. 감선은 대구승(大廄丞)에 임명됐다. 감선은 승진을 거듭해 어사(御史)가 되고 또 중승(中丞)이 됐다. 무제는 감선으로 하여금 주보언의 죄를 다스리게 하고 또 회남왕의 모반을 다스리게 했다. 감선은 법조문을 세밀하게 적용해 매우 많은 이를 처형시켰는데 과감히 판결했다해 칭찬을 받았다. 이후 파면됐다가 기용되기를 여러 차례 거듭하면서 거의 20여 년을 어사와 중승으로 있었다. 이후 벼슬에서 쫓겨났다가 우부풍이 됐다. 이때 감선은 성신(成信)을 몹시 미워했는데, 성신이 달아나 상림원(上林苑)에 숨으니 감선은 미현(郿縣)의 현령으로 하여금 성신을 죽이도록 했다. 이에 미현의 이졸들이 성신에게 화살을 쏘아 죽였는데 화살이 상림원의 문에 꽂히고 말았다. 이 일로 감선은 죄를 지어 형리에게 넘겨졌고, 대역죄로 일족이 몰살되고 자신은 스스로 목숨을 끊었다.

"삼척법이라는 게 어디서 나온 것입니까? 전(前) 임금이 옳다고 해서 만든 것을 율(律)이라 하고, 뒤에 임금이 옳다고 해 기록한 것을 영(令)이라고 합니다. 때에 맞춰 옳은 것이 있는 것인데 어찌 옛날의 법만 따르겠습니까?"

주가 정위가 되자 황제의 명으로 처리해야 하는 사건[詔獄(조옥)]이 더욱더 많아졌다. 2,000석 관리로 감옥에 갇힌 자들은 앞서 체포된 자들과 새로 체포된 자들을 합치면 100여 명에 이르렀다. 또 군(郡)의 관리와 승상부나 어사부[大府(대부)]의 관리들도 검거되면 정위에 넘겨졌는데 한 해에 1,000여 건에 이르렀다. 큰 사건의 경우 연좌돼 증인으로 심문받는 자만 수백 명이고, 작은 사건의 경우에도 수십 명에 달했다. 소환돼 멀리서 오는 사람은 수천 리 떨어진 곳에서 왔고, 가까운 경우라도 수백 리나 됐다. 옥리는 심문할 때 고소장에 의거해 탄핵하고 논고해 죄를 인정하게 했으며, 만약 불복할 때에는 매질을 해서라도 죄과를 확정 지었다. 이에 사람들은 체포하러 온다는 소식만 들어도 모두 도망쳐 숨어버렸다. 오랫동안 감옥에 갇힌 자들은 몇 차례의 사면이 내려져도 그 혜택을 입지 못하는 경우가 많았다. 일단 달아났다가 10여 년 뒤에 고발당한 자는 대개 부도죄(不道罪-무고한 일가 세 사람을 죽이는 것) 이상의 큰 죄로 처형됐다. 정위와 중도관(中都官-수도에 두었던 관리)이 조서를 받들어 다스린 죄인만 해도 6만, 7만 명에 이르고 그밖의 관리들이 다른 법령으로 체포한 죄인은 10만여 명이 됐다.

주는 중도에 면직됐지만 뒤에 집금오(執金吾)가 돼 상홍양(桑弘羊)과 위(衛)황후 형제의 자식들을 추격해 체포했는데 법률 적용이 각박하고 가

혹했다[刻深]. 상은 이에 대해 그가 온 힘을 다했고 사사로움이 없었다[無私]고 해 승진시켜[遷] 어사대부로 삼았다.

(이에 앞서) 처음으로 정위의 사(史)가 됐을 때 가진 것이라고는 말 한 마리뿐이었는데, 오랫동안 일을 맡아 삼공(三公)의 반열에 오르고 두 아들도 하남군과 하내군에서 황하를 끼고서 군수가 돼 그의 자산은 거만(巨萬)을 헤아렸다[訾]. 그들이 옥사를 다스린 방식은 모두 가혹하고 사나웠지만[酷暴] 오직 막내아들 연년(延年)만은 행실이 너그럽고 두터웠다[寬厚]고 한다.

연년(延年)은 자(字)가 유공(幼公)이고 참으로 법률에 밝았다. 소제(昭帝)가 즉위한 초기에 대장군 곽광이 정권을 쥐고 있었는데 연년은 삼공(三公)의 아들로서 관리의 재능[吏才]이 넉넉해 군(軍) 사공(司空)에 보임됐다. 시원(始元) 4년에 익주(益州)의 오랑캐[蠻夷]들이 반란을 일으키자 연년은 교위로서 남양군(南陽郡)의 병사들을 이끌고 익주를 치고 돌아와 간대부가 됐다. 좌장군 상관걸 부자가 개주(蓋主)랑 연왕(燕王)이랑 음모를 꾸며 반란을 일으키자, 도전(稻田)사자를 가탁한 연창(燕倉)이 그것을 알아차리고서 이를 대사농 양창(陽敞)에게 고했다. 창(敞)은 두려워 편지를 올려 병이 났다고 하고서 이를 연년에게 말했다. 연년이 이를 위에 보고하자 걸(桀) 등은 복주됐다. 연년은 봉작을 받고서 건평후(建平侯)가 됐다.

연년은 본래 대장군 곽광(霍光)의 부하 관리였다가 가장 먼저 큰 역모를 터뜨려 충절을 보였고, 이로 말미암아 발탁돼 태복 우조 급사중(太僕右曹給事中)이 됐다. 광(光)은 형벌에 기대어 늘 엄격했지만 연보는 너그러움

[寬]으로 그것을 보완했다. 연왕(燕王)의 옥사를 다스릴 때 어사대부 상홍양의 아들 천(遷)이 달아나니 아버지의 옛 부하 관리[故吏] 후사오(侯史吳)에게 허물을 돌렸다. 뒤에 천이 붙잡혀 법에 따라 처리됐다. 마침 사면령이 내려져 후사오는 자진 출두해 감옥에 들어갔다. 정위 왕평(王平)과 소부(少府) 서인(徐仁)이 공동으로 모반 사건을 다스렸는데, 둘 다 천은 아버지의 모반에 연좌됐고 후사오는 그를 숨겨준 것이니, 이는 모반을 한 당사자를 숨겨준 것이 아니라 모반에 연좌된 자를 숨겨준 것이라고 보았다. 곧바로 사면령이 떨어지자 오(吳)의 죄를 면제해주었다. (그런데) 뒤에 시어사(侍御史)가 다시 그 일의 실상을 조사해보니 천은 경술(經術-유학)에 능통한 자로 아버지가 모반을 하는 것을 알고서도 간쟁을 하지 않았다는 점에서 반란을 일으킨 장본인과 크게 차이가 없고, 후사오는 전(前) 300석 관리로서 앞장서 천을 숨겨주었으니 일반 서인들이 단순히 연좌된 자를 숨겨준 것과는 같을 수 없다고 보아 오를 사면해서는 안 된다고 판단했다. 이에 재심을 청해 모반자를 풀어준[縱=放] 혐의로 정위와 소부를 탄핵했다. 소부 서인은 곧 승상 차천추(車千秋)의 사위이고, 그래서 천추는 여러 차례 후사오를 위하는 말을 했었다. 그러나 광(光)이 들어주지 않을까 봐 두려워 천추는 곧바로 중(中) 2,000석 관리, 박사 등을 불러 공거문(公車門-사마문)에 모이게 해서 법률상 오의 죄가 어디에 해당하는지를 토의하고 묻게 했다. 의견을 내는 자들[議者]은 대장군의 뜻을 알고 있었기 때문에 모두 오는 부도(不道)한 짓을 했다고 말했다. 다음 날 천추가 봉서에 담아 여러 의견들을 올리자, 광은 이에 천추가 중 2,000석 이하를 제 마음대로[擅] 불러 안팎이 다른 말을 했다며, 드디어 정위 평과 소부 인을 감옥에

내려보냈다[下獄]. 조정에서는 모두 승상(-차천추)이 죄에 연루될 것을 두려워했다. 연년(延年)은 마침내 광에게 의견서를 내어 간쟁했는데 그 내용은 이러했다.

'관리가 죄인을 풀어줄 때에는 일정한 법 규정[常法]이 있는데, 지금 오를 무고해[詆=誣] 부도(不道)를 저질렀다고 하니 법을 너무 각박하게 적용한 것이 아닌가 싶습니다. 또 승상은 평소에도 자신의 정견(定見)은 없고 다만 아랫사람을 위해 좋은 말을 한 것이니, 이는 다 평소에 그가 보여주는 행동일 뿐입니다. 제 마음대로 중 2,000석 이하를 불렀다고 하는 말에 이르러서는 참으로 아무런 실상도 없습니다. 연년의 어리석음으로 보더라도 승상은 오래된 신하[久故=故舊]이고, 돌아가신 선제께서 불러 그에게 일을 맡겼는데 그동안 아무런 큰 사고가 없었던 점을 감안하면 결코 내쳐서는 안 될 것입니다.

근래에 백성들 사이에서는 자못 옥사가 너무 각박하고 관리들은 잔혹하다고 말들을 하는데, 지금 승상이 의견을 모은 일 때문에 또 옥사가 일어나 그것이 승상에게 미치려 하니 이는 많은 사람들의 마음에 부합하는 일이 아니라고 여깁니다. 많은 아래 관리들이 시끄럽게 떠들어대니[讙譁] 일반 서인들도 각자 사사로운 의견들을 말해 유언비어가 사방으로 퍼져가고 있어, 연년은 남몰래 장군께서 이런 일로 인해 천하에 그 신망을 떨어뜨릴까 걱정스럽습니다.'

광은 정위와 소부가 법을 농간했다 해 경중을 가려 그들 둘 다 기시(棄市)할 것을 논했지만 승상에게는 미치지 않았고 끝내 승상은 아무런 피해를 당하지 않았다. 연년이 논하고 의견을 내는 것[論議]이 공평함을 유지해[持平] 조정을 화합시켰는데 모두 다 이런 식이었다.
  지평

  국가가 사치하고 군사 동원을 자주 했던 무제(武帝)의 뒤를 이은지라 (연년은) 여러 차례 대장군 광에게 말씀을 올렸다.

  "해마다 수확이 좋지 못해 유민들이 미처 다 돌아오지 못하고 있습니다. 마땅히 효문 시대의 정치를 닦으시어 검약과 관대함을 보이시고 하늘의 마음에 고분고분하시어 백성들의 마음을 기쁘게 하신다면 해마다 마땅히 풍년으로 응답할 것입니다."

  광은 그 말을 받아들여 현량을 천거하게 하고 토의해 술과 소금과 철의 전매를 없앴으니 모두 다 연년이 발의한 데서 나온 것이다. 관리와 백성이 글을 올려 일의 편리함을 말하면, 설사 의견이 다르더라도 곧바로 연년에게 내려보내 공평하게 그 가부(可否)를 판단한 다음에 다시 아뢰었다. 관직으로 쓸 만한 자가 있어 추천하면 그를 현령이나 승상 혹은 어사의 양부에서 제배해 쓰게 하고, 기간이 만료되면 그 인사고과를 보고했고, 혹은 법에 저촉되는 자가 있으면 늘 양 부(-승상부와 어사부)와 정위(-연년)에 나눠서 내려보냈다.

  소제(昭帝)는 말년에 병으로 누워 지냈고 천하의 명의들을 불렀는데 연년이 처방과 약[方藥]을 담당했다. 제(帝)가 붕(崩)하자 창읍왕(昌邑王)
            방약
이 즉위했으나 곧 폐위됐고 대장군 광, 거기장군 장안세는 대신들과 누구를 세울 것인지를 토의했다. 당시에 선제(宣帝)는 후궁[掖庭]의 손에서 자랐는데 황증손(皇曾孫)이라 불렸고, 연년의 둘째 아들 타(佗)와 서로 아끼고 좋아해 연년은 증손의 사람됨[德]이 아름답다는 것을 알고서 광과 안
                                      덕
세에게 그를 세울 것을 권했다. 선제가 즉위해 대신들을 포상했는데, 연년

은 계책을 정하고 종묘를 안정시켰다 해 읍호 2,300호가 더해졌고, 처음 봉해질 때 받은 식읍까지 합쳐 모두 4,300호가 됐다. 유사(有司-해당 부서)에 조하여 천자를 책립한 공로를 논하게 하니 대사마 대장군 광의 공로와 다음은 (한나라 개국 당시의) 태위 강후(絳侯) 주발(周勃)보다 더 컸고, 거기장군 안세와 승상 양창(陽敞)의 공로는 (한나라 개국 당시의) 승상 진평(陳平)과 비슷했으며[比=匹敵], 전장군 한증(韓增), 어사대부 채의(蔡誼)의 공로는 (한나라 개국 당시의) 영음후(潁陰侯) 관영(灌嬰)과 비슷했고, 태복 두연년(杜延年)의 공로는 (한나라 개국 당시의) 주허후(朱虛侯) 유장(劉章)과 비슷했으며, 후장군 조충국(趙充國), 대사농 전연년(田延年), 소부 사악성(史樂成)[○ 사고(師古)가 말했다. "「곽광전(霍光傳)」에는 사악성(使樂成)으로 돼 있고 「공신후표」에는 편악성(便樂成)으로 돼 있다. 살펴보면 사(史)와 사(使)는 하나인 듯하고, 표에 있는 편(便)은 사(使)를 잘못 쓴 것으로 보인다."]의 공로는 전객(典客) 유게(劉揭)와 비슷했는데 모두 후에 봉해졌고 봉토를 더 받았다.

연년은 사람됨이 편안하고 온화했으며[安和] 여러 가지 업무에 밝아 오랫동안 조정에서 실무를 맡아 상은 그를 신임했고, 그래서 궐 밖을 나가게 되면 어가를 호종했으며 궐 안에 있으면 급사중(給事中)으로서 상을 모셨고, 구경(九卿)의 지위에 있은 지 10여 년이 돼 상(賞)이나 선물로 받은 것은 수천만을 헤아렸다[訾].

곽광이 훙(薨)한 뒤에 아들 우(禹)는 종족들과 함께 모반을 했다가 주살됐다. 상은 연년이 곽씨의 오랜 지인[舊人]이기 때문에 퇴진시키고 싶어 했는데, 때마침[矢先] 승상 위상(魏相)이 아뢰기를 연년은 평소 귀한 신분으로 정사에 깊이 관여해 관직에 있으면서 간사한 짓들을 한 것이 많다고 아뢰었다. 이에 관리를 보내 조사를 했지만 단지 동산에 말들이 많이 죽어 있었고, 관노비는 옷과 음식도 제대로 챙겨 먹지 못하고 있는 것으로 드러나 연년은 그 죄로 면직되고 봉읍 2,000호만 깎였다. 몇 달 뒤에 다시 부름을 받아 제배돼 북지(北地)태수가 됐다. 연년은 전(前) 구경으로서 변방 관리가 됐지만 군을 다스리는 치적이 별로 좋지 않아 상은 새서(璽書)로 연년을 꾸짖었다[讓=責]. 이에 연년은 훌륭한 관리들을 뽑아 써서[選用] 지역 내 호강한 무리들을 붙잡고 쳐서 북지군을 깨끗하고 조용하게 만들었다. 1년여가 흘러 상이 알자(謁者)를 시켜 연년에게 새서와 황금 20근을 내려주고 옮겨서 서하(西河)태수로 삼았는데 치적이 뛰어나 명성이 자자했다.

오봉(五鳳) 연간에 불려 들어가 어사대부가 됐다. 연년은 아버지가 있었던 관부에 나아갔지만 감히 아버지의 옛날 자리에는 앉지 않았고 앉거나 누울 때는 항상 아버지가 있었던 자리는 피했다. 이때 사방의 오랑캐와는 화친했고 나라 안은 평안해 연년은 일을 본 지 3년이 돼 노병을 이유로 물러날 것을 청했다. 천자는 근심해 광록대부로 하여금 부절을 갖고 가서 연년에게 황금 100근과 술을 내려주고 더해 의약을 내려주었다. 연년은 드디어 병이 심해졌다. 안거(安車)와 사마(駟馬)를 내려주고 관직을 면해 집으로 나아가게 했다. 수개월 후에 훙하니 시호를 내려 경후(敬侯)라 하고 아들 완(緩)이 뒤를 이었다.

완(緩)은 어려서 낭(郞)이 됐고, 본시(本始) 연간에 교위(校尉)로서 포류

(蒲類)장군〔○ 문영(文穎)이 말했다. "조충국(趙充國)이다." 신찬(臣瓚)이 말했다. "포류해(蒲類海)를 정벌했기 때문에 그것으로 이름을 삼았다."〕을 따라가 흉노를 쳤고, 돌아와서 간대부(諫大夫)가 됐다가 상곡도위(上谷都尉)와 안문태수(雁門太守)로 승진했다. 아버지 연년이 훙하자 불려가 상사(喪事)를 맡아 치렀고, 제배돼 태상(太常)이 되자 여러 능(陵)이 있는 현들을 다스렸는데, 해마다 겨울이 되면 옥사를 갖춰 판결문을 봉해 올리는 날에는 늘 술을 멀리하고 음식을 줄였으니 관속들은 그 은혜를 칭송했다. 원제(元帝)가 즉위한 초기에 곡식이 귀해 곡물가가 뛰어 백성들이 떠돌았고[流=流亡], 영광(永光) 연간에는 서강(西羌)이 반란을 일으켰는데, 이때 완은 문득 글을 올려 전곡을 바쳐 나라의 재용에 도움을 주었는데 그 액수는 전후해 수백만 전에 이르렀다.

완의 동생 6명 중에서 5명이 대관(大官)에 이르렀는데, 막내동생[少弟=末弟] 웅(熊)은 5개 군에서 2,000석 관리³를 지냈고 3개 주에서 목사(牧使)와 자사(刺史)를 지냈으며 유능하다는 명성이 있었고, 오직 가운데 동생 흠(欽)만이 관직은 다른 형제들에 비할 바가 아니었지만 이름은 가장 널리 알려졌다.

흠(欽)은 자(字)가 자하(子夏)이며 어려서부터 경서(經書-유가의 경전)를 좋아했고, 집안은 부유했으나 눈 한쪽이 보이지 않아[偏盲] 관리가 되는

---

3 군을 책임지는 관리가 곧 2,000석 관리다. 우리 식으로 하면 관찰사에 해당한다.

것을 좋아하지 않았다. 무릉(茂陵)의 두업(杜鄴)[4]과 흠은 성과 자(字)가 같아 둘 다 경사에서 재능을 칭찬받았기 때문에 사대부들[衣冠=士大夫]은 흠을 일러 '애꾸눈 두 자하[盲杜子夏]'라고 불러 둘을 구별했다. 흠은 불구라 해 손가락질 받는 것을 싫어해서 늘 작은 갓을 만들어 쓰고 다녔는데 높이와 넓이가 2촌 가량됐다. 이로 인해 경사에서는 또 흠을 일러 '작은 갓[小冠] 두 자하'라고 불렀고, 업(鄴)은 '큰 갓[大冠] 두 자하'라고 불렀다고 한다.

이때에 제(帝-성제(成帝))의 외삼촌인 대장군 왕봉(王鳳)이 외척으로서 정사를 보좌하며 뛰어난 이와 일을 아는 이[賢知]를 구해 스스로 제를 도우려 했다. 봉(鳳)의 아버지 경후(頃侯) 금(禁)은 흠의 형 완(緩)과 서로 사이가 좋았기 때문에 봉은 흠의 재능을 깊이 알고 있었다. 그래서 주청해서 흠을 대장군 군대의 무고령(武庫令)으로 삼았다. 이 자리는 한직이어서 번거로운 일이 없었기 때문에 흠도 좋아하는 일이었다.

흠은 사람됨이 깊고 넓으며[深博] 지모(智謀)가 있었다. 상은 태자로 있을 때부터 여색을 좋아한다는 소문이 있었는데 즉위하게 되자 황태후는 조서를 내려 양갓집의 딸을 골라 후궁으로 들이도록 했다. 이와 관련해 흠은 대장군 봉에게 유세해 다음과 같이 말했다.

"예법에 (천자) 한 사람이 아홉 여성[九女]을 배필로 취한다고 했으니 이는 양(陽)의 수를 지극히 하고 후사를 넓히며 조상을 중하게 여긴 까닭입니다[○ 장안(張晏)이 말했다. "양의 수는 1, 3, 5, 7, 9인데 9는 수의 극치

---

4 한나라 관리다.

[極극]다." 신찬(臣瓚)이 말했다. "천자 한 사람이 아홉 여성을 배필로 취하는 것은 은(殷)나라의 제도다. 두흠은 그래서 옛날의 제도를 통해 현재의 방만함[奢사]을 제어하려 한 것이다."]. 반드시 향리에 두루 물어 얌전한 여인[窈窕요조]을 구하되 그 미모에 대해 묻지 않았던 것은 (천자의 배필은 천자의) 다움을 돕고 집안을 다스려야[助德理內조덕 이내] 했기 때문입니다. 제질(娣姪)이 비록 결여돼도 다시 보충하지 않은 것은 (천자의) 수명을 오래가게 하고 싸움을 끊으려 했기 때문입니다.[5] 그래서 후비(后妃)에게 정숙한 행실이 있으면 반드시 후사 중에 뛰어나거나 빼어난 임금이 나오고 제도에 위엄이 있으면 임금은 장수의 복이 있는 것입니다. (반면에 구녀의 제도를) 폐기하고서 이를 따르지 않아 여자를 좋아함[女德=女色여덕 여색]에 싫증 냄이 없고 여색에 싫증 냄이 없게 되면 수명은 그리 오래가리라 기대할 수 없습니다. 『서경(書經)』에 이르기를 '혹은 43년'이라고 한 것은 욕망이 도를 지나치면 수명이 짧아진다는 것을 말하는 것입니다. 남자는 50세가 돼도 여색을 좋아하는 것이 쇠퇴하지 않는데 여자는 40세가 되면 그 미모가 전과 달라지게 되니, 전과 달라진 용모로 아직 쇠퇴하지 않은 나이(의 천자)를 모시면서 예로써 절제하지 않는다면 그 원래 모습[原원]을 찾을 길이 없어 뒤에 가면 종전과 태도가 달라지게 됩니다. 그리고 이처럼 천자가 종전과 태도를 달리하게 되면 정후(正后)는 스스로 의심을 품게 되고 또한 서자들이 적자를 대신하려는 마음도 품게 되는 것입니다. 이 때문에 (춘추시대 때)

---

5 부인의 여동생이 시집가는 것을 제(娣)라 하고 형제의 딸이 시집가는 것을 질(姪)이라고 한다. 황후가 중간에 일찍 죽게 되면 제질로 잇게 하지만 제질조차 없으면 보충하지 않는다는 말이다.

진(晉)나라 헌공(獻公)은 참소하는 말을 받아들였다는 비방을 받게 됐고 신생(申生)은 아무런 죄도 없이 잘못을 덮어썼던 것입니다.

지금 빼어난 주상[聖主-성제]께서는 춘추가 한창 때이신데 적사(嫡嗣)가 없으시고 바야흐로 학술을 배우는 데 전념하셔야 하는데 후비들을 가까이하는 데 대한 (비판적인) 의견이 없습니다. 장군께서는 정사를 보좌하고 계시니 마땅히 후손을 든든히 한다는 차원에서 아홉 여성의 제도[九女之制]를 세워 행실과 의로움이 있는 집안을 잘 가리고 골라 맑은 여인의 자질[淑女之資]을 구하되, 반드시 미모나 목소리, 재간 등을 필수 요건으로 하지 않아야 만세의 큰 모범이 될 수 있을 것입니다. 무릇 젊을 때는 여색을 조심해야 하니[6] '소반(小弁)' 편[7]을 지은 뜻은 (지금도) 마음을 오싹하게 합니다[寒心]. 부디 장군께서 이 점을 늘 신경 쓰셔야 할 것입니다."

왕봉이 이를 태후에게 건의하자[白=建白] 태후는 고사(故事)에 없던 일이라 여겼다. 흠이 다시 말했다.

"『시경(詩經)』에 이르기를 '은나라의 거울은 멀지 않으니 하후의 시대에 있도다[殷鑑不遠在夏后之世]'[8]라고 했습니다. 나무라고 경계시키는 자(-시인)는 지극히 절박한데 살피고 듣는 자(-유왕)는 늘 게을리하고 잊어버리니[忽=忘] 삼가지 않을 수 있겠습니까? 전에 아홉 여성의 제도에 관해서

---

6 이 말은 『논어(論語)』 「계씨(季氏)」 편에서 공자가 한 말이다.

7 이는 『시경(詩經)』 「소아(小雅)」 '소반(小弁)' 편을 가리킨다. 주나라 유왕(幽王)이 신나라에 장가들어 태자 의구를 낳고, 뒤에 포사를 얻어 미혹돼 아들 백복을 낳았는데, 참소를 믿어 신후와 의구를 내쫓으니 이를 풍자한 것이다.

8 「대아(大雅)」 '탕(蕩)' 편의 구절이다.

는 대략 그 화됨과 복됨[禍福]에 대해 말씀드린 바 있지만 참으로 떨리고 두려우니 혹시라도 장군께서 깊이 유념하지 않으실까 봐 남몰래 걱정이 됩니다. 후비의 제도는 요절하느냐 천수를 누리느냐, 나라가 다스려지느냐 어지러워지느냐, 존속하느냐 멸망하느냐의 실마리입니다. 하·은·주 3대의 말세를 되밟아보면 은나라 고종(高宗)과 주나라 선왕(宣王)[宗宣]이 나라를 오랫동안 향유했다는 것을 볼 수 있고, 근래에는 한나라 황실의 경우를 살펴보면 화난(禍難)과 실패는 무엇보다도 여색의 문제에서 비롯되지 않았습니까? 이 때문에 패옥(佩玉)이 아침 늦게야 울렸고[佩玉晏鳴], 『시경(詩經)』「국풍(國風)」의) '관저(關雎)'편은 이를 한탄했으니, 여색을 좋아함은 본성을 깎아먹고 수명을 단축시킨다는 것을 알고, (그래서) 제도가 생명을 살려준다는 것을 분명히 해 천하는 장차 감화를 입었지만 점차 쇠퇴해 (여색을 좋아함이) 일반의 풍속으로 자리 잡았습니다. 그래서 (시인은) 맑은 여성[淑女]을 노래하고 그런 사람을 임금의 배필로 삼기를 간절히 바란 것이니, 이 시는 충효의 마음이 돈독해 어질고 두텁다[仁厚]고 하겠습니다. 무릇 임금과 혈친의 수명을 존숭하고 나라의 다스림이 안정되는 것은 진실로 신하나 자식의 지극한 바람이니 마땅히 거기에 힘쓰셔야 할 것입니다. 역서(易書)에 이르기를 '그 근본을 바로 하면 온갖 일이 잘 다스려진다[正其本 萬物理]'[9]라고 했습니다. 모든 일에는 의심스러운 바가 있으면 제대로 실행되지 않는 바가 있게 되고, 그것을 옛날의 일에서 구하면 모범이 되지 않는 바가 없고, 이를 현재에서 고찰할 경우 길함과 흉함

---

9 이 글은 『주역(周易)』에는 보이지 않는다.

[吉凶]은 같은 것이니, 단지 그것을 흔들어 바꾸게 된다면 백성들의 마음이 미혹돼 결국 이런 일은 참으로 시행하기 어렵게 됩니다. 지금 아홉 여성의 제도는 옛날의 제도에 합치되고, 지금에도 아무런 해로움이 없으며, 백성들의 마음에도 거스르지를 않아 지극히 쉽게 실행할 수 있으니, 이를 행하면 지극한 복이 있을 것입니다. 장군께서 정사를 보좌해 서둘러 결정하지 않으신다면 그것은 천하가 바라는 바가 아닙니다. 부디 장군께서는 이 부하의 바람을 믿으시고, 관저(關雎)에 나오는 후비(后妃)의 다툼을 생각하시며, 정사를 위임받은 (권세의) 융성함과 즉위 초 새로운 시기의 맑고 밝은 때를 맞아 한나라 황실을 위한 무궁한 기반을 세우셔야 합니다. 이는 소홀히 해서는 안 되는 일이니 머뭇거려서는[遴] 안 될 것입니다."

(하지만) 왕봉은 스스로 법도를 세울 수가 없었기 때문에[10] 고사를 따를 수밖에 없었다. 마침 황태후의 여동생 사마군력(司馬君力)이 흠의 형의 아들과 간통을 해 일이 위에 보고되자 흠은 부끄럽고 두려워서[慚懼=慙懼] 사직을 청해 관직을 떠났다.

그후에 일식과 지신의 이변이 일어나자 조서를 내려 현량(賢良) 방정(方正)하고 능히 곧은 말[直言]을 할 수 있는 선비를 구하니 합양후(合陽侯) 양방(梁放)이 흠을 천거했다. 흠은 상의 질문에 응해 이렇게 답했다.

"폐하께서는 천명을 두려워하시고 이변에 대해 걱정하시어 공경들을 불러 곧은 말을 하는 선비를 천거하게 하셨으니, 이는 장차 하늘의 마음

---

10 당시에는 새로운 법도를 세우거나 예악을 제정하거나 나라의 역사를 쓰는 일은 천자의 일로 여겨졌다

을 얻어 득실을 살피고자 하신 것입니다. 신 흠은 어리석고 우매하며 경술 또한 천박해 폐하의 큰 물음에 제대로 답을 할 수 있을지 모르겠습니다. 신이 듣건대 일식과 지진은 양(陽)이 쇠하고 음(陰)이 성한 때문이라고 했습니다. 신하란 임금의 음이요, 지어미는 지아비의 음이며, 오랑캐는 중국의 음입니다. 『춘추(春秋)』에는 일식이 36회, 지진이 5회 기록돼 있습니다. 혹 오랑캐가 중국을 침략하고, 혹 정권이 신하에게 있고, 혹 부인이 남편을 올라타고[乘=陵], 혹 신하나 자식이 임금이나 아버지를 배반합니다. 이것들은 그 일이 같지 않지만 유형으로 보자면 한가지입니다. 신이 남몰래 사람의 일[人事]로써 변고와 재이를 고찰해보면 우리 조정의 대신들은 스스로를 다스릴 줄 모르는 사람들이 없고, 외척이나 친족들 중에는 이지러지거나 어지럽히는[乖剌] 사람이 없으며, 함곡관 동쪽[關東]에 있는 제후들 중에는 강대한 나라들이 없고, 세 곳의 변방 오랑캐들도 이치에 반해 절의를 꺾는 자들이 없습니다. (그런데 일식이 있었으니) 이는 아마도 후궁 덕분인 듯합니다. 어째서 그렇겠습니까? 날로 말하자면 그것은 무신일(戊申日)의 일식이고, 시로 보자면 미시(未時-오후 1시부터 3시 사이)이며, 무(戊)와 미(未)는 (음양오행에서) 토(土)에 해당하는데, 토란 중궁(中宮)의 영역[部]입니다. 그날 밤 지진이 미앙궁 대궐 안[殿中]에서 일어났으니 이는 반드시 황비와 후궁[適妾=嫡妾]이 장차 총애를 다투느라 서로 해쳐서 우환이 생겨날 수 있다는 것이니 부디 폐하께서는 깊이 경계하셔야 할 것입니다.

 이변이나 변고는 유형에 따라 서로 감응하는 것이기 때문에 사람의 일이 아래에서 잘못될 경우 변고의 현상[變象]은 위에서 (그 유형에 맞게)

나타납니다. 다움을 통해 능히 그것에 반응할 경우에는 이변이나 재앙은 사라지게 되지만, 좋은 일[善]을 통해 능히 그것에 반응하지 못할 경우에는 화란과 패망[禍敗]이 이르게 됩니다. (상나라) 고종(高宗)이 꿩의 경계를 만나 자신의 몸을 돌이켜 일을 바로잡아서 100년의 수명을 누리고 은나라의 도리도 다시 일어났으니[○ 사고(師古)가 말했다. "이 일은 「오행지(五行志)」에 실려 있다."] 그 요체는 변고에 제대로 반응한 데 있습니다. 그것에 반응하는 바가 열렬하지[誠] 않으면 설 수가 없고 신실하지[信] 않으면 행해지지 않습니다. 송(宋)나라 경공(景公)[11]은 작은 나라의 제후일 뿐이었지만 (화성이 심성(心星) 자리를 범하는) 변고가 일어나자 차마 재앙으로 옮겨가게 하지 않는 열렬함을 보여주었기에, 임금으로서 딱 세 마디 말만 해 형혹(熒惑-화성)은 그로 인해 원래의 자리로 돌아갔습니다.

폐하께서는 빼어난 눈 밝음[聖明]을 갖고 계시어, 안으로 지극한 열렬함을 다해 깊이 하늘의 변고를 생각하신다면 어찌 제대로 반응해 감응함이 없겠습니까? 어찌 별을 옮기시어 감동함이 없겠습니까? 공자가 말하기를 '어짊이 먼 곳에 있겠는가'[12]라고 했으니 오직 폐하께서 후첩(后妾)의 일을 바로 하시고, 여색[女寵]을 억제하시며, 사치를 막으시고, 안일과 유흥을

---

11 경공 37년(기원전 480년), 형혹이 심(心)에 있었다. 심은 고대 중국의 별자리에서 송나라에 대응하는 천구의 분야였으므로 이 현상은 경공에게는 근심할 일이었다. 사성(司星) 자위(子韋)가 상(相)이나, 민(民)이나, 그 해의 수확에 재앙을 옮길 수 있다고 제안했으나 경공은 각각을 모두 거부했다.

12 『논어(論語)』「술이(述而)」편에 나오는 공자의 말이다. 어짊이란 먼 곳에 있는 것이 아니라 내가 어질고자 하면 바로 가까이에서도 얼마든지 찾아온다는 뜻이다.

멀리하시며, 몸소 절약하고 검소하시고, 만사를 직접 챙기시며, 안거(安車)를 타시고, 연도(輦道)로 다니시며, 영신궁(永信宮-애제의 할머니 효원부황후의 궁)과 장신궁(長信宮-성제의 어머니 효원왕황후의 궁) 두 궁의 어선(御膳)을 친히 감독하시고, 아침저녁으로 정성(定省-문안인사)을 다하십시오. 이렇게 하신다면 곧바로 요순(堯舜)이라도 폐하의 융성함에 비하지 못할 것이며 재이도 사라지지 않겠습니까! (그러나 반대로) 제반 정사에 대해 누구의 말도 듣지 않으시고, 재능은 논하지 않은 채 자리를 주며, 천하의 재물은 음란과 사치에 다 쓰다시피 하고, 만백성의 힘을 동원해 귀와 눈의 즐거움을 위해 사용하며, 아첨하는 자들을 가까이하고, 공정하며 반듯한[公方] 인사를 멀리하고, 참소를 하며 동료를 해치는 자의 말을 믿어 충직하고 훌륭한 자들을 주벌하며, 뛰어난 준재들을 암혈 속에 빠뜨리고, 대신들은 자신들을 써주지 않는 것에 대해 원망한다면 설사 아무런 변고나 재이가 없다 해도 사직은 근심스러울 것입니다. 천하는 지극히 크고, 만사는 지극히 많으며, 조상의 대업은 지극히 무거우니, 진실로 안일과 유흥에 빠져서는 안 되고, 사치와 교만에 젖어서는 안 될 것입니다. 부디 폐하께서는 아무런 도움이 되지 않는 욕심은 참아내심으로써 대중 서민의 생명을 보전해주셔야 할 것입니다. 신 흠은 어리석고 우매해서 올리는 저의 말씀을 받아들이시기에는 부족하리라 여깁니다."

그 해 여름에 상은 곧은 말을 하는 선비들을 모두 불러들여 백호전(白虎殿)[○ 사고(師古)가 말했다. "이 전은 미앙궁(未央宮) 안에 있다."]에 이르게 하고서 책문(策問)을 내어 말했다.

"하늘과 땅의 도리는 무엇을 귀하게 여기는가? 임금다운 임금[王者]의 법도란 어떤 것인가? 육경(六經)의 뜻 중에는 무엇을 높이 치는가? 사람의 행동 중에는 무엇이 첫 번째인가? 사람을 골라 쓰는[取人] 방법에는 어떠한 것이 있는가? 지금 세상을 다스림에 있어 무엇에 힘을 써야 하는가? 각각 경서에 입각해 답을 하도록 하라."

흠이 대답해 말했다.

"신이 듣건대 하늘의 도리는 믿음[信]을 귀하게 여기고 땅의 도리는 곧바름[貞=正]을 귀하게 여긴다고 했습니다. 믿음이 없고 곧바르지 않으면 만물은 생겨날 수가 없습니다. 생겨남[生]은 하늘과 땅이 귀하게 여기는 바입니다. 임금다운 임금이 하늘과 땅이 생겨나게 하는 바를 이어서 그것을 잘 다스려 이루어내면, 곤충과 초목도 그 있어야 할 자리[其所]를 얻지 못하는 경우가 없습니다. 임금다운 임금은 하늘과 땅을 모범으로 삼아[法] 어질지 않으면 널리 펴지 않고 마땅하지 않으면 그것으로 자신의 몸을 바로 하지 않습니다. 개인의 사사로움을 이겨내[克己] 마땅함으로 나아가서[就義] 다른 사람을 사랑하는 마음[恕=仁=愛人]을 다른 사람에게 미치게 하는 것이 육경(六經)이 높이 치는 바[所上]입니다. 불효자는 임금을 섬김에 있어 불충하게 되고[不忠], 관직에 나아가서 일을 삼가는 마음으로 하지 못하며[不敬], 전쟁에 나아가서 용맹을 떨치지 못하고[不勇], 벗을 사귐에 있어 믿음을 주지 못합니다[不信].

공자가 말하기를 '효란 끝과 시작이 없어 우환이 미치지 않는 자가 없다'[13]라고 했으니 효란 사람의 행동 중에서 첫 번째입니다. 근본이 되는 행

---

13 『효경(孝經)』에 실려 있는 공사의 말이다.

동을 고향 마을[鄕黨]에서 살펴보고, 공로와 능력을 관직에서 고찰하고, 그가 추천하는 사람을 통해 그의 통달함을 살펴보고, 그가 다른 사람에게 주는 것을 통해 그의 넉넉함을 살펴보고, 그가 하지 않는 바[所不爲]를 통해 그가 속으로 다잡는 바를 살펴보고, 그가 차지하지 않는 바를 통해 그에게 결여된 바를 살펴보고, 그가 하는 행위를 통해 가까운 것을 살펴보고, 그가 주안점을 두는 것을 통해 먼 것을 살펴봅니다. 공자는 말하기를 '(사람을 알고 싶을 경우) 먼저 그 사람이 행하는 바를 잘 보고, 이어 그렇게 하는 까닭이나 이유를 잘 살피며, 그 사람이 편안해하는 것을 꼼꼼히 들여다본다면 사람들이 어찌 그 자신을 숨기겠는가[視其所以 觀其所由 察其所安 人焉廋哉]?'[14]라고 했으니 이것이 사람을 골라 쓰는[取人] 방법입니다.

　은(殷)나라는 하(夏)나라의 폐단을 보아 바탕 혹은 질박함[質]을 숭상했고, 주(周)나라는 은(殷)나라의 폐단을 보아 열렬하게 애씀[文]을 숭상했는데, 지금 한나라 왕실[漢家]은 주나라와 진나라의 폐단을 이었으니, 마땅히 문을 누르고 질을 높여야 하며[抑文尙質], 사치를 버리고 절검을 높여야 하며, 실질을 밝히고 거짓을 제거해야 합니다[表實去僞]. 공자는 말하기를 '자색(紫色)이 주색(朱色)을 빼앗는 것을 미워한다'[15]라고 했으니 이것이야말로 지금 세상을 다스림에 있어 힘을 써야 하는 바입니다.

---

14 『논어(論語)』 「위정(爲政)」 편에 나오는 말이다.

15 이 말은 『논어(論語)』 「양화(陽貨)」 편에서 공자가 한 말이다. "자색이 붉은색을 빼앗는 것을 미워하고, 정나라 음악이 아악을 어지럽히는 것을 미워하며, 말만 잘하는 입이 나라를 뒤집는 것을 미워한다." 비슷하면서 아닌 것들[似而非]에 대한 공자의 비판이다.

신이 남몰래 근심하는 바가 있사온데 이를 말하게 되면 폐하의 마음과 달라 폐하의 뜻을 거스르게 되고, 말을 하지 않게 되면 날로 점점 커져 재앙이 작지 않을 듯합니다. 하지만 소신은 감히 신하의 도리를 버리면서까지 폐하의 뜻을 따르거나 충성스러움을 어겨가면서까지 폐하의 뜻에 맞출 생각은 없습니다. 신이 듣건대 여색을 좋아해[玩色=好色], 싫어할 줄을 모르면 반드시 좋아하거나 싫어하는[好憎=愛憎] 마음이 생겨나고, 이런 마음이 생겨나면 사랑과 총애는 한 사람에게 쏠리게 되며, 이처럼 쏠리게 되면 후사를 잇는 길은 넓어지지 못해 시기·질투의 마음이 일어나게 됩니다. 이렇게 되면 결국 한 명의 부인만 기쁘게 해주게 됩니다. 부디 폐하께서는 다음을 순수하게 하시어 널리 베푸심으로써 한 명의 부인만 기쁘게 해주는 쪽으로 마음을 풀어놓으셔서는 안 될 것입니다. 이렇게 하신다면 많은 이들이 모두 기뻐할 것이고, 후사는 날로 넓어져 나라 안은 길이 평안할 것입니다. 만사의 옳고 그름은 여기에 다 갖춰져 있으니 (이렇게만 한다면) 근심하실 일이 없어질 것입니다."

흠은 이전의 일 때문에 병이 나서 비단을 하사받고서 면직됐는데 뒤에 의랑(議郎)이 됐다가 다시 병을 이유로 면직됐다.

흠은 불려가서 대장군의 막부(幕府)에 있게 됐는데 봉은 국가의 정치와 계책을 의논할 때는 항상 흠과 함께 이야기를 했다. 흠은 여러 차례에 걸쳐 이름난 선비인 왕준(王駿), 위안세(韋安世), 왕연세(王延世) 등을 칭찬하며 천거했고, 풍야왕(馮野王), 왕존(王尊), 호상(胡常)의 죄와 허물을 구원해 풀어주었으며, 또한 끊어진 공신(功臣)의 후손을 이어주고, 사방의 오랑캐들을 눌러서 어루만져주었으니, 당시의 좋은 정사는 대부분 흠에게서 나왔다. 흠은 봉이 정치를 독점한 것이 너무나도 중대하다고 보고서 그를 경계시키기 위해 이렇게 말했다.

"옛날에 주공(周公)은 그 스스로는 지극히 빼어난 다움[至聖之德]을 지녔고, 친족관계로는 성왕(成王)의 숙부였지만 그럼에도 성왕은 다른 사람이 보지 못하는 것을 보는 눈 밝음[獨見之明]이 있어, (주공에 대한) 참소(讒訴)를 듣더라도 이를 믿지 않았습니다. 그러나 (주공의 아우인) 관숙(管叔)과 채숙(蔡叔)이 유언비어를 퍼뜨리자 주공은 이를 두려워했습니다. (진(秦)나라의) 양후(穰侯)는 소왕(昭王)의 외삼촌이었는데, 권력은 임금보다 무거웠고 위엄은 주변 적국들에게 떨쳤으며 어린 소왕이 아침저녁으로 그 곁에서 머물 만큼 애정이 깊어 두 사람 사이에는 아무런 틈[介=隔]도 없었습니다. 그러나 범수(范雎)가 필부[徒步]로서 몸을 일으켰을 때 다른 나라 출신이라 제대로 신임을 받지 못했는데, 하루아침의 유세로 출세 길에 들어서자 양후는 물러나 봉국으로 돌아갔습니다. 또 최근(-한나라 시절)에는 무안후(武安侯)[16]가 그 자리에서 물러나게 됐는데, 이상의 세 가지 일은 서로 시간적 거리가 수백 년이나 떨어져 있지만, 마치 부절이 딱 들어맞는 것처럼 똑같으니, 깊이 살피지 않으면 안 될 것입니다. 바라건대 장군께서는 주공의 겸양과 공구(恐懼)를 따르시고, 양후와 같이 위엄을 억누르시고 무안후와 같이 욕심을 내버리시어, 범수와 같은 무리들이 그런 유세를 해 이간질을 할 수 있게 해서는 안 될 것입니다."

얼마 후에 다시 일식이 일어나자 경조윤(京兆尹) 왕장(王章)이 봉사를

---

16 전분(田蚡)을 가리킨다.

올려 알현을 청했다. 과연 예상한 대로 그는 봉(鳳)이 권력을 독점하고, 주상(의 눈밝음)을 가리고 있는 잘못을 지적하고서 마땅히 봉을 내쳐 결코 쓰지 않음으로써 하늘의 변고에 대응해야 한다고 말했다. 이에 천자는 느끼고 깨달아[感悟] 장(章)을 불러 보고서 함께 의논해 봉을 물러나게 하려고 했다. 봉은 심히 근심스럽고 두려웠다. 흠은 봉에게 상소를 올려 죄를 빌고 자리에서 물러날 것을 청하도록[乞骸骨] 했는데 그 문장의 뜻이 심히 애처로웠다. 태후는 눈물을 흘리며 슬퍼하면서 식사를 물렸다. 상은 아직 어린 데다가 봉을 가까이 여기고 의지했기 때문에 결국 차마 봉을 내치지 못하고 다시 봉을 일으켜 자리에 나아오도록 했다. 봉은 마음에 수치심을 느끼고 병이 심하다는 핑계를 대고 끝까지 물러나려고 했다. 이에 흠이 다시 봉에게 다음과 같이 유세했다.

"장군께서 정사를 보좌하신 10년 동안 이변과 재이가 그치질 않아 깊이 마음 아파하시며, 그로 인해 자리에서 물러날 것을 청하시고, 허물은 스스로에게 돌려 스스로를 깎아내듯 자신을 꾸짖으시니, 그 지극한 열렬함은 수많은 사람들을 감동시켜 어리석은 사람이건 지혜로운 사람이건 모두 느끼고 가슴 아파하지 않는 자가 없습니다. 그렇지만 그것은 상과 아무런 친속(親屬) 관계가 없는 자에게 해당되는 것일 뿐이고, (벼슬에) 나아가고 물러나는[進退] 명분의 차원에서 보자면 물러나고 나아가는[去就] 절의를 깨끗하게 하는 것일 뿐이지 상께서 장군께 기대하는 것도 아니고, 장군께서 상께 보답하는 도리도 아닙니다. 옛날에 주공은 나이가 많았음에도 오히려 경사(京師)에 머물며 성주(成周-동도(東都) 낙양(洛陽)를 떠나지 않는다는 것을 분명하게 함으로써 왕실을 잊지 않고 있다는 점을 보여주었습니다. (주나라의) 중산보(仲山父)는 성(姓)이 다른 신하[17]로 선왕(宣王)과 친족이 아니었기 때문에 제(齊)나라의 봉지로 나아가게 됐는데, 오히려 탄식하고 오래오래 생각하며 밤새도록 거리를 배회하고 차마 멀리 떠나갈 수가 없었는데, 하물며 장군께서 주상(主上)에 대해, 그리고 주상께서 장군에 대해서야 어떻겠습니까? 무릇 천하에서 변고와 재이를 잘 다스리고자 한다면 장군만 한 분이 안 계시며 주상께서는 이를 훤히 알고 계십니다. 그렇기 때문에 장군을 가까이 두고서 멀리 보내려 하지 않으시는 것입니다. 『서경(書經)』에 이르기를 '공은 나를 곤경에 빠뜨리지 않았도다!'[18]라고 했습니다. 부디 장군께서는 (주공이) 네 나라[四國][19]의 유언비어 때문에 성왕(成王)에 대해 스스로 의심했던 것처럼 하지 마시고 지극한 충성스러움을 굳건히 하셔야 할 것입니다."

봉은 다시 일어나 정사를 보았다. 상은 상서(尚書)에 명을 내려 경조윤 장을 탄핵하는 글을 올리게 해 장은 조옥(詔獄)에서 죽었다. 상세한 이야기는 「원후전(元后傳)」에 실려 있다.

장이 이미 죽고 나자 많은 백성들은 그 죽음을 한스럽게 여기며 조정을 비난했다. 흠은 그 과실을 구제하고자 다시 봉에게 유세해 다음과 같이 말했다.

"경조윤 장이 연루된 죄상은 비밀이기 때문에 관리와 백성들은 장이

---

17 왕실의 친족이 아닌 신하라는 뜻으로 희(姬)씨 성이 아니라는 말이다.

18 「주서(周書)」 '낙고(洛誥)' 편에 나오는 말로 성왕이 주공에게 고한 말이다.

19 관(管), 채(蔡), 상(商), 엄(奄)의 네 나라를 가리킨다.

평소에 정사에 관해 말하기를 좋아해 관직상의 일로 죄를 지은 것으로 보는 것이 아니라 일식에 대해 주상께 올린 대책에서 말한 바 때문에 죄를 얻게 된 것으로 의심하고 있습니다. 만일 장이 조정에서 죄를 얻어 정당한 법의 판결을 받은 경우라도 일이 겉으로 드러나지 않았다면 경사에서도 그것을 알지 못했을 텐데, 하물며 먼 지방에서야 말할 필요가 있겠습니까? 아마도 천하의 사람들은 장에게 실제로 죄가 있다는 것을 알지 못하면서 일을 (상에게) 말한 죄라고 생각하고 있는 것 같습니다. 그렇다면 이는 다투어 곧게 간언하는 원천을 막고 (폐하의) 너그럽고 밝은 다움을 깎아내리는 것입니다. 흠이 어리석은 머리로 생각해볼 때 마땅히 장의 일로 인해 직언하고 극간하는 신하를 천거하시어, 나란히 낭관과 종관에게 그 뜻을 펼 수 있다는 것을 보이시어, 과거보다 훨씬 더 이것을 사방으로 밝게 드러냄으로써 천하의 사람 모두로 하여금 주상의 빼어나신 밝음[聖明]을 알도록 해주고, 또 (상에게) 말한 죄 때문이 아니라는 것을 알도록 해주어야 합니다. 이같이 한다면 유언비어는 소멸돼 없어질 것이며 의혹은 훤하게 밝혀질 것입니다."

봉은 이를 위에 건의해 곧바로 그 계책을 시행했다. 흠이 남의 과실은 챙겨주고 남의 좋은 점은 거들었으니[補過將美], 모두 다 이런 유형의 일들이었다.

그후 유유자적하며 벼슬길에는 나서지 않았고 천수를 다 누리고 세상을 떠났다[壽終]. 흠의 아들과 형제 일족 중에서 2,000석 관리에 이른 자만 10명이었다. 흠의 형 완(緩)은 전에 태상(太常)에서 면직됐고, 열후로서 조청(朝請)²⁰을 받들었으며, 성제(成帝) 때 마침내 훙하니 아들 업(業)이 이어받았다.

업(業)은 재능이 있었고 열후로 뽑혀 다시 태상(太常)이 됐다. 여러 차례 (정치의) 얻고 잃음에 대해 말했고, 권귀(權貴)를 섬기지 않았으며, 승상 적방진(翟方進)이랑 위위 정릉후(定陵侯) 순우장(淳于長)이랑 사이가 안좋았다. 뒤에 업은 법에 걸려 관직을 빼앗겼다가 다시 함곡관 도위가 됐다. 때마침 정릉후 장이 죄가 있어 봉국에 나아가게 됐다. 장의 외삼촌 홍양후(紅陽侯) 립(立)이 업에게 글을 써서 말했다.

'참으로 나이 든 여동생이 백발을 드리우고 불초한 자식이 관(關-함곡관)을 나가는데 아무도 따르지 않는 것을 마음 아프게 생각합니다. 바라건대 다시는 과거의 일로 서로 침해하지 않기를 바랍니다.'

정릉후는 이미 함곡관을 나갔는데 새롭게 죄가 드러나 낙양의 감옥에 내려졌다. 승상의 사(史)가 홍양후의 글을 찾아내어 업이 립의 청탁을 받아들인 것은 불경죄에 해당한다고 주청했다. 그 죄에 연루돼 업은 면직돼 봉국에 나아갔다.

그 해 봄에 승상 방진(方進)이 훙(薨)하자 업은 글을 올려 말했다.

'방진은 본래 장(長)과 깊이 결탁해 여러 차례 서로를 천거했고, 장이 큰 악행에 빠졌는데도 방진만이 죄에 걸려들지 않았으며, 과거의 허물들을 가리고 덮으려고 해 폐하를 위해 널리 공평한 태도를 갖지 않았고, 또

---

20 봄에 조현하는 것을 조(朝), 가을에 조현하는 것을 청(請)이라 한다.

한 전혀 두려워하는 마음도 없이 도리어 간사한 자들을 신뢰해 엉뚱한 원한에 대해 보복하려 했습니다.

고사에 따르면 대역을 저지른 붕우가 죄에 연루돼 면직될 경우에 고향의 군으로 돌아갈 수 없다고 했는데, 지금 장의 죄에 연루된 자가 고향으로 돌아갔다는 것은 이미 죄를 1등 더한 것입니다. 홍양후 립은 아들이 장의 뇌물을 받은 죄에 연루돼 그 때문에 봉국으로 나아갔을 뿐이지 대역죄가 아닙니다. 그런데 방진이 또 다시 립의 당여인 후장군 주박(朱博), 거록(鉅鹿)태수 손굉(孫宏), 전 소부(少府) 진함(陳咸)에 대해 주청해 면직시켜 모두 고향으로 돌아가게 했습니다.

형벌이 공평하지 않았던 것은 방진의 붓 끝[筆端]에 달려 있었으니 이에 대해 어느 누구도 의혹을 품지 않았고, 모두 말하기를 손굉은 홍양후와 사이가 서로 좋지 않았기 때문이라고 말했습니다. 굉이 그 전에 중승(中丞)으로 있을 때 방진은 어사대부였는데, 그의 연(掾) 륭(隆)을 천거해 시어사로 삼았기 때문에 굉은 륭이 이전에 사명을 받들어 기만을 했고, 법을 집행하면서 근시(近侍)로 생각지 않았기에 방진은 이런 이유로 굉에 대해 원망을 가졌습니다. 또 방진이 경조윤이 됐을 때 진함은 소부(少府)였고, 구경 중에서 품행이 방정해 폐하는 그가 어떤 사람인지를 잘 알고 있었습니다. 방진은 평소에 사직(司直), 사단(師丹)과 서로 사이가 좋아 어사대부의 자리가 비어 채워야 할 때에 단으로 하여금, 함(咸)은 간사한 이익을 도모했으니 조사를 해볼 것을 주청해 결국 함은 그 자리에 나아갈 수 없었고, 방진은 과연 스스로 어사대부가 될 수 있었습니다. 승상이 되지 곧바로 기만을 발휘해 함을 면직할 것을 주청했고, 다시 홍양후의 일로 인해 함을 고향으로 돌아가게 만들었습니다. 많은 사람들은 모두 말하기를 방진이 국가를 팔아서 권세를 부리는 것이 너무도 심하다고 했습니다. 사단의 품행과 능력을 조사한 결과 특이한 것이 없었고, 또 광록훈 허상(許商)은 병으로 누워 있다 보니 모두 방진에게 기대고 의존해 일찍이 높은 관직을 얻는 이들이 있었습니다.

　단(丹)은 이전에 자신과 읍이 같은 자를 승상의 사(史)로 추천해 그 사람이 귀신에게 빌어 큰 이익을 얻은 적이 있다고 말했습니다. 요행히 폐하의 지극한 눈 밝음에 기대어 사자 모막여(毛莫如)를 보내 이미 조사·시험해, 끝내 그 간사한 계책을 찾아내 모두 죄가 사형에 해당됐습니다. 만약에 단이 실상을 다 알고서 위에다가 털어놓은 경우에 이는 무망(誣罔)의 죄가 됩니다. 또 모르고서 위에다가 털어놓은 경우에 이는 경술(經術)에 위배되고 그릇된 도리에 미혹되는 것이 됩니다. 이 두 사람은 다 사형의 죄에 해당돼 주박이나 손굉이나 진함이 지은 죄보다 더 무겁습니다. 방진이 끝까지 인재를 천거하지 않고, 오로지 자신의 위엄과 복록을 만들려고 해 파당을 만든 것이 두텁고 뛰어난 선비들을 배척하며, 공적인 일에 의탁해 사사로운 보복을 하고, 사납게 제 마음대로 일을 처리하면서 두려워하거나 꺼리는 바가 없이 천하를 뜨겁게 달구려 하고 있습니다. 천하의 선비들은 멀찌감치서 바라다보기만 하고, 상서(尙書)나 근신들은 모두 입을 닫으려 하고, 골육 친속들은 두려워하지 않는 바가 없습니다. 위세와 권력이 성대하면서도 충성스럽고 신실하지 못한 것은 국가를 편안케 하는 이치가 아닙니다. 지금 듣건대 방진이 마침내 병으로 죽어 폐하께서는 천하의 인심을 위로할 수가 없으니, 도리어 다시 상사(賞賜)와 두터운 장례를 내리시

어, 부디 폐하께서 지난 일들을 깊이 생각하시어 앞으로의 일들에 대해 경계로 삼으셔야 할 것입니다.'

때마침 성제(成帝)가 붕하고 애제(哀帝)가 자리에 나아가자 업은 다시 글을 올려 말했다.

'왕씨(王氏)가 대대로 권력을 쥔 지 세월이 오래되니 조정에는 골경(骨鯁)과 같은 신하가 없고, 종실의 제후들도 힘이 없어 감옥에 들어가 있는 죄수들과 조금도 차이가 없어, 좌사(左史) 이상 대관(大官)에 이르기까지 모두가 권신의 패거리입니다. 곡양후(曲陽侯) 근(根)은 예전에 삼공이 돼 정사를 보좌했고, 조소의(趙昭儀)가 황자를 죽인 것을 알면서도 곧장 아뢰지 않고, 도리어 조씨(趙氏)와 당파를 이루어[比周] 자기 마음대로 망령되이 행동을 해, 옛 허후(許后)를 중상모략해 아무런 실상도 없이 죄를 입게 했고, 허씨 일족을 주멸해 원제(元帝)의 외척을 몰살시켰습니다. 안으로는 동복의 형제이나 누이인 홍양후 립(立)과 수우씨(淳于氏)〔○ 사고(師古)가 말했다. "순우장(淳于長)의 어머니가 누이다."〕를 시기·질투하니 모두 나이가 들자 내팽개쳤습니다. 경사(京師)에서 새로이 유혈낭자한 싸움을 벌여 그 위세와 권력은 두려워할 만합니다. 고양후(高陽侯) 설선(薛宣)은 어머니를 제대로 봉양하지 못했다는 오명(汚名)이 있고, 안창후(安昌侯) 장후(張禹)는 간사한 자의 면모가 있어 조정을 미혹시키고 어지럽게 해, 돌아가신 선제로 하여금 천하의 온갖 비방을 다 받게 만들었으니 더욱 조심하지 않으면 안 될 것입니다.

폐하께서는 즉위하신 초창기라 겸양하시어 어떻게 해볼 겨를도 없이 [未皇=未遑] 홀로 고립된 상태에서 의지할 사람이라고는 없고, 권신들은 세상을 가벼이 여겨 무엇 하나 뜻대로 하시기에는 마치 손바닥으로 뜨거운 물건을 만지시는 듯[探湯]_{탐탕} 힘들고 어려운 상황입니다. 마땅히 의로움의 잣대로 은혜를 끊어내시어 백성들의 마음을 안정시켜야 할 것입니다.

가만히 보건대 주박(朱博)은 충직하고 신의가 있으며 용맹스러워 재주와 지략이 세상에 다시 없을 정도[不世出]_{불세출}이니, 참으로 국가의 웅준(雄俊)한 보배와 같은 신하[寶臣]_{보신}입니다. 마땅히 박(博)을 불러서 좌우에 두심으로써 천하를 진정시키십시오. 이런 사람이 조정에 있게 되면 폐하께서는 베개를 높이 하고 편안히 주무실 수 있을 것입니다. 옛날에 여러 여씨(呂氏)들이 유씨(劉氏)를 위협하려 했지만, 다행히 고조께서 남겨둔 신하[遺臣]_{유신}인 주발(周勃)과 진평(陳平)이 아직 남아 있었기 때문에 한나라 왕실은 어려움에서 벗어날 수 있었고, 간신들의 웃음거리를 겨우 면할 수 있었습니다.'

업은 또 마땅히 공왕(恭王)을 위한 사당을 경사에 세워 효도하심을 널리 펴야 할 것이라고 말했다. 이때 고창후(高昌侯) 동굉(董宏) 또한 제(帝)의 어머니인 정도왕(定陶王)의 정후(丁后)를 높여 제의 태후로 삼아야 한다고 말했다. 대사공 사단(師丹) 등은 굉(宏)이 조정을 오도하고 도리에 어긋나는 말을 했다 해 탄핵했고, 굉은 결국 죄에 연루돼 관직에서 쫓겨나고 서인이 됐는데, 업은 다시 글을 올려 굉을 변호했다. 이때를 전후해서 올린 말들은 다 천자의 뜻에 맞아 시행됐고 주박도 과연 뽑혀서 쓰였다. 업은 이로 맘미암아 불려가 다시 태상이 됐다. 1년여 후에 상당도위(上黨都

尉)로 좌천됐다[左遷]. 21 마침 사예(司隷)가 업은 태상(太常)이 돼 관리를 뽑아 쓰는 것이 부실하다고 아뢰는 바람에 죄에 연루돼 면직됐고, 다시 봉국으로 돌아갔다.

애제(哀帝)가 붕하고 왕망(王莽)이 정권을 쥐게 되자 과거에 사랑을 세워 존호를 올리자는 의견을 냈던 자들은 모두 면직시켜 합포(合浦)로 유배 보냈다[徙]. 업은 이미 내쫓겨나 있었기 때문에 관대한 처분이 내려져 더 이상 문제삼을 대상이 아니었지만 홀로 근심과 걱정 속에 병이 생겨 죽었다. 업은 성제(成帝) 초기에 제의 누이 영읍(潁邑)공주와 혼인했는데[尙] 공주는 아들 없이 훙했고, 업의 집안에서 글을 올려 경사로 시신을 가지고 와서 공주와 합장할 것을 청했으나 허락을 받지 못했다. 그러나 시호를 내려 황후(荒侯)라고 했고, 작위는 아들에게 전해졌으나 손자에 이르러 끊어졌다. 애초에 두주(杜周)는 무제 때 무릉(茂陵)으로 이주했으나 연년(延年)에 이르러 두릉(杜陵)으로 옮겼다고 한다.

찬(贊)하여 말했다.

"장탕(張湯)과 두주(杜周)는 나란히 문묵(文墨)의 하급 관리에서 시작해 지위가 삼공(三公)에 이르렀고 혹리(酷吏)의 대열에 올랐다. 그런데 둘 다 좋은 아들들이 있었고, 그들의 다움과 그릇[德器]은 (아버지인) 이들 두 사람을 뛰어넘어 작위는 높았고, 대를 이어 조정에 섰으며, 서로 어깨를 나란히 했지만 건무(建武) 연간에 이르러 두씨(杜氏)의 작위는 마침내

---

21 일반적으로 승진했다는 것은 천(遷), 안 좋은 자리로 쫓겨나는 것은 좌천(左遷)이라고 한다.

홀로 끊어졌다〔○ 사고(師古)가 말했다. "건무 연간 이후에도 장씨(張氏)는 여전히 장순(張純)이 후(侯)의 작위를 유지했다."〕. 두 사람 혹은 두 집안의 복록을 추적해보면 나라의 원훈(元勳)이나 유림(儒林)의 후예들〔○ 사고(師古)가 말했다. "원훈이란 소(蕭), 조(曹), 장(張), 진(陳) 등이고 유림이란 공(貢), 설(薛), 위(韋), 광(匡) 등이다."〕 중에서도 이들에 미치는 집안이 없다. 두주는 스스로 당(唐-요임금의 나라) 두씨(杜氏)의 후예라고 했다는데 어찌 그렇겠는가? 흠(欽)에 이르러 부침이 있었고, 계책을 좋아하고, 공로를 이루어 건시(建始) 초년에 깊이 여색을 경계할 것[女戒]을 진술하니 끝내 그의 말대로 됐다. 이는 거의 '관저(關雎)'라는 시의 은미한 뜻[微=隱微]을 본 것과 같으니〔○ 사고(師古)가 말했다. "'관저'는 『시경(詩經)』「국풍(國風)」의 첫 번째 시로 모든 부부 사이가 어때야 하는지는 이 시에서 비롯된다. 그래서 은미함을 보았다고 말한 것이다."〕 저 부화(浮華)해 박식만을 자랑하는 무리들이 보여주는 그런 규모와는 다르다고 하겠다. 업(業)은 형세상 비판 세력에 직면해 있으면서도 주박(朱博)을 칭송하고 사단(師丹)을 비판했으니, 그의 (바른 사람을) 사랑하고 (그른 사람을) 미워하는 논의는 가히 두려워할 만하지 않은가!"

권
◆
61

장건·이광리전
張騫李廣利傳

장건(張騫)은 한중(漢中) 사람으로 건원(建元) 연간에 낭(郎)이 됐다. 이때 투항한 흉노들이 말했다.

"흉노는 월지(月氏-서역의 오랑캐)의 왕을 깨뜨리고 그의 두개골로 술잔을 만들었습니다. 월지는 살던 곳을 뒤로하고 쫓겨난 뒤로 흉노에게 원한을 품고 있지만 함께 흉노를 칠 나라가 없습니다."

한나라는 마침 흉노를 멸망시키려던 차에 이를 듣고는 사신을 보내 월지와 통하고자 했다. 그러나 월지로 가는 길은 반드시 흉노의 땅을 거쳐야 했기에 마침내 능히 사자로 갈 수 있는 사람을 모집했다. 건(騫)이 낭의 신분으로 응모해 월지에 사자로 가게 됐다.

(장건이) 당읍(堂邑) 출신의 흉노족 노비 감보(甘父)와 함께 농서(隴西)에서 출발해 흉노 땅을 지날 때 흉노가 장건 일행을 붙잡아 선우(單于)에게 보내니 선우가 말했다.

"월지는 우리 북쪽에 있는데 한나라가 어찌 갈 수 있는가? 내가 월(越)나라에 사자를 보낸다면 한나라는 내 말을 기꺼이 들어주겠는가?"

건은 10여 년 동안 억류됐고 결혼을 해 자식까지 두었으나 한나라 사자로서의 절조를 잃지 않고 투항하지 않았다.

(다행히) 흉노의 서쪽에서 살았기 때문에 건은 부하들과 함께 달아나 월지로 향했다. 서쪽으로 달아나 수십 일 만에 대완(大宛)에 이르렀다. 대완은 한나라가 물자가 풍부하다는 이야기를 듣고 있어 통교하고 싶어 했지만 뜻을 이루지 못했는데, 건을 보자 기뻐해 어디로 가려는 것인지를 물으니 건이 대답했다.

"한나라를 위해 월지에 사자로 가다가 흉노 때문에 길이 막혀 (억류돼 있다가) 이제야 도망쳤습니다. 부디 왕께서는 사람을 시켜 길을 인도하게 해 나를 월지로 보내주십시오. 정말로 제가 월지에 갔다가 한나라로 돌아가면 한나라에서 왕에게 내려줄 재물은 이루 다 말할 수 없을 것입니다."

대완의 왕은 그렇다고 여기고 건에게 통역과 안내[譯道]를 딸려서 보내주니 강거(康居)[1]에 이르렀다. 강거에서는 건 일행을 대월지(大月氏)까지 보내주었다. 대월지의 왕은 이미 흉노에게 피살됐기 때문에 그 태자를 세워서 왕으로 삼았다.[2] (대월지는) 대하(大夏)를 남김없이[旣=盡] 신하로 삼아[臣=服屬] 통치하고 있었는데[居=君], 그 땅은 기름져 물산이 풍부했고,

---

1 중앙아시아의 터키계(系) 유목민 또는 그들이 세운 나라다.
2 일설에는 그 부인을 왕으로 삼았다고도 한다. 서광(徐廣)은 말했다. "오랑캐들은 간혹 여자 임금[女主]을 모셨다."

침략자가 거의 없어 생각하는 바가 평안하고 즐거웠으며, 게다가 한나라를 자신들로부터 멀리 떨어진 나라로 여겨 (한나라처럼) 특별히 오랑캐(-흉노)에게 보복할 마음도 갖고 있지 않았다. 건은 월지를 떠나 대하(大夏)에 이르렀지만 끝끝내 월지의 속뜻[要領=要害]을 알 수가 없었다.

1년 남짓 머물다가 한나라로 돌아올 때 남산(南山)을 따라서 강족(羌族)의 땅을 지나 돌아올 생각이었으나 다시 흉노에게 붙잡혔다. 1년쯤 붙잡혀 있을 때 선우가 죽자 좌곡려왕(左谷蠡王)이 선우의 태자를 몰아내고 스스로 왕위에 오르니 나라 안이 어지러워졌기 때문에, 건(騫)은 (그 틈을 타서) 흉노인 아내와 당읍의 보(-감보)를 데리고 함께 도망쳐 한나라로 돌아왔다. 한나라는 건을 제배해 태중대부(太中大夫)로 삼고 당읍의 보(父)를 봉사군(奉使君)으로 삼았다.

건은 사람됨이 의지가 강하고 마음이 너그럽고 커서 남을 신뢰했기에 오랑캐들[蠻夷]도 그를 좋아했다. 당읍의 보는 옛날에 오랑캐[胡人]였기 때문에 활을 잘 쏘아 곤궁하거나 긴급할 때 새나 짐승을 쏘아 맞춰 먹거리를 조달했다. 애초에 건이 길을 떠날 때 일행은 100여 명이었으나 13년이 지나고 나서는 오직 두 사람만이 돌아올 수 있었다. 건이 몸소 가본 곳은 대완(大宛), 대월지(大月氏), 대하(大夏), 강거(康居)이지만 주변의 큰 나라 대여섯 곳에 대해서도 전해 들은 바가 있어, 그는 이것들을 다 갖춰[具] 천자에게 그 지형과 생산물들에 대해 말씀을 올렸다. 상세한 이야기는 모두[皆] 「서역전(西域傳)」에 실려 있다. 건이 말했다.

"신이 대하(大夏)에 있을 때 공(邛) 땅의 대나무 지팡이와 촉(蜀) 땅의 옷감을 보고서 묻기를 '어디서 이것을 얻었소?'라고 하니 대하국 사람들이 말하기를 '우리나라 상인들이 신독(身毒)에 가서 사온 것입니다. 신독은 대하에서 동남쪽으로 수천 리 가량 떨어진 곳에 있는데, 그들의 풍습은 땅을 중심으로 형성돼 대부분 대하와 같습니다. 땅은 낮고 습하며 기후가 아주 덥습니다. 그 나라 사람들은 코끼리를 타고서 전쟁을 합니다. 그 나라는 대수(大水-강)에 인접해 있습니다'라고 했습니다. 이로써 건(騫)이 헤아려보건대 대하는 한나라로부터 1만 2,000리 떨어져 있고, 한나라의 서남쪽에 있습니다. 지금 신독국은 또 대하에서 동남쪽으로 수천 리에 있으며, 촉(蜀)의 물건이 있으니 이는 촉에서 멀지 않은 곳에 있다는 뜻입니다. (그런데) 지금 대하(大夏)에 사신을 보낼 경우 강족(羌族) 땅의 험한 길을 지나야 할 것이니 강족 사람들이 싫어할 것이고, 조금 북쪽으로 가게 되면 흉노에게 붙잡히게 될 것입니다. (그러나) 촉으로 해서 간다면 마땅히 빠를 것이고[徑=疾] 또한 도둑도 없을 것입니다.'

천자는 이미 들어본 바였다[旣聞].[3]

'대완(大宛), 대하(大夏), 안식(安息) 등은 다 큰 나라이며 진기한 물건이 많고 정착 생활을 해[土著] 자못 중국과 비슷한 생산력[同業]을 갖고 있지만, 군대가 약하고 한나라의 물건들을 귀하게 여긴다. 그 북쪽에 있는 대월지(大月氏)와 강거(康居) 등은 군대가 강하기는 하지만 선물을 보내 이익을 베풀어주면[設利=施利] 입조를 시킬 수 있을 것이다. 또 진실로 의로움으로 그들을 복속시키면 영토를 1만 리나 넓힐 수가 있고, 먼 나라의 다양

---

3 이는 곧 이미 천자는 다음과 같이 생각하고 있었다는 말이다.

한 언어들이 더불어 사용되고[重九譯],⁴ 각지의 독특한 풍속들을 누리게 될 것이니 (천자의) 위엄과 다움이 사해에 고루 퍼지게 될 것이다.'

천자는 기뻐하며 건의 말이 옳다고 여기고 마침내 건에게 영을 내려 촉(蜀)과 건위군(犍爲郡)⁵에서 간첩[間使]을 네 길로 갈라 동시에 출발시키도록 하니 하나는 방(駹)에서, 하나는 염(冉)에서, 하나는 사(徙)에서, 하나는 공(邛)과 북(僰)에서 출발했는데, 모두 다 각각 1,000~2,000리를 나아가다가 북쪽으로는 저(氐)와 작(筰)에게 가로막히고, 남쪽으로는 수(嶲)와 곤명(昆明)에서 가로막혔다. 곤명의 무리에게는 군장(君長)이 없고, 그들은 도둑질에 뛰어났기 때문에 한나라 사신을 보는 족족 죽여서 끝내 (대하(大夏)와) 통할 수 없었다. 그러나 듣건대 그 서쪽으로 1,000리가량 떨어진 곳에 코끼리를 타고 다니는 나라가 있는데, 이름해 전월(滇越)이라 불렀고, 촉나라 장사꾼들 중에 몰래 장사하는 이들이 간혹 그곳에 이른다고 했다.

이에 한나라는 대하로 가는 길을 찾다가 비로소 전(滇)나라와 통하게 됐다. 애초에 한나라는 서남의 오랑캐와 통하려고 했으나 비용이 많이 들고 길도 통하지 않았으므로 그만두었다. (그후) 장건이 대하와 통할 수 있다고 말하고서야 마침내 다시 서남의 오랑캐와 통하는 일을 추진했다. 건은 교위(校尉)로서 대장군(大將軍-위청(衛靑))을 따라 흉노(匈奴)를 치게 됐는데, (사막에) 물과 풀이 있는 곳을 잘 알고 있으므로 (한나라) 군대는 곤란을 겪지 않을 수 있었고, 이에 (천자는) 건을 봉해 박망후(博望侯)로 삼

---

4 구역(九譯)이란 아홉 번이나 통역을 거쳐야 한다는 말로 비유적 표현이며 먼 나라를 뜻한다.

5 지금의 융주(戎州)로 익주(益州)의 남쪽 1,000리에 있다.

왔다. 이 해가 원삭(元朔) 6년(기원전 123년)이었다.

그 이듬해 건은 위위(衛尉)가 돼 이장군(李將軍-이광(李廣))과 함께 우북평(右北平)으로 나아가 흉노를 쳤다. 흉노가 이장군을 포위해 한나라 군사들이 대거 도망치는 바람에 건도 이장군과 만나기로 한 날짜를 어겨 참형에 해당됐으나 속죄금을 내고 서인(庶人)이 됐다. 그 해에 한나라는 표기(驃騎-표기장군 곽거병(霍去病))를 보내 흉노(匈奴)의 서쪽 성곽에 있는 수만 명을 깨뜨리고 기련산(祁連山)까지 이르렀다. 그 이듬해 혼야왕(渾邪王)이 자기 백성들을 이끌고 와서 한나라에 투항하니 금성(金城)과 하서(河西)의 서쪽에서 남산(南山)을 따라서 염택(鹽澤)에 이르기까지 텅 비게 돼 흉노를 찾아볼 수 없었다. 간혹 흉노의 척후병들이 나타나긴 했지만 아주 드문 일이었다. 그로부터 2년 뒤 한나라는 선우를 쳐서 막북(幕北)[6]으로 내쫓았다.

이때부터[是後] 천자는 건에게 대하 등에 관해 여러 차례 물었다. 건은 이미 후(侯)의 작위를 잃었기 때문에 그때마다 이렇게 말했다.

"신이 흉노 속에 머물러 있을 때 들은 바로는 오손(烏孫)의 왕은 그 이름이 곤막(昆莫)인데, 곤막의 아버지 난도미(難兜靡)는 예전에 대월지와 더불어 기련산의 서쪽과 돈황의 동쪽 사이에 있어 작은 나라를 갖고 있었습니다. 대월지가 난도미를 쳐서 죽이고 그 땅을 빼앗았기 때문에 인물들은

---

6 막북(漠北)이라고도 하는데 몽골고원 대사막 이북 지역을 가리키는 명칭이다. 한대부터 사용되던 이 명칭은 청대에 이르러 오늘날의 외몽골, 즉 몽골만을 가리키는 개념으로 축소됐다.

도망쳐 흉노에게 달아났습니다.[7] 아들 곤막은 막 태어났기 때문에 부보(傅父)인 포취합후(布就翕侯)가 안고서 달아나 숲속에 숨겨두고서 곤막을 위해 먹을 것을 찾아다니다가 돌아와보니 늑대가 와서 그에게 젖을 먹이고 있었고, 또 까마귀가 고기를 입으로 물어다가 갖다주는 것을 보고서 그를 신인(神人)이라 생각했습니다. 드디어 곤막을 데리고 흉노에 귀순하니 선우가 그를 거두어 길렀습니다. 그가 성인이 되자 그 아버지의 백성들을 곤막에게 주어 군사를 거느리게 하니 여러 차례 공을 세웠습니다.

이때 월지는 이미 흉노를 깨뜨리고 서쪽으로 새왕(塞王-서역에 있는 나라의 왕)을 치니 새왕은 남쪽으로 달아나 멀리 옮겨갔고, 월지는 그 땅에 거주했습니다. 곤막이 다 장성하자 직접 선우에게 청해 아버지의 원수를 갚겠다고 해서 드디어 서쪽으로 대월지를 공격해 깨뜨렸습니다. 대월지는 마침내 서쪽으로 달아나 대하(大夏)의 땅으로 옮겨가니 곤막은 그 백성들까지 거두어 계속 머물면서 거주해 병력은 더욱 강해졌습니다. 선우(單于)가 죽자 곤막은 흉노에 조회하려 들지 않았습니다. 흉노는 기습부대[奇兵]를 보내 쳤으나 이기지 못하자 그를 신인(神人)이라 여겨 멀리했습니다.

지금 선우는 새롭게 한나라에 시달리고 있으며 그 때문에 혼야왕이 다스리던 땅은 텅 비어 사람이 살지 않습니다. 오랑캐들의 습속은 옛 땅에 연연하며 또한 한나라의 재물을 탐하니, 만일 이러한 때에 진실로 오손(烏

---

7   사마천의 『사기(史記)』「대완열전(大宛列傳)」에서는 이 부분을 조금 다르게 표현하고 있다. "흉노가 쳐들어와서 그 아버지를 죽이는 바람에 곤막은 태어나자마자 들판에 버려졌습니다."

孫)에게 두터운 예물을 보내어 동쪽으로 더 가까이 불러들임으로써 혼야왕이 다스렸던 옛 땅에 살게 하고서 한나라와 형제의 의리를 맺자고 한다면, 그 형세로 보아 오손은 마땅히 한나라의 말을 듣게 될 것이고, 그렇게만 된다면 이는 흉노의 오른팔을 끊는 것과 같습니다. 일단 오손과 연결만 된다면 그 서쪽에 있는 대하(大夏) 등의 나라들도 모두 불러들여 외신(外臣)으로 삼을 수 있습니다."

천자는 그렇다고 여겨 건을 제배해 중랑장(中郞將)으로 삼고 300명을 거느리게 하고서 그들에게 1인당 말 두 필씩 주었으며, 소와 양은 수만 마리였고 싸가지고 가는[齎] 황금과 비단의 가치는 수천 거만(巨萬)이었다. (또) 부절을 가진 부사(副使)들을 많이 보내 길이 통할 수만 있다면 다른 주변 나라들에도 그들을 보낼 수 있게 했다. 건은 오손에 도착해 하사품들을 주면서 천자의 뜻을 일러주었으나 그들의 결단을 이끌어내지 못했다. 그 경위는 「서역전(西域傳)」에 실려 있다.

건은 그로 인해 부사(副使)들을 나누어 대완(大宛)에 사자를 보내고, 강거(康居)와 대월지(大月氏)와 대하(大夏) 등 그밖의 여러 나라에도 사신을 보냈다. 오손에서는 통역과 안내를 붙여서 건을 돌려보내니 건은 오손이 보낸 사자 수십 명과 함께 돌아오면서 말 수십 필을 답례품으로 받았는데, (건이) 수십 명의 사자를 데리고 온 것은 그들이 한나라를 직접 보고서 한나라가 얼마나 넓고 큰 나라인지를 알게 하고자 한 것이었다. 건이 돌아오자 그를 제배해 대행(大行-이민족 담당 관리)으로 삼아 구경(九卿)의 반열에 올렸는데 1년쯤 지나 죽었다.

그후 1년쯤 지나 건이 대하 등의 여러 나라에 보냈던 부사들이 모두 다 자못 그 나라의 사람들과 함께 들어왔는데, 이렇게 해서 서북쪽의 나라들이 처음으로 한나라와 통하게 됐다. 그러나 건이 새로운 길을 뚫었으므로 [鑿空] 그 뒤에 사자로 가는 자들은 모두 다 박망후(博望侯)를 들먹임으로써 외국들에게 신망을 얻으려 했고, 외국들도 그로 말미암아 사자들을 믿어주었다. 그후에 오손은 드디어 한나라와 혼인을 맺었다.

애초에 천자가 역서(易書)로 점을 쳤더니 (점괘에) 이르기를 '신마(神馬)가 서북쪽에서 올 것이다'라고 했다. (그래서) 오손의 말을 얻게 되자 이름 짓기를 천마(天馬)라 했다. (그후) 대완(大宛)의 한혈마(汗血馬)를 얻고 보니 (오손의 말보다) 훨씬 더 건장했으므로 오손의 말의 이름을 고쳐 서극(西極)이라 부르고, 대완의 말을 일러 천마(天馬)라고 불렀다. 한나라는 비로소 영거현(令居縣) 서쪽에 성(城)을 쌓고, 처음으로 주천군(酒泉郡)을 설치해 서북쪽의 나라들과 통하게 되니, 이로 인해 더욱더 많은 사신들을 안식(安息)과 엄채(奄蔡)와 여헌(黎軒)과 조지(條枝)와 신독국(身毒國)으로 보냈다. 동시에 천자가 대완의 말을 좋아했으므로 (말을 구하러 가는) 사자들이 길에서 서로 바라볼 정도로 많았다. 외국으로 가는 여러 사신단은 한 무리가 많을 경우에는 수백 명이나 됐고 적은 경우에도 100여 명이나 됐는데, 사람들이 가지고 가는 물품들은 박망후 때와 거의 비슷했다. 그 뒤에 왕래가 점점 빈번해지자 (폐백의 규모도) 차츰 줄어들었다. 한나라에서 1년에 보내는 사신단은 많을 때에는 10여 차례였고, 적을 때에도 대여섯 차례였으며, 먼 곳으로 간 자는 8~9년 지나서, 그리고 가까운 곳으로 간 자도 여러 해가 지나서야 되돌아왔다.

이때 한나라는 이미 월(越)나라를 멸망시켰기 때문에 촉(蜀)과 서남쪽 오랑캐들은 모두 떨면서 관리를 보내 입조하기를 청했다. 이에 (한나라는) 익주군(益州郡)과 월수군(越嶲郡)과 장가군(牂柯郡)과 심려군(沈黎郡)과 문산군(汶山郡)을 두어 땅을 이어가며, 앞으로 나아가 대하까지 통하고자 했다. 이에 해마다 10여 차례 사신을 파견해 새로 설치한 여러 군[初郡]들을 통해서 대하(大夏)로 가도록 했으나 모두 다시 곤명(昆明)에 가로막혀 피살되고 폐백과 재물을 빼앗겨 결국은 대하(大夏)에 이를 수가 없었다. 이에 한나라는 출병해 곤명(昆明)으로 가서 쳐 수만 명의 머리를 베거나 포로로 잡고서 철수했다. (하지만) 그후에도 사신을 보냈으나 (곤명이 다시 도적질을 해대는 바람에 끝내)[8] 제대로 (대하와) 통할 수가 없었다. 상세한 이야기는 「서남이전(西南夷傳)」에 실려 있다.

　건(騫)이 외국으로 가는 길을 열어 존귀하게 된 뒤로 그 길을 따라갔던 관리와 병사들은 모두 다투어 글을 올려 외국의 기이하고 괴이한 것과 각국의 이로움과 병폐를 말하며 사신이 되고자 했다. 천자는 그 나라들이 멀리 떨어져 있고, 사람들이 쉽게 갈 수 있는 곳이 아니라고 여겨 그들의 말을 들어주어, 사신의 부절을 주면서 관리와 민간에서 모집을 하되 그들의 출신 등은 묻지 않았고, 모집한 사람들을 모두 보냄으로써 사자로 갈 수 있는 길을 넓혀놓았다. 그러나 그 통로가 활성화되자 그들은 돌아오면서 폐백과 재물을 훔치고 혹은 사신으로서 천자의 뜻을 어기니, 천자는 그들이 이런 일에 길들여져 있다고 보고서 즉각 이를 조사해 무거운 벌로 다스리게 하고, 공을 세워서 죄를 씻도록 재촉하는 영을 내려 다시 사신

8　이 괄호 부분은 사마천의 『사기(史記)』 「대완열전(大宛列傳)」에 있는 내용이다.

으로 내보냈다. (그러다 보니) 사신들의 폐단은 끝이 없었고 법을 어기는 것을 가볍게 생각했다. (과거에 사자로 갔던) 관리와 사졸들도 문득 외국에 있는 것들을 다시 거창하게 추켜올리자 큰 것을 말한 자에게는 (정사로 삼아) 부절을 주고 작은 것을 말한 자는 부사(副使)로 삼으니, 그 때문에 말을 함부로 하고 행실이 바르지 못한 자들의 무리가 모두 다투어 그것을 본떴다.

이렇게 해서 사신으로 가는 사람은 모두 가난한 집 자식으로 조정에서 (외국으로) 보내는 물건들을 몰래 가로채 시장에서 헐값으로 팔아 외국에서 얻은 이익을 사사로이 차지하려 했다. 외국들도 한나라 사신들이 사람마다 말이 달라[輕重] 싫어했고, 또 한나라 군대가 멀리 떨어져 있어서 쳐들어올 수가 없다는 점을 헤아려[度=量] 식량의 공급을 막아서 한나라 사신들을 고통스럽게 했다. 한나라 사신들은 먹을 것이 떨어지자 원한이 쌓여 서로를 공격하는 지경에 이르렀다.

한편 누란(樓蘭)과 고사(姑師)는 작은 나라일 뿐이지만 사방으로 통하는 요충지[空道=通道]에 있었기 때문에 한나라 사신 왕회(王恢) 등에 대한 공격과 겁박이 아주 심했다. 게다가 흉노의 기병들은 수시로 서쪽 나라들로 가는 사신들을 가로막고 공격했다[遮擊]. 사신으로 갔던 자들은 외국에서 입은 재앙이나 피해를 다투어 미주알고주알[徧] 말하면서 그들 나라에는 어디에나 성읍이 있지만 병력이 약해서 쉽게 칠 수 있으리라고 했다. 이에 천자는 그 이유를 들어 종표후(從驃侯) 파노(破奴)를 장수로 삼아 보내니, 그는 속국의 기병과 군(郡)의 병력 수만 명을 이끌고 흉하수(匈河水)에 이르러 오랑캐를 치려고 했으나 오랑캐는 모두 달아나버렸다.

그 이듬해 (한나라에서는) 고사(姑師)를 쳐서 깨뜨리고 누란왕(樓蘭王)을 사로잡았다. 이리하여 주천군(酒泉郡)에서 서쪽으로 옥문관(玉門關)까지 정장(亭鄣)[9]이 열을 지어 서게 됐다. 그래서 대완 등 여러 나라들은 한나라 사신이 돌아갈 때는 안식에서도 사신을 딸려보내 한나라의 광대함을 둘러보고서, 큰 새의 알(-타조알)과 여헌(黎軒)의 뛰어난 마술사[眩人]_{현인}를 한나라에 바치니 천자는 크게 기뻐했다. 한편 한나라 사신은 황하의 원천을 찾아냈는데, 그 산에는 옥석이 많아 그것들을 캐서 돌아오니 천자는 옛날 지도와 책들을 참고해 황하가 시작되는 이 산을 곤륜산(崑崙山)이라고 이름 지었다. 이 무렵 상(上)은 마침 바닷가를 자주 순수(巡狩)했는데 이때 행차마다 늘 외국에서 온 빈객들을 데리고 다녔다. 도시가 크고 인구가 많은 지역의 경우에는 그곳을 지나면서 각종 물건과 비단을 풀어 상으로 내려주고, 수많은 물품들을 그들에게 넉넉하게 줌으로써 한나라의 부유함과 풍부함을 과시했다[覽示]._{남시}

이에 대규모 각저(觳抵)[10]를 열어 신기한 놀이와 여러 가지 진기한 것

---

9 담을 두르고 세운 정자를 말하는데, 국경이나 요해처의 경비를 위해 세운 정자 모양의 초소(哨所)를 뜻하며, 이런 업무를 맡은 말단 행정조직을 가리키기도 한다.

10 각저는 공연 혹은 연희로 한나라 무제 때 상림원(上林苑)의 평락관(平樂觀)에서 이루어졌는데, 파유(巴渝), 도로(都盧), 해중(海中), 탕극(湯極), 만연(曼延), 어룡(魚龍), 각저(角抵) 등이 공연됐다. 파유는 사천(四川) 지역의 춤으로 무예에 바탕을 둔 잡기성 춤의 일종이다. 도로는 장대타기를 말하고, 해중과 탕극은 음악의 이름으로 알려져 있다. 만연과 어룡은 가상을 동원한 대형 환술의 일종이다. 각저(角抵, 觳抵)는 좁은 뜻으로는 씨름이나 넓은 뜻으로는 산악백희(散樂百戲)를 가리킨다. 따라서 각저희는 연극사에서 볼 때는 산악백희의 뜻으로 사용되는 것이 통례이다. 중국의 한(漢)나라 때 서역과의 교통이 열리고 문물이 수입되면서 서역의 환술(幻術)이 전래됐고, 그 영향으로 산악백희가 시작됐다.

들을 보여 구경꾼들을 많이 끌어모으면 상을 내리고 주지육림(酒池肉林)의 잔치를 베풀며, 외국에서 온 빈객들로 하여금 각 창고에 쌓인 물건들을 두루 구경하고 한나라의 광대함을 보게 해 깜짝 놀라게 만들었다. 그리고 마술사들의 기교는 (서역보다) 더 정교해지고, 각저에서의 신기한 놀이가 해마다 바뀌면서 점점 더 성대해지고 더욱 흥하게 된 것은 이때부터였다. 그리고 외국의 사신들은 다시 오고 다시 갔다[更來更去]. 대완 서쪽의 나라들은 모두 자기들이 한나라와 멀리 떨어져 있다고 여겨 언제나 교만하고 방자하며 제멋대로[晏然] 했지만, 아직은 무력으로 굴복시킬[詘=屈] 수가 없어서 예(禮)로써 그들을 붙들어두면서[羈縻] 사신들을 주고받았다. (이후로) 서역에 왕래하는 한나라 사신들이 이미 많아졌는데, 그중 일부 사신을 따라 갔던 자들은 천자에게 나아가 잘 꾸며대어 "대완의 좋은 말들은 이사성(貳師城)에 있는데 이를 감추고서 한나라 사신에게는 기꺼이 내주려 하지 않습니다"라고 하자, 천자는 이미 대완의 말을 좋아했기에 그 말을 듣고서 흥미가 생겨[甘心], 장사(壯士)와 거령(車令) 등에게 1,000금과 금마(金馬)를 갖고 가서 대완왕(大宛王)에게 이사성의 좋은 말을 달라고 청하게 했다. 대완[宛國]은 (이미) 한나라 물건이 넘칠 지경이었으므로 서로 모의해 말하기를 "한나라는 우리와 멀리 떨어져 있으며 (그 사신들은) 여러 차례 염수(鹽水)에서 낭패를 보았다. 그 북쪽으로 나오면 오랑캐 도적들[胡寇]이 있고, 그 남쪽으로 나오면 물과 풀이 없다. 또 이따금 읍에서 멀리 떨어져 먹을 것이 부족할 때가 많다. 한나라 사신들은 수백 명이 한 무리가 돼 오지만 늘 식량이 부족해 도중에 죽는 자가 절반 이상이다. 사정이 이러한데 어찌 대군을 보내겠는가? 한나라는 우리를 어찌 할 수가 없다. 더구나 이사성의 말[貳師馬]은 대완의 보마(寶馬)다"라고 했다.

결국 한나라 사신에게 말을 내어주지 않았다. 한나라 사신은 화가 나서 욕을 퍼붓고 금마(金馬)를 몽둥이로 부숴버리고 떠나갔다. 대완의 고위 관리들[貴人]은 분노해 "한나라 사신이 우리를 지극히 가벼이 여겼다"라고 말하고서 한나라 사신을 떠나보낸 뒤, 그 동쪽 변방 욱성(郁成)에 영을 내려 한나라 사신을 막은 다음, 쳐서 죽이게 하고 그 재물들을 빼앗았다. 이에 천자는 크게 노했다. 일찍이 대완에 사신으로 간 적이 있던 요정한(宛姚定) 등이 말했다.

"대완의 병력은 약합니다. 불과 3,000명의 한나라 병사를 동원해 강한 쇠뇌[彊弩=强弩]로 그들을 쏜다면 그 즉시 모조리 포로로 잡아 대완을 깨뜨릴 수 있습니다."

천자는 이미 일찍이 착야후(浞野侯-파노)를 시켜 누란(樓蘭)을 치게 했을 때 700명의 기병을 이끌고 먼저 이르러 그 왕을 사로잡은 적이 있었기 때문에 정한 등의 말이 옳다고 생각했다. 그리고 총희(寵姬) 이씨(李氏) 형제를 후(侯)로 봉하고 싶어 (군공을 세우게 하려고) 이광리(李廣利)를 제배해 장군(將軍)으로 삼아 대완을 정벌토록 했다.

건의 손자 맹(猛)은 자(字)가 자유(子游)이고, 뛰어난 재능이 있어 원제(元帝) 때 광록대부가 돼 흉노에 사신으로 갔고 급사중(給事中)이 됐으나 석현(石顯)에게 중상모략을 당해[所譖] 자살했다.

이광리(李廣利)는 그 여동생 이부인(李夫人)이 상의 총애를 받아 창읍

(昌邑) 애왕(哀王)을 낳았다. 태초(太初) 원년(元年)에 광리(廣利)를 이사장군(貳師將軍)으로 삼아 속국의 기병 6,000명과 군국(郡國)의 못된 소년 수만 명을 징발해 가게 했는데, (천자는) 이사성(貳師城)에 이르러 좋은 말을 가져올 것이라고 기대했기 때문에 호칭을 이사장군이라고 했다. 전(前) 호후(浩侯) 왕회(王恢)[11]가 군대를 이끌게 했다. 이미 서쪽으로 염수(鹽水)를 지나갔는데, 행군로에 접해 있는 작은 나라들은 두려워하며 각각 성을 굳게 지키면서 선뜻 먹을 것을 제공하지 않아, 그들을 공격했으나 함락시킬 수가 없었다. 함락시키면 식량을 얻을 수 있었지만 함락시키지 못하면 며칠 만에 떠나야 했다. 욱성(郁成)에 거의[比] 이르렀을 무렵 도착한 군사는 수천 명에 지나지 않았고, 그들 모두 굶주리고 지쳐 있었다. 욱성을 공격했으나 욱성이 한나라 군대를 크게 깨뜨려 죽거나 다친 사람이 매우 많았다. 이사장군은 주변 부하들과 계책을 세우기를 "욱성조차 이처럼 함락시킬 수 없는데 하물며 왕도(王都)를 함락시킬 수 있겠는가?"라며 군대를 이끌고 돌아왔다. 가고 오는 데 2년이 걸려 돈황으로 돌아왔을 때 군사는 (출병할 때의) 10분의 1 내지 2에 지나지 않았다. (이사장군은 천자에게) 사자를 보내 글을 올려 말했다.

'길은 멀고 식량은 대부분 떨어졌습니다. 또한 병사들은 싸움을 걱정하지 않고 굶주림을 걱정했습니다. 병력은 적고 대완을 뽑아버리기에는[拔] 부족했습니다. 바라건대 장차 병력을 해산했다가 더욱 많이 뽑아서 다시 나가게 해주십시오.'

---

11 회는 예전에 후에 봉해졌다가 1년 만에 주천군에서의 어떤 문제로 작위를 박탈당했다.

천자는 이 말을 듣고 크게 노해 사자를 보내 옥문관(玉門關)을 막고서 말했다.

"군인들 중에서 감히 (옥문관 안으로) 들어오는 자가 있으면 즉시 목을 벨 것이다."

이사장군은 두려움 때문에 돈황에 머물렀다.

그 해 여름 한나라는 착야후(浞野侯)의 군사 2만여 명을 흉노에게 잃었다. 공경과 (조정에서) 의견을 내는 자들[議者]은 모두 다 대완을 쳤던 군대를 해산하고 흉노를 치는 일에 온 힘을 기울이기를 원했다. (반면에) 천자는 이미 대완을 주벌하는 데 주력하고자 했다.

"대완은 작은 나라인데도 함락시킬 수 없다고 한다면 대하(大夏)와 같은 나라들이 한나라를 가벼이 여길 것이고 대완의 좋은 말들도 끊어져 들여올 수 없을 것이다. (게다가) 오손(烏孫)이나 윤두(侖頭)도 한나라 사신을 쉽게 보고[易=輕] 괴롭힐 것이니 외국의 웃음거리가 될 것이다."

그러고 나서 대완을 치는 것은 아주 불리하다고 말한 등광(鄧光) 등을 처벌하고서, 죄수들 중에서 재주가 있는 관리들은 사면하고 못된 소년과 변방의 기병은 더욱 징발해, 1년 남짓 지나 돈황을 출발한 병력은 6만 명이었다. 여기에는 사사로이 (물건을 지고) 따라가는 자는 포함되지 않았다. 소가 10만 두, 말이 3만여 필이고 나귀[驢]와 노새[騾]와 낙타[橐它=橐駝=駱駝] 등도 1만여 마리나 됐다. 식량을 넉넉하게 가져가게 하고, 각종 무기와 쇠뇌도 충분하게 갖추고서 천하가 떠들썩하게 대완 정벌의 명령을 전해 서로 받들어 떠나는데, 총 50여 명의 교위(校尉)가 지휘했다.

대완의 왕성에는 우물이 없어 모두 성 밖에 흐르는 물을 길어다[汲] 썼기 때문에, 이에 마침내 (한나라 군대는) 수공(水工)을 보내 성 밑의 수로에 구멍을 내[空=穴] 성안의 물을 말려버렸다. 수자리 서는 병사 18만 명을 추가 징발해 주천군(酒泉郡)과 장액군(張掖郡) 북쪽에 거연현(居延縣)과 휴도현(休屠縣)을 새로 설치해 주천군을 지키게 하고, 또 천하의 일곱 가지 죄목[七科]에 해당하는 사람을 벌주어, 말린 식량[糒]을 싣고 가 이사장군에게 공급하게 했다. 짐수레와 사람들이 서로 잇닿아 돈황(敦煌)까지 이어졌다. 말을 잘 아는 두 사람을 제배해 (각각) 집마교위(執馬校尉)와 구마교위(驅馬校尉)로 삼아, 대완을 쳐부순 다음 좋은 말을 고르게 될 경우에 대비했다. 이에 이사장군은 제2차로 다시 길을 떠났는데, 병력이 많아 이르는 작은 나라들마다 맞이하지 않는 나라가 없었고, 음식을 들고 나와 군대에 공급해주었다. 윤대(侖臺)에 이르러 윤대가 항복을 하지 않자[不下] 여러 날을 공격해 그곳을 도륙했다. 여기서부터 서쪽을 향해 평탄하게 대완의 성까지 행군해갔는데, 여기에 도달한 한나라 군사는 3만 명이었다. 대완의 군대가 한나라 군사들을 맞아 치고 나왔으나 한나라 군사들이 활을 쏘아 패퇴시켰다. 대완은 성채[葆=城砦] 안으로 도망쳐 들어가 성을 의지해 버텼다. 이사의 군대는 욱성의 성으로 가서 치고 싶었지만, (여기서) 행군을 멈출 경우 대완이 다른 계책을 쓸 기회를 주게 될까 두려워해, 마침내 먼저 대완에 이르러 그 수원(水源)을 터서 물줄기를 바꾸니 대완은 진실로 이미 큰 어려움에 빠지게 됐다. 대완의 성을 에워싸고 공격한 지 40여 일이 되자 대완의 고위 관리들[貴人]은 서로 모의해 이렇게 말했다.

"왕 무과(毋寡)가 좋은 말을 감추어두고 한나라 사신을 죽였기 때문이다. (그러니) 지금 왕 무과를 죽이고 좋은 말을 내어주면 한나라 군대는 마땅히 포위를 풀 것이다. 만일[卽=若] 포위를 풀지 않으면 그때 가서 힘을 다해 싸우다 죽어도 늦지 않을 것이다."

대완의 고위 관리들은 모두 그렇다고 생각해 함께 자신들의 왕 무과를 죽였다. 그 외곽 성이 무너졌고 대완의 고위 관리이자 용장인 전미(煎靡)를 사로잡았다. 대완은 크게 두려워하며 성안으로 도망쳐 들어갔다.[12] 그리고 서로 모의해 말했다.

"한나라가 대완을 공격한 까닭은 왕 무과 때문이다."

그들은 왕의 머리를 가진 고위 관리를 사자로 보내 이사에게 이렇게 약속했다.

"한나라는 우리를 공격하지 마십시오. 우리는 좋은 말들을 모조리 내놓아 마음대로 가져가게 할 것이며, 또한 한나라 군대에 식량을 공급하겠습니다. 만일 들어주지 않으면 우리는 좋은 말들을 모두 죽일 것입니다. 그리고 또 강거(康居)의 구원군이 장차 다다를 것입니다. 그들이 오면 우리는 성안에서, 강거는 성 밖에서 한나라 군대와 싸우게 될 것이니 한나라 군대는 이를 깊이 생각해보십시오. 어느 쪽을 따르겠습니까?"

이때 강거는 한나라 군대를 살피고 있었는데[候視] 한나라 군대가 아주 강성하니 감히 나오지 못했다. 이사는 이렇게 생각했다.

'대완의 성안에서 처음으로[新] 진(秦)나라 사람을 찾아내 우물 파는 법을 알게 됐고, 그 안에는 식량이 아직도 많다고 한다. 우리가 이곳까지

---

12 이어진 이 두 문장이 사마천의 『사기(史記)』 「대완열전(大宛列傳)」에서는 '대완의 성을 에워싸고 공격한 지 40여 일이 되자' 바로 다음에 있다. 시간 순서를 다르게 본 때문이다.

온 까닭은 악의 수괴인 무과를 주벌하기 위해서다. 무과의 머리는 이미 여기에 있다. 이렇게 됐는데도 군사를 푸는 것을 허락하지 않으면 (그들은 성을) 굳게 지킬 것이고, 강거는 한나라 군대가 지치기[罷]를 엿보다가 와서 대완을 구원할 것이니 한나라 군대는 반드시 깨질 것이다.'

군리(軍吏)들은 모두 그렇다고 생각해 대완의 약속을 허락했다. 대완은 마침내 좋은 말들을 내놓아 한나라 스스로 고르게 했고, 한나라 군대에게 많은 식량을 내어주었다. 한나라 군대는 좋은 말 수십 필과 중등 이하의 말[中馬] 수컷과 암컷[牡牝] 3,000여 필을 골랐다. 대완의 고위 관리 중에서 옛날부터 한나라 사신들을 잘 대우해준 말채(眛蔡)라는 사람을 세워 대완의 왕으로 삼고, 서로 동맹을 맺은 다음 군사를 거두었다. 결국 (한나라는) 중성(中城)까지 들어가지 못한 채 여기서 싸움을 끝내고 군대를 이끌고 돌아왔다.

처음에 이사가 돈황에서 일이니 서쪽으로 갈 때 군사가 너무 많아 도중에 주변 나라들로부터 식량을 공급받지 못할 것으로 여겨, 이에 군대를 여럿으로 나누어 남쪽과 북쪽 길을 따라가게 했다. 교위(校尉) 왕신생(王申生)과 홍려(鴻臚)를 지낸 호충국(壺充國) 등 1,000여 명은 제각각 욱성에 이르렀다. 욱성은 성을 지키면서 그 군대에 식량을 선뜻 공급하려고 하지 않았다. 왕신생은 대군과 200리나 떨어져 있었는데, (대군의 위세에) 몰래 기대어[負=恃] 욱성의 군대를 가벼이 여기고서 급습했다. 욱성은 신생의 군대가 날로 적어진다는 것을 엿보아 알아차리고서, 새벽에 군사 3,000명으로 공격해와서 왕신생 등을 쳐 죽이니[戮殺], 군대는 깨지고 몇 사람만이 탈출해 이사에게 도망쳐왔다.

이사가 수속도위(搜粟都尉) 상관걸(上官桀)에게 영을 내려 가서 욱성을 공격해 깨뜨리게 하니, 욱성은 항복했고 그 왕은 강거로 달아났는데 걸(桀)은 강거까지 뒤쫓았다. 강거는 한나라가 이미 대완을 깨뜨렸다는 소식을 듣고서 마침내 욱성의 왕을 걸에게 내주니, 걸은 4명의 기사(騎士)에게 욱성의 왕을 묶어 잘 지켜서 대장군에게 보내도록 했다. 네 사람은 서로에게 말하기를 "욱성왕은 한나라의 미움을 받고 있다. 지금 살아 있으니 장차 달아나기라도 한다면 결국 큰일을 그르치게 될 것이다"라고 했다. 그를 죽이려 했으나 정작 감히 먼저 나서서 치지 못했다. 상규현(上邽縣)의 기사 조제(趙弟)가 칼을 뽑아 욱성왕의 머리를 쳐서 베었다. 제와 걸 등은 드디어 내달려 대장군에게 갔다.

애초에 이사장군이 제2차로 출병했을 때[後行] 천자는 오손(烏孫)에게 사자를 보내 말하기를, 크게 병력을 동원해 힘을 합쳐 대완을 치자고 했었다. (그러나) 오손은 겨우 기병 2,000명만을 출동시키고서 양다리를 걸치며 선뜻 나아가지 않았다. 이사장군이 동쪽으로 갈 때 그 주변의 여러 작은 나라들은 대완이 박살났다는 말을 듣고, 모두 다 자기 자제들을 한나라 군대에 딸려보내 천자를 알현하고서 이를 다짐하는 차원에서 볼모로 머물게 했다. 군대가 돌아왔을 때 출정했던 군인들 중에 옥문관(玉門關)으로 돌아온 병사는 1만여 명이고 군마는 1,000여 필이었다. 이사가 제2차로 출병했을 때는 군인들의 식량이 부족하지 않았고 전사자도 많지 않았다. 그러나 장군이나 군리들이 탐욕스럽고 대부분 병졸들을 사랑하지 않아서, 침범해 빼앗기[牟=賊] 때문에 이로 인해 죽임을 당한 자[物故]가 많았다. (하지만) 천자는 1만 리나 되는 먼 곳까지 가서 대완을 정벌했다고 해 그들의 잘못을 밝히려 하지 않았고, 마침내 조서를 내려 말했다.

'흉노가 우리에게 해악을 끼친 지 오래인데 지금 비록 막북(幕北)으로 옮겨갔다고는 하나 주변 나라[帝國=近國]와 공모해서 대월지로 가는 한나라의 사자를 끊고, 중랑장 강(江)과 고(故) 안문(雁門)태수 양(攘)을 막아서 죽였다. 위수국(危須國) 서쪽과 대완은 서로 약속해 (한나라 사신인) 기문랑(期門郎) 차령(車令)과 중랑장 조(朝), 그리고 신독국(身毒國)에 보내는 사자를 죽이고 동서의 길을 차단했다. 이사장군 광리(廣利)는 그 죄를 정토(征討)해 대완을 정벌해 승리했다. 하늘의 신령에 힘입어 험한 산길을 타고 황하를 거슬러 올랐고[泝], 사막[流沙]을 건너고 서해를 통과해 금년에는 산에 눈도 쌓이지 않아〔○ 사고(師古)가 말했다. "눈이 쌓이지 않아 빨리 돌아올 수 있었다는 말이다."〕 사대부들은 지체되거나 어려움을 겪지 않았으며, 왕의 머리를 얻고 각종 진귀한 보배들을 갖고와 대궐에 늘어놓았다. 이에 광리를 봉해 해서후(海西侯)로 삼고 식읍 8,000호를 내려주노라.'

또 욱성 왕의 목을 벤 기사 조제를 봉해 신치후(新時侯)로 삼았고, 군정(軍正) 조시성(趙始成)은 공로가 최고라 해 광록대부(光祿大夫)로 삼았으며, 상관걸은 깊이 침투한 공로로 소부(少府)로 삼았고, 이치(李哆)는 계책을 잘 세웠기에 상당군(上黨郡) 태수(太守)로 삼았다. 군리(軍吏)나 관리(官吏)로서 구경(九卿)에 오른 자가 3인이며, 제후국의 재상이나 군수, 2,000석 관리에 임명된 자가 100여 명이고, 1,000석 관리 이하가 1,000여 명이었다. 자진해[奮=迅=自樂] 전쟁에 따라나선 자는 기대 이상의 벼슬을 얻었고, 죄수로서 종군한 자는 모두 공로만큼 그 죄를 용서받았을 뿐 따로 포상을 받지는 못했다[絀=抑退]. 병졸들에게 내린 것은 4만 금이었다. 대완을 정벌하기 위해 두 차례 오갔으며 총 4년 만에 전쟁이 끝났다.

11년 후인 정화(征和) 3년에 이사(貳師)는 다시 7만 기병을 이끌고 오원군(五原郡)에서 출발해 흉노를 쳐서 질거수(郅居水-호수)를 건넜다. 군대가 패해 흉노에 항복하고 선우에게 피살됐다[所殺]. 상세한 이야기는 「흉노전(匈奴傳)」에 실려 있다.

찬(贊)하여 말했다.

"『우본기(禹本紀)』[13]에서는 '황하는 곤륜산(昆侖山)에서 발원하는데 곤륜산은 그 높이가 2,500여 리이며, 해와 달이 서로 피해 숨어 그 빛을 말하는 곳이다'라고 했다. 이때 장건(張騫)이 대하국(大夏國)에 사신으로 간 뒤에야 황하의 원류를 밝혀내게 됐는데, 어찌 『우본기(禹本紀)』에서 말한 곤륜산을 본 사람이 있었겠는가! 그러므로 구주(九州)의 산천에 관한 기록은 『상서(尙書)』〔○ 등전(鄧展)이 말했다. "『상서(尙書)』에는 '도하적석(道河積石)'이라고 했으니, 이는 황하가 적석에서 비롯됐다는 말이다. 적석은 금성(金城)의 하관(河關)에 있고 곤륜에서 나온다고 언급하지는 않았다."〕에

---

13 옛 고서인 듯하며 우왕의 행적을 담은 것으로 보이는데, 정확히 무슨 책인지는 알 수 없다. 다만 사마천(司馬遷)이 『사기(史記)』를 만들면서 선진(先秦) 시기에 사용됐던 『우본기(禹本紀)』의 이름을 따서 12기(紀)를 작성, 책의 첫머리에 두었다. 이후 기전체 정사의 한 편목으로 자리잡았다. 장수절(張守節)은 『사기정의(史記正義)』에서 "본계와 관련됐으므로 본(本)이라고 했으며, 여러 가지 일을 통할해 해결한 것을 연월일 순서에 따라 정리했으므로 기(紀)라고 한다"라고 했다.

있는 것이 사실에 가깝다. 『우본기(禹本紀)』나 『산해경(山海經)』¹⁴에서 말한 괴기한 것들에 대해 함부로 말을 하랴!"

---

14 작자에 관해서는 하(夏)나라 우왕(禹王) 또는 백익(伯益)이라는 설과 기원전 4세기 전국시대 이후의 저작이라는 설이 대립하고 있다. 원래는 23권이 있었으나 전한(前漢) 말기에 유흠(劉歆)이 교정(校定)한 18편만 오늘에 전하고 있다. 중국에서 가장 오래된 지리서다.

권
◆
62

사마천전
司馬遷傳

옛날에 전욱(顓頊)은 남정(南正) 중(重)에게 하늘을 관장하게 했고 [司天] 북정(北正) 여(黎)에게 땅을 관장하게 했다[司地]. 당요(唐堯-요임금)와 우순(虞舜-순임금) 시대에 와서도 중과 여의 후손들에게 계속 그 일을 맡도록 해 하(夏)와 상(商)나라에까지 이르렀으니, 그 때문에 중씨(重氏)와 여씨(黎氏)는 대대로 하늘과 땅에 관한 일을 맡았다. 주(周)나라에 있어서 정백(程伯)에 봉해졌던 휴보(休甫) 또한 여의 후손이었다. 그런데 주 선왕(宣王) 때에 와서 여의 후손들은 그 관직을 잃고서 물러나 사마(司馬)씨가 됐다. (이때부터) 사마씨는 대대로 주나라의 역사를 주관하게 됐다. 주나라의 혜왕(惠王)과 양왕(襄王) 사이에 사마씨는 주나라를 떠나 진(晉)나라로 갔다. 진나라의 중군(中軍) 수회(隨會)가 위(魏)나라로 달아나자 사마씨는 소량(少梁)〔○ 사고(師古)가 말했다. "소량은 원래 양(梁)나라인데 진(秦)나라에 멸망당해 명칭을 소량으로 바꿨다."〕으로 들어갔다.

사마씨가 주나라를 떠나 진(晉)나라로 간 뒤로 (사마씨 일족은) 뿔뿔이 흩어져 위(魏)나라에 살기도 했고, 조(趙)나라에 살기도 했고, 진(秦)나라에 살기도 했다. 위나라에 살던 어떤 사람은 중산(中山)의 재상이 됐고, 조나라에 살던 어떤 사람은 검술론을 전수해 이름을 날린 사람도 있었는데 괴외(蒯聵)는 그의 후손이다. 진나라에 살던 사마조(司馬錯)는 장의(張儀)와 논쟁을 벌였고, 이에 혜왕(惠王)은 조(錯)로 하여금 군사를 이끌고 촉(蜀)을 치게 했는데, 드디어 촉을 뽑아버리고는 그대로 남아 그곳의 태수가 됐다. 조의 손자 기(蘄)는 무안군(武安君) 백기(白起)를 섬겼다. 당시 (사마씨가 살고 있던) 소량은 이름이 하양(夏陽)으로 바뀌었다. 기와 무안군은 조나라 군대를 장평(長平)에 파묻었는데[阬], 돌아와서는 두 사람 모두 (함양의 서쪽) 두우(杜郵)에서 자살을 명 받아 화지(華池)에 묻혔다.

기(蘄)의 손자 창(昌)은 진(秦)나라 왕의 철관(鐵官)이 됐다. 시황의 시대를 맞아 괴외의 현손 앙(卬)은 무신군(武信君)의 장수(-부장)가 돼 조가(朝歌) 지방을 공략했다. 제후들이 서로 왕을 자처하고 나설 때 사마앙은 은(殷)나라 왕이 됐다. 한나라가 초나라를 정벌하자 앙은 한나라에 귀순했고, 그 땅은 하내군(河內郡)이 됐다. 창은 무역(無懌)을 낳았고 무역은 한나라의 시장(市長-시장 관리 책임자)이 됐다. 무역은 희(喜)를 낳았고 희는 오대부(五大夫)가 됐는데, 이들은 죽은 뒤에 모두 고문(高門)에 묻혔다. 희(喜)는 사마담(司馬談)을 낳았고 담은 태사공(太史公)〔○ 사고(師古)가 말했다. "담은 태사령(太史令)일 뿐인데 천이 자기 아버지를 높여서 공(公)이라고 부른 것이다."〕이 됐다.

태사공은 당도(唐都)에게 천문학[天官]을 배웠고, 양하(楊何)로부터 『역

(易)』을 전수받았으며, 황자(黃子-황생(黃生))로부터 도가의 이론[道論]을 익혔다. 태사공은 건원(建元)과 원봉(元封) 연간에 벼슬을 했는데, 배우는 자들이 각파 학설의 참뜻을 이해하지 못해 스승과 제자의 관계가 어그러지는 것을 걱정해 육가(六家-유가, 묵가, 도가, 법가, 음양가, 명가)의 핵심 가르침을 다음과 같이 논했다.

"『주역(周易)』「대전(大傳)」[易大傳][1]에 이르기를 '천하(의 학설은 결국에)는 하나에 이르게 되니 (그에 이르는 과정에서) 온갖 생각을 하더라도 [百慮] (끝내) 같은 곳에 귀결되지만 (굳이) 다른 길을 가려 한다[同歸而殊塗]'라고 했다. 저 음양가(陰陽家), 유가(儒家), 묵가(墨家), 명가(名家), 법가(法家), 도덕가(道德家-도가) 등은 모두 힘써 다스리려 하지만 그들이 따르라고 하는 말은 정작 길이 서로 달라 (그것들끼리) 잘 살핀 부분과 그렇지 못한 부분이 있을 뿐이다.

일찍이 남몰래 음양가의 학술을 살펴본 바가 있는데 지나치게 시시콜콜하고[大祥=大詳], 꺼리거나 피해야 하는 것[忌諱]이 너무 많아 사람들을 구속하고 많이 두려워하게 만든다[使人拘而多畏]. 그러나 사계절이 운행하는 큰 순서를 잡아준 것만은 놓쳐서는 안 된다.

유자(儒者)들은 (그 학설이) 넓기는 하되 요점이 적고, 노고를 쏟는 데 비해 얻는 효과는 적다. 이 때문에 그들의 학설을 모두 다 따르기는 어렵다. 그러나 임금과 신하, 부모와 자식의 예절의 순서를 잡아준 것과 지아비와 지어미, 윗사람과 아랫사람의 구별을 정해준 것은 바꿔서는 안 된다.

---

1 이는 「계사전(繫辭傳)」을 가리킨다.

묵자(墨者)는 지극히 검소하되 받들어 따르기가 어렵다. 이 때문에 모두 남김없이 실천하기는 어렵다. 그러나 바탕을 튼튼히 하고 씀씀이를 아끼는 것[彊本節用]은 폐기해서는 안 된다.

법가(法家)는 엄격해 은혜를 베푸는 바가 적다. 그러나 임금과 신하, 위와 아래의 본분을 바르게 하는 것은 고쳐서는 안 된다.

명가(名家)는 사람들을 명분에 얽매이게 해 진실을 잘 잃어버린다. 그러나 이름과 내용[名實]을 바로잡은 것은 잘 살피지 않으면 안 된다.

도가(道家)는 사람들로 하여금 정신을 한군데 모으게 해, 모든 행동이 무형의 도리[無形]에 부합되게 해주고, 만물을 풍요롭게 해준다. 그 학술은 음양의 큰 순서를 따르고, 유가와 묵가의 좋은 점을 채택하며, 명가와 법가의 요점을 취해 시대에 따라 옮겨가고, 만물에 호응해 변화하며, 풍속을 일으키고 일을 시행하니 마땅하지 않은 바가 없고, 취지는 간략해 일을 잡아 행하기가 쉽고, 일하는 것은 적어도 공로는 많게 된다.

유자는 그렇지가 않다. 임금을 천하의 모범이자 법도[儀表]로 삼아 군주가 제창하면 신하가 화답하고, 군주가 먼저 하면 신하는 뒤따른다. 이와 같이 하면 군주는 수고롭고 신하는 한가하다. (반면에 도가가 말하는) 큰 도리의 요체에 이르면 교만과 탐냄[健羨]을 버리고, 눈 밝고 귀 밝은 자[聰明=智者]를 물리쳐 이런 것들을 멀리하고, 자연의 도리를 따르는 것이다. 무릇 정신이란 너무 많이 쓰면 메말라버리고, 육체는 너무 많이 쓰면 피폐해진다. 육체와 정신이 요란하게 동요하는데, 이런 상태로 하늘 및 땅과 더불어 오랫동안 함께했다는 말은 들어본 적이 없다.

저 음양가는 사계절, 팔위(八位), 십이도(十二度), 이십사절기(二十四節氣)

마다 각각에 맞는 교령(敎令)을 갖고 있어 이를 따르는 자는 번창하고, 이를 거스르는 자는 죽지 않으면 망한다고 한다. 물론 반드시 그러한 것이 아님에도 불구하고 그 때문에 '사람들을 구속하고 많이 두려워하게 만든다'라고 한 것이다. 무릇 봄에 생겨나고, 여름에 자라고, 가을에 거둬들이고, 겨울에 저장하는 것[春生夏長秋收冬藏], 이는 하늘과도 같은 도리의 가장 큰 법칙이니, 이를 따르지 않게 되면 천하에 기강을 세울 수가 없다. 그 때문에 '사계절이 운행하는 큰 순서를 잡아준 것만은 놓쳐서는 안 된다'고 한 것이다.

저 유가는 여섯 가지 기예[六藝]를 법도로 삼는데, 육예(六藝)를 담고 있는 경전들은 너무도 많아[千萬數] 여러 세대에 걸쳐서도 그 배움에 통달할 수 없으며, 본인 세대에 모든 것을 바쳐도 그 예(禮)를 다 배울 수 없다. 그래서 '넓기는 하되 요점이 적고, 노고를 쏟는 데 비해 얻는 효과는 적다'라고 한 것이다. (하지만) 만약에 임금과 신하, 부모와 자식의 예절을 가지런히 하고 지아비와 지어미, 윗사람과 아랫사람의 구별을 정하려 한다면 이는 그 어떤 학파가 나오더라도 바꿀 수 없을 것이다.

묵가도 (유가처럼) 요(堯)임금과 순(舜)임금의 도리를 숭상해 그들의 다움과 행실[德行]에 대해 이렇게 말한다.

'(요임금과 순임금의) 집의 높이는 3척(尺)이고, 흙으로 쌓은 섬돌 계단이 3단이며, 지붕은 띠풀로 이었고, 처마 끝을 가지런하게 자르지 않았으며, 서까래도 다듬지 않았다. 밥을 먹을 때는 흙을 빚어 만든 그릇으로 먹었고, 국을 먹을 때는 흙으로 만든 국그릇으로 먹었다. 거친 잡곡밥을 먹고, 명아주 잎과 콩잎국을 먹었으며, 여름에는 칡베 옷[葛衣]을 입고, 겨울

권62 사마천전(司馬遷傳) 143

에는 사슴 가죽옷[鹿裘녹구]을 입었다.'

묵가는 장례를 치를 때[送死송사] 3촌(寸)밖에 안 되는 오동나무 관을 쓰고, 소리 내어 울되 그 슬픔을 다 드러내지는 않았다. 상례를 가르칠 때는 반드시 이렇게 해 온 백성들이 그것을 따르도록 했다. (하지만) 온 천하가 다 이와 똑같이 따라서 하게 되면 높은 사람과 낮은 사람[尊卑존비] 사이에 분별이 없어지게 된다. 무릇 세상이 달라지고 시대가 바뀌면 하는 일들이 반드시 똑같아야 할 필요가 없기 때문에 '지극히 검소하되 받들어 따르기가 어렵다'라고 한 것이다. (그러나) 그 요체에 이르기를 '바탕을 튼튼히 하고 씀씀이를 아끼는 것'은 사람마다 풍족해지고 집집마다 넉넉해지는 길이다. 이는 묵가의 장점이니 그 어떤 학파가 나오더라도 폐기할 수 없을 것이다.

법가는 (혈연상으로) 가깝고 먼 것[親疎친소]을 구별하지 않고, 귀하고 천한 것도 차별하지 않고, 오로지 법에 따라서만 결단하므로² 혈육을 제 몸과 같이 여기고, 벼슬이 높은 사람을 높게 예우하는[親親尊尊친친 존존] 은혜가 끊어졌다. 그것은 한때의 계책으로 행할 수는 있어도 장구하게 쓸 수 없는 것이다. 그래서 이르기를 '엄격해 은혜를 베푸는 바가 적다'고 한 것이다. (그러나) 군주를 높이고 신하를 낮추며 분수와 직책을 분명히 함으로써 서로 권한을 뛰어넘거나 범하지 못하게 한 것은 (법가의 장점이니) 그 어떤 학파가 나오더라도 고칠 수 없을 것이다.

명가는 너무 철저하게 따지다가 서로 뒤엉켜 어지럽게 만들고[苟察가찰]

---

2   진시황제는 법가의 이런 철학을 채택해 혈연을 중시하던 전통을 버리고 군현제를 실시한 것이다.

繳繞], 사람들이 그 본래의 뜻으로 돌아갈 수 없게 하고, 오직 이름이나 개
       교요
념[名]으로만 결정해 사람들의 실상[人情]을 놓쳐버린다. 그래서 '사람들을
    명   인정
명분에 얽매이게 해 진실을 잘 잃어버린다'라고 한 것이다. 그러나 명분에
의거해 실상을 비판하고, 명분과 실질이 서로 호응함으로써 진실을 잃지
않는 것은 잘 살피지 않으면 안 된다.

  도가는 억지로 하는 바가 없음[無爲]을 주장하면서 또 못하는 바가 없
                               무위
음[無不爲]을 말하는데, 그 실상은 쉽게 행할 수 있지만 그 말은 알기가 어
  무불위
렵다. 그들의 학술은 텅 비어 아무것도 없음[虛無]을 본체[本=體]로 삼고,
                                  허무   본 체
자연의 이치에 고분고분함[因循]을 쓰임[用]으로 삼는다. 형세[勢]를 이루
                  인순   용   세
지도 않고 일정한 형태[常形]도 없기 때문에 능히 만물의 실상[情]을 규
                 상형   정
명할 수 있다. 또 만물보다 앞서지도 않고 뒤지지도 않기 때문에 능히 만
물의 주인이 될 수 있다. 법이 있어도 법으로 삼지 않고[有法無法], 늘 때
                                          유법 무법
에 맞춰 일을 행하며, 척도가 있어도 척도로 삼지 않고[有度無度], 만물에
                                          유도 무도
맞춰 더불어 조화를 이룬다. 그래서 (『귀곡자(鬼谷子)』에서) 이르기를 '빼
어난 이가 썩지 않는 것[不朽]은 때의 변화에 맞게 도리를 지키기 때문이
                  불후
다. 비움[虛]이란 도리의 일정한 법칙이며, 순응[因]이란 임금의 강령이다'
       허   인
라고 한 것이다. 여러 신하들이 모두 다 이르게 되면 (임금은) 각각 스스로
자신들의 직분을 밝히도록 해야 한다. 그 실질이 그 명성[聲=名]에 들어맞
                                          성 명
는 것을 바르다[端]고 하고 그 실질이 그 명성에 들어맞지 않는 것을 헛되
         단
다[窾=空=虛]고 한다. 헛된 말을 들어주지 않으면 간사한 신하는 생겨나
   관 공 허
지 못하고, 뛰어난 이와 불초한 자가 저절로 구분되며, 흰색과 검은색이 곧
장 형체를 드러내게 된다. 이와 같이 하려고 한다면 무슨 일인들 이뤄지지

않겠는가? 마침내 큰 도리[大道]와 합치돼 모든 것이 뒤섞인 아득한 상태[混混冥冥]로 들어가게 되며, 천하를 훤하게 비추게 돼 다시 아무런 이름조차 없는[無名] 경지로 돌아가게 된다.

대개 사람이 살아 있다는 것은 정신이 있다는 것이며, 정신은 육체에 의탁한다. 그런데 정신을 너무 많이 쓰면 메말라버리고, 육체를 너무 많이 쓰면 피폐해지며, 정신과 육체가 분리되면 죽게 된다. 죽은 자를 다시 살릴 수 없고 분리된 것을 다시 붙일 수 없기 때문에, 빼어난 이들은 이 두 가지를 중하게 여겼던 것이다. 이로 말미암아 보건대 정신이란 생명의 근본[生之本]이며, 육체란 생명의 도구[生之具]다. (그런데도) 먼저 그 정신(과 육체)을 안정시키지 않고서 (입으로만) '내가 있어야 천하를 다스릴 수 있을 것이다'라고 말하니 도대체 무슨 근거로 이런 말을 한단 말인가?"

태사공(太史公)[3]은 이미 천문의 일[天官]을 관장하고 있었기 때문에 백성들을 (직접) 다스리지는 않았다. 아들이 있었는데 이름을 천(遷)이라 했다. 천은 용문(龍門)〔○ 소림(蘇林)이 말했다. "우왕이 치수 작업을 위해 판 곳[所鑿]이 용문이다."〕[4]에서 나서 황하 북쪽과 용문산 남쪽[河山之陽]에서 농사를 짓고 가축을 길렀다. 나이 10세가 되자 고문(古文)을 암송했고, 20세가 돼서는 남쪽으로 장강(長江)과 회수(淮水)를 유람했으며, 회계산(會稽山)에 올라 우왕의 묘소 구멍[禹穴]을 탐사하고, 구의산(九疑山)도 둘러보았으며〔○ 장안(張晏)이 말했다. "우왕은 순수(巡狩)하던 도중 회계

---

3 사마천의 아버지다.

4 용문산 인근에 있으며 흔히 과거급제를 했을 때 등용문(登龍門)이라는 말도 여기서 비롯됐다.

산에 이르러 붕(崩)했기 때문에 이곳에서 장례를 지냈다. 위에 구멍[孔穴]이 나 있는데 민간에서는 우왕이 이 구멍으로 들어갔다고 전한다. 구의산에는 순임금의 묘소가 있다."], 원수(沅水)와 상수(湘水)에 배를 띄우고 놀기도 했다〔○ 사고(師古)가 말했다. "원수는 장가(牂柯)에서 발원하고 상수는 영릉(零陵)에서 발원하는데, 두 강 모두 북쪽으로 흘러들어간다."〕. 또 북쪽으로 문수(汶水)와 사수(泗水)를 건너 제(齊)나라와 노(魯)나라의 도읍에서 학업을 연마하며[講業] 공자가 남긴 풍습을 살펴보았고, 추(鄒)와 역(嶧)에서는 향사(鄕射)를 구경했다〔○ 사고(師古)가 말했다. "추(鄒)는 현(縣)의 이름이고 역(嶧)은 산의 이름이다. 근처에 곡부(曲阜) 땅이 있는데 여기서 향사의 예가 행해졌다."〕. 파(鄱), 설(薛), 팽성(彭城)에서는 곤욕을 치렀고, 양(梁)과 초(楚)를 거쳐 돌아왔다. 얼마 뒤 천은 낭중(郎中)이 돼 사명을 받들고 서쪽으로는 파촉 이남 방면을, 남쪽으로는 공(邛), 작(筰), 곤명(昆明)을 공략하고서 돌아와 복명했다.

이 해(기원전 110년, 사마천 36세)에 천자는 비로소 처음으로 한나라 왕실의 봉선 의식을 (태산에서) 거행했는데[建], 태사공은 주남(周南)에 머무르고 있어 이 행사에 참여해 받들 수 없었기에 화가 나서 거의 죽을 지경이 됐다. 그런데 아들 천은 마침 사명을 마치고 돌아오는 중이었는데, 황하와 낙수(雒水) 사이에서 아버지를 만나볼 수 있었다. 태사공은 천의 손을 잡고 눈물을 흘리며 말했다.

"우리 선조는 주나라 왕실의 태사(太史)였다. 그 위 세대는 일찍이 순임금과 하나라 때 공명(功名)을 떨친 이후에 천문에 관한 일을 맡아왔다. 그 뒤로 세월이 흘러 쇠퇴하더니 내 세대에 와서 끊어지고 마는 것인가! 네

가 다시 태사(太史)가 된다면 우리 선조의 유업을 이을 수 있을 것이다. 지금 천자께서 1,000년의 대통을 이어받아 태산에서 봉선 의식을 거행하게 됐는데 내가 따라가지 못했으니 이는 운명이로다! 운명이로다! 내가 죽거든 너는 반드시 태사가 돼야 한다. 태사가 되거든 내가 논해 저술하려 했던 것[所欲論著]을 결코 잊어서는 안 된다.

그리고 무릇 효(孝)란 어버이를 섬기는 것에서 시작해[始] 군주를 섬기는 것을 거쳐[中] 자기를 세우는 것[立身]에서 끝마친다[終]. 그리고 후세에 이름을 날려[揚名] 부모를 드러내는 것이야말로 가장 큰 효다. 무릇 천하가 주공(周公)을 칭송하는 것은 그가 문왕과 무왕의 다움을 논해 노래하고, 주공과 소공(召公)의 기풍을 선양하고, 태왕(大王-고공단보)과 왕계(王季-계력)의 깊은 생각에 통달해 마침내 공류(公劉)에 미치고, 그렇게 함으로써 후직(后稷)까지 높이 받들었기 때문이다.

유왕과 여왕[幽厲] 이후로는 임금다운 도리[王道]가 사라지고 예악(禮樂)이 쇠하자 공자께서 옛 전적들을 정리하고 폐기됐던 예악을 다시 일으켜 『시경(詩經)』과 『서경(書經)』을 논하고, 『춘추(春秋)』를 지으니 배우는 자들이 지금까지도 그것을 본받고 있다. 획린(獲麟 기원전 481년) 이래로 지금까지 400년 넘게 제후들은 서로를 집어 삼키려고만 한 탓에 역사 기록은 내버려지고 끊어졌다. 이제 한나라가 일어나 해내(海內)는 하나로 통일됐고, (그동안) 눈 밝은 군주, 뛰어난 임금, 충성스러운 신하, 의로운 선비들이 있었지만, 내가 태사로 있으면서도 그것을 논해 기록하지 못해 천하의 열렬했던 바[天下之文]를 폐기하기에 이르렀으니 나는 너무도 두렵다. 너는 이 점을 잘 염두에 두어야 할 것이다!"

천은 고개를 숙인 채 눈물을 흘리면서 말했다.

"소자(小子) 비록 못났지만[不敏] 아버지께서 순서대로 정리해두신 옛 기록들을 다 논해 감히 빠뜨리는 일이 없도록 하겠습니다."

태사공이 졸(卒)한 지 3년 뒤에 천은 태사령이 돼서 사관들의 기록과 석실(石室-황실 도서관), 금궤(金匱)에 보관한 서적들을 차례대로 정리했고 [紬=細綴], 5년 뒤인 태초(太初) 원년(기원전 106년) 11월 갑자일 초하루 동짓날에 천력(天曆)이 비로소 바뀌니 명당(明堂)을 세우고 여러 신들이 기록을 받게 했다[諸神受記]〔○ 장안(張晏)이 말했다. "제후와 여러 군수들이 조회해 정삭(正朔-새로운 책력)을 받아 각 산천에 제사를 하게 되기 때문에 여러 신들이 기록을 받게 된다고 말한 것이다."〕.

태사공이 말했다.

"선친께서 말씀하시기를 '주공(周公)이 세상을 뜨고 500년 만에 공자께서 나오셨고, 공자가 세상을 뜨고 오늘에 이르기까지 500년이 지났다. 이제 누가 그것을 이어받아 『역전(易傳)』을 바로잡고 『춘추(春秋)』를 잇고, '시(詩)', '서(書)', '예(禮)', '악(樂)'의 원류[際]를 밝힐 수 있을까?'라고 하셨다. 아버지의 뜻이 바로 여기에 있었구나! 아버지의 뜻이 바로 여기에 있었구나! 소자가 어찌 감히 사양하리오[攘=讓]〔○ 사고(師古)가 말했다. "마땅히 아버지의 업을 이어받아 조술해 완성시켜야지 어찌 감히 스스로 이를 사양해 500년 만에 찾아온 일을 물리칠 수 있겠는가라는 말이다."〕!"

상대부(上大夫) 호수(壺遂)가 말했다.

"옛날에 공자는 무엇을 위해 『춘추(春秋)』를 지었습니까?"

태사공(太史公-사마천)이 말했다.

"저는 동생(董生-동중서)에게 이렇게 들었습니다.[5] '주나라의 도리가 폐기됐을 때 공자가 노(魯)나라의 사구가 됐는데, 제후들은 공자를 해치려 하고 대부들은 공자를 가로막았다[雍]. 공자는 자신이 쓰일 때가 아니고 도리가 행해질 수 없다는 것을 알고서 (노나라의) 242년 동안에 대해 옳고 그름을 가림으로써, 천하를 위한 본보기[儀表]를 만들어 제후들을 깎아내리고[貶] 대부들을 성토해[討] 임금다운 도리[王事=王道]에 이르렀을 뿐이다.'[6]

공자가 말하기를 '나는 (원래는) 추상적인 말로[空言] 그 일들을 싣고 싶었으나, 이는 실제로 일어났던 일들을 보여주어 아주 절절하고[深切] 훤하게 밝히는 것[著明]만 못하다'라고 했습니다.

『춘추(春秋)』는 위로는 삼왕(三王)의 도리를 밝히고 아래로는 사람의 일[人事]의 큰 틀과 작은 벼리들[經紀=綱紀]을 가려내어, 이로써 의심스러운 바를 분별했고[別嫌疑], 옳고 그름을 밝혔으며[明是非], 그동안 정하지 못하고 유예했던 것들을 판정했습니다[定猶豫]. (이렇게 해) 좋은 사람이나 일을 좋다고 하고 나쁜 사람이나 일을 나쁘다고 했고[善善惡惡], 뛰어난 사람을 뛰어나다 하고 못난 사람을 낮췄으며[賢賢賤不肖], 망한 나라를 존

---

5 사마천과 동중서는 동시대 사람으로 동중서가 20년 이상 나이가 많아 동중서의 말은 평어체로 옮겼다.

6 여기서 임금다운 일이란 천자의 천자다운 도리를 가리킨다. 즉, 천자의 천자다움을 척도로 삼아 제후나 대부의 그릇된 행위들을 깎아내리고 비판했다는 뜻이다. 『사기(史記)』 「태사공자서(太史公自序)」에는 이 부분이 조금 다르게 나온다. "천자를 깎아내리고[貶], 제후들을 물리치고[退], 대부들을 성토해[討]"로 돼 있다.

속게 하고[存亡國], 끊어진 (왕실) 집안을 이어주었고[繼絶世],[7] 무너진 전통을 보완하고 폐기된 전통은 다시 일으켰으니 이것들은 다 임금다운 도리의 큰 일[王道之大]입니다.

『주역(周易)』은 하늘과 땅, 음과 양, 사계절, 오행(五行)을 드러내는 것이기 때문에 변화[變]에 대해 장점이 있고, 『예기(禮記)』는 사람의 큰 도리[人倫]를 크고 작은 버리로 잡아주기[綱紀] 때문에 행실[行]에 대해 장점이 있으며, 『서경(書經)』은 옛 임금들의 일과 행적을 기록하고 있기 때문에 정사[政]에 장점이 있고, 『시경(詩經)』은 산천, 계곡, 금수, 초목, (짐승의) 암놈과 수놈[牝牡], (새의) 암컷과 수컷[雌雄]을 노래하고 있기 때문에 풍자적 은유[風=諷諭]에 장점이 있으며, 『악기(樂記)』는 몸을 세우는 까닭을 즐겁게 해주기 때문에 조화[和]를 이루는 데 장점이 있고, 『춘추(春秋)』는 옳고 그름을 가려주기 때문에 사람을 다스리는 데[治人] 장점이 있습니다. 그래서 『예기(禮記)』로써 사람에게 절도(節度)를 부여해주고, 『악기(樂記)』로써 조화로움을 불러일으키며, 『서경(書經)』으로써 사실을 말하고, 『시경(詩經)』으로써 뜻(이나 감정)을 전달하며, 『주역(周易)』으로써 변화를 말하고, 『춘추(春秋)』로써 마땅함을 말하는 것입니다.

『춘추(春秋)』는 그 문자가 수만 자로 이뤄져 있고, 그 뜻하는 바도 수천 가지입니다. 어지러운 세상을 다스려[撥=治] 그것을 바른 세상으로 되돌

---

7 이는 실제로 그렇게 했다는 말이 아니라 제사를 지낼 후사를 정해줌으로써 그렇게 했다는 뜻이다.

리는 것[撥亂世反之正莫近於春秋]⁸으로 『춘추(春秋)』만큼 가까운 것은 없습니다. 만 가지 일과 사물이 흩어지고 모이는 것이 다 『춘추(春秋)』에 있습니다. 『춘추(春秋)』 안에는 임금을 시해한 것이 36건이고, 나라를 망친 것이 52건이며, 제후들이 망명해 사직을 제대로 지키지 못한 경우는 이루 다 헤아릴 수가 없습니다. 그 까닭을 잘 들여다보면 모두 다 그 근본을 잃어버렸기 때문일 뿐입니다. 그래서 『주역(周易)』에 이르기를 '털끝만 한 작은 차이도 (뒤에 가서는) 1,000리나 오차가 날 수 있다'라고 했고, 그렇기 때문에 '신하가 임금을 시해하고 자식이 아버지를 죽이는 것은 하루아침, 하루저녁의 원인 때문이 아니라 그것이 점점 오래 쌓여서[漸久] 그렇게 되는 것이다'라고 했습니다.

(그러니 천자건 임금이건) 나라를 소유한 자는 『춘추(春秋)』를 잘 알지 않으면 안 되는 것이니 (이를 모르면) 바로 앞에서 (다른 동료를) 중상모략해도 보지를 못하고, 뒤에서 해를 끼쳐도 이를 알지 못하게 됩니다. (또한) 신하 된 자도 『춘추(春秋)』를 잘 알지 않으면 안 되는 것이니 (이를 모르면) 늘상 있는 일들을 행하면서도 그 마땅함[宜]을 알지 못하고, 변고가 일어났을 때는 그에 맞는 대처법[權=權道]을 알지 못합니다.

임금이나 아버지가 돼 『춘추(春秋)』의 마땅함에 능통하지 못하면 반드시 가장 나쁜[首惡=元兇] 오명을 덮어쓰게 될 것이고, 신하나 자식이 돼 『춘추(春秋)』의 마땅함에 능통하지 못하면 반드시 찬탈이나 시역(弑逆)을 저지르다가 주살당하게 되는 죄를 지을 것입니다. 사실 그들은 다 자신들

---

8 이 표현은 『춘추공양전(春秋公羊傳)』에 나온다. 반정(反正)이란 말도 여기서 나온 것이다.

이 하는 짓을 좋은 것이라 여기고 행하지만, 그것의 마땅함 여부를 모르기 때문에 실상과는 동떨어진 비난[空言]을 덮어쓰면서도 감히 거기서 벗어나지를 못합니다.

무릇 예 갖춤과 마땅함[禮義]의 기본적인 뜻에 통하지 못하면 임금은 임금답지 못하고, 신하는 신하답지 못하고, 아버지는 아버지답지 못하고, 자식은 자식답지 못한 지경에 이르게 됩니다. 그리하여 임금이 임금답지 못하면 (임금의 일을 신하에게) 침범당하고, 신하가 신하답지 못하면 (결국은) 주살되고, 아버지가 아버지답지 못하면 무도하게 되고, 자식이 자식답지 못하면 불효를 하게 되니, 이 네 가지 행실은 천하의 가장 큰 잘못입니다. 그래서 천하의 가장 큰 잘못을 저질렀다는 말을 뒤집어쓰게 돼도 그것을 받아들여야만 할 뿐 감히 거기서 벗어나지를 못합니다. 그렇기 때문에 『춘추(春秋)』란 예 갖춤과 마땅함의 가장 큰 으뜸[大宗]인 것입니다. 무릇 예란 어떤 일이 아직 일어나기 전에 그것을 금하는 것이요 법이란 이미 일어난 후에 시행하는 것이어서, 법의 효용은 쉽게 눈으로 볼 수 있지만 예가 금하는 것은 알기가 어려운 것입니다."

호수가 말했다.

"공자 때는 위로 눈 밝은 군주가 없어 아래에서는 (자신이) 임용되지 못했습니다. 그래서 공자께서는 『춘추(春秋)』를 지어 공문(空文)[9]을 드리워 예 갖춤과 마땅함[禮義]을 재단함으로써 임금다운 임금의 법전으로 만들

---

9   법률 문장[法文]과 대비되는 말이다. 실질적 효력은 없다는 뜻으로 쓰였지만 역설적인 표현임을 문맥에서 알 수 있다.

었습니다. 지금 선생[夫子]은 위로 눈 밝은 천자를 만나 아래에서 벼슬을
　　　　　　부자
받아 자리를 지키고 있으며, 모든 일들이 다 갖춰져 있고 모든 사람들이
각자 그 마땅함을 얻고 있습니다. 선생은 논저를 지어 무엇을 밝히고자 하
는 것입니까?"

　태사공이 말했다.

　"네네[唯唯], 아니아니[否否], 그렇지는 않습니다. 저는 돌아가신 아버지
　　　유유　　　　　부부
로부터 이렇게 들었습니다.

　'복희(伏羲)는 (그 다움이) 순수하고 두터워[純厚] 『역(易)』의 팔괘를 만
　　　　　　　　　　　　　　　　　　　　순후
들었다. 요순(堯舜)의 성대함에 대해서는 『상서(尚書)』가 이를 기록했고, 예
와 악이 여기에서 만들어졌다[制]. 탕왕(湯王)과 무왕(武王)의 융성함에 대
　　　　　　　　　　　　　제
해서는 시인들이 노래했다. 『춘추(春秋)』는 선을 취하고 악을 물리쳐[采善
　　　　　　　　　　　　　　　　　　　　　　　　　　　　　　　채선
貶惡] 하·은·주 삼대의 다움을 높이고, 주나라 왕실을 칭송하고 있지 단
폄악
순히 풍자나 비방에만 그친 것이 아니다.'

　한나라가 일어난 이래 지금의 눈 밝으신 천자에 이르러 상서로운 징조
가 나타나 봉선 의식을 거행하고, 정삭(正朔)을 고치고, 의복 색깔을 바꾸
고, 하늘로부터 천명을 받아 황제의 은택이 한없이 퍼지고 있습니다. 풍
속이 우리와 다른 해외의 나라들도 몇 번 통역을 거쳐[重譯] 변경에 와서
　　　　　　　　　　　　　　　　　　　　　　　　중역
는 공물을 바치고, 황제를 알현하겠다는 자가 이루 다 말할 수가 없을 정
도입니다. 신하와 백관들이 황제의 빼어난 다움을 열심히 칭송하고는 있
지만 오히려 그 뜻을 다 나타낼 수는 없습니다. 또 선비가 뛰어나고 유능
한데도 기용되지 못하는 것은 나라를 소유한 자의 치욕이고, 주상께서 눈
밝고 빼어나신데도 그 다움이 온 나라에 널리 퍼지지 못한다면 담당 관

리[有司]의 잘못입니다. 그런데 제가 그 자리를 관장하면서 눈 밝고 빼어나고 성대한 다움을 기록하지 않거나 공신, 세가, 뛰어난 대부들의 업적을 민멸(泯滅)시켜 서술하지 않는다면, 이는 돌아가신 아버지의 말씀을 어기는 것이 돼 그보다 더 큰 죄는 없을 것입니다. 내가 이른바 옛 사건들을 찬술하는 것[述]은 세상에 전해오는 바를 정리하려는 것이지 (공자가 『춘추(春秋)』를 지은 것처럼) 이른바 짓고자 하는 것[作]이 아닙니다.[10] 그런데도 그대가 그것을 『춘추(春秋)』와 비교한다면 그것은 잘못입니다."

이에 그 문헌들을 논하고 차례를 잡았다. 10년[11] 뒤에 이릉의 화(禍)를 만나 감옥에 갇히는 신세가 됐다. 이에 한숨을 내쉬고 탄식해 말했다.

"이는 내 죄로다! 몸은 망가져 쓸모가 없어졌구나!"

하지만 물러나 깊이 생각한 끝에 이렇게 말했다.

"저 '시(詩)'나 '서(書)'가 은미하고 간략한 까닭[隱約]은 마음속에 있는 생각을 다 표출하고 싶어 했기 때문이다."

드디어 요임금[陶唐]에서부터 인지(麟止)[12]에 이르기까지를 조술했는데, 황제(黃帝)로부터 시작했다. (책의 순서는 아래와 같다.)

「오제본기(五帝本紀)」 제1, 「하본기(夏本紀)」 제2, 「은본기(殷本紀)」 제3,

---

10 이는 공자가 『논어(論語)』의 「술이(述而)」 편에서 말한 술이부작(述而不作)의 정신을 그대로 이어받겠다는 뜻을 밝히고 있는 것이다.

11 사마천의 『사기(史記)』 「태사공자서」에는 7년으로 돼 있다.

12 한나라 무제가 기린을 얻어 발 모양을 주조한 것을 말한다. 인지(麟趾)의 다른 표현이다.

「주본기(周本紀)」제4,「진본기(秦本紀)」제5,「시황본기(始皇本紀)」제6,「항우본기(項羽本紀)」제7,「고조본기(高祖本紀)」제8,「여후본기(呂后本紀)」제9,「효문본기(孝文本紀)」제10,「효경본기(孝景本紀)」제11,「금상본기(今上本紀)」제12.

「삼대세표(三代世表)」(효경) 제1,「12제후연표(十二諸侯年表)」제2,「6국연표(六國年表)」제3,「진초지제(秦楚之際) 월표(月表)」제4,「한제후연표(漢諸侯年表)」제5,「고조공신연표(高祖功臣年表)」제6,「혜경간 공신연표(惠景間功臣年表)」제7,「건원 이래 후자연표(建元以來侯者年表)」제8,「왕자 후자연표(王子侯者年表)」제9,「한흥 이래 장상명신연표(漢興以來將相名臣年表)」제10.

「예서(禮書)」제1,「악서(樂書)」제2,「율서(律書)」제3,「역서(曆書)」제4,「천관서(天官書)」제5,「봉선서(封禪書)」제6,「하거서(河渠書)」제7,「평준서(平準書)」제8.

「오태백세가(吳太伯世家)」제1,「제태공세가(齊太公世家)」제2,「노주공세가(魯周公世家)」제3,「연소공세가(燕召公世家)」제4,「관채세가(管蔡世家)」제5,「진기세가(陳杞世家)」제6,「위강숙세가(衛康叔世家)」제7,「송미자세가(宋微子世家)」제8,「진세가(晉世家)」제9,「초세가(楚世家)」제10,「조세가(越世家)」제11,「정세가(鄭世家)」제12,「조세가(趙世家)」제13,「위세가(魏世家)」제14,「한세가(韓世家)」제15,「전완세가(田完世家)」제16,「공자세가(孔子世家)」제17,「진섭세가(陳涉世家)」제18,「외척세가(外戚世家)」제19,「초원왕세가(楚元王世家)」제20,「형연왕세가(荊燕王世家)」제21,「제도혜왕세가(齊悼惠王世家)」제22,「소상국세가(蕭相國世家)」제23,「조상국세가(曹相國世家)」제24,「유후세가(留侯世家)」제25,「진승상세가(陳丞相世家)」제26,「강후세가(絳侯世家)」

제27,「양효왕세가(梁孝王世家)」제28,「오종세가(五宗世家)」[○ 사고(師古)가 말했다. "경제(景帝)의 아들 중에 모두 13명이 왕이 됐는데 어머니 다섯 명에게서 나왔기 때문에 천(遷)은 같은 어머니를 일종(一宗)으로 해 오종이라고 한 것이다."] 제29,「삼왕세가(三王世家)」제30.

「백이열전(伯夷列傳)」제1,「관·안열전(管晏列傳)」제2,「노자·한비열전(老子韓非列傳)」제3,「사마·양저열전(司馬穰苴列傳)」제4,「손자·오기열전(孫子吳起列傳)」제5,「오자서열전(伍子胥列傳)」제6,「중니·제자열전(仲尼弟子列傳)」제7,「상군열전(商君列傳)」제8,「소진열전(蘇秦列傳)」제9,「장의열전(張儀列傳)」제10,「저리·감무열전(樗里甘茂列傳)」제11,「양후열전(穰侯列傳)」제12,「백기·왕전열전(白起王翦列傳)」, 제13,「맹자·순경열전(孟子荀卿列傳)」제14,「평원·우경열전(平原虞卿列傳)」제15,「맹상군열전(孟嘗君列傳)」제16,「위공자열전(魏公子列傳)」제17,「춘신군열전(春申君列傳)」제18,「범수·채택열전(范雎蔡澤列傳)」제19,「악의열전(樂毅列傳)」제20,「염파·인상여열전(廉頗藺相如列傳)」제21,「전단열전(田單列傳)」제22,「노중련열전(魯仲連列傳)」제23,「굴원·가생열전(屈原賈生列傳)」제24,「여불위열전(呂不韋列傳)」제25,「자객열전(刺客列傳)」제26,「이사열전(李斯列傳)」제27,「몽염열전(蒙恬列傳)」제28,「장이·진여열전(張耳陳餘列傳)」제29,「위표·팽월열전(魏豹彭越列傳)」제30,「경포열전(黥布列傳)」제31,「회음후한신열전(淮陰侯韓信列傳)」제32,「한왕신·노관열전(韓王信盧綰列傳)」제33,「전담열전(田儋列傳)」제34,「번·역·등·관열전(樊酈滕灌列傳)」제35,「장승상창열전(張丞相倉列傳)」제36,「역생·육가열전(酈生陸賈列傳)」제37,「부·근·괴성후열전(傅靳蒯成侯列傳)」제38,「유경·숙손통열전(劉敬叔孫通列傳)」제39,「계포·난포열전(季布欒布列傳)」

제40,「원앙·조조열전(爰盎晁錯列傳)」제41,「장석지·풍당열전(張釋之馮唐列傳)」제42,「만석·장숙열전(萬石張叔列傳)」제43,「전숙열전(田叔列傳)」제44, 「편작·창공열전(扁鵲倉公列傳)」제45,「오왕비열전(吳王濞列傳)」제46,「위기·무안열전(魏其武安列傳)」제47,「한장유열전(韓長孺列傳)」제48,「이장군열전(李將軍列傳)」제49,「위장군·표기열전(衛將軍驃騎列傳)」제50,「평진·주보열전(平津主父列傳)」제51,「흉노열전(匈奴列傳)」제52,「남월열전(南越列傳)」제53,「민월열전(閩越列傳)」제54,「조선열전(朝鮮列傳)」제55,「서남이열전(西南夷列傳)」제56,「사마상여열전(司馬相如列傳)」제57,「회남·형산열전(淮南衡山列傳)」제58,「순리열전(循吏列傳)」제59,「급·정열전(汲鄭列傳)」제60,「유림열전(儒林列傳)」제61,「혹리열전(酷吏列傳)」제62,「대완열전(大宛列傳)」제63, 「유협열전(游俠列傳)」제64,「영행열전(佞幸列傳)」제65,「골계열전(滑稽列傳)」제66,「일자열전(日者列傳)」제67,「구책열전(龜策列傳)」제68,「화식열전(貨殖列傳)」제69.

아! 한나라는 오제(五帝)의 뒤를 계승하고 삼대(三代)의 끊어진 위업을 이어받았다. 주(周)나라의 도리가 이미 사라지고 진(秦)나라는 옛 문적들을 없앴으며 '시(詩)'와 '서(書)'[13]를 불태웠다. 이 때문에 명당과 왕실 도서관인 석실과 금궤에 보관 중이던 옥판(玉版)과 도적(圖籍)들이 모두 흩어지고 말았다. 한나라가 일어나 소하(蕭何)가 율령을 정비하고, 한신(韓信)이 군법을 밝혔으며, 장창(張蒼)은 제반 규정들[章程]을 만들었고, 숙손통(叔

---

13 유학의 문헌 전체를 상징적으로 말한 것이다.

孫通)이 의례를 제정하니 문학하는 선비들이 점차 나아오고, '시(詩)'와 '서(書)'도 간간이 나타나기에 이르렀다. 조참(曹參)이 개공(蓋公)을 천거해 황로(黃老)를 말하게 하고, 가의(賈誼)와 조조(晁錯)는 신불해(申不害)와 상앙(商鞅)의 법가를 알렸으며, 공손홍(公孫弘)은 유학으로 이름을 떨치니 지난 100년 사이에 천하에 남아 있던 서적이나 고문서가 남김없이 모두 태사공의 손에 모이게 됐다.

태사공은 부자가 대를 이어 그 자리를 맡게 됐는데 아버지는 이렇게 말한 바 있다.

"아, 우리 조상은 일찍부터 이 일을 주관해 당우 때부터 이름이 났다. 주(周)나라에 이르러서도 다시 그 일을 맡았다[典=掌]. 그래서 사마씨는 대대로 천관을 맡았던 것이다. 이제 그 일이 나에게까지 왔으니 삼가 새겨 두어야 할 것이다."

천하에 흩어진 오랜 이야기들을 남김없이 모아[罔羅] 제왕들이 일어나게 된 자취를 살피고, 시작과 끝을 탐구하고 그 흥망성쇠를 관찰하되 사실에 입각해서 논하고 고찰했다. 삼대(三代) 위로는 대략 추정하고, 진나라와 한나라는 상세하게 기록하되 위로는 헌원(軒轅)으로부터 아래로는 지금에 이르기까지 12편의 본기로 저술됐는데, 모두 조례를 나누어 기록했다.

아울러 시대를 같이하는 것도 있고 달리하는 것도 있어서, 연대가 분명치 않은 사건들이 있기 때문에 10표를 지었다.

예악의 증감, 율력의 개정, 병권, 산천, 귀신, 하늘과 인간의 관계, 각종 사물의 발전과 변화를 살피기 위해 8서를 지었다.

28수의 별자리가 북극성을 중심으로 돌고, 바퀴살 30개가 한 개의 바퀴통을 향해 끊임없이 돌고 도는 것처럼 제왕의 팔다리와 같은 신하들을 이에 비유해 충신으로서 도리를 행해 군주를 받드는 모습을 30세가에다 담았다.

의로움을 지지하고 재능이 뛰어나서 시기를 놓치지 않고 세상에 공명을 세운 사람에 대해서는 70열전을 썼다.

모두 130편에 52만 6,500자인데 『태사공서(太史公書)』라는 이름을 붙였다. 간략한 서문을 통해 여기저기 흩어져 있는 자료들을 모으고, 본문에 빠진 것들을 보충해 나름의 견해를 밝혔다. 아울러 6경의 다양한 해석을 취하고, 제자백가의 서로 다른 학설도 절충했다. 그리하여 정본(正本)은 명산에 감추어두고, 부본(副本)은 경사(京師)에 남겨 후대의 빼어난 군자들을 기다린다. 제70은 천이 스스로 밝힌 내용이다. 그런데 이 중에 10편은 멸실돼 기록은 있으나 글은 없다〔○ 장안(張晏)이 말했다. "천(遷)이 세상을 떠난 후에 「경기(景紀)」, 「무기(武紀)」, 「예서」, 「악서」, 「병서(兵書)」, 한흥 이래 「장상연표」, 「일자열전」, 「삼왕세가」, 「구책열전」, 「부·근열전」이 없어졌다. 원성(元成) 연간에 저선생(褚先生)이 빠진 부분을 보충해 「무제기」, 「삼왕세가」, 「구책」, 「일자전」을 지었으나 언사가 너무 비루해 천의 본뜻에 맞지 않았다." 사고(師古)가 말했다. "서목에 본래 「병서」는 없었기 때문에 장안이 망실됐다고 한 것은 틀렸다."〕.

천(遷)은 이미 형벌[宮刑]을 당한 뒤에 중서령(中書令)이 돼 총애를 받고 있었는데, 익주자사(益州刺史)를 지낸 옛 친구 임안(任安)이 (자신은 옥중에 있으면서도) 천에게 글을 보내와, 옛 뛰어난 신하들의 의로움[賢臣之義]을 들어 자신을 질책하자 천이 그에게 다음과 같이 답했다.

'소경(少卿)〔○ 여순(如淳)이 말했다. "소경은 임안의 자(字)다."〕족하께 얼마 전[曩者=曩] 번거롭게도[辱] 편지를 보내주어, 일을 함에 있어 매사 순리를 따르고, 뛰어난 이를 추천하고, 선비를 나아가게 하는 데 힘쓰라는 가르침을 주셨습니다. (편지에 담긴) 뜻과 기운이 간절하고, 정성이 가득한 것[懃懃懇懇]을 보니 마치 제[僕]가 그 말씀을 따르지 않고, 속된 사람들의 말에 휩쓸린다고 생각하신 것 같습니다. 저는 감히 (말씀드리건대) 그렇지 않습니다. 제가 비록 재주 없고[罷=鈍] 미련하지만[駑=魯], 진실로 일찍부터 군자들[長子]의 유풍(遺風)을 곁에서 얻어들은[側聞] 바 있습니다. 돌이켜보면 스스로 몸을 상하게 하고[身殘], 험한 꼴을 당하게 돼[處穢],[14] 조금만 움직여도 허물을 짓게 되고, 좀 더 잘해보려고만 하면 도리어 일을 그르치게 되니, 이 때문에 홀로 답답해하며 근심할 뿐[鬱悒] 누구와 이야기를 하겠습니까? 속담[諺]에 이르기를 "(자기를 알아주는 사람이 없다면) 누구를 위해 일을 하겠는가? 누구에게 들어달라고 하겠는가?"라고 했습니다. 그래서 종자기(鍾子期)가 죽자 백아(伯牙)는 죽을 때까지 다시는 거문고를 타지 않았습니다. 왜 그랬겠습니까? 선비는 자기를 알아주는 자를 위해 행동하고[用], 여인은 자기를 예뻐해주는 사람을 위해 화장을 합니다[容]. 저의 경우처럼 중요한 몸[大質]이 이미 망가져버리면[虧缺], 비록 재능이 수후(隨候)의 구슬이나 화씨(和氏)의 옥(玉)과[15] 같고, 행실이 허

---

14 궁형이라는 치욕스러운 형벌을 당한 자신의 처지를 말한 것이다.

15 천하의 명옥으로 따로 꾸미지 않아도 그 빛을 발했다고 한다.

유(許由)[16]와 백이(伯夷) 같다 해도 결국은 영예를 얻지 못하고, 오히려 남들의 비웃음이나 사고 스스로를 더럽힐[自點=自辱] 뿐입니다. 보낸 편지에 마땅히 답을 해야 하는데 마침 동쪽으로 상(上)을 따라가야 했고, 또 개인적인 일[賤事]에 쫓기느라 서로 만나본 지는 오래되지 않았지만 너무 바빠[卒卒] 잠시도 제 속마음을 털어놓을 수가 없었습니다. 지금 소경께서는 형벌을 헤아릴 길이 없는 죄[不測之罪]를 안아, 한 달이면 형이 집행되는 12월[季冬]이 다가왔습니다만, 저는 또 상을 따라서 옹(雍)으로 가야 하니 갑작스레 차마 말로 할 수 없는 일이 일어날까 두렵습니다. 이는 (곧) 제가 끝내 저의 응어리진 분노[憤懣]를 주변에 풀어놓을 수 없게 된다는 뜻이니, 이렇게 되면 당신의 혼백은 멀리 가버리고, 저의 맺힌 한은 끝이 없게 될 것입니다. 청컨대 (저의) 고루한 생각을 간략하게나마 말씀드리고자 하니, 그간 아무런 기별도 없이[闕然] 오랫동안 답변 드리지 못한 것을 허물로 여기시지 않는다면 (저로서는) 다행한 일이겠습니다.

제가 듣건대 몸을 닦는 것[修身]은 지혜의 표상이고, 베풀기를 좋아하는 것[愛施]은 어짊의 실마리이며, 받으면 주는 것[取與]은 의로움의 드러남이고, 부끄러움을 당한다는 것[恥辱]은 용기의 자극이며, 이름을 날리는 것[立名]은 행동의 극치라고 했습니다. 선비는 이 다섯 가지를 갖춘 다

---

16 고대 중국의 전설 속에 나오는 은자(隱者)다. 허요라고도 하는데, 요(堯)임금이 만년에 이르러 자신의 자리를 허유에게 양보하려 하자 그는 한사코 거절한 다음 기산(箕山) 아래로 도망쳐 몸소 밭을 갈면서 생계를 유지했다고 한다. 후에 요임금이 다시 그를 불러 구주의 우두머리로 임명하려 하자 허유는 어지러운 소리를 너무 많이 들었다며 영수(穎水)로 가서 자신의 귀를 씻어 자신의 고결함을 보였다고 한다.

음에야 세상에 제 몸을 맡길 수 있고, 군자의 대열에 설 수가 있습니다. 따라서 재앙[禍] 중에 이익을 탐하는 것만큼 비참한[憯] 재앙은 없고, 슬픔[悲] 중에 마음을 상하는 것만큼 비통한[痛] 슬픔은 없으며, 행실[行] 중에 조상을 욕되게 하는 것만큼 더러운[醜] 행실이 없고, 치욕[詬] 중에 궁형을 당하는 것만큼 큰[大] 치욕은 없습니다. 궁형을 받고서 (불구가 된 채) 살아남은[刑餘] 사람이 어느 누구와도 비할 바가 안 된다는 것은 (지금) 한 세대만의 일이 아니라 오랜 옛날부터 있어온 것입니다. 옛날에 위(衛)나라 영공(靈公)이 환관 옹거(雍渠)와 함께 수레를 타자 공자는 진(陳)나라로 떠나버렸고, 상앙(商鞅)이 (환관인) 경감(景監)의 주선으로 임금을 알현하자 조량(趙良)은 한심하게 여겼으며, (한나라 환관인) 자삼(子參)이 (황제의 수레에) 동승하자 원사(袁絲)는 낯빛이 바뀌었습니다. 예로부터 거세당한 자와 관계되는 것을 부끄럽게 여겼던 것입니다. 무릇 중간 정도의 재주를 가진 사람이라도 그 일이 환관처럼 천한 자[宦豎]와 관련이 되면 기분을 상하지 않음이 없는데 하물며 강개한 선비에 있어서이겠습니까! 만약에 지금 조정에 아무리 인물이 없다고 한들 어찌 궁형을 받고 살아남은 자[刀鋸之餘]로 하여금 천하의 호걸과 준걸[豪俊=豪雋]을 천거하라고 하겠습니까?

제가 부친이 물려주신 일[緖業]을 이어받아 천자의 수레바퀴[輦轂] 밑에서 벼슬살이를 해온 지[待罪][17] 20여 년입니다. 스스로 생각해보니 위로

---

17 이는 죄받기를 기다린다는 문자 그대로의 뜻이 아니라 천자 아래에서의 중앙직 벼슬살이를 겸손하게 표현한 것이다.

는 충성을 바치고 신의를 보여[納忠效信] 탁월한 계책과 뛰어난 재능이 있다는 명예를 얻음으로써 밝은 군주와 스스로 좋은 관계를 맺지 못했고, 다음으로 또 부족한 것을 채우고 빠진 것을 메워[拾遺補闕] 뛰어난 이를 불러오고 유능한 자를 진출시킴으로써 숨어 지내는 선비[巖穴之士=隱士]를 드러내지 못했으며, 밖으로는 또 종군해[備行伍] 성을 공격하고 들판에서 싸워 적장의 목을 베고 깃발을 빼앗아오는[搴旗] 공훈을 세우지 못했고, 아래로는 오랫동안 공로를 쌓아 높은 관직과 두터운 녹봉을 받아 친족과 벗들에게 영광과 은총을 가져다주지 못했습니다. 이 넷 중에 하나도 이루지 못하면서 구차스럽게 영합해[取容=附合] 크고 작은 업적이 아무것도 없다는 것은 이처럼 얼마든지 알 수 있습니다.

예전에[嚮者=曩者] 제가 정상적으로 대부의 반열에 섞여 있을[廁=厠] 때 외정(外廷)의 말단 토의[末議]에 낀 적이 있습니다. 이때에도 기강을 이끌어내지 못했고 사려를 다하지 못했습니다. (그런데) 지금 망가진 몸[虧形]으로 청소나 하는 노예가 돼 더럽고 천하게[闒茸] 지내고 있는데, 마침내 머리를 들고 눈썹을 펴서 (정사의) 옳고 그름을 꼬치꼬치 논한다면[論列]¹⁸ 참으로[亦] 조정을 가벼이 여기고, 동시대의 선비들을 욕되게 하는 것이 아니겠습니까? 아[嗟乎]! 아! 저 같은 자가 이제 무슨 말을 하겠습니까! 무슨 말을 하겠습니까!

또 일의 근본과 곁가지[本末]는 쉽게 밝힐 수가 없습니다. 저는 어려서

---

18 논열(論列)은 통상 죄목을 일일이 늘어놓는다는 뜻이다.

부터 어디에도 얽매이지 않는 재주[不羈之才][19]를 자부했지만, 자라서는 고향 마을[鄉曲=鄉黨]에서조차 영예를 얻지 못했는데, 주상께서 다행스럽게도 부친과의 인연 때문에 저의 얕은 재주[薄技]를 받들어 궁궐 안을 드나들 수 있게 됐습니다. 저는 물동이를 이고서 어찌 하늘을 볼 수 있겠는가라고 생각해, 그 때문에 빈객들과의 교유를 끊고 집안일도 잊은 채 밤낮으로 똑똑지 못한 재주와 능력이나마 다 쏟아내어 한마음으로 직무에만 온 힘을 다함으로써 주상께 총애를 받고자[親媚] 노력했지만, 일은 마침내 크게 잘못돼 그렇게 되지 못하고 말았습니다.

저는 이릉(李陵)과 함께 문하(門下)시중으로 있었지만 평소 서로 좋은 사이는 아니었습니다. 취향이 서로 달라 일찍이 함께 술을 마시며 은근(慇懃)한 사귐의 즐거움을 가진 적도 없습니다. 그러나 제가 그 사람됨을 보았을 때 스스로의 도리를 지킬 줄 아는[自守] 특출난[奇] 선비여서 부모를 효도로 섬기고, 선비들과는 믿음으로 사귀며, 재물 앞에서는 청렴하고, 주고받을 때는 의로움을 견지하며 분별해 양보하고, 아랫사람에게는 공손과 검박으로 대하며, 늘 노력하느라 자신의 몸은 돌보지 않음으로써 나라의 위급함 앞에 몸을 던질[徇] 줄 아는 사람이었습니다. 그가 평소 쌓은 바를 보면 저는 나라를 대표하는 큰 선비[國士]의 풍모가 있다고 여겼습니다. 무릇 신하 된 자가 나아가 만 번 죽더라도 자신의 삶은 돌아보지 않는다는 각오로 황실[公家]의 어려움을 넘어서려 하는 것, 이것이야말로 특출나다[奇] 할 것입니다. (그런데) 지금 일 하나가 마땅하지 못했다고

---

19 이는 사람의 재주가 높고 뛰어나다는 뜻이다.

해[20] 그저 제 몸 하나를 보전하고 처자식이나 지키려는 신하들이 서로 뒤를 이어가며 그의 단점을 지어내 모략하니[媒蘗], 저는 참으로 남몰래[私=竊] 마음이 아팠습니다. 또 이릉이 이끄는 보병[步卒]은 채 5,000명이 되지 않았는데, 오랑캐[戎馬]의 땅 깊숙이 들어가 왕궁을 맘껏 짓밟아 호랑이 입에 먹이를 드리우듯 강한 오랑캐를 마구 무찔렀고, 억만의 적군에 맞서 선우와 싸움을 계속한 지 열흘여 만에 죽인 자가 거의 절반을 넘었습니다. 오랑캐들은 사상자를 제대로 구하지도 못했고, 북쪽 오랑캐[旃裘][21]의 (흉노의) 우두머리들[君長]은 모두 두려움에 떨었고, (선우는) 마침내 좌우의 현왕(賢王)[22]을 모두 부르고 활쏘는 사람들을 총동원해 온 나라가 함께 이릉의 군대를 쳐서 포위했습니다. 이리저리 옮겨다니며 1,000리에 걸쳐 싸우다가 화살이 떨어지고 길은 막혔는데 구원병은 오지 않아 병졸들 중에 죽거나 다치는 자들이 쌓여갔지만, 릉(陵)이 한 번 소리쳐 위로하면 군사들 중에 일어나지 않는 자가 없었으니, 자기 힘으로 일어나 눈물을 흘리고 피눈물을 삼키면서 다시 맨주먹을 불끈 쥐고 칼날을 무릅쓰며 북쪽을 향해 죽도록 적과 싸웠습니다.

릉이 아직 함락되지 않았을 때 군사(軍使)가 와서 보고를 하자 한나라의 공경과 왕과 후들은 모두 술잔을 들며 (황제에게) 축수를 했습니다. (하

---

20 이릉이 전투에서 패하고 흉노에게 투항한 것을 가리킨다.

21 전구(旃裘)는 원래 털가죽 옷이라는 뜻인데, 북쪽 오랑캐를 가리키는 말이다. 전구(氈裘)라고도 한다.

22 흉노에는 선우 밑에 중국의 천자에 해당하는 좌현왕과 우현왕이 있어 통치를 보좌했다.

지만) 며칠 후 릉이 패했다는 글이 전해지자 주상은 식사를 해도 맛이 없었고, 조정에서 정사를 들어도 기쁘지가 않았습니다[不怡=不悅]. 대신들도 근심과 두려움에 무슨 말을 입 밖에 내야 할지[所出] 몰랐습니다. 제가 남몰래 스스로 저의 비천함을 헤아리지도 않고, 주상께서 슬퍼하시고 마음 아파하시는 것[慘愴悼]을 보고서 진실로 조목조목[款款] 제 어리석은 생각이나마 펼치고자 했으니, 그렇게 함으로써 이릉이 평소 병사나 대부들과 맛난 음식은 거절하고 작은 것이라도 함께 나눠[絶甘分少]²³ 능히 사람들로 하여금 죽을힘을 다하게 만들었으니, 이는 옛날의 명장이라도 그보다 더할 수는 없을 것입니다. 몸은 비록 패했으나 그는 자신의 속뜻을 보여주었으니, 장차[且] 마땅한 기회를 포착해 한(漢)나라에 보답하려고 했던 것입니다. 일은 이미 끝나 어찌할 수가 없고 그는 비록 패하기는 했지만 공로 또한 천하에 드러내기에 충분합니다.

제기 속에 品은 이런 생각을 진달하고 싶어도 방법이 없었는데, 때마침 (주상께서) 불러서 물으시기에[召問] 곧장 이런 뜻을 갖고서 릉의 공로를 미루어 헤아려 말씀드려, 그것을 통해 주상의 뜻을 넓혀드리고 (신하들의) 원망하는 말들[之辭]을 막아보려고 했습니다. (그런데) 능히 다 밝히지 못하는 바람에 밝은 군주께서는 제 말을 제대로 이해하지 못하시어, 제가 이사(貳師)장군²⁴을 헐뜯고[沮] 이릉의 편에서 유세를 한다고 여기시고서

---

23 담백하면서도 절친하게 교우관계를 맺었다는 말이다.
24 이광리(李廣利)를 가리키는데, 이광리는 무제가 아끼던 후궁 이부인(李夫人)의 오빠로 당시 병력 3만의 주력부대를 이끌면서도 흉노와 조우하지 않았다.

드디어 저를 하옥시켰습니다. (그리하여) 온 정성을 다하는 충성스러움을 결국 다 늘어놓을[自列=陳述] 수 없었습니다. 그래서 상(上)을 속였다[誣] 는 이유로 마침내 재판에 넘겨지게 됐습니다[從吏議].

저의 집은 가난해 보석(保釋)[自贖]을 할 만한 재산이나 돈이 없고, 사귀던 벗들은 아무도 구원하려 하지 않고, (황제의) 좌우의 측근들은 (저를 위해) 한 마디도 하지 않았습니다. 제 몸은 나무나 돌이 아닌데 오로지 옥리[法吏=獄吏]하고만 조를 이뤄 감옥[圄圉=監獄] 깊숙이 갇혀 있다 보니, 누구에게 아뢰고 하소연할 수 있겠습니까? 이는 실로 소경께서도 몸소 겪고 계시는 바이니 제가 겪었던 일[行事]이 어찌 그렇지 않을 수 있겠습니까? 이릉은 이미 산 채로 투항해 그 집안의 명예는 풍비박산났고[隤=破壞], 저 또한 잠실(蠶室)²⁵에 던져져[佴=處] 거듭 천하의 웃음거리가 됐습니다. 슬프고 또 슬플 뿐입니다! 이런 일은 일일이 세상 사람들에게 쉽게 말할 수 있는 것이 아닙니다.

저의 부친은 부부(剖符)나 단서(丹書)²⁶를 받을 만한 공로가 없었고, (부친이 맡았던) 역사나 천문역법[文史星曆]²⁷ 등은 점이나 주술에 가까워 본래 주상께서 희롱거리로 삼아 악공이나 배우처럼 기르셨고, 세속[流俗]에서도 가벼이 여기는 바였습니다. 가령 제가 법에 따라 주살된다 한들 9마리 소 중에서 털 하나가 없어지는 것과 같을 테니 땅강아지나 개미[螻蟻]

---

25 궁형(宮刑)을 시행하던 밀실이다.
26 공신들에게 주는 부절이나 단서는 훗날 후세들까지 죄를 면할 수 있는 효력을 갖고 있었다.
27 모두 태사령(太史令)이 관장하는 업무들이다.

(의 죽음)와 무슨 차이가 있겠습니까? 그리고 세상에서는 또 (저의 죽음을) 능히 절의를 위해 죽은 자와 비교하지도[與]역 않을 것이고, 다만 지혜가 막히고 죄가 지극해 스스로 죄를 벗어날 수 없어 결국 죽음에 이르게 됐을 뿐이라고 여길 것입니다. 왜 그렇겠습니까? 평소 제 스스로 이루어놓은 바 때문에 그렇게 된 것입니다.

사람이란 원래 한 번 죽기 마련인데 어떤 때는 (그 죽음이) 태산보다도 무겁고, 어떤 때는 기러기 털보다 가벼운 것은 그 (죽음의) 쓰임이 어떻게 되느냐에 따라 달라집니다. 가장 좋은 것은 선조를 욕보이지 않는 것이고, 그다음은 자기 몸을 욕보이지 않는 것이며, 그다음은 도리와 안색[理色]이색을 욕보이지 않는 것이고, 그다음은 말과 명령[辭令]사령을 욕보이지 않는 것이며, 그다음은 몸이 속박당해 욕을 당하는 것이고, 그다음은 죄수복을 입어 욕을 당하는 것이며, 그다음은 형틀에 손발이 묶여 매질을 당해 욕을 당하는 것이고, 그다음은 머리를 깎인 채 쇠사슬에 목이 감겨 욕을 당하는 것이며, 그다음은 살가죽이 터지고 손발이 잘려 욕을 당하는 것이고, 최하는 부형(腐刑-궁형)이니 최악[極]극입니다. 전(傳)에 이르기를 "형벌은 위로 대부에 미치지 않는다"[28]라고 했으니, 이는 선비가 절의를 위해 온 힘을 쏟지 않으면 안 된다는 말입니다. 사나운 호랑이가 깊은 산중에 있으면 온갖 짐승들이 두려움에 떨지만, (호랑이가) 함정이나 우리[穽檻]정함에 갇히게 되면 꼬리를 흔들어 먹을 것을 구하게 되는 것은 위협과 제약이 점점

---

28 『예기(禮記)』에서 "예는 아래로 일반 백성에 미치지 않고, 형벌은 위로 대부에 미치지 않는다[禮不下庶人 刑不上大夫]"라고 했다.

쌓인 때문입니다. 그래서 선비는 땅에 금을 그어 감옥[牢]이라 불러도 들어가지 않고, 나무를 깎아 옥리[吏議]라 불러도 대꾸하지 않는 것은 이미 모든 것이 사전에 정해져 있기 때문입니다.

(저는) 지금 손과 발을 얽어 나무나 새끼줄에 묶인 채 살가죽이 터지도록 매질과 채찍질을 당해 둘러친 담장[圜牆-감옥]에 갇혀 있습니다. 이런 때를 당해 옥리를 보게 되면 머리를 땅에 처박고[槍], 옥졸[徒隷=獄卒]만 봐도 곧바로 숨이 막히는 것은 어째서이겠습니까? 위협하고 제약하는 세(勢)가 쌓인 때문입니다. 이런 지경에 이르러 욕을 당하지 않았다[不辱]고 말하는 것은 이른바 낯 두꺼운 일[强顏]일 뿐이니 어찌 사람들이 존중해 줄 수 있겠습니까?

또 서백(西伯)은 백(伯)의 작위임에도 유리(羑里)에 갇혔고,[29] 이사(李斯)는 재상임에도 다섯 가지 형벌[五刑]을 고루 다 당했으며, 회음(淮陰-한신)은 왕임에도 진(陳)나라에서 형틀에 묶이는 신세가 됐고, 팽월(彭越)과 장오(張敖)는 임금 자리에 있으면서 南面 고(孤)[30]를 칭했으나 옥에 갇혀 죄를 받았고, 강후(絳侯-주발)는 여러 여씨(呂氏)들을 주살해 권세가 (춘추시대의) 오패[五伯=五霸]를 기울게 할 정도였지만 청죄하는 방[請室]에 갇혔으며, 위기(魏其)는 대장군이었음에도 붉은 죄수복[赭衣]을 입은 채 목

---

29 서백은 주나라 무왕의 아버지 문왕이 은나라의 백으로 있을 때를 가리킨다. 은나라 주(紂)왕은 서백을 유리에 구금시킨 적이 있었다.

30 임금이 스스로를 칭하는 명칭이다.

과 손발이 형틀에 묶였고[關三木],³¹ 계포(季布)는 주씨(朱氏) 가문의 노비가 됐으며,³² 관부(灌夫)는 거실(居室)에서 욕을 당했습니다.³³ 이 사람들은 모두 그 몸이 왕후장상(王侯將相)에 이르러 그 명성이 이웃 나라들에까지 전해졌지만, 죄에 걸려 그물이 던져지자 자결해 스스로 결단하지 못한 채 진흙탕 속에 빠졌던 것이니, 예나 지금이나 한가지로 어찌 욕을 당하지 않을 수 있겠습니까? 이로 말미암아 말하건대 용감하냐 비겁하냐는 세(勢)의 문제이고, 강하냐 약하냐는 형(形-형태)의 문제입니다. 훤히 알 수 있는 것이니 뭐가 이상하겠습니까? 무릇 사람이 일찍이 자결하지 못하고, 법도[繩墨]에서 벗어나 이미 조금 머뭇거리다가[陵遲] 채찍질[鞭箠]을 당하게 돼서야 마침내 절의를 억지로 지켜보려 한다면, 이는 진실로 너무 늦은 일이 아니겠습니까? 옛사람들이 대부에게 형벌을 쓰는 것을 무겁게 여긴 까

---

31 위기후(魏其侯) 두영(竇)을 가리킨다. 자는 왕손(王孫)이고, 문제(文帝) 두황후(竇皇后)의 조카다. 문제 때 오상(吳相)이 됐는데 병으로 사직했다. 경제(景帝)가 즉위하자 첨사(詹事)가 됐다. 오초(吳楚)가 반란을 일으키자 대장군(大將軍)이 돼 형양(滎陽)을 지키면서 제(齊)와 조(趙)의 병사들을 감독했다. 7국(國)이 격파되자 위기후(魏其侯)에 봉해졌다. 경제가 사람됨이 가벼워 스스로를 진중하게 유지하지 못한다고 해 재상으로 기용하지는 않았다. 무제(武帝) 초에 승상(丞相)에 임명됐고, 유술(儒術-유학)을 숭상해 두태후의 뜻을 거슬러 파직돼 집에 머물렀다. 나중에 승상 전분(田蚡)과 사이가 나빠져 그의 모함을 받아 살해당했다.

32 계포는 초(楚)나라 사람으로, 항우(項羽) 밑에서 무장(武將)으로 있으면서 여러 싸움에서 한나라 유방(劉邦)을 괴롭혔다. 항우가 멸망한 뒤 고조(-유방)가 천금으로써 그를 포섭하려 했으나 한양(漢陽)의 주씨(周氏) 집에 은둔했다. 후에 다시 낭중(郞中) 벼슬로 발탁되고 하동태수(河東太守)가 됐다.

33 관부는 한(漢)나라 장수로 무제(武帝) 때 오(吳)나라를 쳐서 용맹을 떨쳤다. 위인이 호협 강직하며 술주정을 잘해, 뒤에 승상 전분(田蚡)의 좌석에서 술주정을 부리며 좌중을 욕하다가 전분의 노여움을 사서 온 가족이 처형됐다.

닭은 아마도[殆=其] 이 때문일 것입니다.
　태　기

　무릇 사람의 정이란 살기를 탐하고 죽기를 싫어하지 않는 바가 없어, 부모를 생각하고 처자를 돌아보지만 마땅함과 이치[義理]에 격발되면 그렇지가 않으니, 이는 곧 그럴 수밖에 없는 바[所不得已]가 있어서입니다. (그런데) 지금 저는 불행하게도 일찍 부모님을 여의고, 피붙이 형제도 없으며 혼자 몸으로 외로이 살고 있는데, 소경께서는 제가 처자식에 대해 어떻게 생각한다고 보십니까? 또 용기 있는 자라고 해서 반드시 절의를 위해 죽는 것은 아니며, 겁쟁이[怯夫]도 의로움을 사모하면 어떤 처지에 있건 힘쓰지 않을 수 있겠습니까? 제가 비록 겁 많고 나약해[怯懦] 구차스럽게나마 목숨을 건져보려 하지만, 저 또한 물러나고 나아가는 분별[去就之分]을 잘 알고 있습니다. (그런데) 어찌 스스로 포승줄에 묶이는 치욕[之辱] 속에 스스로를 깊숙이 밀어 넣었겠습니까?[34] 또 저 천한 노비[臧獲]나 비첩(婢妾)들도 얼마든지 자결을 할 수 있는데, 하물며 제가 왜 그러지를 못했겠습니까? 몰래 참아내며 구차스럽게나마 목숨을 건져 똥구덩이 속에 갇히는 것[幽=幽閉]도 사양하지 않는 까닭은 내 마음속에 아직 다 드러내지 못한 바가 있어, 이 비루한 세상이 끝나고 나면 나의 이 절절한 노력[文采]이 후세에 제대로 드러나지[表] 못할까를 염려해서입니다.

　옛날에 부귀를 누리다가 이 이름이 닳아 없어진[摩滅=磨滅] 사람은 이루 다 기록할 수가 없고, 오직 특별하게[倜儻=卓越] 비상했던 사람들만이 일컬어지고 있습니다. 말하자면 문왕(文王)은 갇힌 몸으로『주역(周易)』을

---

34 이런 치욕을 당하면서도 죽음을 택하지 못한 이유를 주목해달라는 말이다.

풀어냈고[演],³⁵ 중니(仲尼)는 어려움을 당해 『춘추(春秋)』를 지었으며,³⁶ 굴원(屈原)은 추방을 당하고서 마침내 부(賦) '이소(離騷)'를 지었고,³⁷ 좌구(左丘)는 앞을 못 보게 된 뒤에[失明=喪明] 『국어(國語)』를 완성했으며,³⁸ 손자(孫子)는 발을 잘리는 형벌을 당한 채 병법(兵法)을 편찬해냈고, 불위(不韋-여불위)는 촉(蜀) 땅에 유배되는 바람에 『여람(呂覽)』³⁹을 세상에 전할 수 있었으며, 한비(韓非-한비자)는 진(秦)나라에서 감옥에 갇혀 「세난

---

35 사마천에 따르면 『주역(周易)』은 복희씨가 8괘를 만들고, 문왕이 64괘와 괘사(卦辭) 및 효사(爻辭)를 만들었다고 한 반면, 융마라는 이에 따르면 『주역(周易)』은 괘사를 문왕이 만들고, 효사를 주공(周公)이 만들고, 십익(十翼)을 공자가 만들었다고 한다. 적어도 64괘와 그에 대한 풀이인 괘사를 문왕이 만들었다는 점에서는 공통된다.

36 사마천의 『사기(史記)』 「공자세가(孔子世家)」 편에는 이와 관련해 다음과 같은 기록이 전해진다. "군자는 죽은 후에 이름이 알려지지 않을 것을 걱정한다. 나의 도리가 행해지지 않았으니 그럼 나는 무엇으로 후세에 이름을 남기겠는가. 이에 공자는 역사의 기록에 근거해서 『춘추(春秋)』를 지었다."

37 굴원(屈原)은 회왕(懷王)의 명을 받들어 초나라의 기틀을 다지기 위해 헌령(憲令)을 기초하고 있었는데, 굴원을 시기하던 상관대부 늑상이 "굴원이 학식을 빙자해 대왕을 업신여기고 딴마음을 품고 있는 듯합니다"라고 해 왕으로부터 멀리하게 했다. 굴원은 간신들의 참소와 아첨이 왕의 판단을 흐리게 해 장차 나라를 망치게 하는 것을 근심해, 장편의 시를 지어 울분을 토로했다. 이때 지은 시가 그 유명한 '이소(離騷)'다.

38 춘추시대 노(魯)나라 사람으로 산동(山東) 출신이다. 공자(孔子)와 비슷한 무렵에 살았다. 공자가 일찍이 그의 사람됨을 칭송했다. 성은 좌씨이고 이름이 구명이다. 일설에는 성이 좌구씨이고 이름이 명이라고도 한다. 노나라에서 사관(史官)을 지냈다고 한다. 『좌씨전(左氏傳)』과 『국어(國語)』의 저자로 일컬어진다. 좌구실명(左丘失明)이라는 사마천(司馬遷)의 말에 따라 맹좌(盲左)라고도 부른다.

39 『여씨춘추(呂氏春秋)』라고도 한다. 진나라의 정치가 여불위(呂不韋)가 빈객(賓客) 3,000명을 모아서 편찬했다. 도가(道家) 사상이 중요한 부분을 차지하나 유가(儒家), 병가(兵家), 농가(農家), 형명가(刑名家) 등의 설(說)도 볼 수 있다.

(說難)」과 「고분(孤憤)」을 썼고,⁴⁰ 시(詩) 300편⁴¹은 대부분 빼어나고 뛰어난 이들이 자신들의 분함을 떨쳐내려고 지은 것들입니다. 이 사람들은 모두 가슴속에 한 맺힌 억울함이 있었지만 자신들의 도리를 통하게 할 수가 없게 되자, 그로 인해 지나간 일[過去]을 서술하고 다가올 일[未來]을 생각한 것입니다[述往事 思來者]. 이에 좌구처럼 눈이 없고 손자처럼 발이 잘린 사람은 결국 세상에서 쓰일 데가 없게 되자 물러나 서책(書策)을 논함으로써 자신들의 분을 풀어내며, 자신들의 생각을 담은 공허한 글[空文]⁴²로나마 스스로를 드러냈습니다.

저는 남몰래 불손하게도 근래에 무능한 글에 자신을 맡겨 천하에 떠돌아다니는 옛이야기[舊聞]들을 그물로 낚아 올려 그 일의 진행 과정[行事]을 간략하게 살피고 처음과 끝[終始]를 꿰어맞춰 그 성공과 실패[成敗], 흥함과 무너짐[興壞=興亡]의 벼리를 깊이 파악함으로써 위로는 헌원(軒轅-황제(黃帝))을 포함시키고, 아래로는 지금에 이르기까지 10표(表), 12본기(本紀), 서(書) 8장, 세가(世家) 30, 열전(列傳) 70으로 모두 130편을 저술했으니, 이는 진실로 하늘과 사람의 관계를 탐구하고, 옛날과 지금의 변화에 통달해 일가(一家)를 이루는 말[一家之言]⁴³을 이룩하고자 했던 것입니다. 초

---

40 책『한비자(韓非子)』에 포함된 편명이다.

41 공자가 엮은『시경(詩經)』에 실린 시들을 가리킨다.

42 당시에는 공식적으로 인정받지 못했다는 뜻이다.

43 여기서의 일가는 당시에 이미 존재하던 유가나 도가, 법가 등에 속하지 않는 자신만의 새로운 사상 체계를 의미한다. 여기서 유래해 일가지언은 어떤 분야에서 일가를 이룬 사람의 권위 있는 말이나 글 또는 논리를 비유하는 고사성어로 사용된다. 우리는 흔히 이를 '일가를 이뤘다'

고를 시작해 아직 제대로 나아가지도 못했을 때 마침 이런 화(禍)를 만났는데, (실은) 이 작업을 다 완성하지 못하면 어떡할까 아쉬운 마음에 이미 이런 극형을 당하고서도 서러운 낯빛[慍色]을 하지 못했던 것입니다. 저
온색
는 진실로 이 책을 저술해 명산에 잘 보관했다가 적임자에게 전해져서 그것이 큰 도회지에 유통이 된다면, 저로서는 예전에 당한 치욕의 빚을 보상받는 것이 되니 (그리만 된다면) 1만 번 주륙을 당한다 한들 어찌 후회가 있겠습니까? 하지만 이는 일을 아는 자[智者]에게나 할 수 있는 말이고,
지자
속물 같은 이에게는 말하기 어렵습니다.

또 죄 지은 무리 속에[負下=負罪之下] 사는 것은 쉽지가 않고, 하류의
부하 부죄 지 하
인간들 사이에는 비방하는 말들이 많기 때문에 저는 말로 인해 이런 화를 만났고, 거듭 고향 마을의 웃음거리가 돼 조상들을 더럽게 하고 욕보였으니, 진실로 무슨 면목으로 다시 부모님의 묘소에 오를 수 있겠습니까? 100세내가 흐른다 해도 제가 당한 치욕은 더욱 심해질 뿐입니다. 이 때문에 하루에도 아홉 번이나 창자가 뒤틀리고 그냥 가만히 있으면 홀연히 뭔가를 잃어버린 듯하며, 밖을 나서면 어디로 가야 할지를 모르겠습니다. 매번 이 치욕이 떠오를 때마다 땀이 등줄기를 타고 흘러 옷을 적시지 않은 적이 없습니다. 몸은 지금 규합(閨閤)의 신하[44]인지라 어찌 스스로 물러나 깊은 바윗골에 숨어 지낼 수 있겠습니까? 그래서 다시 세속의 흐름을 따라 떴다가 가라앉았다가 하면서 때에 따라 몸을 낮췄다가 올려봤다가

고 말한다.

44 환관이라는 말이다.

[俯仰=俛仰] 하면서 넋 나간 듯 미혹 속에서[狂惑] 지내고 있습니다.

(그런데) 지금 소경께서 마침내 뛰어난 이를 밀어주고, (좋은) 선비들을 나아가게 하라[推賢進士]고 하셨으니, 그것이 어찌 저의 속마음과 조금이라도 어긋남이 있겠습니까! (하지만) 지금 비록 제가 스스로를 다듬고[彫琢], 또 그럴싸한 말[曼辭=美辭]로 자신을 꾸며댄다 해도 도움될 것은 없고, 세상에서 믿어주지도 않을 것이며, 괜히 치욕이나 더하게 될 것입니다. 줄이자면 죽을 날이 돼서야 옳고 그름은 마침내 가려질 것입니다. 글로는 제 뜻을 다 할 수 없기에 고루한 생각이나 간략하게 말씀드렸습니다.'

천(遷)이 죽고 나자 그의 책은 조금씩 세상에 나왔다. 선제(宣帝) 때 천의 외손자 평통후(平通侯) 양운(楊惲)이 이 그 책을 조술해 드디어 널리 퍼뜨렸다. 왕망(王莽) 때에 이르러 천의 후예를 봉하려고 찾아내어 사통자(史通子)〔○ 응소(應劭)가 말했다. "천의 집안은 대대로 사관이었고 고금의 일에 정통했다." 이기(李奇)가 말했다. 사통국(史通國-가상의 나라) 자작(子爵)으로 삼았다는 말이다."〕로 삼았다.

찬(贊)하여 말했다.

"예로부터 글자[書契]가 생겨난 이래 사관(史官)이 있어 책에 실어 기록하는 바가 넓었다. 공씨(孔氏-공자)가 그 일들을 모았는데[纂=撰], 위로는 당요(唐堯-요임금)까지 올라갔고, 아래로는 진나라 목공[秦穆]에 이르렀다[訖=至]. 당우(唐虞)⁴⁵ 이전에도 비록 문자가 남아 있기는 하지만 그 말들이 경전의 법도와는 맞지 않았다[不經].⁴⁶ 그래서 황제(黃帝)나 전욱(顓頊)의 일에 대한 이야기는 명확하다고 할 수 없다. 공자에 이르러 노(魯)나라 역사를 기반으로 해서 『춘추(春秋)』를 지었고, 좌구명(左丘明)은 『춘추(春秋)』를 근거로 사실들을 논하고 한데 모아[輯=集同] 이로써 『춘추좌씨전(春秋左氏傳)』을 만들었으며, 또 그밖의 다른 이야기들을 모아 『국어(國語)』를 만들었다.

또 『세본(世本)』⁴⁷이라는 게 있어 황제(黃帝)로부터 춘추시대의 제왕, 공후, 경대부의 선조와 가계를 기록했다. 춘추시대가 끝나고는 일곱 나라[七國]〔○ 복건(服虔)이 말했다. "함곡관 동쪽[關東]의 여섯 나라와 진나라를 합쳐 일곱 나라다."〕가 서로 싸워 진(秦)나라가 이들을 다 집어삼켰는데, 이때에는 『전국책(戰國策)』⁴⁸이 있었다. 한(漢)나라가 일어나 진나라를 정벌해 천하를 평성했을 때는 『초한춘추(楚漢春秋)』⁴⁹가 있었다. 그래서

---

45 중국(中國)의 도당씨(陶唐氏)와 유우씨(有虞氏), 곧 요와 순의 시대(時代)를 함께 이르는 말이다.

46 사고(師古)의 풀이에 입각해 이렇게 옮겼다.

47 진(秦)나라 때 저술된 책이다.

48 전국(戰國) 시기 종횡가(縱橫家)의 정치적 주장과 책략을 당시의 각 나라별로 기술한 책으로서 당시의 역사적 사실과 사회 분위기를 이해하는 데 중요한 자료를 제공하는 책이다. 기원전 490년에 지백(智伯, ?~기원전 453년)이 범씨(范氏)를 멸망시킨 데서부터 기원전 221년에 고점리(高漸離)가 축(筑)으로 진시황(秦始皇)을 공격했던 일까지 중요한 역사적 사실(史實)과 일화들을 기록하고 있다. 이 내용을 서한(西漢) 말엽에 유향(劉向)이 체재를 다듬어 12책(策) 33권(卷)으로 만들면서 『전국책』이라는 제목을 붙였다.

49 한나라 조기에 편찬된 역사서다.

사마천은 『춘추좌씨전(春秋左氏傳)』과 『국어(國語)』에 의거해[據] 『세본(世本)』과 『전국책(戰國策)』의 내용을 추가하고[采], 『초한춘추(楚漢春秋)』를 덧붙인[述] 다음 그후의 일들을 덧붙여[接] 위대한 한나라에까지 이르렀다. 특히 진나라와 한나라에 대해 말한 것이 상세하다. (다만 사실 서술의 정당성 제공을 위해) 경(經)을 뽑고 전(傳)을 고름에 있어 여러 학파[家]들의 일을 분산하는 바람에 듬성듬성하고 빠뜨린 부분이 아주 많고, 간혹 서로 모순되는 곳들[抵梧=觸忤=觸迕]도 있다. 또한 그 섭렵한 바가 아주 넓고 경전을 꿰뚫었으며, 고금(古今)을 내리 치달려 수천 년 사이를 오르내렸으니 이 점은 부지런했다고 하겠다. 또 그 옳고 그름을 가리는 바가 자못 빼어난 이[聖人-공자]와 어긋나서 큰 도리를 논할 때는 황로(黃老)를 앞세우고 육경(六經)을 뒤로 두었으며, 유협(游俠)을 쓰면서는 (유학의) 처사(處士)를 물리치고 간웅(姦雄)을 올렸으며, 화식(貨殖)을 서술할 때는 세력과 이익[勢利]을 높이고 가난과 천함[貧賤]을 부끄럽게 여겼으니, 이는 그 책의 병폐[所蔽]다.

그러나 유향(劉向)과 양웅(揚雄)은 둘 다 여러 책들을 폭넓게 본 사람인데, 두 사람 모두 천(遷)은 훌륭한 사관의 재주[良史之材]를 갖고 있다고 칭찬한 이래, 그가 일의 이치[事理]를 잘 정리해 일을 잘 분별하면서도 겉치레에 치우치지 않았고[辨而不華], 질박하면서도 속되지 않아[質而不俚=鄙] 그 글이 곧고, 그 (서술한) 일은 사실에 충실해[文直事核] 헛되이 미화하지도 않고 잘못을 숨기지도 않았으니, 이를 일러 실록(實錄)〔○ 응소(應劭)가 말했다. "이는 사실을 그대로 기록했다는 뜻이다."〕이라 한다는 평가가 자리 잡았다.

아! 천(遷)과 같이 일을 널리 배우고 폭넓게 들은[博物洽聞] 인물도 지혜로써 자기 한 몸을 보전할 수가 없어, 이미 극형에 빠져 구렁텅이에 굴러떨어졌으나 분발해 글[書]〔○ 사고(師古)가 말했다. "이는 사마천의 '보임안서(報任安書)'를 가리킨다."〕[50]을 지었으니, 그 글은 진실로 믿을 만하다. (그 글에서) 그 스스로 마음 아파하고 슬퍼한 까닭을 추적해보면 (『시경(詩經)』의) 「소아(小雅)」 '항백(巷伯)' 편[51]의 부류라 하겠다. 그리고 저 (『시경(詩經)』의) 「대아(大雅)」에서는 '이미 밝고 이미 똑똑했으니 능히 그 몸을 보전할 수 있도다[旣明且哲 能保其身]'[52]라고 했으니 이는 참으로 힘든 것이다."

---

50 여기서 서(書)를 사마천의 책 『사기(史記)』를 가리키는 것으로 많이들 번역하는데, 사고(師古)의 말이 옳은 것 같다. 왜냐하면 바로 뒤에 이어지는 문장이 사실상 '보임안서'에 나오는 내용을 가리키기 때문이다.

51 항(巷)은 궁 안의 도로 이름이고, 백(伯)은 우두머리이니 궁 안의 도로를 주관하는 관원의 우두머리인 바, 바로 시인(寺人-환관)이다. 시인이 중상모략을 당하고는 이 시를 지어 그 몸을 보존한 것이다.

52 '증민(蒸民)' 편에 나오는 구절이다.

권
◆
63

무오자전
武五子傳

● 사고(師古)가 말했다. "황제의 아들들은 모두 왕(王)이라고 말하는데 여기에서만 유독 자(子)라고 한 것은 여태자(戾太子)가 그 안에 포함돼 있기 때문이다."

효무황제(孝武皇帝)에게는 6명의 아들이 있다. 위(衛)황후가 여(戾)태자를 낳았고, 조첩여(趙婕妤)가 효소제(孝昭帝)를 낳았고, 왕부인(王夫人)이 제 회왕(齊懷王) 굉(閎)을 낳았고, 이희(李姬)가 연 날왕(燕剌王)과 광릉 여왕(廣陵厲王) 서(胥)를 낳았고[○ 사고(師古)가 말했다. "이희의 관질을 몰라서 그 때문에 그냥 이희(李姬)라고 한 것이다. 시호법에 사납고 어그러졌으며 친애하는 바가 없는 것[無親]을 날/랄(剌)이라고 한다고 했다."], 이부인(李夫人)이 창읍 애왕(昌邑哀王) 박(髆)을 낳았다.

여태자 거(據)는 원수(元狩) 원년에 세워져 황태자가 됐고, 이때 나이 7세였다. 애초에 상이 27세 때 마침내 태자를 얻어 크게 기뻐했는데, 그에 앞서 아들을 낳아달라고 비는 사당[禖]을 세우고, 동방삭(東方朔)과 매고(枚皐)를 보내 매제(禖祭)를 위한 축문을 짓게 했었다. 조금씩 자라자 조서를 내려 『공양춘추(公羊春秋 - 춘추공양전)』를 배우게 했고, 또 (노나라 신

공(申公)의 제자인) 하구강공(瑕丘江公)으로부터 『곡량(穀梁-춘추곡량전)』을 배우게 했다. 관례를 치르고 태자궁에 가서 살게 되자 상은 그를 위해 박망원(博望苑)을 조성해주었고, 빈객들이 드나들 수 있도록 해 그가 좋아하는 것이라면 다 할 수 있게 해주었기 때문에 각종 이단(異端)의 학설을 올리는 자들이 많았다. 원정(元鼎) 4년에 사(史) 양제(良娣)〔○ 위소(韋昭)가 말했다. "양제는 태자의 내관(內官-후궁)이다. 태자에게는 비(妃), 양제, 유자(孺子)가 있었다."〕를 맞아들여[納] 아들 진(進)이 태어나니, 그 아이를 사황손(史皇孫)〔○ 장안(張晏)이 말했다. "모두 외삼촌[舅]의 성(姓)을 써서 서로 구별했다."〕이라고 불렀다.

  무제(武帝) 말년에 위후(衛后)에 대한 총애가 시들었고, 강충(江充)이 권력을 행사했다[用事]. 충(充)은 태자 및 위씨(衛氏)와 틈이 있었기 때문에 〔○ 사고(師古)가 말했다. "충이 황제의 명을 직접 받드는 직지사자(直指使者)였을 때 태자의 집안 수레가 (황제만이 다니는) 치도(馳道) 위를 올라간 적이 있는데, 태자가 없었던 일로 해줄 것을 부탁했으나 충은 들어주지 않았다."〕 상이 세상을 떠나고 나면[晏駕=崩御] 태자에게 주살될 것을 두려워해, 때마침 무고(巫蠱)의 일이 일어나자 충은 이를 이용해 간사한 짓을 벌였다. 이때 상의 춘추가 높아 마음속에 싫어하는 것들이 많았는데, 좌우의 신하들이 모두 무고의 도리로 (누군가가) 저주를 퍼붓기 때문이라고 하니 그 일을 끝까지 파헤쳐 다스렸다. (그 결과) 승상 공손하(公孫賀, ?~기원전 91년)[1] 부자, 양석(陽石)·제읍(諸邑) 두 공주, 그리고 황후의 조카인

---

1 젊어서 기병으로 종군해 공적을 세웠고, 태자 유철의 사인(舍人)이 됐다. 유철이 즉위(-무제)한

장평후(長平侯) 위항(衛伉)이 모두 죄에 걸려들어 주살됐다. 상세한 이야기는 「공손하전(公孫賀傳)」과 「강충전(江充傳)」에 실려 있다.

충(充)이 무고의 일을 다스리는[治] 일을 맡았는데, 이미 상의 뜻을 알아차리고서 궁중에 무고의 기운[蠱氣]이 있다고 건의해 말한 다음에 궁궐에 들어가 성중(省中)² 에 이르러 어좌가 있는 곳을 무너뜨려 땅을 팠다. 상은 안도후(按道侯) 한열(韓說), 어사 장당(章贛), 황문(黃門-환관) 소문(蘇文) 등으로 하여금 충을 돕게 했다. 충은 드디어 태자궁에 이르러 고(蠱)를 파내어 오동나무로 만든 인형을 찾아냈다. 이때 상은 병에 걸려 감천궁(甘泉宮)으로 더위를 피해 가 있었기 때문에 황후와 태자만이 (경사에) 있었다. 태자가 소부(少傅) 석덕(石德)을 부르니 덕(德)은 사부로서 함께 주살될 것을 두려워해 태자에게 이렇게 말했다.

"전 승상 부자와 두 공주, 그리고 위씨(衛氏)가 모두 이 사건에 연루됐는데 지금 무당과 사자(使者)가 땅을 파 증거물까지 얻었다고 합니다. 따라

후 태복(太僕)으로 승진했다. 공손하는 아내 위유(衛孺)가 위황후의 언니였기 때문에 중용됐다. 석경의 뒤를 이어 승상이 됐다. 석경의 전임 승상 세 명(이채·장청적·조주)이 모두 죄를 지어 죽었기 때문에 공손하는 명을 받았을 때 울면서 이를 사양했으나 무제가 윤허하지 않았기 때문에 어쩔 수 없이 승상이 됐고, 다시 갈역후(葛繹侯)에 봉해졌다. 뒤이어 태복이 된 아들 공손경성은 황후의 조카라는 자신의 신분을 이용해 비리를 저질러 하옥됐다. 공손하는 당대의 유명한 도적 주안세(朱安世)를 잡아들여 공손경성의 죄를 갚으려 했고, 과연 주안세를 잡는 데 성공했으나 도리어 주안세는 공손경성이 양석공주(陽石公主)와 사통하고 무고로 황제를 저주한 사실을 고발했다. 결국 공손하 또한 하옥됐고, 이때 본인은 물론 일족이 주멸돼 후사가 끊겼다.

2 금중(禁中)이다. 효원황후(孝元皇后)의 아버지 왕금(王禁)의 이름을 피하기 위해[諱] 성중(省中)이라고 표기했다.

서 이는 무고를 갖다둔 간사스러운 짓이 혹시 실제로 있었는지를 모르겠지만 스스로 밝힐 방법이 없으니 부절을 칭탁해[矯=託],[3] 충 등을 체포해 옥에 가두고서 그의 간사함을 끝까지 다스려야 할 것입니다. 또 상께서 감천궁에서 병이 나 머물고 계시고, 황후와 태자궁 관리들은 물어봐도 아무도 대답을 하지 않고 있습니다. 상께서 살아 계신지 아닌지 알 수가 없고, 간신들이 이와 같으니 태자께서는 장차 진(秦)나라 부소(扶蘇, ?~기원전 210년)[4]의 일을 생각해야 하지 않겠습니까?"

태자는 위급한 상황이라 덕의 말이 옳다고 여겼다.

정화(征和) 2년 7월 임오일(壬午日)에 마침내 (태자는) 빈객으로 하여금 사자인 척하고 가서 충 등을 잡아들였다[收捕]. 안도후 열(說) 등은 사자에게 속임수가 있다고 의심해 기꺼이 조서를 받으려 하지 않자 빈객은 열을 쳐 죽였다[格殺=擊殺]. 어사 장당은 부상을 입고 겨우 탈출해 직접 감천궁으로 달려갔다. 태자는 사인(舍人) 무차(無且)를 시켜 미앙궁 궁전의 장추문(長秋門)으로 들어가게 해 장어(長御-여자 시위대장) 의화(倚華)를 통해 황후에게 전말을 갖추어 고백하게 하고, 황실의 마구간에 있는 수레를 내어 활쏘는 병사들을 싣고 가서 무기고의 병기를 꺼내고 장락궁(長樂

---

3 황명으로 부절을 받았다고 거짓말을 하라는 뜻이다.

4 진시황(秦始皇)의 맏아들이다. 진시황 25년(기원전 222년) 분서갱유(焚書坑儒)를 만류하다가 노여움을 사서 황명으로 상군(上郡)에 가서 몽염(蒙恬)의 군대를 감독했다. 진시황이 사구(沙丘)에서 죽을 때 옥새를 부소에게 주어 함양(咸陽)으로 불러 제위를 잇도록 유언을 남겼다. 그러나 이사(李斯)와 조고(趙高)가 가짜 조서를 만들어 둘째 아들 호해(胡亥)를 옹립하고, 그는 상군 군중에서 자살하도록 했다.

宮)의 위졸들을 출동시켰으며, 백관들로 하여금 강충이 반란을 일으켰다고 말하게 했다.

마침내 충의 목을 베고 순행하면서 오랑캐 출신 무당[胡巫]을 상림원 안에서 불에 구워 죽였다. 드디어 빈객들을 나눠 부대를 편성하고 병사들을 이끌게 한 다음에 승상 유굴리(劉屈氂)[5] 등과 교전을 벌였다. 장안(長安) 안이 소란스러워지고 태자가 반란을 일으켰다고 선전을 하자, 이로 인해 대중들은 태자 쪽에 기꺼이 붙으려 하지 않았다. 태자의 군대가 패하자 (태자는) 달아났고 (관리와 병사들은) 붙잡지 못했다.

상이 크게 화가 났기 때문에 여러 신하들은 근심하고 두려워하면서도 어떤 계책을 내야 할지 몰랐다. (상당군) 호관현(壺關縣)의 삼로(三老-교육 담당관) 무(茂)〔○ 사고(師古)가 말했다. "순열(荀悅)은 『한기(漢紀)』에서 영호무(令狐茂)라고 했는데 『한서(漢書)』에서는 그 성을 싣지 않았다. 어째서 그랬는지를 알 수가 없다."〕가 글을 올려 말했다.

'신이 듣건대 아버지란 하늘과 같고, 어머니란 땅과 같고, 자식은 만물과 같다고 했습니다. 그래서 하늘이 고르고 땅이 평안하면 음양은 조화를 이루어 만물은 마침내 무성하게 자란다고 했습니다. 집안에서 아버지가 자애롭고 어머니가 사랑을 베풀면, 자식은 이에 효도하고 고분고분해집니다. (반면에) 음양이 조화를 이루지 못하면 만물은 일찍 죽거나 상하게 되고, 부자가 조화를 이루지 못하면 집안은 흩어져 망하게 됩니다. 그래서

---

5   황족이자 관료나. 중산정왕의 아들이며 무제의 조카다. 정화 2년(기원전 91년) 탁군태수에서 승상으로 승진했다.

아버지가 아버지답지 못하면 자식은 자식답지 못하고, 임금이 임금답지 못하면 신하는 신하답지 못해, 제아무리 곡식이 많이 있다 한들 내가 그것을 먹을 수 있겠는가라고 했던 것입니다.[6]

옛날에 순(舜)임금은 효심이 지극했는데도 (아버지인) 고수(瞽叟)의 마음에 들지 않았습니다. 또 (은나라 고종의 아들인) 효기(孝己)는 (계모에게) 비방과 모략을 당했고 백기(伯奇)도 (계모에게) 추방을 당했으니, 골육을 함께한 지친이면서도 아버지와 자식이 서로 의심한 것은 어째서이겠습니까? 비방[毁]이 오래 쌓이면서 생겨난 것입니다. 이로 말미암아 보건대 자식은 결코 불효를 하지 않는데도 아버지는 그것을 미처 다 살피지 못하기 때문입니다.

지금 황태자께서는 한나라의 적사(嫡嗣)이시며, 만세의 대업을 이으시고 조종의 위중함을 온몸으로 짊어지셔야 하며, 가깝기로는 황제의 적장자[宗子]이십니다. 강충은 일개 포의(布衣)를 입은 사람으로 여염집의 노비 같은 신하[隷臣]일 뿐인데, 폐하께서는 그를 드러내어[顯] 쓰시고 지존의 명을 받들어[銜=奉] 황태자를 핍박하며 발길질했고[迫蹴], 간사한 거짓을 만들고 꾸며대어 여러 사악한 무리들을 이리저리 연결 지음으로써 친척들

---

6 『논어(論語)』「안연(顏淵)」편에 나오는 말이다. 제나라 경공(景公)이 공자에게 정치하는 법에 관해 묻자 공자는 이렇게 대답한다. "임금은 임금다워야 하고, 신하는 신하다워야 하며, 아버지는 아버지다워야 하고, 자식은 자식다워야 합니다[君君臣臣父父子子]." 이 말을 들은 경공은 이렇게 말한다. "좋은 말이다. 진실로 임금이 임금답지 못하고, 신하가 신하답지 못하고, 아비가 아비답지 못하고, 자식이 자식답지 못하면 제아무리 곡식이 많이 있다 한들 내가 그것을 먹을 수 있겠는가[善哉 信如君不君臣不臣父不父子不子 雖有粟 吾得而食諸]?"

끼리 통하는 길을 틀어막아[扇塞=隔塞] 통할 수 없게 만들었습니다. (이로 인해) 태자께서는 나아가도 상을 알현할 수가 없었고, 물러나면 난신들에게 곤욕을 당하니 홀로 원한이 맺혀도 아뢸 길이 없었고, 그러다 보니 분하고 분한 마음을 참아내지 못하고 일어나 강충을 죽이고, 그것이 두려워 도망쳤습니다. 아들이 아버지의 군사를 훔친 것은 그렇게라도 해서 어려움을 벗어나 스스로 면해보고자 한 것일 뿐이니, 신이 남몰래 볼 때 거기에 간사한 마음[邪心]은 없었다고 생각합니다. 『시경(詩經)』에 이르기를 '앵앵거리는 쉬파리 떼 울타리에 앉았구나. 점잖은 군주께서는 참소하는 말을 믿지 마소서[營營靑蠅止于藩 愷悌君子無信讒言]'라고 했고, 또 '참소꾼들이 그치질 않아 사방의 나라들이 교대로 어지럽도다[讒言罔極交亂四國]'[7]라고 했습니다. 예전에 강충이 조(趙)태자를 참소해 죽게 만든 것은 천하에서 듣지 못한 이기 아무도 없습니다. 그 죄는 진실로 마땅하다고 하겠습니다. 폐하께서는 이런 점들을 깊이 성찰하지 않으시고 (오히려) 태자를 심하게 탓하시며 엄청난 분노를 발하시어, 대병을 동원해 태자를 잡으려 하시어 삼공(三公)이 직접 대병을 거느렸는데, 일을 아는 사람[智者]은 감히 아무도 말을 하지 않고 변론가들도 아무런 유세를 않으니, 신은 남몰래 이를 마음 아파하고 있습니다.

　신이 듣건대 오자서(伍子胥)는 그 충성스러움을 다하다가 악명을 얻게

7　둘 다 「소아(小雅)」 '청승(靑蠅)' 편에 나오는 구절들이다.

됐고,[8] 비간(比干)은 어짊을 다하다가 몸을 버렸다고 했으니,[9] 진정 충성스러운 신하는 열렬한 마음을 다해 부월(鈇鉞)로 주살당하는 것도 돌아보지 않고서 어리석은 충성스러움을 다 말씀드려야 하는 것이니, 왜냐하면 그의 뜻은 임금을 바로잡고[匡] 사직을 안정시키는 데[安] 있기 때문입니다. 『시경(詩經)』에 이르기를 '저 참소하는 자를 잡아다가 승냥이, 호랑이에게 던져주리라[取彼讒人 投畀豹虎]'[10]라고 했습니다. 오직 폐하께서는 너그러운 마음[寬心]과 위로하는 뜻[慰意]으로, 제 몸과 같은 사람[所親-황태자]을 조금 살피시어 태자의 그릇됨[非]은 너무 걱정하지 마시고, 서둘러 군대를 철수시키시어 태자가 너무 오랫동안 도망 다니게 하지 마옵소서. 신은 정성을 다하는 마음[惓惓]을 이기지 못하고 하루아침의 명을 내놓았으니, 건장궁(建章宮)의 궐(闕)[11] 아래에서 죄받기를 기다리겠습니다.'

글이 올라가자 천자는 느끼고 깨닫는 바가 있었다[感寤].

(한편) 태자는 도망쳐서 동쪽으로 호현(湖縣)에 이르러 그곳의 천구리(泉鳩里)에 숨었다. 주인 집은 가난해서 늘 짚신을 만들어 팔아 태자의 먹을거리를 댔다. 태자와 옛날부터 알던 사람이 호현에 있었는데, 그가 부유해 넉넉하다[富贍=富裕]는 말을 듣고서 사람을 시켜 그를 부르려다가 발

---

8 오왕(吳王)을 죽이는 바람에 악명을 얻었다는 말이다.

9 비간은 은나라의 뛰어난 신하로, 주(紂)왕에게 간언을 하자 주왕은 그를 죽인 다음 심장을 도려냈다.

10 「소아(小雅)」 '항백(巷伯)' 편에 나오는 구절들이다. 참언하는 자들에 대한 분노가 잘 표현된 시다.

11 이는 궁문의 양측에 있는 2개의 대(臺)를 가리킨다.

각됐다. 관리들이 태자를 둘러싸 잡으려 하자 태자는 더 이상 벗어날 곳이 없다는 것을 스스로 헤아리고서 곧바로 방에 들어가 문틀에서 자살했다[自經].
자경

(하남성) 산양(山陽)의 남자인 장부창(張富昌)이 졸병이었는데, 발로 차서 문을 열었고, 신안현(新安縣) 영사(令史) 이수(李壽)는 태자를 안아서 줄을 풀어주었으며, 집주인은 격투 끝에 사망했고, 황손 2명 모두 상처를 입었다. 상은 이미 태자를 해치고 나자 이에 조서를 내려 말했다.

'다소 미심쩍은 일에도 시상을 하는 것[疑賞]은 결국 임금이 신하에게
의상
신의를 거듭 표하려는 까닭이다. 이에 이수를 봉해 우후(邘侯)로 삼고 장부창을 제후(題侯)로 삼노라.'

오랜 시간이 지나고 나서[12] 무고의 사건이 대부분 믿을 수 없는 것이라는 사실이 드러났다. 상은 태자가 두려워서 그랬던 것이지 다른 뜻이 있었던 것은 아니라는 것을 알게 됐는데, (고묘를 관리하던 고침랑(高寢郞)) 거천추(車千秋)[13]가 다시 태자의 원통함에 대해 말하자 상은 드디어 거천추를 발탁해 승상으로 삼고, 강충의 집안은 족멸시켰으며, 소문(蘇文)은 횡교(橫橋) 위에서 불태워 죽였다. 또 천구리(泉鳩里)에 이르러 태자에게 칼을 댄 사람을 애초에는 북지태수(北地太守)로 삼았었는데 뒤에 족멸시켰다. 상은 태자에게 아무런 잘못이 없었음을 가련하게 여겨 마침내 사자궁

---

12 1년 후인 정화 3년(기원전 90년) 9월의 일이다.

13 원래 그의 이름은 전천추(田千秋)인데, 나이가 많아 천자는 그가 작은 수레를 타고 대궐에 들어올 수 있도록 특별히 허락해주었다. 그래서 거(車)를 붙여 거천추 혹은 차천추라고 하는 것이다.

(思子宮)을 짓고 호현(湖縣)에 귀래망사지대(歸來望思之臺)¹⁴를 세우니, 천하 사람들이 이를 듣고서 다 슬퍼했다.

애초에 태자에게는 3남 1녀가 있었는데 딸은 평여후(平輿侯)의 사자(嗣子)와 혼인했었다[尚]. 태자가 패망하게 되자 모두 동시에 죽음을 맞았다. 위후와 사(史)양제는 장안성 남쪽에 묻혔다. 사황손과 황손비 왕(王)부인, 그리고 황녀의 손자는 광명원(廣明苑)에 묻혔다. 태자를 따랐던 황손 두 명은 태자와 함께 호현에 묻혔다〔○ 사고(師古)가 말했다. "지금 태자의 무덤 북쪽에 2개의 무덤이 차례로 있으니 그것이 두 황손의 무덤이다."〕.

태자에게는 손자 한 명만이 남았는데 사(史)황손의 아들로 왕(王)부인이 낳았으며,¹⁵ 나이 18세 때 천자의 자리에 나아가게 되니 이 사람이 선제(宣帝)다. 제(帝)는 초기에 자리에 나아갔을 때 조서를 내려 말했다.

'고(故) 황태자께서는 호현에 묻혀 계신데, 아직 시호도 없고 사계절 제사도 올리지 않고 있으니, 이에[其=於是] 시호를 의정(議定)하고 원색(園色-능 담당 기구와 관리)을 두도록 하라.'

유사에서 청해 말했다.

"예법(禮法)에 이르기를 '다른 사람(-할아버지)의 뒤를 잇게 되는 자는 그의 아들이 된다'¹⁶라고 했으니, 그 친부모는 낮추고 제사를 지낼 수 없

---

14 이는 태자의 혼령이라도 돌아오기를 바라고 생각한다는 뜻이다. 이 사건은 흔히 우리나라 역사에서 사도세자의 일과 비교된다.

15 위태자 유거(劉據)는 사(史)양제와의 사이에 유진(劉進)을 낳았고, 그가 사황손이다. 황손은 왕부인을 받아들여 선제를 낳았다. 그래서 그전에는 황증손으로 불렸다.

16 『춘추공양전(春秋公羊傳)』 성공(成公) 15년 조에 나오는 말이다.

는 것이 조상을 받드는 의리입니다. 폐하께서 효소제(孝昭帝)의 후사(後嗣)가 되시어 조종(祖宗)의 제사를 이으시니, 예를 제정하는 데 있어 한계[閑=限]를 뛰어넘을 수 없습니다. 삼가 효소제께서 이룩하신 바를 행하고 보시어, 고(故) 황태자의 무덤[位=壇位]은 호현에 두시고, 사(史)양제의 무덤은 박망원 북쪽에, 친(親-친부) 사황손의 무덤은 광명원 성곽의 북쪽에 두십시오. 시호법에서 '시호[諡]란 행적을 담는다'라고 했으니 어리석은 제가 볼 때 부친의 시호는 마땅히 도(悼)라 하시고, 모친은 도후(悼后)라 하시며, 제후왕의 묘원에 준하도록 하고서 봉읍 300호를 각기 두어야 합니다. 고(故) 황태자의 시호는 여(戾)라 하시고 봉읍 200호를 각기 두어야 합니다. 사(史)양제의 시호는 여(戾)부인이라 하고, 무덤 지키는[守冢] 30호를 두어야 합니다. 묘원에는 각각 장승(長丞)의 직을 두어 그 주변의 경호와 받들이 지키는 일은 법대로 해야 할 것입니다."

호현의 문향(閿鄉)과 아리취(邪里聚)를 여원(戾園)으로 삼고, 장안의 백정(白亭) 동쪽을 여후원(戾后園)으로 삼고, 광명(廣明)의 성향(成鄉)을 도원(悼園)으로 삼아 모두 고쳐서 안장했다[改葬].

8년 후에 유사에서 다시 말씀을 올렸다.

"『예기(禮記)』에 이르기를 '아버지가 (벼슬하지 않은) 선비[士]이고 아들이 천자일 경우 제사는 천자의 예로 한다'[17]라고 했습니다. 도원(悼園)은 마땅히 호칭을 높여 황고(皇考)라고 하고, 사당을 세워야 하며, 더불어 원에 침전(寢殿)을 세워 사계절마다 제물을 올려 제사를 지내야 할 것입니

---

17 「상복(喪服)」 '소기(小記)' 편에 나오는 말이다.

다. 원을 받드는 민호도 늘여 1,600호로 채워서 봉명현(奉明縣)이라고 해야 할 것입니다. 여부인을 높여 여후(戾后)라 부르고 묘원과 봉읍을 두며, 또 여원(戾園)의 봉읍을 늘여 각각 300호를 채워야 할 것입니다."

제(齊) 회왕(懷王) 굉(閎)과 연왕(燕王) 단(旦), 광릉왕(廣陵王) 서(胥)를 같은 날 (왕으로) 세우고 모두에게 책서(策書)를 내려주어, 각각 그 나라의 흙과 풍속을 갖고서 거듭 훈계했다[申戒]. 그 책에서 말했다.

'저 원수(元狩) 6년(기원전 117년) 4월 을사일(乙巳日) 황제께서는 어사대부 탕(湯-장탕)으로 하여금 태묘에 나아가 황자 굉(閎)을 세워 제나라 왕으로 삼고 책문을 내린다.

아! 어린 아들 굉아, 이 푸른 사토[青社]¹⁸를 받아라. 짐은 하늘의 질서를 이어받아 옛일을 깊이 상고해, 너의 나라를 세워주고 동쪽의 땅을 봉해주니, 대대로 한나라의 울타리가 돼 돕도록 해라. 아! 명심해야 할 것이다. 짐의 조서를 공손히 받들라. 저 천명이란 늘 그대로 있는 것이 아니어서 사람이 다움을 좋아하면 능히 밝히고 훤히 빛나게 할 수 있지만, 의로움을 도모하지 않는다면 군자라도 게을러지고, (반대로) 너의 마음을 다해 그 적중해야 할 도리를 진실로 딱 잡는다면[允執其中] 하늘의 복은 영원히 이어질 것이다. 만일 허물이 있거나 힘써 좋은 일을 행하지 않는다면

---

18 제단의 흙을 말한다. 천자는 청색, 황색, 적색, 백색, 흑색 등 다섯 가지 색의 흙으로 토지신에게 지내는 제사의 단을 쌓았다. 제후는 그중 하나의 흙을 하사받아 자신의 봉국에 가서 사(社)를 세워야 한다.

너의 나라에 재앙이 있을 것이고, 네 몸도 손상을 입게 될 것이다. 아! 나라를 보존하고 백성을 잘 다스리려면 정녕 삼가지 않을 수 있겠는가? 왕이 됐으니 이를 조심해야 할 것이다.'

굉(閎)의 어머니 왕(王)부인이 총애를 받자 굉은 더욱 사랑과 은총을 받았는데, 세워진 지 8년 만에 훙했고, 아들이 없어 나라는 없어졌다.

연(燕) 날왕(剌王) 단(旦)에게 책서를 내려주어 말했다.

'아! 아들 단(旦)아, 이 검은 사토[玄社]를 받아라. (짐은 하늘의 질서를 이어받아 옛일을 깊이 상고해) 너의 나라를 세워주고 북쪽의 땅을 봉해주니, 대대로 한나라의 울타리가 돼 돕도록 해라. 아! 훈육씨(薰鬻氏)[19]는 노인을 학대하는 짐승 같은 마음을 갖고서 수시로 침범해 도적질하며, 변방의 백성들을 간교하게 꼬드긴다. 짐이 장수에게 명을 내려 그들의 죄를 벌하게 하자 1만 명의 우두머리[夫長], 1,000명의 우두머리 등 32명의 장수가 모두 귀순해오니 깃발은 내려가고 군대는 달아났다. 훈육의 무리들이 옮겨가자 북방의 주군(州郡)들이 평온을 얻었다. 너의 마음을 다하고, 원한을 빚지 말며, 은덕을 저버리지 말고, 전쟁 준비를 소홀히 하지 말라. 교화되지 않은 사람을 주변에 불러들여서는 안 된다. 왕이 됐으니 이를 조심해야 할 것이다.'

단(旦)은 장성했기 때문에 봉국에 나아갔는데, 사람됨이 변론에 능하고 지략이 있어 경서와 각종 학설들을 널리 배웠고, 천문, 역학, 수술(數術-음

---

19 여러 명칭이 있는데, 이들이 바로 진나라와 한나라 때의 흉노다.

양가나 점술), 배우, 활쏘기와 사냥 등의 일을 좋아해 유사(游士)들을 불러들였다. 위(衛)태자가 패망하고 제 회왕 또한 일찍 훙하자, 단은 스스로 순서상 다음 차례는 자신이라고 여기고서 궁중에 들어가 숙위(宿衛)하겠다고 요구하는 글을 올리니, 상은 화를 내며 그의 사자를 감옥에 내려보냈다. 뒤에 망명자를 숨겨준 죄에 연루돼 양향(良鄕), 안차(安次), 문안(文安) 3개 현을 깎였다. 무제는 이 일로 말미암아 단을 미워했고, 뒤에 결국 막내아들을 태자로 삼았다.

제(帝)가 붕(崩)하자 태자가 (천자로) 세워졌으니, 이 사람이 효소제(孝昭帝)다. 단(旦)은 칙서를 받았지만 (아버지를 위해) 곡(哭)을 하지 않으려 하면서 말했다.

"새서(璽書)의 봉투가 작다. 경사(京師)에 무슨 변고라도 있는 것은 아닌지 의심스럽다."

총애하는 신하인 수서장(壽西長), 손종지(孫縱之), 왕유(王孺) 등을 보내 장안에 가게 했는데, 예와 의례[禮儀]를 묻기 위함이라는 것을 명분으로 삼았다. 왕유는 집금오 광의(廣意-곽광의)를 만나 제가 무슨 병으로 붕어했는지를 묻고, 제위에 오른 사람은 누구의 아들인지, 나이는 몇 살인지 등을 물었다. 광의의 말에 따르면 오작궁(五柞宮)에서 조를 기다릴[待詔] 때 궁중에서는 제가 붕했다는 말이 시끄럽게[讙] 떠돌았고, 여러 장군들이 함께 태자를 세워 제로 삼았으며, 나이는 8, 9세쯤 되고 장례 때에도 참석하지 않았다고 했다. (왕유 등이) 돌아와 왕에게 보고했다. 왕이 말했다.

"상이 신하들을 버리셨기 때문에 아무런 말도 없었을 것이고, 개주(蓋主-무제의 장녀) 또한 눈으로 보지 못했다니 너무나 이상하지 않는가!"

다시 중대부를 보내 경사에 가서 글을 올리게 해 말했다.

'가만히 살펴보건대 효무황제께서는 빼어난 도리를 몸소 행하시어 종묘에 효도를 다하셨고, 골육들에게 자애를 베푸셨으며, 백성들을 화합시키셨으니, 그 다움은 하늘땅과 짝을 하고, 그 밝음은 해와 달과 나란하시어, 위무(威武)는 성대하게 흘러넘칠 정도이기 때문에 먼 나라에서 보배를 들고 조회했으며, 군(郡)을 늘리신 것이 수십 개이며 영토를 개척한 것 또한 배가 넘고, 태산에 봉(封)하고 양보산(梁父山)에 선(禪)하셨으며 천하를 순수하셨고, 먼 나라에서 온 온갖 진귀한 물건들이 태묘(太廟)에 진열돼 그 다움은 참으로 크고도 성대하십니다. 청컨대 군국(郡國)에 (무제의) 사당을 세울 수 있게 해줄 것을 청합니다.'

그 글이 위에 보고됐다. 이때 대장군 곽광(霍光)이 정권을 잡고 있어 [秉政] 연왕에게 전(錢) 3,000만을 보상으로 내려주고, 봉읍 1만 3,000호를 더해주었다. 단은 화를 내며 말했다.

"나는 마땅히 제(帝)가 될 사람인데 무슨 하사(下賜)란 말인가!"

드디어 종실인 중산애왕(中山哀王)의 아들 유장(劉長), 제(齊) 효왕(孝王)의 손자 유택(劉澤) 등과 결탁하고 모의해, 거짓으로 무제가 살아 있을 때 받은 조서가 있다며, 따라서 관리에게 직책을 주는 일을 할 수 있고 무장을 갖출 수 있으며 비상시에 대비할 수 있다고 말했다.[20]

장은 이에 단을 대신해서 여러 신하들에게 명령을 내려 말했다.

---

20 원래 제후는 관리에게 식책을 주는 등의 일을 할 수 없도록 돼 있었다. 그래서 거짓 조서를 만든 것이다.

"과인(寡人)은 선제(先帝)의 아름다운 다움[休德=美德]에 힘입어 북쪽 울타리[北藩]를 맡아 받들고 있는데, 천자로부터 친히 밝은 조서를 받아 관리에게 직책을 주는 일을 하고, 무기고의 병기들을 통괄하며 무장을 갖추고 있으니, 맡은 바가 무겁고 직책이 커서 아침부터 밤늦도록 고심하고 있는데, 그대 대부들은 어떤 방법으로 과인을 바로잡아 도울 것인가? 또 연나라는 비록 작지만 주나라 이래로 나라가 세워진 지 오래라, 위로는 소공(召公)으로부터 아래로는 소왕(昭王)과 양왕(襄王)에 이르기까지〔○ 사고(師古)가 말했다. "소공은 소공 석(奭)을 말하고 소왕과 양왕은 6국 시대(즉, 전국시대) 연나라의 두 왕이다."〕 1,000년이 됐으니 어찌 뛰어난 이가 없겠는가? 과인이 관대를 하고서 조정에서 정사를 들은 지 30여 년이 됐지만 일찍이 뛰어난 이가 있다는 말을 듣지 못했다. 이는 과인이 혹시 미치지 못해서인가? 아니면 그대 대부들의 생각이 이에 미치지 못해서인가? 그 허물은 어디에 있는가? 바야흐로 지금 과인의 그릇됨을 바로잡고 잘못을 막아서, 명성이 있는 자를 널리 표창해 화기(和氣)를 끌어올려 백성들을 위로하고 풍속을 좋은 쪽으로 옮겨가게 하려는데, 그 방법은 어디서 시작돼야 하는가? 그대 대부들은 각자 온 마음을 다해 대답함으로써 과인이 장차 그것을 잘 알 수 있도록 해야 할 것이다."

여러 신하들은 모두 관을 벗고 사죄했다. 낭중(郎中) 성진(成軫)이 단에게 말했다.

"대왕께서는 직위(-제위)를 잃으셨으니 오로지 일어나셔야만 그것을 찾을 수 있고, 앉아서는 얻을 수 없을 것입니다. 대왕께서 일단 일어나시면 나라 안에서는 설사 여자들까지도 모두 어깨를 떨치며 대왕을 따를 것입니다."

단이 말했다.

"옛날 고후(高后) 시절 거짓으로 혜제(惠帝)의 아들이라며 홍(弘)을 세워 황제로 삼으니, 제후들은 손을 모아 그를 섬긴 것이 8년이다. 여태후가 붕하자 대신들이 여러 여씨들을 주살하고 문제(文帝)를 맞아들여 세우니, 천하는 마침내 그가 효혜의 아들이 아니라는 것을 알 수 있었다. 나는 아버지 무제(武帝)의 장남인데 도리어 (제로) 세워질 수 없어, 글을 올려 사당을 세울 것을 청했더니 그것도 들어주지 않았다. 지금 천자로 세워진 자는 아마도[疑] 유씨(劉氏)가 아닐 것이다."
의

곧바로 유택과 모의해 간사한 글[姦書]을 써서, 어린 황제는 무제의 아
간서
들이 아니라 대신들이 함께 세운 것이니, 천하는 마땅히 함께 그들을 주벌해야 할 것이라고 했다. 사람을 시켜 군국(郡國)들에 전하게 하니 백성들은 어지러이 동요했다. 택은 돌아가서 임치(臨淄-제나라 도읍)에서 군대를 발동해 연왕과 함께 일어나기로 모의했다. 단(旦)은 드디어 군국의 간사한 자들을 불러 모아 구리와 쇠를 백성들로부터 긁어모아 갑옷과 무기를 만들고, 여러 차례 거기(車騎)와 특수병들을 검열했으며, 깃발과 북을 실은 수레 등을 정비하고, 정예병을 선두에서 달리게 하고, 낭중과 시종하는 자들의 관에는 담비의 깃털과 황금으로 만든 매미로 장식한 다음에 모두 시중(侍中)이라고 불렀다.[21] 단은 재상과 중위(中尉) 이하를 따르게 했고, 거기(車騎)에 붙잡아두고서 백성들을 주위에 모두 모이게 해, 문안현(文安縣)에

---

21 이는 다 천자의 군대를 본뜬 것이다.

서 대규모 사냥을 하면서 병사와 말을 훈련시켜[講=講武] 다가올 날을 기
다렸다[須=待]. 낭중 한의(韓義) 등은 여러 차례 단에게 간언했는데, 단은
의(義)를 비롯한 총 15명을 살해했다. 마침 병후(缾侯) 유성(劉成)이 택 등
의 모반을 알아차리고서 청주자사(青州刺史) 준불의(雋不疑)에게 말해주
니, 불의는 택 등을 붙잡아 보고했다. 천자는 대홍려 승(丞-부관)을 보내
일을 처리했고, 연왕을 붙잡아 데리고 왔다. 조서를 내려 (연왕은 지친이
기 때문에) 다스리지 말 것을 명한 반면 유택 등은 모두 복주했다. 병후에
게 봉읍을 더해주었다.

오래 지나서 단의 누이 악읍(鄂邑) 개장공주(蓋長公主), 좌장군 상관걸
(上官桀) 부자는 곽광과 권력을 다투는 과정에서 틈이 생겨났고, 그들은
모두 단이 광을 원망하고 있다는 것을 알았기에 즉각 은밀하게 연(燕)과
교통했다. 단은 이때를 전후해서 손종지 등을 10여 차례 보내 금과 보배와
잘 달리는 말 등 많은 선물을 개주(蓋主)에게 보냈다. 상관걸과 어사대부
상홍양(桑弘羊) 등은 모두 서로 교통하면서 여러 차례 광의 잘못 등을 기
록해 단에게 보내, 단으로 하여금 글을 올려 천자에게 올리게 했다. 걸은
대궐 안에서 그 글을 아래 관리에게 넘겨, 일이 처리되게끔 하는 일을 맡
았다. 단은 이를 듣고서 기뻐하며 소(疏)를 올려 이렇게 말했다.

'옛날에 진(秦)나라는 남면하는 자리에 올라 한 시대의 명(命)을 장악
해 위엄으로 사방 오랑캐를 복종시키고, 골육을 약화시켰으며, 이성(異姓)
을 높이고, 중하게 여겼고, 도리를 폐기한 채 형벌에 모든 것을 맡겨 종실
은 아무런 은혜도 입지를 못했습니다. 그후에 위타(尉佗)는 (진나라를 떠
나) 남이(南夷)로 들어갔고, 진섭(陳涉)은 초나라 늪지에서 반란의 목소리

를 높였으며, 측근이 친압해[狎] 난을 일으켜,²² 안팎에서 동시에 변란이
일어나 조씨(趙氏)²³는 제사가 끊어지고 말았습니다. 고황제께서는 이러한
족적을 잘 살피시고 거기서 얻은 바와 잃은 바를 점검하시어, 진나라가 근
본을 세운 데[建本] 옳지 못했다고 여기셨습니다. 그래서 그 방법을 바꿔
땅을 구획하고 성을 연결해 자손들을 나눠서 왕으로 삼으시니, 동성(同姓)
의 나뭇가지와 잎들이 무성하게 돼 이성(異姓)은 끼어들 여지가 없게 됐습
니다. 지금 폐하께서는 빼어남을 잇고 성업(成業)을 계승해 공경들에게 정
사를 맡기고 있지만, 여러 신하들은 서로 연결해 붕당을 이뤄[成朋] 종실
을 비난하고 헐뜯으면서, 살갗을 파고드는 참소[膚受之愬]²⁴가 날마다 조정
에 날아들고, 간악한 관리들이 법을 무시하고 위압을 내세우는 바람에 임
금의 은혜는 저 아래에까지 미치지 못하고 있습니다. 신이 듣건대 무제(武
帝)께서는 중랑장 소무(蘇武)를 사자로 삼아 흉노에 머물게 했는데, 소무
는 20년 동안 억류돼 있으면서도 항복하지 않았고, 돌아와서는 다만[亶=
但] 전속국(典屬國)을 맡았다고 했습니다. (그런데) 대장군의 장사(長史) 창
(敞-양창)은 아무런 공로도 없이 수속도위(搜粟都尉)가 됐습니다. 또 장군
은 낭(郎) 우림(羽林) 등을 검열할 때 황제의 행차 때 거행하는 의전인 길
치우기[蹕]를 시행했고, 태관을 미리 배치했다고 합니다. 신 단은 바라건대

---

22 조고(趙高)의 일을 가리킨다.
23 진나라 황실의 성(姓)이다. 진나라의 선조 조부(造父)가 조성(趙城)에 봉해졌기 때문에 조씨(趙氏)로 불렸다.
24 『논어(論語)』 「안연(顏淵)」 편에 나오는 말이다.

부새(符璽)를 반납하고 궁중으로 들어가 숙위하며, 간신들의 변고를 감찰할 수 있도록 해주십시오.'

이때 소제(昭帝)의 나이 14세로 이 글에는 거짓이 있다는 것을 깨닫고, 드디어 곽광을 가까이해 믿고 상관걸 등을 멀리했다[疏=遠]. 걸(桀) 등은 그로 인해 함께 광을 죽이고, 제(帝)를 내쫓아 연왕을 맞아들여 세워서 천자로 삼을 것을 모의했다. 단은 자신이 머무는 역(驛)에 사람을 두고서 서로 글을 오가며 걸을 세워 왕으로 삼을 것을 약속하고서[許=約], 밖으로 군국의 호걸 1,000여 명과 연결을 맺었다. 단이 이런 내용을 재상 평(平)에게 말하자 평이 말했다.

"대왕께서 전에 유택(劉澤)과 결탁해 음모를 꾸몄지만 일이 성취되기도 전에 발각됐던 것은, 유택이 평소 과장이 심하고 다른 사람을 침범하는 것을 좋아한 때문입니다. 평이 듣건대 좌장군(=상관걸)은 평소 사람됨이 가볍고 거기장군(=걸의 아들 안)은 나이가 어리고 교만하다고 하니, 신은 유택 때처럼 일이 성취되지 못할까 두려울 뿐만 아니라 또 설사 일이 성취된다 해도 (그들이) 대왕께 반기를 들게 될까 두렵습니다."

단이 말했다.

"전에 한 남자가 대궐에 이르러 스스로 자신이 옛 태자라고 말하니, 장안에 사는 백성들은 모두 그를 향해 모여들어 곧바로 떠들어대니[讙] 막을 수가 없었소. 대장군은 두려워해 군대를 출동시켜 늘어놓고서 스스로 대비할 뿐이었소. (그런데) 내가 제(帝)의 맏아들이라는 것은 천하가 다 믿고 있는 바인데, 어찌 반기를 들 것을 우려한단 말이오?"

뒤에 여러 신하들에게 말했다.

"개주(蓋主)가 보고해 말하기를 다만 대장군과 우장군 왕망(王莽)[25]만이 걱정이 된다고 했소. 이제 우장군은 사고가 있고[物故][○ 사고(師古)가 말했다. "죽었다는 뜻이다."] 승상은 병이 났으니, 다행히 일은 반드시 이뤄질 것이고 그 징조는 오래지 않아 끝날 것이오."

여러 신하들에게 모두 행장을 꾸리도록 명령했다.

이때 하늘에서는 비가 내렸고 무지개는 왕궁에 이어졌는데, (무지개가) 우물의 물을 다 마셔버려 우물물이 말라버렸다. 또 돼지가 우리 밖으로 무리를 지어 밖으로 뛰어나와 큰 부엌[灶=竈]을 무너뜨렸다. 까마귀와 까치가 죽어라 싸웠다. 쥐들이 어전 단문(端門-정문 앞에 있는 문)에서 춤을 췄다. 전상(殿上)의 문이 저절로 닫히더니 열 수가 없었다. 자연 발생적으로 일어난 불[天火]이 성문을 불태웠다. 큰 바람이 불어 궁성의 누각이 파괴됐고, 나무들이 꺾이고 뽑혔다. 유성들이 땅에 떨어졌다. 그로 인해 왕후와 후궁[后姬] 이하가 모두 공포에 떨었다. 왕은 놀라 병이 나서 사람을 시켜 가수(葭水)와 대수(台水)에서 제사를 지냈다. 왕의 빈객 여광(呂廣) 등이 점성술을 알았기에[知星] 왕을 위해 이렇게 말했다.

"마땅히 군대가 와서 성을 포위하는 날이 있게 될 것이고, 그 시기는 9월 10일이며, 한나라(조정)에서는 대신들 중에 사형을 당하는 사람이 있을 것입니다."

상세한 이야기는 「오행지(五行志)」에 실려 있다.

왕은 더욱 근심하고 두려워해 광(廣) 등에게 말했다.

---

25 천수(天水) 사람으로 신나라를 세운 왕망과는 다른 사람이다.

"모의한 일이 이뤄지지 않고, 안 좋은 재이의 조짐이 여러 차례 일어났으며, 병기(兵氣)가 장차 이르려 하니 어쩌면 좋겠는가?"

마침 개주(蓋主)의 사인(舍人-심부름하는 관리)의 아버지인 연창(燕倉)이라는 자가 그 모의를 알고서 아뢰니, 이로 말미암아 모든 것이 들통이 났다. 승상은 새서(璽書)를 내려보내 중(中) 2,000석 관리를 책임자로 해 손종지 및 좌장군 걸 등을 쫓아가 붙잡아[逐捕] 모두 복주했다. 단은 이를 듣고서 재상 평을 불러 말했다.

"일이 실패했으니 드디어 군사를 출동해야 하는 것일까?"

평이 말했다.

"좌장군은 이미 죽었고, 백성들이 이 사실을 모두 알고 있으니 출동해서는 안 될 것입니다."

왕은 근심하고 번뇌하다가[懣] 만재궁(萬載宮)에 술자리를 마련하고, 빈객과 여러 신하들과 비와 첩들을 불러 앉아서 술을 마셨다. 왕이 스스로 이렇게 노래했다.

"텅 빈 성으로 돌아가니
개도 짖지 않고 닭도 울지를 않는구나
가로지르는 작은 길은 어찌 이다지 넓디넓은가
참으로 나라 안에 사람이 없음을 알겠구나."

화용부인(華容夫人)이 일어나 춤을 추며 이렇게 노래했다.

"머리는 산발인 채 도랑들을 덮겠고

뼈는 제 마음대로 흩어져 몸 둘 곳도 없구나

어머니는 죽은 아들 찾고 지어미는 죽은 지아비 찾으러 다니네

도랑과 도랑 사이를 배회하는데 군자는 홀로 어디에 있는가!"

그 자리에 앉아 있던 사람들은 모두 눈물을 흘렸다. 사면령이 도착하자 왕이 그것을 읽으며 이렇게 말했다.

"아! 관리와 백성들만 용서를 하고 나를 용서하지는 않았구나."

그러고는 왕후와 희(姬), 그리고 여러 부인(夫人)들을 맞이해 명광전(明光殿)으로 가서 왕이 말했다.

"늙은이 무리들이 일을 만들어 일족이 다 죽게 됐다."

자살하려 하자 좌우에 있던 사람들이 말했다.

"혹시라도[黨=儻] 봉국을 없앤다면 다행히 숙음을 면할 수도 있습니다."

후, 희, 부인들은 모두 울면서 왕을 말렸다. 때마침 천자가 사자를 보내 연왕에게 새서를 내려보냈는데 그 내용은 이러했다.

'예전에 고황제께서 천하의 임금이 돼 아들과 아우들을 (왕으로) 세움으로써 사직의 울타리와 담장[藩屛]으로 삼았다. 전에 여러 여씨(呂氏)들이 몰래 대역(大逆)을 도모했을 때, 유씨(劉氏-황실 집안)는 머리카락처럼 끊어지지 않고 겨우 이어지는 신세였는데[不絶若髮], 강후(絳侯) 등에게 힘입어 난을 주벌하고, 효문제를 높여 세움으로써 종묘가 안정됐으니, 이는 조정 안팎에 사람이 있어 겉과 속이 서로 상응한 때문이 아니겠는가? 번쾌(樊噲), 역상(酈商), 조참(曹參), 관영(灌嬰) 등은 칼을 들어 칼날을 추켜세

우며 고황제를 따랐고, 또 직접 잡초 밭을 개간해[墾菑] 해로움을 제거하
고, 나라 안에서 직접 김매고 밭일을 하니 머리카락은 덥수룩하고 엉클어
져[蓬葆] 그 고생과 힘듦이 지극했다. 그러나 그들에게 내린 상은 후(侯)에
봉하는 것에 불과했다.

(그런데) 지금 황실의 자손들은 일찍이 옷도 제대로 못 입고 모자도 쓰
지 못한 채 고생을 한 적이 없으면서도 땅을 떼어 왕으로 삼아주고 재산
을 떼어 나눠주니, 아버지가 죽으면 자식이 이어받고 형이 죽으면 동생이
이어받고 있다. 지금 왕은 나의 골육지친으로서 나와 한 몸이 돼야 함에도
마침내 다른 성, 다른 종족과 함께 사직을 해칠 음모를 꾸미며, 그 (혈육상
으로) 먼 자들을 가까이하고 그 가까운 나를 멀리하고 있으니, 이는 거스
르고 이지러진 마음이 있는 것이요, 나에 대해 충성하고 사랑하는 의로움
은 없는 것이다. 옛사람들이 알게 된다면 무슨 면목으로 그분들을 뵐 수
있겠는가? 재계하고서 고황제의 사당에 제주를 올리노라.'

단(旦)은 이 글을 받고서 자신의 부새(符璽)를 왕실 의원 책임자[醫工
長]에게 맡기고[屬=委=囑], 연나라 재상과 2,000석 관리들에게 "일을 받들
며 삼가지 못했으니 죽어야 한다"며 사죄하고서, 즉시 인끈[綬]으로 목을
매 자살했다[自絞]. 후와 부인들도 단을 따라서 자살했는데, 모두 20여 명
이었다. 천자는 은혜를 베풀어 왕태자 건(建)은 용서해 서인으로 삼고, 단
에게는 날왕(剌王)이라는 시호를 내려주었다. 단은 세워진 지 38년 만에
주살됐고, 나라는 없앴다.

6년 후에 선제(宣帝)가 즉위해 단의 두 아들을 봉했는데, 경(慶)을 신
창후(新昌侯), 현(賢)을 안정후(安定侯)로 삼았으며, 또 전 태자 건을 세워

주었는데, 이 사람이 광릉경왕(廣陵頃王)으로 29년 만에 훙했다. 아들 목왕(穆王) 순(舜)이 이어받아 21년 만에 훙했다. 아들 사왕(思王) 황(璜)이 이어받아 20년 만에 훙했다. 아들 가(嘉)가 이어받았다. 왕망(王莽) 때 한나라 번왕(藩王)들을 모두 폐해 서인으로 삼았는데, 가(嘉) 홀로 부명(符命)을 올렸다 해 부미후(扶美侯)에 봉하고 왕씨(王氏)의 성을 내려주었다[賜姓].

광릉 여왕(厲王) 서(胥)에게 내려준 책서는 이러했다.

'아! 아들 서(胥)야, 이 붉은 사토[赤社]를 받아라. (짐은 하늘의 질서를 이어받아 옛일을 깊이 상고해) 너의 나라를 세워주고 남쪽의 땅을 봉해주니 대대로 한나라의 울타리가 돼 돕도록 해라. 옛사람들의 말 중에 "장강의 남쪽 오호(五湖) 사이에 사는 사람들은 마음이 경박스럽고, 양주(楊州)는 변방을 지키면서 삼대 때는 멀리 떨어진 험지이므로 정사와 가르침[政敎]이 제대로 미치지 못한다"라고 했다. 아! 너의 마음을 다하며 늘 삼가고 두려워하면서[祗祗兢兢] 은혜를 베풀고 공손해야 할 것이며, 가벼이 굴거나 안일함에 빠지지 말라. 또 소인배를 가까이하지 말고, 법과 원칙을 지켜야 할 것이다. 옛글에 이르기를 "신하 된 자는 감히 스스로 복을 내리지 않고,[26] 위세를 부리지 않아야 뒷날에 부끄러움이 없을 것이다"라고 했다. 왕이 됐으니 이를 조심해야 할 것이다.'

서(胥)는 장년이 되자 창기와 오락, 노는 것을 좋아했고, 힘이 좋아 쇠솥

---

26 복록과 벼슬은 신하기 아니라 임금이 내려주는 것이기 때문이다.

을 두 손으로 번쩍 들었으며[扛=擧], 맨손으로 곰이나 멧돼지[彘=猪]와 같은 맹수를 잡았다. 행동하는 데 법도가 없었고, 그래서 결국은 한나라 황실의 후사[漢嗣-천자]가 될 수 없었던 것이다.

소제(昭帝)가 처음 즉위했을 때 서에게 봉읍 1만 3,000호를 더 주었고, 원봉(元鳳) 연간에 입조하자 다시 전 2,000만과 황금 2,000근, 그리고 안거(安車)와 네 마리 말, 보검 등을 내려주었다. 선제(宣帝)가 즉위하자 서의 네 아들 성(聖), 증(曾), 보(寶), 창(昌) 모두를 열후로 삼았고, 또 서의 막내 아들 홍(弘)을 세워 고밀왕(高密王)으로 삼았다. 포상한 것이 참으로 두터웠다.

애초에 소제 때 서는 상의 나이가 어리고 아들이 없는 것을 보고서 자기가 뒤를 이을 수 있겠다는 바람[覬=冀]을 품었다. 그런데다가 초(楚)는 무당이나 귀신을 숭상했기 때문에, 서는 여자 무당 이여수(李女須)를 맞아들여 신을 내리게 해 저주를 하게 했다. 여수(女須)가 울면서 말했다.

"효무제(孝武帝)가 나에게 내려왔다[下]."

좌우에 있던 사람들은 (이 말에) 모두 엎드렸다. 여수는 계속 말했다.

"나는 반드시 서를 천자로 삼을 것이다."

서는 여수에게 많은 돈을 내려주어 (초나라에 있는) 무산(巫山)에 기도를 드리게 했다. 때마침 소제가 붕하니 서가 말했다.

"여수는 훌륭한 무당이다."

소를 죽여 제물로 바쳐 (감사의) 기도를 올렸다.[27] (그런데 다음 천자의

---

27 여수의 저주 때문에 소제가 죽은 것으로 보고 이렇게 한 것이다.

후보로) 창읍왕(昌邑王)이 불려가자, 다시 무녀로 하여금 그를 저주하게 했다. 그런데 얼마 후에 왕이 폐위되자 서는 여수 등의 말을 점점 더[寖= 漸] 믿게 됐고, 여러 차례에 걸쳐 돈과 물건을 주었다. 선제(宣帝)가 즉위하자 서가 말했다.

"태자의 손자가 어떻게 도로 세워질 수가 있는가?"

다시 여수에게 전과 같이 저주하라고 시켰다. 또 서의 딸은 초왕(楚王) 연수(延壽)의 왕후의 남동생 부인이었는데, (연수와) 여러 차례 서로 선물을 주고받으며 은밀한 글을 교환했다. 뒤에 연수가 모반에 연루돼 주살됐는데, 고발장에 서가 관련되는 것으로 언급돼 있었다. 조서를 내려 (서에 대해서는) 다스리지 말도록 했고, (오히려) 이를 전후해 서에게는 황금 5,000근이 내려졌고, 그밖에 다른 기물들도 엄청나게 많이 내려주었다. 서는 또 한나라(조정)에서 태자를 세웠다는 말을 듣고서는 희(姬-첩) 남(南) 등에게 말했다.

"나는 끝내 (천자로) 세워질 수가 없구나!"

이에 저주를 그쳤다. 뒤에 서의 아들 남리후(南利侯) 보(寶)가 사람을 죽인 죄에 걸려 작위를 빼앗기고 광릉으로 돌아갔고, 서의 첩 좌수(左修)와 간통했다. 이 일이 발각돼 옥에 갇혔다가 기시(棄市)됐다. 재상 승지(勝之)가 왕의 영토 안에 있는 사피(射陂)의 풀밭을 빼앗아 가난한 백성들에게 나눠줄 것을 아뢰자 이를 허가했다. 서는 다시 전과 같이 무당을 시켜 저주를 했다.

서의 궁원(宮園) 안에는 대추나무 10여 그루가 있었는데, 그 가지가 아주 붉었고, 잎은 흰 비단처럼 희어졌다. 연못의 물색이 붉게 되자 물고기들이 죽었다. 쥐들이 낮에 왕후의 뜰 안에서 일어선 채 춤을 추었다. 서는 첩희 등에게 말했다.

"대추나무나 물고기나 쥐의 변고는 참으로 좋지 않다."

여러 달 후에 저주의 일이 발각돼 유사에서 조사를 하니, 서는 벌벌 떨며 두려워하다가 무당과 궁인 20여 명을 독살해 입막음을 했다[絶口]. 공경들이 서를 주살할 것을 청하자 천자는 정위와 대홍려를 파견해 가서 신문하도록 했다. 서는 사죄하며 말했다.

"내 죄는 죽고도 남음이 있고 다 사실입니다. 오래된 일이니 돌아가서 잘 생각해 갖추어 답할 수 있게 해주십시오."

서는 사자와 만나고 난 뒤 돌아가서 현양전(顯陽殿)에서 술자리를 마련하고, 태자 패(霸)와 딸 동자(董訾), 호생(胡生) 등을 불러 밤늦도록 술을 마셨고, 총애하는 팔자(八子-여관의 명칭) 곽소군(郭昭君)과 가인(家人-관직이 없는 사람)의 아들 조좌군(趙左君) 등에게 비파를 타게 하고, 노래와 춤을 시켰다. 왕이 스스로 이렇게 노래했다.

"오래오래 살고 싶어도 어찌 끝이 없으랴
오래 즐길 수 없으니 어찌 수명을 다하랴
천자의 명을 받들어 죽어야 하니 잠시라도 더 살아 있을 수 없도다
(두 경을 신고 온) 천리마 멈춰서 길에서 대기하고 있다네
황천 저 아래는 그윽하고도 깊다건만
내 인생 죽음 앞에 섰으니 무슨 다른 고민 있으랴
무엇을 한들 즐거워서 마음이 기쁘리오

들고 나는 데 아무런 즐거움이 없으니 즐거움도 이제 다 끝났구나
죽은 자들이 산다는 호리(蒿里)가 날 부르러 성문 앞을 살피도다
죽음은 누구에게 대신하게 할 수 있는 것이 아니라니
내 몸 스스로 떠나갈 것이로다."

그 자리에 앉아 있던 사람들은 모두 서로 쳐다보며 눈물을 흘리며 술을 올렸고, (다음 날 아침) 닭이 울고서야 자리가 끝났다. 서가 태자 패에게 말했다.

"상께서는 나를 두텁게 대우해주셨는데 지금 큰 부담을 지우게 됐다. 내가 죽거든 해골은 그냥 노상에 내버려둬야 할 것이다. 혹시라도 장례를 할 수 있게 된다면 얇게 해야지[薄=薄葬] 두텁게 해서는 안 될 것이다[無厚]."

곧바로 인끈으로 목을 매어 자살했다. 팔자 곽소구 등 두 사람도 모두 자살했다. 천자는 은혜를 베풀어 왕의 여러 아들들은 다 용서해 서인으로 삼고, (서에게는) 여왕(厲王)이라는 시호를 내려주었다. (서는) 세워진 지 64년 만에 주살됐고, 나라는 없앴다.

7년 후에 원제(元帝)는 다시 서의 태자 패를 세웠는데, 이 사람이 효왕(孝王)이고 13년 만에 훙했다. 그의 아들 공왕(共王) 의(意)가 뒤를 이었는데 3년 만에 훙했다. 그의 아들 애왕(哀王) 호(護)가 뒤를 이어 16년 만에 훙했는데, 아들이 없어 끊어졌다. 6년 후에 성제(成帝)는 다시 효왕의 아들 수(守)를 세웠는데, 이 사람이 정왕(靖王)이고 세워진 지 20년 만에 훙했다. 그의 아들 굉(宏)이 물려받았는데 왕망 때 끊어졌다.

애초에 고밀 애왕 홍이 본시(本始) 원년에 광릉왕의 막내로서 세워져 9년 만에 훙했다. 그의 아들 경왕(頃王) 장(章)이 이어받아 33년 만에 훙했다. 아들 회왕(懷王) 관(寬)이 이어받아 11년 만에 훙했다. 아들 신(愼)이 이어받았는데 왕망 때 끊어졌다.

창읍(昌邑) 애왕(哀王) 박(髆)은 천한(天漢) 4년에 세워져 11년 만에 훙하니 아들 하(賀)가 이어받았다. (하가 세워진 지) 13년 만에 소제(昭帝)가 붕했는데, 후사가 없어 대장군 곽광이 왕 하(賀)를 불러 상례를 주관하게 했다[典喪]. 새서에서 말했다.
　'창읍왕에게 제하여 조하노라. 대홍려의 일을 행하고 있는 소부 악성(樂成-사악성(史樂成)), 종정 덕(德), 광록대부 길(吉-병길), 중랑장 이한(利漢)을 사자로 삼아 왕을 부르노니, 전거(傳車) 7대에 나눠 타고, 장안의 저택에 이르도록 하라.'
　밤의 누각[夜漏]이 늦어 아직 일각(一刻)이었기 때문에 불로 그 칙서를 밝혔다. 그날 중에 하는 출발해 포시(晡時)[28]에 정도(定陶)에 이르렀는데, 그 여정만 135리였고, 따르는 이들의 말들 중에 죽은 말들이 도로에서 서로 바라볼 정도였다. 낭중령 공수(龔遂)가 왕에게 간언해 낭알자(郞謁者-근신) 50여 명은 되돌아가게 했다. 하는 제양(濟陽)에 이르러 울음소리가 긴 닭을 구했고, 도중에는 대나무를 겹쳐 만든 지팡이도 샀다. 홍농(弘農)을 지날 때는 덩치 큰 노비[大奴] 선(善)을 시켜 의거(衣車)에 여자를 태우

28　신시(申時)로 오후 4시 무렵이다.

게 하기도 했다. 호현(湖縣)에 이르렀을 때 (장안에서 온) 사자는 여자를 의거에 태운 문제로 재상 안락을 질책했다. 안락은 이를 수(遂-공수)에게 아뢰었고, 수가 들어가 하에게 묻자 "그런 일 없다"고 했다. 수가 말했다.

"만일 그런 일이 없으시다면 어찌 한 사람 선(善)을 아끼느라 의로움을 행하는 일을 훼손할 수 있겠습니까? 청컨대 그를 붙잡아 옥리에게 넘겨 대왕에 대한 의구심을 깨끗이 씻으셔야 할 것입니다."

곧바로 선의 머리채를 붙들어[捽=持頭] 위사장(衛士長)에게 넘겨 법대로 처리했다[行法].

하가 패상(覇上)에 이르니 대홍려가 교외에서 맞이했고, 기사[騶]가 승여를 보내 받들었다. 왕은 노복 수성(壽成)에게 말을 몰게 했고, 낭중령 수가 참승(參乘)했다. 동틀 무렵 광명원(廣明苑) 동도문(東都門)에 이르자 수가 말했다.

"예법에 따르면 상을 위해 달려올 때[奔喪], 멀리서 나라의 도읍이 보이면 곡을 하게 돼 있습니다.²⁹ 이곳은 장안성 동쪽 성곽 문입니다."

하가 말했다.

"나는 목구멍[嗌=喉咽]이 아파 곡을 할 수 없다."

성문에 이르자 수가 다시 권하니 하가 말했다.

"성문은 곽문과 같을 뿐이다."

장차 미앙궁 동궐에 이르러 수가 말했다.

"창읍의 장막은 이 궐 밖의 치도(馳道) 북쪽에 있는데, 아직 장막이 있

---

29 『예기(禮記)』 「분상(奔喪)」 편에 나오는 말이다.

는 곳에 이르지 못한 지점에 남북으로 길이 나 있고, 말이 아직 몇 걸음 이르지 않았사오니, 대왕께서는 마땅히 수레에서 내리시어 궐 서쪽을 향해 엎드려 곡을 하시고, 그 슬픔을 다한 다음에 그치셔야 합니다."

왕이 말했다.

"알았다."

도착해서는 의례대로 곡을 했다.

왕은 황제의 인새(印璽)와 인수(印綬)를 받고 존호를 이어받았다. 즉위한 지 27일 만에 음란한 짓을 했다. 대장군 광은 여러 신하들과 토의 끝에 효소황후에게 건의해 하를 폐위시켜 자기 봉국으로 돌려보내고, 탕목읍 2,000호를 내려주며 옛 왕가의 재물은 모두 하에게 주도록 했다. 또 애왕(哀王-하의 아버지)의 딸 4명에게 각각 탕목읍 1,000호를 내려주었다. 상세한 이야기는 「곽광전(霍光傳)」에 실려 있다. 나라(-창읍국)를 없애 산양군(山陽郡)으로 삼았다.

애초에 하가 자기 나라에 있을 때 여러 기괴한 일들이 있었다. 일찍이 키가 3척에 머리가 없는 흰 개가 나타났는데, 목 아래는 사람과 흡사했고 방산관(方山冠)[30]을 쓰고 있었다. 그후에 곰이 나타났는데, 왕의 좌우에 있는 사람들은 아무도 그것을 보지 못했다. 또 큰 새들이 날아와서 궁중에 모였다. 왕이 그것을 알고서 싫어해 문득 낭중령 수에게 물었다. 수는 그 연유에 대해 이야기해주었다. 상세한 이야기는 「오행지(五行志)」에 실려

---

30 악인(樂人)의 관으로 하가 즐겨 썼다.

있다. 왕은 하늘을 우러러보며 탄식해 말했다.

"불길한 조짐들이 어찌 이렇게 자주 찾아오는 것인가!"

수가 머리를 조아리며 말했다.

"신은 감히 충직함을 숨길 수가 없어 자주 위태롭고 망할 수 있다는 경고를 드렸는데 대왕께서는 좋아하지 않으셨습니다. 무릇 나라의 존망(存亡)이 어찌 신의 말에 달려 있겠습니까? 바라건대 왕께서 속으로 스스로 잘 헤아려보십시오. 대왕께서 외우고 계신 시 305편[31]은 인사(人事)를 훤히 꿰뚫고 있고[浹=徹] 왕도(王道-임금다운 도리)가 잘 갖춰져 있는데,[32] 왕께서 행하시는 일 중에 그 시 한 편에라도 적중하는 바가 어떤 것이 있습니까? 대왕의 지위는 제후왕에 해당하지만 행실은 서인보다 더럽우니, 살아남기[存]는 어렵고 망하기[亡]는 쉽습니다. 마땅히 이를 잘 살피셔야 할 것입니다."

뒤에 또 피가 왕의 자리를 더럽혔는데, 왕이 수에게 물으니 수가 크게 부르짖으며 외쳐서 말했다.

"궁실이 텅 비게 될 날이 머지않아 요사스러운 징조[祆祥]가 자주 찾아옵니다. 피란 음험함과 근심의 상입니다. 마땅히 두려워하고 조심해 스스

---

31 『시경(詩經)』을 가리킨다.

32 『시경(詩經)』의 효용에 관해 공자는 『논어(論語)』「양화(陽貨)」 편에서 이렇게 요약했다. "제자들아! 어찌 『시경(詩經)』의 시를 배우지 않는가? 이 시를 제대로 알면 뜻을 흥기시킬 수 있고, (사람을) 제대로 보고 판단할 수 있고, (뜻이 같은 사람들과) 무리를 이룰 수 있고, (어질지 못한 사람들을 제대로) 원망할 수 있고, 가까이는 아비를 섬기고, 멀리는 임금을 섬기며, 새와 짐승과 풀과 나무의 이름을 많이 알게 해준다."

로를 돌아보아야 할 것입니다."

하는 끝내 절조를 고치지 않았다. 별다른 일이 없이 시간이 흘러 불려가서 제위에 올랐고, 뒤에 왕은 쉬파리의 똥[矢=糞]이 서쪽 계단의 동쪽에 쌓여 있는 꿈을 꿨는데, 그 양은 5, 6석은 돼 보였고 큰 기와가 깨져 있어, 그것을 치우려다가 보니 쉬파리의 똥이었다. 이에 수에게 물어보니 수가 대답했다.

"폐하께서 읽고 계신 시에 이르지 않았습니까? '앵앵거리는 쉬파리 떼 울타리에 앉았구나. 점잖은 군주께서는 참소하는 말을 믿지 마소서[營營青蠅止于藩 愷悌君子無信讒言].'³³ 폐하의 측근들 중에는 참소를 행하는 자들이 많으니 그들은 이처럼 쉬파리의 똥과 같은 자들입니다. 마땅히 선제(先帝)를 모셨던 대신과 그 자손들을 나아오게 해 가까이하시며 좌우에 두셔야 합니다. 만약에 창읍에서의 옛 지인들과 인연을 차마 끊지 못하시어 참소와 아첨을 믿어서 쓰신다면 반드시 흉한 일이 있을 것입니다. 만일에 재앙을 바꿔 복록으로 만들고 싶으시다면 그들을 다 내쫓아야 할 것입니다. 신을 마땅히 먼저 내쫓아주십시오."

하는 이 말을 쓰지 않았다가 결국은 폐위되는 지경에 이르렀다.

대장군 광(光)은 바꿔서 무제의 증손을 존위에 세우니 이 사람이 효선제(孝宣帝)다. (선제는) 즉위해 마음속으로 하(賀)를 꺼려서 원강(元康) 2년(기원전 64년)에 사자를 보내 산양(山陽)태수 장창(張敞, ?~기원전 47년)³⁴

---

33 『시경(詩經)』「소아(小雅)」'청승(青蠅)' 편에 나오는 구절이다. 앞에서도 본 바 있다.

34 소제(昭帝) 때 태복승(太僕丞)이 됐다. 선제(宣帝) 때 태중대부(太中大夫)가 됐는데, 대장군 곽

에게 새서(璽書)를 내려 말했다.

'산양태수에게 조서를 내려 제(制)하노라. 삼가 도적을 대비하면서 왕래하는 빈객들을 잘 살피도록 하라. 이런 글이 내려온 것은 아무도 알지 못하게 하라.'

창(敞)은 이에 하가 거처하고 있는 상황과 그가 폐망한 이후의 실상에 대해 조목조목 밝혀서 보고했다.

'신 창(敞)이 지절(地節) 3년(기원전 67년) 5월에 살펴본 바에 의하면 옛 창읍왕은 옛 궁에 머물고 있고, 궁중에 있는 노비의 수는 183명이며, 큰 문은 닫고 작은 문을 열어 검소한 관리 한 명이 돈과 물품을 갖고, 먹을 것은 시장에서 사서 매일 아침 먹을거리를 들고 들어가며, 그밖에 달리 출입하는 사람은 없습니다. 도둑을 지키는 한 명이 별도로 주변을 순찰하며 오가는 자들을 살피는데, 왕실의 돈으로 병졸들을 써서 외부를 막아 도적이 들 수 없도록 잘 대비하고 있습니다. 신 창은 여러 차례 부하 관리를 보내 시찰을 했습니다. 4년 9월 중에는 신 창이 거처에 들어가서 상황을 살폈는데 옛 왕의 나이는 스물예닐곱쯤 됐고, 사람됨은 푸르고 검었으며, 작은 눈에 코끝이 날카롭고 낮으며, 눈썹은 적고 몸은 크고 키가 크며, 몸에

광(霍光)의 뜻을 거슬러 한곡관도위(函谷關都尉)로 나갔다. 나중에 경조윤(京兆尹)에 올랐는데, 하루에 도둑 수백 명을 잡아 엄격하게 처벌하니 시장에 도적이 사라져버려 황제의 칭찬을 받았다. 양운(楊惲)과 가깝게 지냈는데 양운이 대역죄로 살해당하자 면직되고 귀향했다. 몇 개월 뒤 기주자사(冀州刺史)로 기용되니 도적들이 사라졌다. 원제(元帝)가 좌풍익(左馮翊)으로 기용하려고 했는데 병사했다. 직언을 잘하고 상벌을 엄격히 했다.

는 마비가 와서[痿] 걸음걸이는 불편했습니다. 짧은 상의에 큰 바지를 입었고, 혜문관(惠文冠)을 썼으며 옥고리를 차고, 머리에는 붓을 꽂은 채 목간을 들고서 빠른 걸음으로 달려와 저를 맞아주었습니다.

신 창은 왕과 함께 중정에서 이야기를 나누면서 그 처자와 노비들을 살필 수 있었습니다. 신 창은 몸을 움직여 그들의 속내를 살피고자 즉시 나쁜 새의 이야기를 하며 은근히 떠보았습니다.

"창읍에는 올빼미가 많지요?"

그랬더니 옛 왕이 이렇게 말했습니다.

"그렇습니다. 전에 나 하가 서쪽으로 장안에 갔을 때는 한 마리도 없었습니다. 다시 돌아와 동쪽으로 제양에 갔더니 마침내 다시 올빼미 소리를 들을 수 있었습니다."

신 창이 검열을 하면서 딸 지비(持轡)의 차례가 되자 옛 왕은 무릎을 꿇고서 말했습니다.

"지비의 어머니는 엄장손(嚴長孫)의 딸입니다."

신 창의 옛 친구 집금오 엄연년(嚴延年)의 자(字)가 장손(長孫)이었고, 딸 나부(羅紨)가 예전에 옛 왕의 아내가 됐던 것입니다. 옛 왕의 의복과 언어, 앉았다 일어났다 하는 모습을 살펴보니 멍 하니 별다른 생각이 없었습니다. 처(妻)가 16명, 자식이 22명인데 그중 11명이 남자, 11명이 여자였습니다. 죽음을 무릅쓰고 그의 명부와 노비, 재산의 장부를 올립니다.

신 창이 예전에 올린 글 중에 이런 말이 있습니다.

"창읍 애왕의 가무를 맡았던 (여인) 장수(張修) 등 10여 명은 (애왕과의 사이에) 자식이 없었고, 또 그의 희(姬)도 아니고 다만 양인(良人)이라 아무런 관직명이 없어 왕이 훙할 경우 마땅히 집으로 돌려보내야 합니다. 그런데 태부 표(豹) 등이 마음대로 그들을 남게 해 애왕의 묘원을 지키게 하고, 중인(中人)으로 삼았습니다. 이는 부당하오니 청컨대 그들의 집으로 돌려보내야 할 것입니다."

옛 왕은 이를 듣고서 말했습니다.

"중인(中人)들이 묘원을 지키게 하면서 병든 자가 있어도 당연히 치료하지 말고, 서로 죽이거나 다치게 해도 마땅히 법으로 다스리지 말게 해 빨리 죽게 하고 싶은데, 태수는 어찌하여 그들을 풀어서 보내려 하는 것이오?"

그 성품이 혼란으로 인해 말하는 것을 좋아하니 끝내 어짊과 마땅함[仁義]을 찾아볼 수가 없는 것이 이와 같습니다. 뒤에 승상과 어사가 신 창이 올린 글을 보고하니 모두 재가를 했기에 다 돌려보냈습니다.'

상은 이로 말미암아 하는 꺼릴 만한 인물이 안 된다는 것을 알았다.

그 이듬해 봄에 마침내 조서를 내려 말했다.

'대개 듣건대 상(象-순임금의 동생)에게는 죄가 있었지만 순(舜)임금은 그를 봉했으니, 골육의 가까움이란 나눠질 수는 있어도 끊어질 수는 없는 것이다[析而不殊]. 이에 옛 창읍왕 하를 봉해 해혼후(海昏侯)[○ 사고(師古)가 말했다. "해혼은 예장군(豫章郡)에 있는 현(縣)이다."]로 삼고 식읍은 4,000호로 하라.'

시중 위위(衛尉) 김안상(金安上)이 글을 올려 말했다.

'하는 하늘이 버린 자이온데 폐하께서 지극히 어지시어[至仁] 다시 봉해 열후로 삼아주셨습니다. 하는 어리석고 완고해 내쫓겨난 자이기 때문

에 마땅히 종묘와 조빙의 예를 받들게 해서는 안 될 것입니다.'

그리하라고 했다. 하는 예장군(豫章郡)에 있는 봉국으로 나아갔다.

여러 해가 지나 양주(揚州)자사 가(柯)가 아뢰기를 하(賀)가 옛 태수의 졸사(卒史)인 손만세(孫萬世)와 서로 통교하고 있는데 만세가 하에게 "예전에 폐위당하실 때 어찌 굳건하게 지키며 궁을 나오지 않고서 대장군을 참하지 않고 사람들에게 인새와 인수를 빼앗기셨습니까?"라고 묻자 하는 "그렇지, 그게 내가 잘못한 것이다"라고 말했다고 했다. 만세는 또 하가 장차 예장의 왕이 될 것이고, 오래지 않아 열후가 될 것이라고 하자 하가 말했다.

"설사 그렇다 해도 마땅히 입에 담아서는 안 될 것이다."

유사에서 조사를 해 체포할 것을 청했다. 제하여 말했다.

"읍호 3,000을 깎아라."

뒤에 (하는) 훙했다.

예장태수 료(廖)가 아뢰어 말했다.

"순임금은 상(象)을 유비(有鼻)에 봉해주고 상이 죽자 후사를 세워주지 않았으니, 이는 사납고 어지러운 사람이 마땅히 한 나라의 시조가 돼서는 안 된다고 보았기 때문입니다. 해혼후 하가 죽었으니 그의 후사가 되는 자는 아들 충국(充國)인데, 충국이 죽자 다시 그의 동생 봉친(奉親)이 (후사의 후보로) 올라왔고, 다시 봉친이 죽자 이는 하늘이 그 집안을 끊어버린 것과 같습니다. 폐하께서는 빼어나고 어지시어[聖仁] 하를 대우하심이 참으로 두터우시니, 설사 순임금이 상에게 해준 것도 이보다 더할 수는 없을 것입니다. 마땅히 예로써 하를 끊어 하늘의 뜻을 받들어야 할 것입니다.

바라건대 유사에 내려 평의토록 하십시오."

평의 결과 모두 하를 위해 후사를 세우는 것은 마땅하지 않다고 해서 나라를 없앴다.

원제(元帝)가 즉위하자 다시 하의 아들 대종(代宗)을 봉해 해혼후로 삼았고, 아들에게 전해지고 손자에 이어져 지금(-후한 광무제 때)은 후(侯)로 있다.

찬(贊)하여 말했다.

"무고(巫蠱)의 화(禍)는 어찌 애달프지 않겠는가! 이는 오직 강충(江充)만의 허물[辜]이 아니며 진실로 하늘의 때[天時]가 있은 때문이지 사람의 힘[人力]이 미쳐서 그런 것은 아니다.

건원(建元) 6년(기원전 135년) 치우(蚩尤)의 혜성[旗][35]이 하늘에 길게 드리웠다. 뒤에 드디어 장수들에게 출정의 명을 내려 하남(河南)을 차지하고 삭방(朔方-지금의 내몽골 지역)을 세웠다. 그 해 봄 여(戾)태자가 태어났다. 이때부터 군대의 행렬이 30년간 이어져 적들을 주살하고 도륙해 죽인 자들이 이루 다 셀 수가 없었다. (그런데) 무고의 사건이 일어나게 되자 경사(京師-장안)에는 피가 흘러넘쳤고, (거리에) 쓰러진[僵=偃] 시신들이 수만

---

35 치우는 중원 지역을 완전히 상악했던 최초의 북방민족 수장이다. 그후 묘족의 시조가 됐고, 사후(死後)에는 치우기(蚩尤旗)라는 별이 됐다고 전한다. 이 별은 모양이 빗자루 같은데 뒷부분이 구불구불해 깃발과 비슷하다. 이 별이 보이면 제왕이 사방을 정벌한다.

을 헤아렸으며, 태자는 자식도 아버지도 모두 패하고 말았다. 태자는 전란[兵] 중에 태어나고 자라 전란과 더불어 시작과 끝을 함께했으니, 어찌 이것이 단지 한 사람의 총애받는 신하[嬖臣]로 인해 빚어진 것이겠는가? 진나라 시황제는 즉위해 39년 동안 안으로는 여섯 나라를 평정하고, 밖으로는 사방의 오랑캐[四夷]를 물리치느라 죽은 사람이 어지러운 삼실[亂麻]과 같고, 해골들이 장성 아래에 그대로 드러나 있었으며, 머리뼈와 이마뼈[盧=額骨]들이 도로에 서로 연이어져[屬=連] 단 하루도 전란이 없었던 적이 없었다. 이로 말미암아 산동에서는 병란(兵難)이 일어나고, 사방에서 허물어지며 진나라에 반역했다. 진나라의 장수와 관리들은 밖에서 반란을 일으키고, 불충한 신하들[賊臣]은 안에서 들고일어나 어지러움[亂]이 궁중 가까이[蕭牆=屛牆]에서 일어나니, 그 재앙은 2세에 이르러 이루어졌다[成].[36] 그래서 말하기를 '병란은 불과도 같아서 (빨리) 수습하지[戢=收] 않으면 반드시 다 타버리게 된다〔○ 사고(師古)가 말했다. "『춘추좌씨전(春秋左氏傳)』은공(隱公) 4년(기원전 719년) 위(衛)나라에 주우(州吁)의 어지러움이 일어나자 공(公-은공)이 (노나라 대부인) 중중(衆仲)에게 '주우가 성공하겠는가?'라고 묻자, 그는 '병란은 불과도 같아서 (빨리) 수습하지[戢=收] 않으면 반드시 다 타버리게 됩니다'라고 답했으니, 이는 병란을 그냥 오랫동안 내버려두고서 수습하지 않으면 저절로 다 불타버린다는 말이다."〕'라고 했던 것이니 참으로 믿을 만하다. 이 때문에 창힐(倉頡)[37]이 문

---

36 이는 진시황 바로 다음 대에 가서 재앙이 절정에 이르러 나라가 망했다는 뜻이다.
37 고대 중국의 전설적인 제왕인 황제(黃帝)의 사관(史官)을 지냈다. 최초로 문자(文字)를 창제한

자를 만들 때 그치다[止]와 전쟁[戈]이 합쳐져 무(武)가 된 것이다〔○ 사고(師古)가 말했다. "무(武)자는 지(止)의 뜻과 과(戈)의 뜻을 취했으니 이른바 회의(會意)다."〕. 빼어난 이[聖人]는 무(武)를 써서 난폭함을 금하고 어지러움을 정돈해 전란[干戈]을 멈추고 그치게 하지, 잔학한 짓을 해 횡포를 부리는 것을 부추기지 않는다.[38] 『주역(周易)』에 이르기를 '하늘이 도와주는 것은 고분고분함[順]이요, 사람이 도와주는 것은 진실함[信][39]이니 진실함을 행해 고분고분함을 생각하고, 나아가 뛰어난 이를 높인다[尚賢]. 이 때문에 하늘이 도와서 길하니 이롭지 않음이 없는 것이다〔○ 사고(師古)가 말했다. "「계사전(繫辭傳)」 상(上)에 나오는 말이다."〕'라고 했다. 그래서 차천추(車千秋)는 무고의 실상[蠱情]을 구체적으로 드러내 밝혀 태자의 원통함을 풀어주었다[章]. 천추는 재능과 식견이 반드시 다른 사람을 크게 능가했다고 할 수는 없지만, 악운(惡運)을 막아 어지러움의 근원을 그치게 해[遏=止], 지극한 재앙을 막고 좋은 기운을 맞아들였기 때문에 하늘과 사람의 도움을 끌어냈다[傳=引]고 말하는 것이다."

사람으로 전해진다. 태어날 때부터 성덕(聖德)이 있었는데, 자라서 새나 짐승의 발자국을 보고 문자를 창안해 그때까지 새끼의 매듭으로 기호를 만들어 문자 대신 쓰던 것을 문자로 고쳤다고 한다. 일설에는 복희(伏羲) 이전 또는 염제(炎帝) 또는 신농(神農)과 황제(黃帝) 때 사람이라고도 한다. 고대에 문자 체계를 정리한 대표적인 사람이다.

38 무(武)에 대한 오해를 조심해야 한다는 말이다.
39 여기서는 타인과의 관계를 염두에 둔 믿음보다는 그 자신의 성실[誠信]에 더 가까워 진실함이라고 옮겼다.

권
◆
64

엄조·주매신·
오구수왕·주보언·
서락·엄안·종군·
왕포·가연지전
嚴朱吾丘主父徐嚴終王賈傳

〖상〗

● 사고(師古)가 말했다. "엄안 이후부터는 하권으로 삼았다."

엄조(嚴助)는 회계군(會稽郡) 오현(吳縣) 사람으로 엄부자(嚴夫子)〔○ 장안(張晏)이 말했다. "엄기(嚴忌)다."〕의 아들인데 혹은 그의 일족의 아들이라고도 한다. 군에서 현량(賢良)을 뽑을 때 대책(對策)을 낸 사람이 100여 명이었는데, 무제(武帝)가 조(助)의 것을 좋다고 해 이로 말미암아 홀로 조만을 뽑아 중대부(中大夫)로 삼았다. 뒤에 주매신(朱買臣), 오구수왕(吾丘壽王), 사마상여(司馬相如), 주보언(主父偃), 서락(徐樂), 엄안(嚴安), 동방삭(東方朔), 매고(枚皐), 교창(膠倉), 종군(終軍), 엄총기(嚴蔥奇) 등을 얻어 나란히 좌우에 두었다. 이때 한나라는 사방의 오랑캐를 정벌해 변방의 군들을 열고 설치했으며, 군대가 자주 출동했고, 국내적으로는 제도를 개혁하느라 조정에 일이 많아 여러 차례에 걸쳐 현량과 문학의 선비들을 뽑아 썼다. 공손홍(公孫弘)은 필부[徒步]에서 일어나 수년 만에 승상에 이르렀고, 동쪽의 작은 문[東閣]을 열어 뛰어난 사람들을 불러 모아 함께 모의했다. 그들은 조회에 나아와 일을 아뢰며 경쟁적으로 나라에 필요한 것들[便宜]을 이야기했다. 상은 조(助) 등으로 하여금 대신들과 변론할 것을 명했고, 조정 안팎[中外](○사고(師古)가 말했다. "조정의 안은 천자의 빈객을 말하는 것으로 엄조 등을 가리키고, 밖은 공경대부를 말한다.")에서는 서로 경문의 뜻과 이치를 두고 논쟁을 벌여 대신들이 여러 차례 (엄조 등에게) 굴복했다[詘]. 그중에서도 특히 가까이 총애를 받은 자는 동방삭, 매고, 엄조, 오구수왕, 사마상여였다. 상여는 늘 병을 핑계로 일을 맡는 것을 피했다. 삭과 고는 일정한 이론에 뿌리를 두고 있지는 않았지만 상은 자못 그들을 재주꾼[俳優]으로 대하며 불러주었다. 오직 조와 수왕(壽王)만이 임용됐고, 조가 가장 앞서 나갔다.

건원(建元) 3년에 민월(閩越)이 병사를 일으켜 동구(東甌)를 포위하자 동구에서 한나라에 변고를 급히 알려왔다. 이때 무제의 나이는 아직 20세도 안 됐기에 이 문제를 태위 전분(田蚡)에게 물었다. 분(蚡)은 월나라 사람들이 서로 공격하는 것은 그들 사이에 늘 있는 일이고, 또 여러 차례 반복된 것이기 때문에 중국이 직접 번거롭게 가서 구원해줄 필요가 없어 진(秦)나라 때 이래로 그냥 내버려두고 중국의 신하에 포함시키지 않아 왔다고 말했다. 이에 조가 분을 힐문하며 말했다.

"이럴 때 오직 걱정해야 하는 것은 도와줄 힘이 없고 덮어줄 은덕이 없는 것이지 진정할 수만 있다면 어찌 그들을 내버려둔다는 말입니까? 또 진나라는 함양(咸陽)을 들어서 그것을 내버렸는데 어찌 다만 월나라만이 었겠습니까! 지금 작은 나라가 곤궁에 빠져 와서 급변을 아뢰었는데, 천자께서 떨쳐 구원하지 않는다면 오히려 어디에 하소연할 것이며, 또 무엇으로 만국을 자애롭게 다스리겠습니까[子=慈]?"
　상이 말했다.
　"태위는 더불어 계책을 이야기할 만한[與計] 사람이 아니오. 나는 새로 즉위했으니 호부(虎符-호랑이 그림이 있는 신표)를 내어 군국에서 군대를 발동시키고 싶지는 않소."
　마침내 조를 보내 부절을 갖고 가서 회계의 군대를 발동시켰다. 회계 태수는 법을 이유로 이를 거절하며 군대를 발동시키려 하지 않았다. 조는 이에 한 명의 사마(司馬)의 목을 벤 뒤에 상의 뜻을 일깨워주니, 드디어 군대를 발동해 바다에 배를 띄워 동구를 구원하러 떠났다. 아직 도착도 하지 않았는데 민월은 군대를 거두어 철수했다.
　3년 후에 민월(閩越)이 다시 군사를 일으켜 남월(南越)을 쳤다. 남월은 천자와의 약속을 지켜 감히 자기들 마음대로[擅] 군대를 동원하지 않고 글을 올려 보고했다. 상은 그 뜻을 갸륵하게 여겨[多=重] 대군을 일으켜 두 명의 장군으로 하여금 군사를 이끌고 가서 민월을 주벌토록 했다. 회남왕(淮南王) 안(安)이 글을 올려 간언해 다음과 같이 말했다.
　'폐하께서 천하를 다스리시어[臨=治] 다움을 펼치고 은혜를 베풀어, 형벌을 완화하고 부렴을 엷게 하시며, 홀아비와 과부를 애틋하게 여기고, 고아와 독거노인에 대해 동정하며 노인들을 봉양하고 먹고살 것이 없는 자[匱乏]들을 구휼하시니, 성대한 다움은 위로 뻗고[隆], 화합의 은택은 아래를 넉넉히 적셔[洽], 가까이에 있는 자들은 직접 귀부하고 먼 곳에 있는 자들은 (폐하의) 다움을 마음속에 품으니, 온 천하가 편안해[攝然=安然] 사람들은 자신들의 삶을 평온하게 영위함으로써 절로 병화(兵禍)를 당하지 않았습니다. (그런데) 지금 듣건대 유사(有司)에서 군사를 일으켜 장차 월나라(-민월)를 주벌하려 하시니, 신 안(安)은 남몰래 폐하를 위해 그 일은 시행하기 어렵다[重=難]고 여깁니다. 월나라는 우리나라 밖에 있는 곳으로, 깎은 머리를 하고[劗髮=翦髮] 몸에 문신을 새긴 백성들입니다. 그래서 관대(冠帶)를 하는 국법을 시행할 수가 없는 나라입니다. 삼대(三代)의 전성기 이래로 북쪽 오랑캐와 남쪽 오랑캐[胡越]가 정삭(正朔)을 받는 일에 참여하지[與=豫] 않았던 것은 중국의 힘이 그것을 굴복시킬 수 없거나 나라의 위엄으로 제어할 수 없는 것은 아니었지만 그곳은 중국 사람이 가서 살기에는 적합지 않고[不居之地], 그 사람들은 중국 사람이 가서 다스리기에 적합지 않아[不牧之民] 굳이 중국이 공을 들이기에는 충분치 못하다고 본 때문입니다. 그래서 옛날에 내지(內地-도성으로부터 사방 1,000리 안쪽)를 봉해 전복(甸服)이라 했고, 그 바깥의 땅을 후복(侯服)이라 했습니다. 후복과 그밖의 위복(衛服)은 둘 다 왕에게 빈객으로 복속됐으며, 그 바깥의 남만과 동이를 요복(要服), 서융과 북적을 황복(荒服)이라 했습니다. 이것은 멀고 가까움에 따라 그 지세가 다르기 때문에 차이를 둔 것입니다. 한나라가 처음에 안정된 이래 지난 72년간 오(吳)나라와 월(越)나라 사람들이 서로 치고받은 것이 이루 헤아릴 수 없었지만, (그동안) 천자들께서는 일찍이 거병해 그 땅으로 들어간 적이 없습니다.

 신이 듣건대 월나라는 성곽이나 읍리(邑里)를 갖고 있지 않고, 계곡 사이나 대나무 숲속에 사람들이 살고 있어 수전(水戰)에 익숙하고, 배를 잘 이용하며, 땅은 깊고 어두운 데다[昧=暗][○ 사고(師古)가 말했다. "초목이 많다는 말이다."] 수많은 물의 위험(-늪이나 수로로 인한 위험)이 도사리고 있습니다. 그래서 중국인들은 그 지세의 험난함[阻]을 잘 모르기 때문에 그 땅으로 들어갈 경우 설사 100명으로도 월나라 사람 한 명을 당해내지 못할 것입니다. 또 설사 그 땅을 얻는다 해도 군현(郡縣)을 둘 수가 없고, 그들을 친다고 해도 끝내 취할 수는 없을 것입니다. 지도를 갖고서 그곳의 산천과 요새를 살펴볼 때 서로의 거리가 불과 얼마 안 되며[寸數], 중간중간에 홀로 수백, 수천 리가 되기도 하니, 그 험하고 위험한 곳과 빽빽한 숲들은 지도에 다 그려 넣을 수 없습니다. 그래서 눈으로 보면 쉬워 보이지만 직접 실행하기에는 참으로 어렵습니다. (지금은) 천하가 종묘의 신령께 의지해 나라 안이 크게 평온하고, 백발노인들도 전쟁을 본 적이 없고, 백성들은 부부가 서로를 지켜줄 수 있고, 아버지와 자식은 서로 보호해줄 수 있으니 이는 다 폐하의 덕택입니다. 월나라는 명분상 번신(藩臣)이지만 (진귀한) 공물이나 주금(酎金)¹을 대내(大內-대사농의 속관)에 보내오지 않았고, 한 명의 병사의 비용도 상께 바치지 않았습니다. 자기들끼리 서로 공격한 것 때문에 폐하께서 군대를 일으켜 그것을 구원하신다면 이는 도리어 중국 사람들로 하여금 오랑캐의 땅[蠻夷]에서 피로하게 만드는 것입니다. 또 월나라 사람들은 어리석고 고집스러우며 경박해 약속 어기기를 손바닥 뒤집듯 하고, 그들에게 천자의 법도를 쓸 수 없는 것은 하루아침에 쌓인 것이 아닙니다. 한 번 조서를 받들지 않았다 해 군대를 일으켜 이를 주벌할 경우 앞으로 전쟁[兵革]이 계속돼 백성들이 쉴 수 없게 될까 봐 신은 두렵습니다.

---

1 천자가 종묘에 올릴 세사의 비용을 제후가 대는 것을 말한다.

최근 몇 년 동안 해마다 흉년이 들어 백성들은 벼슬을 팔고 자식을 저당 잡혀서라도[贅] 입고 먹을 것을 구하려 하지만, 폐하의 은택을 입어 구제됨으로써 겨우 도랑이나 계곡[溝壑]에 굴러떨어져 죽는 것을 면할 수 있었습니다. 건원(建元) 4년(기원전 137년)에는 흉작이었고, 5년에는 또 병충해가 심해 백성들의 생업은 다시 원래대로 돌아갈 수 없었습니다. (그런데) 지금 병사들을 징발해 수천 리를 행군하게 하고 그들의 옷과 식량을 갖춰 월나라 땅에 들어가게 해 여교(輿轎)로 큰 고개를 넘고, 배를 끌어 냇물로 들어가서 수백, 수천 리를 행군하게 되면, 깊은 숲과 대나무 밭 사이에 끼어, 물길에서는 물 위나 물속에서 암초를 만나고[擊石], 숲에는 독사와 맹수들이 많을 것이며, 여름철 폭서의 시기에는 구토와 설사, 곽란(霍亂=癨亂)의 질병들이 속출해 일찍이 병사들을 풀어 칼날이 서로 닿기도 전에 죽거나 다치는 자들이 반드시 많을 것입니다.

예전에 남해왕(南海王)이 반란을 일으켰을 때 폐하의 옛 신하[先臣]²는 장군 간기(間忌=簡忌)에게 명해 군사를 이끌고 가서 남해왕을 치도록 하자 남해왕의 군대가 항복했기 때문에 그를 상감(上淦-강 이름)에 두었습니다. 뒤에 다시 반란을 일으켰지만 마침 한여름인 데다가 비가 많이 내려 우리 누선(樓船)의 병사들은 (오랜) 선상 생활과 (힘든) 노 젓기에 지쳐 싸움을 해보기도 전에 병들어 죽은 자가 절반을 넘었습니다. 그들의 나이 든 부모들은 눈물을 줄줄 흘리고, 고아가 된 자식들은 부르짖어 울었으며[謼號=제호], 가정은 깨지고 생업을 잃은 채로 1,000리 밖으로 가서 시신을 맞이

---

2 회남여왕 유장(劉長)을 가리킨다.

해, 해골을 잘 싸서 집으로 돌아와야 했습니다. (그 바람에 나라 안에는) 비애의 기운이 여러 해 동안 그치지를 않았고, 나이 든 사람들은 지금까지도 그것을 기억하고 있습니다. 일찍이 그 땅에 들어가지 않았는데도 당해야 했던 화(禍)가 이러했던 것입니다.

신이 듣건대 전쟁 후에는 반드시 흉년이 든다고 했습니다. 이는 백성들 각각의 시름과 괴로움[愁苦]의 기운이 음과 양의 조화를 쪼그라뜨려[薄=迫], 하늘과 땅의 정기[精]에 감응을 주어서 재앙의 기운[災氣]이 생겨나기 때문입니다. 폐하께서는 그 다움이 하늘과 땅의 다움에 버금가고, 폐하의 눈 밝음은 해와 달처럼 밝으시니, 그 은혜가 금수에까지 이르고 그 혜택이 초목에까지 미쳐서, 한 사람이라도 굶거나 얼어서 그 천수를 제대로 마치지 못하고 죽는 자가 있다면 폐하의 마음속에는 불쌍해하는 마음이 생기십니다. (그런데) 지금 나라 안에는 개가 짖어댈 만큼의 경계해야 할 일도 없는데, 폐하의 병졸들을 죽음에 이르게 하고, 중원의 들판에 온몸을 드러내게 하며[暴露], 산이나 계곡 사이에서 물에 젖은 시체가 되게 하고, 변경의 백성들도 그 때문에 일찌감치 문을 닫고 늦게서야 문을 열며[3] 아침에 저녁을 기약하지 못하니,[4] 신 안(安)은 남몰래 폐하를 위해 그것을 어렵다[重=難]고 생각합니다.

(한나라 사람들 중에) 남방의 지형에 익숙하지 못한 자가 많은 이유는 월나라가 인구가 많고 군사가 강해 변방의 성을 어렵게 여기기 때문입니

---

3 전란이 있게 될까 봐 그렇게 한다는 것이다.
4 위태로움과 패망을 근심해 불안해한다는 말이다.

다. 회남(淮南) 지방이 (셋으로 나눠지지 않고) 온전했을 때는 많은 (회남) 사람들이 변방의 관리로 갔고,[5] 신이 그들로부터 들은 바로는 월나라의 풍토가 중국과는 다르다고 했습니다. 높은 산들이 지역을 나누고 있어 사람의 흔적은 끊어졌고, 수레가 다닐 수 있는 길은 뚫려 있지 않으며, 하늘과 땅은 안과 밖으로 격리돼 있습니다. 월나라 사람들이 중국에 들어오려면 반드시 영수(領水)를 따라 내려와야 하는데, 영수에 있는 산들은 높고 험해 떠다니는 돌에 부딪혀 배가 박살이 나기 때문에, 큰 배로 식량을 싣고서 내려올 수가 없습니다. 그래서 월나라 사람들이 변란을 일으키려고 할 때에는 반드시 먼저 여천현(餘千縣)의 경계 사이에서 밭을 갈고 식량을 비축했다가, 마침내 변경 안으로 들어와 나무를 베어 배를 만듭니다. 우리 변경에 있는 성들을 지키고 경계하는 바를 참으로 엄중히 해, 월나라 사람들이 들어와 나무를 베려 하면 곧장 체포하고, 그들이 쌓아놓은 목재는 태워버린다면 수많은 월나라 부족들[百越]이 있다 한들 변경의 성들을 어찌하겠습니까? 또 월나라 사람들은 유약하고 재주가 별로 없어 지상전에 능하지 못하며, 기마병이나 쇠뇌병[車騎弓弩]을 사용할 줄 모릅니다. 그리하여 그 땅에 들어갈 수 없는 것은 그들이 지형의 험난함을 믿고 있고, 우리 중국 사람들은 그곳의 풍토를 견뎌낼[能=堪] 수 없기 때문입니다. 신이 들건대 월나라의 무장병[甲卒]은 수십만 아래가 아니라고 합니다. 따라서 그곳에 들어가려면 그보다 다섯 배는 돼야 마침내 충분할 터인데, 여기에는 수레를 끌고 식량을 수송하는 인원은 포함되지도 않습니다. 남방은 무

---

5 그래서 그때는 남방의 사정을 잘 알고 있었다는 말이다.

더운 데다가 습도도 높고, 여름이 가까워지면 너무나 뜨거워지는데, 배 위에서 온몸을 드러내게 되며, 독사들이 우글거리며 살고 있고, 각종 유행병이 많이 생겨나 병사들은 칼날에 피를 묻히기도 전에 병으로 죽는 사람이 10명 중 두세 사람이니, 비록 월나라를 점거해 그들을 포로로 잡는다고 해도 (이미) 잃어버린 것을 보상하기에는 충분치 않을 것입니다.

신이 길거리에서 사람들이 말하는 것을 들어보건대, 민월 왕의 동생 갑(甲)이 왕을 시살(弒殺)했고 또 갑은 주살됐기 때문에 그 백성들은 속하는 곳이 없다고 합니다. 폐하께서 만일 그들을 불러 중국에 들어오게 해 머물게 하면서 중신(重臣)을 보내 위로해주고, 다움을 베풀며 상을 내려 잘 대해주십시오. 그렇게 하면 그들은 반드시 아이를 업고 노인을 부축한 채 빼어난 다움[聖德-천자]에 귀의할 것입니다. 만일 폐하께서 그들을 쓸 데 없다고 여기시면 그들의 끊어졌던 세상을 다시 이어주고, 망한 나라를 되살리며, 그 왕후를 세우게 만들어 월나라를 보호해주십시오. 그렇게 하면 그들은 반드시 예물을 바치고 번신(藩臣)이 돼 대대로 공직(貢職)을 보내 올 것입니다. 그래서 (이렇게 한다면) 폐하께서는 사방으로 한 마디[寸]밖에 안 되는 인장과 1장(丈) 2척(尺)의 인끈[組=綬]만으로 나라 밖을 누르고 어루만지시게 되니[塡撫=鎭撫] 단 한 명의 병졸도 수고롭게 하지 않고, 단 하나의 창끝도 무뎌지게 만들지 않고서, 위엄과 다움[威德]을 나란히 행하시게 되는 것입니다.

(그런데 만일) 지금 출병해 저 땅으로 들어가게 하신다면 저들은 반드시 두려움에 떨며, (우리 한나라가) 유사(有司)로 하여금 자신들을 모두 도륙하라고 시킨 것으로 생각하고서, 반드시 꿩이나 토끼처럼 산속 험준한

곳으로 숨어들어갈 것입니다. 그들을 제압하거나 제거하면 그들은 다시 모여들고, 머물러 지키고 있으면 세월을 보내며 몇 년이나 걸려 군사들은 피로해하고 지겨워할 것이며, 식량은 다 떨어질 것입니다. (이리되면 나라에서는) 남자들이 농사를 짓지 못하고 나무를 심을 수 없으며, 부인들은 실을 만들어 옷감을 짤 수가 없게 됩니다. 이처럼 장정은 종군하고 노약자는 군량미를 운반하니, 나라 안에 있는 사람들은 먹을 것이 없고 나라 밖으로 행군 나온 사람들도 역시 식량이 다 떨어지게 됩니다. 백성들이 군대의 일로 고통스러워 도망치는 자들이 반드시 많을 것이니, 이들을 쫓아가서 주살한다고 해도 이루 다 할 수 없을 것이고, 도적 떼들이 반드시 일어나게 될 것입니다.

신이 나이 많은 노인들이 하는 말을 듣건대 진(秦)나라 때에는 일찍이 군(郡) 도위(都尉)인 도수(屠睢)를 시켜 월나라를 치게 했고, 또 감군어사(監郡御史)인 녹(祿)을 시켜 도랑을 파고 길을 통하게 만들었다고 합니다. (그러나) 월나라 사람들이 깊은 산속이나 숲속으로 도망쳐 들어가면 그들을 공격할 수가 없었습니다. 군대를 남겨두어 사람도 없는 곳에 주둔해 지키도록 하니, 아무짝에 쓸데도 없이 세월만 보내는 것이 오래돼 군사들이 피로해서 힘들어 할 때면, (마침내) 월나라는 나와서 진나라 군대를 공격했습니다. 진나라 병사들이 크게 부숴지자 그때서야 죄인들[適]을 뽑아 수자리를 서게 해 그들에게 맞서도록 했습니다.

상황이 이렇게 되면 나라 안팎이 동요를 하게 되고 백성들은 피폐해지며, 정벌에 따라간 자들은 돌아오지 않고 집 떠난 이는 돌아오지 않으니, 모두가 다 살아보겠다는 심지도 없고 도망치는 자들이 계속 이어지며 무리를 지어 도적 떼가 되니, 이리하여 산동에서의 변란이 비로소 일어나게 됐던 것입니다. 이것이 바로 노자(老子)가 말하는 "군대가 있는 곳에 힘든 고난이 생겨난다[師之所處 荊棘生之]"⁶라고 하는 것입니다. 전쟁이란 흉사이기 때문에 한쪽에서 큰 일이 일어나면 사방에서 다 따라서 소동이 일어납니다. 신은 변고가 생겨나고 간사함이 일어나는 것은 이로부터 시작된다고 보기 때문에 두렵습니다. 『주역(周易)』에 이르기를 "고종이 귀방(鬼方)을 정벌할 때 3년이 걸려서야 이길 수 있었다"⁷라고 했습니다. 귀방은 작은 오랑캐일 뿐이고 고종은 은나라의 성대했던 천자입니다. (다움이) 성대한 천자가 작은 오랑캐를 정벌하는데도 3년이 지나서야 이겼다는 것은, 곧 군사를 쓰는 것[用兵=用軍]을 신중하게 하지 않으면 안 된다는 말입니다.

　신이 듣건대 천자의 군대는 정벌하는 일[征]은 있어도 싸우는 일[戰]은 없었다⁸고 했으니, 이는 감히 그에 비견할 자[校=挍]가 없다는 말입니다. 만약에 월나라 사람들이 1만분의 1의 요행이라도 힘입어 한나라 집사의 전위대를 타격해 땔감이나 챙기고, 말이나 수레를 끄는 (천한) 병사 한 명이라도 부상을 당해 제대로 돌아오지 못하게 되면, 비록 월나라 왕의 머리를 얻는다 한들 신은 오히려 남몰래 그것은 우리 위대한 한나라에게는 수치라고 여길 것입니다.

　폐하께서는 사해(四海-온 나라)를 경계로 삼고, 아홉 주[九州]를 집안

6　『도덕경(道德經)』에 나오는 말이다.

7　기제(旣濟)괘(䷾)의 밑에서 세 번째 붙은 효[九三]에 대한 풀이다.

8　잘못된 지배자를 벌하는 일은 있어도 죄 없는 백성들을 범하지는 않는다는 말이다.

으로 삼으며, 여덟 곳의 큰 숲과 늪[八藪]을 동산[囿]으로 삼고, 양자강과 한수[江漢]를 연못으로 삼으시니 모든 백성들은 다 폐하의 신첩들입니다. 수많은 사람들의 무리는 모든 관리[千官=百官]의 급료를 대기에 충분하고, 조세로 인한 수입은 폐하의 가마에 필요한 어물(御物)을 받들기에 충분합니다. 신명(神明)을 마음속으로 잘 새기시고 빼어난 도리[聖道]를 굳게 잡으시어 보의(黼依)⁹를 뒤에 두시고, 옥으로 만든 안석[玉几]에 기대어 남면하시고서, (정사를) 들어 결단하시고 천하에 호령을 내리시니, 온 천하에서 누구라도 그에 반응하지 않는 자가 없습니다. 폐하께서 다움과 은택을 내려주시어 이들을 길러주심으로써 백성들이 삶을 평안하게 누리면서 즐거이 직업에 종사한다면, 그 은택은 만세에까지 입게 돼 그것을 자손에게 전할 것이니 끝없이 베풀어질 것입니다. 천하를 안정시킨다는 것은 마치 태산을 사방에서 끈으로 잡아당겨 조금도 동요시키지 않는 것과 같습니다. (그런데 어찌) 오랑캐의 땅에서 나는 공물(貢物)을 얻어 그것으로 하루의 즐거움을 누리기 위해 말에 땀이 나게 하는 노고¹⁰를 시키시렵니까? 『시경(詩經)』에 이르기를 "임금의 도리[猶=道]가 진실로 꽉 차 계시니 서주 지방이 이미 왔도다[王猶允塞 西方旣來]"¹¹라고 했으니, 이는 임금다운 도리[王道]가 참으로 커서 먼 곳에서도 그 도리를 마음에 품었다는 말입니다.

---

9 흑백의 도끼를 수로 그려 넣은 붉은색 비단의 병풍으로 옥좌의 뒤에 두었다.

10 전쟁을 한다는 뜻이다.

11 「대아(大雅)」 '상무(常武)' 편에 나오는 구절이다.

신이 듣건대 농부는 열심히 밭을 갈아 군자를 먹고 살게 해준다 했고, 또 어리석은 자는 말을 하고, 지혜로운 자는 그것을 선택한다고 했습니다. 신 안(安)은 요행히 폐하를 위해 번을 지키는 자리에 올랐으니, 온몸을 던져 막고 가리는 것이 신하 된 자의 임무입니다. 변경에 경계해야 할 일이 생겼을 때 자신의 몸이 죽게 될까 봐 아껴서 그 어리석은 정성이나마 다하지[畢=盡] 않는다면 충성스러운 신하라고 할 수 없을 것입니다. 신 안(安)이 남몰래 두려워하고 있는 것은 장군과 관리[將吏]가 10만의 군대를 이끌고 가서 단지 한 사람의 사신이 해도 될 임무를 하게 될까 하는 것입니다.'

이때 한나라 군대는 결국 출병했다. 군사들이 오령(五嶺)을 넘었을 때 마침 민월왕의 동생인 여선(餘善)이 왕을 죽이고 한나라에 항복하는 바람에 한나라 군대는 원정을 파했다. 상은 회남왕의 뜻을 아름답게 여겨 장졸(將卒)의 공로에 해당하는 상을 내려주었고, 엄조(嚴助)를 시켜 남월왕에게 가서 한나라의 속뜻을 은근하게 진하도록 했다. 남월왕은 머리를 숙여 말했다.

"천자께서 마침내 다행히 군사를 일으키시어 민월을 주벌하셨으니 죽어서도 이 은혜 다 갚을 길이 없습니다."

자신의 태자로 하여금 엄조를 따라가서 한나라 궁중에서 입시토록 했다.

조가 돌아오자 상은 다시 회남왕에게 칙유(勅諭)를 내려 말했다.

'황제는 회남왕에게 묻노라. 중대부 옥(玉)에게 명해 글을 올려 일을 이야기한 것은 이미 들었다. 짐이 선제의 아름다운 다움을 받들어 아침부터 밤늦도록 애쓰고 있지만, 눈 밝지 못하고 다움이 두텁지 못해 이 때문에 해마다 흉년이 들어 백성들이 해를 입고 있다. 무릇 보잘것없는 한 몸으로 왕후들의 위에 의탁해 있으면서, 안으로는 굶주리고 추위에 떠는 백성들이 있고, 남이(南夷)는 서로 침해해 변경이 시끄럽고 불안해 짐은 심히 두렵다. 지금 왕은 생각을 깊게 하고 사려를 무겁게 해 태평성대를 밝혀 짐의 잘못을 보필해 삼대의 지극한 성대함에 이르게 해, 하늘과 땅의 끝에 가 닿아 인적이 닿는 곳이라면 모두 빈복(賓服)[12]하게 해야 할 터인데, (왕의 말을 듣고 보니) 이와는 한참이나 동떨어져 있어[邈然] 너무나도 참담하다. 왕의 뜻을 한없이 아름다이 여겨 중대부 조(助)를 보내 짐의 뜻을 일깨워주는 바이니, 왕에게 월나라의 일을 고해주도록 하라.'

조가 (천자의) 뜻을 일깨워 말했다.

"지금 태왕께서는 둔전의 병사들을 발동해 월나라를 정벌하는 것에 관한 글을 올리셨기 때문에 폐하께서는 왕께 그 일을 고해주라고 신 조를 보내셨습니다. 왕께서는 먼 곳에 계시고 사태는 급박하게 전개됐기 때문에 왕과 함께 계책을 세울 겨를이 없었습니다. 조정에 정사가 결여된 바가 있어 왕께 근심을 끼쳐 드릴까 봐 폐하께서는 참으로 한스러워하고 계십니다. 무릇 군대란 진정 흉기(凶器)이기 때문에 밝은 군주라면 군대를 출동하는 것을 어렵게[重=難] 여기는 바이지만, 그러나 오제와 삼왕 이래로 사나움을 막고 어지러움을 그치게 하려면[禁暴止亂] 군대를 쓰지 않은 예를 들어본 적이 없습니다.

한나라가 천하의 종주(宗主)가 돼 살생의 칼자루를 쥐고서 온 나라 안

---

12 외국에서 사신을 보내 조공(朝貢)하게 하는 것을 말한다.

의 명(命)을 제압하게 되니 위태로움은 안정을 기대할 수 있게 됐고, 어지러움은 다스림을 바랄 수 있게 됐습니다. 지금 민월왕은 이리처럼 탐욕스럽고 어질지 못해, 그 골육을 죽이고 친척들을 끊어내며 수많은 불의를 저지르고 있고, 또 여러 차례 군대를 일으켜 백월(百越)을 침략하고 주변 나라들을 집어삼켜 사납고 거친 짓들을 행하면서, 기발한 계책을 남몰래 부려 한나라 영토 안에 들어와 심양(尋陽)에 쌓아둔 누선(樓船)들을 불태우면서 회계의 땅을 손에 넣으려 하고, 구천(句踐)이 예전에 중국에 했던 짓을 그대로 밟으려 하고 있습니다.

근래에 변경에서는 또 민왕이 양국의 병사를 이끌고 남월을 쳤다고 합니다. 폐하께서는 만민의 안위를 위한 장구한 계책을 세우고 사람을 보내 그것을 일깨워 이렇게 알렸습니다.

'천하는 안녕하고 각각의 임금들은 대를 이어 백성들을 쓰다듬어주어 감히 서로 집어삼키는 일이 없도록 하라.'

(그런데도) 유사(有司)는 민월이 혹시라도 호랑이나 이리와 같은 마음을 갖고서 백월의 이익을 탐해, 순역(順逆)의 도리에 어두워 밝은 조서를 받들지 않게 되면 회계와 예장의 군에는 오랜 우환이 있을까 의심하고 있습니다. 또 장차 천하의 군대가 주벌하되 정벌을 하지 않을[誅而不伐] 〔○ 사고(師古)가 말했다. "천자의 군대가 경고만 하고 전투를 해서 정벌을 하지 않는 것을 말한다."〕 경우에 어찌 백성들을 수고롭게 하고, 사졸들을 힘들게 하겠습니까? 그래서 두 장군을 보내 국경 주변에 주둔케 하고, 무위를 떨쳐 영향력을 보여주었던 것입니다. 둔병이 아직 다 모이지 않았는데, 하늘의 충정을 보여 민왕이 운명했기 때문에 급히 사자를 보내 둔병을

해산하고, 농경의 시기를 뒤로 물리지 않게 했던 것입니다.

　남월왕은 (한나라의) 혜택을 입고 아름다운 은덕을 받은 데 깊이 감사해 마음을 고쳐 먹고 행동을 바꿔, 몸소 사자를 따라 한나라에 들어와 사례를 하고 싶어 했습니다. 그러나 몸에 병이 있어 조복(朝服) 차림으로 나아올 수가 없었기 때문에 태자 영제(嬰齊)를 대신 보내 입시하게 한 것입니다. 만일 병이 조금이라도 낫게 되면 북궐에 엎드려 궁정을 바라보며, 성대한 은덕에 보답의 인사를 하고 싶어 합니다. 민왕은 8월에 야산(冶山) 남쪽에서 군대를 일으켰지만 사졸들이 모두 지칠 대로 지쳤고, 삼왕(三王)의 대부대가 함께 공격했기 때문에 민왕의 어린 동생 여선(餘善)에 의해 주벌을 할 수 있었습니다. 지금에 이르기까지 나라(의 임금 자리)는 비어 있어 사자를 보내 부절을 올려 왕을 세워줄 것을 청하고 있고, 감히 스스로 세우지를 못해 천자의 밝은 조서를 기다리고 있습니다. 이런 한 차례 조치가 있어 한 병사의 칼을 꺾지도 않고, 한 명의 병졸을 죽이지도 않고서 민왕은 죄에 엎어졌고[伏辜], 남월은 혜택을 입었으며, 위엄이 사나운 왕을 떨게 해 의로움이 위태롭던 나라를 지켜주었습니다. 이는 곧 폐하의 깊은 계책과 멀리 내다보는 사례에서 나온 것입니다. 일의 효험이 눈앞에 있기 때문에 신 조를 보내시어 왕께 그 뜻을 일깨워주게 하신 것입니다."

　이에 회남왕은 사죄하며 이렇게 말했다.

　"탕왕이 걸왕을 정벌하고, 문왕이 (은나라의) 숭후(崇侯)를 정벌했던 것도 진실로 이번 일 이상의 것은 아닐 것입니다. 신 안(安)은 천박하게도 어리석은 생각을 갖고서 망언을 했기 때문에, 폐하께서는 주벌을 가함에 참지 마시고 사자를 시켜 칙령 중에서 신 안(安)이 미처 듣지 못한 부분을 들도록 해주신다면, 진실로 이루 다할 수 없는 큰 다행이겠습니다."

조는 이로 말미암아 회남왕과 서로 깊이 결속을 다지고서 돌아왔다. 상은 크게 기뻐했다.

조(助)가 연회에서 상을 받들며 가만히 있는데, 상이 조에게 향리에 있을 때의 일을 물으니 조는 이렇게 대답했다.

"집안이 가난해 부자인 동서(同壻)에게 모욕을 당하기도 했습니다."

상이 바라는 바가 무엇이냐고 묻자 회계(會稽)태수가 되고 싶다고 했다. 이에 제배해 회계태수로 삼았다. 여러 해가 지나도 이렇다 할 치적에 관한 보고가 없었다. (이에 상은) 글을 내려 말했다.

'회계태수에게 조서를 내려 고하노라. 그대는 승명지려(承明之廬-관리의 숙식 기관)에서 사는 데 싫증이 나고, 시종(侍從)하는 일이 힘들어 고향을 그리워하면서도 군리(郡吏)로 외직에 나갔다. 회계는 동쪽으로는 해남(海南)과 붙어 있고, 남쪽으로는 제월(諸越)이 가까우며, 북쪽에는 큰 강이 가로막고 있어, 그 사이에 소원해져서 소식을 못 들은 지 오래됐다. (왜 궁중의 일을 멀리하고 그곳으로 갔는지) 『춘추(春秋)』의 필법으로 답하고 소진(蘇秦)과 같은 종횡가(縱橫家) 식[13]으로 답하면 안 된다.'

조는 두려워 글을 올려서 둘러댔다[謝稱=詑].
　　　　　　　　　　　　　　　사칭　타

'『춘추(春秋)』에 천왕이 나라 밖으로 나와 정(鄭)나라로 가서 머물렀는데, 이는 어머니를 모실 수가 없었기 때문에 (사실상) 달아난 것입니다. 신하가 임금을 섬기는 것은 마치 자식이 부모를 섬기는 것과 같사오니 신 조

13　임기응변에 능한 궤변을 말한다.

(助)는 마땅히 복주돼야 할 것입니다. 폐하께서 차마 주벌을 가하실 수 없으시다면 바라건대 3년간의 회계를 제가 책임질 수 있도록 해주시옵소서.'

조서를 내려 허락하고서 시중(侍中)으로 궁중에 머물게 했다. 뭔가 기이한 것이 있으면 문득 그 자리에서 조에게 글을 짓게 했는데, 이렇게 지은 부(賦)나 송(頌)이 수십 편이다.

뒤에 회남왕이 와서 조회했을 때, 조(助)에게 뇌물을 두둑하게 주고서 은밀하게 교제를 맺어 시사를 논하고 토의했다. 회남왕이 반란을 하게 되자 일이 조와도 서로 연결이 됐으나 상은 그의 죄를 덜어서 주살을 면하게 해주려 했으나 〔○ 사고(師古)가 말했다. "그의 허물을 가볍다고 본 것이다."〕 정위 장탕(張湯)이 간쟁해, "조는 궁문을 드나들던 복심(腹心)의 신하였는데, 밖으로 제후와 은밀하게 교제한 것이 이와 같은데도 주살하지 않는다면 뒤에 이런 일을 다스릴 수 없습니다"고 말했다. 조는 결국 기시(棄市)됐다.

주매신(朱買臣)은 자(字)가 옹자(翁子)로 오현(吳縣) 사람이다. 책 읽기를 좋아하고 생업을 다스리지 않아[不治], 늘 땔감을 해서 그것을 팔아 먹을 거리를 마련했다. 나뭇짐을 지고 가면서도 글을 외웠다. 그 처도 이고 지고 뒤를 따랐는데, 매신(買臣)이 소리 내어 외우지 못하게 도중에 자주 말렸다. 매신은 더욱 빨리 글을 노래 부르듯이 외웠다. 처는 이를 부끄럽게 여겨 떠날 것을 요구했다. 매신은 웃으며 말했다.

"내가 나이 50이 되면 부귀해질 텐데 지금 이미 40여 세이다. 너는 고생한 날이 오래됐으니 내가 부귀해져 너의 공을 갚기를 기다려라."

처가 속이 터져 화를 내며 말했다.

"당신과 같이할 것 같으면 결국 도랑 속에 굴러떨어져 죽을 뿐인데 어떻게 부귀해질 수 있겠어요."

매신은 말리지 못하고 곧바로 떠나겠다는 그녀의 청을 들어주었다. 그 뒤에 매신이 홀로 노래를 부르며 길을 가는데, 무덤 사이를 땔감을 지고 가게 됐다. 옛 처와 그 남편이 같이 무덤으로 올라오다가 매신이 주리고 추위에 떠는 것을 보고서는 그를 불러 먹이고[飯=飤] 마시게 했다.
                                                      반 사

여러 해가 흘러 매신이 상계(上計)[14]의 관리를 따라 졸(卒)이 돼 (옷, 음식 등의 도구를 싣는) 중거(重車)를 몰고 장안에 이르러 대궐에 나아가 글을 올렸는데 오랫동안 그 글에 대한 답이 없었다. 공거(公車)에서 조(詔)를 기다리다가 먹을거리가 떨어져 상계의 이졸들에게 여러 차례 걸식을 했다. 마침 같은 읍 사람[邑子]인 엄조(嚴助)가 총애를 받고 있어 매신을 천거했
                    읍자
다. 불러서 만나보니 『춘추(春秋)』를 이야기하고 『초사(楚辭)』를 말했다. 제(帝)는 크게 기뻐하며 매신을 제배해 중대부로 삼고, 엄조와 함께 시중으로 삼았다. 이때 마침 삭방(朔方)을 축성하고 있었는데, 공손홍(公孫弘)이 간언하기를 중국을 피폐하게 만든다고 했다. 상은 매신을 시켜 홍(弘)을 힐난하게 해 굴복시켰는데, 상세한 이야기는 「공손홍전(公孫弘傳)」에 실려 있다. 뒤에 매신은 어떤 일에 연루돼 면직됐다가 오랜 시간이 지나 불려가서 대조(待詔)가 됐다.

이때 동월(東越)이 자주 배반을 하자 매신이 관련해 말했다.

---

14 군(郡)에서 매년 한 차례씩 천자에게 회계부를 올리는 일을 말한다.

"옛 동월왕은 천산(泉山)을 근거지로 삼고 있었으니, 한 사람으로 험지를 지키면 1,000명이라도 오를 수 없습니다. 지금 듣건대 동월왕이 다시 (근거지를) 옮겨서 남쪽으로 가 천산으로부터 500리 떨어진 큰 늪지에 자리 잡고 있다고 합니다. 지금 군사를 동원해 바다로 배를 타고 곧장 천산을 향해 가서, 배를 늘어놓고 군대를 풀어 석권한 다음에 남쪽으로 가면 깨뜨려 멸망시킬 수 있습니다."

상은 매신을 제배해 회계태수로 삼았다. 상이 매신에게 일러 말했다.

"부귀하게 돼 고향으로 돌아가지 못하는 것은, 비단 수를 놓은 좋은 옷을 입고서 야밤에 돌아다니는 것과 같으니 지금 자네는 어떤가?"

매신은 머리를 숙여 감사의 말을 올렸다. 매신에게 조(詔)하여 군(郡)에 가서 누선(樓船)을 정비하고, 양식과 해전의 도구들을 준비하고, 조서가 도착하기를 기다려[須=待] 동시에 군대를 발진하도록 했다.

애초에 매신이 면직돼 조명(詔命)을 기다릴 때, 항상 회계태수의 군저(郡邸)를 지키는 자를 따라다니며 몸을 맡겨 먹을 것을 해결했다. (그후에) 제배돼 회계태수가 되자 매신은 이전의 옷을 입고, 그때의 인끈을 가슴에 품고 걸어서 군저로 돌아갔다. 마침 상계(上計)할 때가 돼 회계(會稽)의 관리가 막 서로 모여 음식을 먹느라 매신을 쳐다보지도 않았다. 매신은 집 안으로 들어가 저택을 지키는 자와 함께 밥을 먹고서 배가 불러오자 그 인끈을 살짝 보여주었다. 저택을 지키는 자는 이상하게 여겨 인끈을 앞으로 당겨 그 도장을 보니 회계태수의 인장이었다. 그는 깜짝 놀라 밖으로 나가서 상계하는 연리(掾吏-아전)들에게 그 사실을 말했다. 모두 취해서 큰 소리를 치며 "허튼 짓일 뿐"이라고 했다. 그가 말했다.

"와서 봐라!"

옛날에 알던 사람들 중에 평소 매신을 가볍게 여기던 자가 안으로 들어가 살펴보고는 달려나오면서 급하게 말했다.

"실제로 그렇다!"

좌중이 크게 놀라 저택을 지키는 책임자인 수승(守丞)에게 알리니 서로 밀며 중간 뜰에 나열해 배알했다. 매신이 서서히 방문을 나왔다. 조금 지나서 장안의 마구간 관리가 관용(官用) 네 필짜리 수레를 끌고와서 맞이하니, 매신은 드디어 전거(傳車)를 타고 떠나갔다. 회계에서는 장차 태수가 도착하게 된다는 소식을 듣고서 백성들을 동원해 길을 치우고[除道], 현의 관리들이 나란히 서서 환영을 했으며, 동원된 수레는 100여 대였다. (매신이) 오현의 경계에 들어섰을 때 그의 전처와 새 남편이 길을 정비하고 있는 것을 보았다. 매신은 수레를 세우고서 뒤따르는 수레에 그 부부를 태우도록 호령한 다음에, 태수의 저택에 이르지 두 사람을 정원 한가운데로 데리고 가서 식사를 대접했다. 한 달쯤 지나 그 처는 스스로 목을 매 자살했고, 매신은 그 남편에게 돈을 주어 장례를 지내게 했다. 옛날에 알던 사람들을 불러 만나보고서 함께 음식을 먹었고, 또 일찍이 은혜를 입은 사람들에게는 모두 보답했다.

1년여가 지나 매신은 조서를 받고서 군사를 거느리고, 횡해(橫海)장군 한열(韓說) 등과 함께 동월을 쳐서 깨뜨려 공로를 세웠다. (중앙 조정에) 불려 들어와 주작도위(主爵都尉)가 돼 구경의 반열에 올랐다.

몇 년 후에 법에 연루돼 관직을 빼앗겼다가 다시 승상 장사(長史)가 됐다. 이때 장탕은 어사대부였다. 비로소 매신이 엄조와 더불어 시중이 돼 귀하게 되자 일을 주도했는데[用事], 탕은 여전히 낮은 관리로서 매신 등의 앞을 종종걸음으로 지나갔다. 뒤에 탕이 정위가 돼 회남왕의 옥사를 다스릴 때 엄조를 얽어 죄에 빠뜨리니 매신이 탕을 원망했다. 매신이 장사가 되자 탕은 자주 승상의 일을 행하며, 매신이 평소 (자신보다) 귀한 신분이었다는 것을 알고서 고의로 업신여기며 그를 꺾었다. 매신이 탕을 만나보는데 좌석 위에서 예를 갖추지 않았다. 매신은 깊이 원망해 늘 탕을 죽이려 했다. 뒤에 드디어 탕이 숨기려 했던 일을 고발해 탕은 자살했고, 상은 또 매신도 주살했다. 매신의 아들 산부(山拊)는 관직이 군수, 우부풍(右扶風)에 이르렀다.

오구수왕(吾丘壽王)은 자(字)는 자공(子贛)이고, 조(趙)나라 사람이다. 젊어서 격오(格五-박희(博戲)의 일종)를 잘해 불려가 대조(待詔)가 됐다. (무제로부터) 중대부 동중서(董仲舒)에게 『춘추(春秋)』를 배우라는 조서를 받았고 재주가 뛰어나 『춘추(春秋)』에 훤히 통달했다. 시중중랑(侍中中郎)으로 승진했다가 법에 걸려 면직됐다. 글을 올려 죄를 빌었고, 궁중의 황문(黃門)에서 말을 키우고 싶다고 했으나 상은 그 청도 불허했다. 뒤에 변방 요새를 지키면서 외적의 어려움을 막겠다고 했으나 다시 그 청을 불허했다. 오랜 시간이 지나 소를 올려 흉노를 치고 싶다고 하니 조서를 내려 그 글에 관해 물어보았고, 수왕의 대책문이 아주 좋다고 여겨 다시 불러 낭(郎)으로 삼았다.

차츰 승진했는데 마침 동군(東郡)에 도적 떼가 일어나자 제배해 동군도위(東郡都尉)로 삼았다. 상은 수왕을 도위로 삼고서 그곳에 별도로 태수를 두지는 않았다. 이 당시에는 군대의 징발이 빈번했고, 농작물은 제대로 자라지 못했으며[不熟=不登], 도적들이 많았다. 조하여 수왕에게 새서(璽書)를 내려 말했다.
　　불숙　부등

'그대가 짐의 눈앞에 있을 때는 지략을 쏟아내어 천하에 거의 맞설 자가 없고[少雙], 나라 안에 둘도 없는 사람이었다[寡二].[15] 그런데 12개의 성
　　　　　　소쌍　　　　　　　　　　　　　　　　과이
이 이어진 태수로 나가 4,000석 관리의 무거운 직책을 맡고서는 일을 폐기하다시피 해 도적 떼가 종횡으로 심하다고 하니, 중앙 조정에 있을 때와는 어울리지 않는 것은 어째서인가?"

수왕은 사죄하고서 그와 관련된 상황을 말했다. 뒤에 궁중에 불려 들어가 광록대부 시중(侍中)이 됐다. 승상 공손홍이 아뢰어 말했다.

"백성들이 활과 쇠뇌[弓弩]를 소지할 수 없도록 해야 합니다. 10명의 도
　　　　　　　　　　궁노
적이 쇠뇌를 당기면[彍=擴=引] 100명의 관군[吏]이라도 감히 앞으로 나아
　　　　　　　확　확　인　　　　　　　리
가지 못합니다. 도적을 적시에 저벌하지 못하면 형벌을 면하거나 벗어나는 자들이 많아져 그들에게 해로움은 적고 이익은 많으니, 이것이 바로 도적 떼가 번창하는 까닭입니다. 백성들에게 금지해 활과 쇠뇌를 소지하지 못하도록 한다면 도적들은 짧은 병기만을 소유하게 될 것이고, 짧은 병기로 싸울 경우 수가 많은 쪽이 이깁니다. 많은 관군으로 적은 도적을 잡게 될 경우 그 세력상으로 반드시 이길 수밖에 없습니다. 도적에게 해롭고 이롭지 않다면 아무도 법을 어기지 않을 것이니, 이것이 형벌을 쓰는 도리입니다. 신의 어리석음으로 보건대 백성들에게 금지령을 내려 활과 쇠뇌를 소

15　그래서 과이소쌍(寡二少雙)은 내던히 뛰어난 사람이라는 뜻이다.

지하지 못하도록 하는 것이 좋겠습니다[便]."
편

상이 그 의견을 아래로 내려주자 오구수왕이 다음과 같이 대책을 말했다.

'신이 듣건대 옛날에 다섯 가지 무기[五兵][○ 사고(師古)가 말했다. "다
오병
섯 가지 무기란 자루가 긴 창[矛]과 갈래창[戟]과 활[弓]과 칼[劍]과 전차
모   극   궁   검
및 기마용 창[戈]이다."]를 만들었던 것은 그것으로 서로를 해치기 위함이
과
아니라, 사나움을 막고 간사함을 벌하기[禁暴討邪] 위함이라고 했습니다.
금폭 토사
평소 아무 일이 없을 때는 맹수를 제압해 비상시에 대비하고, 일단 일이
터지면 수비부대[守衛]를 설치해 군진(軍陣)을 시행합니다. 주(周)나라 황
수위
실[周室]이 쇠미해지기에 이르자 위에는 밝은 천자[明主]가 없고 제후들은
주실   명주
무력으로 정치를 행해[力政], 강한 나라는 약한 나라를 침략하고 큰 나라
역정
는 작은 나라를 사납게 다루니, 온 천하가 무너지고 피폐해져[抏敝] 간교
완폐
함과 속임수[巧詐]가 앞다퉈 생겨났습니다. 이 때문에 머리가 좋은 사람은
교사
어리석은 사람을 함정에 빠뜨리고, 용감한 사람은 겁쟁이를 위협해 어떻게
든 이겨보려 하면서 의로움이나 이치[義理]는 돌아보지도 않았습니다. 그
의리
래서 임기응변으로 교묘하게 옭아 넣고 꾸며대니[機變械飾], 서로에게 해
기변 계식
로움을 끼치는 수단이나 방법들이 이루 다 셀 수가 없을 정도였습니다. 이
에 진(秦)나라가 천하를 집어삼켜 임금다운 도리[王道]를 폐기하고 사사로
왕도
운 의견[私議]을 세웠으며, 『시경(詩經)』이나 『서경(書經)』을 불태워 없애고
사의
법령을 으뜸으로 삼았으며, 어짊과 은혜[仁恩=布德施惠]를 없애고, 형벌로
인은 포덕 시혜

죽이는 일[刑戮]을 능사로 삼아,¹⁶ 이름난 성들을 훼손하고, 호걸들을 죽이고, 갑옷과 병기들을 녹이고, 창이나 칼의 끝이나 날[鋒刃]을 꺾어버렸습니다. 그후에 백성들은 (흙을 부술 때 쓰는) 곰방메[耰], 호미[鉏=鋤], 채찍[箠], 몽둥이[梃]를 들고서 서로 매질하며 공격했으니[撻擊], 법을 어기는 자가 점점 많아지고, 도적은 이루 헤아릴 수 없어 죄인[赭衣]들이 길을 가득 메우는 지경에 이르고, 도둑 떼들이 산을 가득 채워 마침내 나라가 어지러워져 멸망하고 말았습니다. 그렇기 때문에 빼어난 임금은 교화에 힘쓰고 금하거나 막는 조치[禁防]들을 줄였으니, 이는 그런 조치들은 믿을 만하지 않다는 것을 알고 있었던 것입니다.

지금 폐하께서는 밝은 다움[明德]을 널리 밝히시어[昭=明] 태평성대를 이루시고, 탁월한 인재들을 뽑아 올리시고, 학관(學官)을 일으키시고, 삼공(三公)과 유사(有司)(와 같은 고위 관리)를 어떤 때는 외딴 촌구석[窮巷=陋巷]에서 뽑아 올리시고, 또 허술한 초가집[白屋=白茅]에 숨어 지내던 선비를 일으켜 토지를 떼어주어 봉해주셨습니다. 이에 나라 안은 날로 교화가 되고, 나라 밖은 다움으로 교화되는 은혜를 입었습니다. 그럼에도 도적 떼들이 사라지지 않는 것은 군국(郡國)을 다스리는 2,000석 관리들의 죄이지 (백성들이) 활과 쇠뇌[弓弩]를 소지하는 것을 허락한 잘못 때문은 아닙니다. 『예기(禮記)』에 이르기를 "사내아이를 낳으면 뽕나무 활과 쑥대 화살을 주어 손으로 들어보게 한다"라고 했으니,¹⁷ 이는 (사내아이에게는 그에

---

16 진시황이 유가의 통치 철학을 버리고 법가의 사상을 채택했다는 말이다.
17 나라의 세자가 탄생해 사흘이면 활 쏘는 사람이 뽕나무 활과 쑥대 화살로 천지와 사방에 여

어울리는) 일이 있다는 것을 명확하게 보여주기 위함이었습니다. 공자께서 이르기를 "내가 어느 것 하나에 전념해야 하겠는가? 활 쏘는 일에 전념해야 하겠는가?"[18]라고 했습니다. 대사(大射)의 예는 천자로부터 일반 백성들에 이르기까지 다 해당되는 삼대(三代)의 도리입니다.

『시경(詩經)』에 이르기를 "(천자가 활을 쏘는) 대후가 이미 설치되고 활과 화살도 여기서 팽팽하도다. 활 쏘는 사람은 이미 2인 1조를 이루었다. 네 활 쏘는 일을 아뢰고, 마침내 활을 쏘는구나[大侯旣抗 弓矢斯張 射夫旣同 獻爾發功]"[19]라고 했으니, 이는 과녁의 한가운데를 적중하는 것[中]을 중요하게 여긴다는 말입니다.[20]

어리석은 신이 듣건대 빼어난 임금은 활쏘기를 예에 맞도록 함으로써 가르침을 준다[明敎]고 했지, 활과 화살을 금한다는 말은 듣지 못했습니다. 또 이를 금하는 것은 도적이 이를 훔쳐서 공격하기 때문인데 이처럼 훔쳐서 공격하는 죄는 사형으로 다스렸지만, 그럼에도 이런 일이 그치질 않는 것은 크게 간사스러운 자들을 거듭 주살한다고 해도 그것을 꺼리지 않기 때문입니다.

섯 번 활을 쏘도록 돼 있었다.

18 『논어(論語)』「자한(子罕)」편에 나오는 구절인데 압축한 것이다.

19 「소아(小雅)」'빈지초연(賓之初筵)' 편에 나오는 구절이다.

20 이에 대해서는 『논어(論語)』「팔일(八佾)」편에 나오는 공자의 다음과 같은 말을 참조할 필요가 있다. "(주나라 때의) 활쏘기는 가죽 뚫기로 승부를 가리지 않았다. 왜냐하면 힘이 사람마다 다 달랐기 때문이다. 이것이 옛날의 활 쏘는 예법이다." 즉, 힘의 세기가 아니라 과녁의 한가운데를 적중하느냐가 더 중요하다는 말이다.

신은 간사한 자들이 활과 화살을 소지하고 있어 관리들이 그것을 그치게 할 수 없고, 양민들이 스스로 대비하면서도 법률로 금한 조치들에 저촉될까 두려우니, 이는 도적의 위세를 제 마음대로 할 수 있게 해주면서, 백성들은 스스로를 구원할 수 있는 길을 빼앗은 것입니다. 남몰래 생각건 대 이는 간사한 짓을 금하는데는 아무런 도움이 안 되면서 옛 임금의 모범을 폐기하게 돼, 배우는 자들로 하여금 그 예를 익히지 않아도 되게 만드는 것이니 크게 불편합니다.'

글이 올라가자 상은 승상 홍(弘)을 힐난했다. 홍은 몸을 굽혀 사죄했다. 분음(汾陰)에서 보배로운 쇠솥[寶鼎]이 나오자 무제는 이를 아름답게 여겨 종묘에 바치고 감천궁(甘泉宮)에 보관했다. 여러 신하들이 모두 상의 만수무강을 축하하며 말했다.

"상께서 주나라의 쇠솥을 얻으신 것이다."

수왕만은 홀로 그것이 주나라의 쇠솥이 아니라고 했다. 상이 이를 듣고서 그를 불러 이유를 물었다.

"지금 짐이 주나라의 쇠솥을 얻어 여러 신하들이 모두 그렇게 여기는데 수왕 자네 홀로 아니라고 하니 어째서인가? 설명을 하면 괜찮겠지만 그렇지 못할 경우에는 죽게 될 것이다."

수왕이 대답했다.

"신이 어찌 감히 아무런 설명도 못하겠습니까! 신이 듣건대 주나라의 다움[周德]은 후직(后稷)에서 시작해[始] 공류(公劉)에게 이어졌고[長], 태왕(大王)²¹에서 커졌다가[大] 문왕과 무왕[文武]에서 이루어져[成], 주공(周公)에서 훤히 드러났습니다[顯]. 이처럼 덕택이 위로 밝게 올라가면 하늘에서는 비를 내려 적셔주어 아래가 윤택해져 서로 통하지 않는 바가 없는 법입니다. 저 위의 하늘이 보응을 내려 쇠솥이 주나라를 위해 나온 것이니, 그래서 이름을 주나라의 쇠솥이라고 했던 것입니다.

(그런데) 지금 한나라는 고조(高祖)에서부터 주나라를 이어받아 역시 다움을 빛내고 현저한 행실을 보여 은혜를 널리 펴니 육합(六合-천지 사방)이 화합해 하나가 됐습니다. (특히) 폐하에 이르러 조상의 대업을 확장하니 공로와 다움이 더욱 성대해져 하늘의 상서로움이 연달아 찾아오고 진기한 길조(吉兆)들이 죄다 나타난 것입니다.

옛날에 진시황이 몸소 팽성(彭城)에서 쇠솥을 나오게 해놓고서도 그것을 얻을 수 없었는데, 하늘은 다움을 갖춘 이에게만 보배로운 쇠솥을 내어주는 법입니다. 하늘이 한나라에 쇠솥을 내어준 까닭이며, 따라서 그것은 한나라의 보내이지 주나라의 보배가 아닙니다."

상이 말했다.

"좋도다."

여러 신하들은 모두 만세를 불렀다. 이날 수왕에게 황금 10근을 내려주었다. (오구수왕은) 뒤에 어떤 일에 연루돼 주살됐다.

주보언(主父偃)은 제(齊)나라 임치(臨菑) 사람이다. 애초에 장단(長短) 종

---

21 고공단보(古公亶父)로 문왕의 할아버지다.

횡술(縱橫術)[○ 사고(師古)가 말했다. "장단에 대한 풀이는 「장탕전(張湯傳)」에 있고 종횡에 대한 해설은 「예문지(藝文志)」에 있다."]을 배웠고, 나중에는 마침내 『역(易)』(-『주역』)과 『춘추(春秋)』 등 백가(百家)의 말을 배웠다. 제나라에서는 여러 유생들 사이에서 어울리려 했지만 받아들여주지 않았다. 집안이 가난해 돈을 빌리려 해도 아무도 빌려주지 않아 북쪽으로 연(燕), 조(趙), 중산(中山)의 여러 나라들을 떠돌았지만, 어디에서도 제대로 대우해주는 곳이 없어 크게 힘들었다. 제후들에게는 빈객[游士]으로 대우를 받기 어렵겠다고 생각하고서, 원광(元光) 원년에 마침내 서쪽으로 가서 함곡관에 들어가 위(衛)장군(-위청)을 알현했다. 위장군은 여러 차례 상에게 그에 관한 이야기를 했으나 상은 관심을 두지 않았다[不省=不顧]. 여비도 다 떨어진 상태에서 오래 머물다 보니 제후의 빈객들은 대부분 그를 싫어했고, 이에 (그는) 천자에게 글을 올렸다. 아침에 아뢰었는데 저녁에 불려가 상을 알현하게 됐다. 그가 말한 것은 아홉 가지 일에 관한 것이었는데, 그중 여덟 가지 일은 율령에 관한 것이었고, 한 가지 일은 흉노 정벌에 관한 간언이었다. 그 내용은 아래와 같다.

'신이 듣건대 밝은 군주는 절절한 간언을 미워하지 않음으로써 널리 살피고, 충성스러운 신하는 주살당하는 것을 피하지 않음으로써 곧게 간언하니, 이 때문에 일에 실책이 없고 공은 만세에 전해진다고 합니다. 지금 소신은 감히 충성스러움을 숨기거나 죽음을 피하려 하지 않고 어리석으나마 계책을 말씀드립니다.

바라건대 폐하께서는 다행히 신을 용서하시고 잠시나마 살펴봐주십시오. 『사마법(司馬法)』[22]에 이르기를 "나라가 아무리 커도 전쟁을 좋아하면 반드시 멸망하고, 천하가 아무리 태평스러워도 전쟁을 잊으면 반드시 위태로워진다"라고 했습니다. 천하가 이미 태평스럽다 해도 천자가 (음악을 들을 때 군대가 개선할 때 연주하는 개선곡인) 대개(大凱)를 연주하고, 봄에는 수(蒐)라는 사냥을 하고 가을에는 선(獮)이라는 사냥을 하며, 제후들이 봄에 군대를 정비하고 가을에 군대를 훈련시키는 까닭은 전쟁을 잊지 않기 위해서입니다. 또 무릇 화를 내는 것은 다움을 거스르는 것[逆德]이고, 군대란 흉기이며, 전쟁은 지엽말단의 일[末節]에 불과합니다. 옛날의 군주는 한 번 화를 내면 반드시 시체를 뒹굴게 하고 피를 흐르게 했기 때문에 빼어난 임금은 이런 일에 신중했던 것입니다. 무릇 싸워서 이기는 데만 힘쓰고, 함부로 무력을 쓰는 자치고 후회하지 않은 자가 없었습니다.

옛날 진나라 시황제가 싸워서 이긴 위세에 기대어 천하를 야금야금 먹어 들어가더니[蠶食] 전국(戰國)을 삼켜버리고, 천하를 하나로 통일한 공적은 삼대(三代)의 공적과 나란히 할 정도입니다. 진시황이 싸워서 이기는 데에만 힘을 써서 쉬지 않고 흉노를 공격하려 하자 이사(李斯)가 간언했습니다.

"그것은 안 됩니다. 무릇 저 흉노는 성곽을 쌓아 일정하게 사는 곳이 없고, 식량을 쌓아놓고서 지키지도 않으며, 새 떼처럼 이리저리 옮겨다니기 때문에 그들을 제압하기란 어렵습니다. (우리가) 가볍게 무장한 군사로 적

---

22 옛날부터 전해져오던 『사마병법(司馬兵法)』에 사마양저(司馬穰苴)의 병법을 추가한 것으로 흔히 '사마양저 병법'이라고 하는데, 여기서는 이것을 말한다.

진 깊숙이 쳐들어가면 반드시 식량이 떨어질 것이고, 군량을 잇달아 보급하면서 행군하면 행동이 둔해져서 막중한 일을 제대로 할 수 없을 것입니다. 흉노의 땅을 얻는다고 할지라도 이익이 될 만한 것이 없으며, 흉노의 백성들을 두터이 대우한다고 할지라도 그들을 계속 부려서 지키게 할 수는 없을 것입니다. 그렇다고 반드시 싸워 이겨 그들을 죽인다면 백성들의 부모 된 자의 도리가 아닙니다. 중국을 황폐화시키면서까지 흉노와 마음껏 싸우는 것은 장구한 계책이라고 할 수가 없습니다."

진나라 황제는 이 말을 듣지 않고 드디어 몽념(蒙恬)에게 군대를 이끌고 가서 오랑캐를 치게 해, 1,000리의 땅을 개척하고 황하를 경계로 삼았습니다. 그러나 그 땅은 염분이 많은 소택지여서 오곡이 자라지 못했습니다. 그렇게 한 뒤 진나라는 천하의 장정들을 징발해 북하(北河) 일대를 지키게 했습니다.

병사들을 비바람 속에 내놓은 10여 년 동안에 죽은 자는 이루 다 헤아릴 수 없이 많았고, 결국은 황하를 건너 북쪽으로 진격하지도 못했습니다. 이것이 어찌 병력이 부족하고 군사의 장비가 갖추어지지 않은 탓이었겠습니까? 형세상으로 불가능했던 것입니다. 또 천하 사람들에게 말먹이와 군량을 운반시켰는데, 황현(黃縣), 수현(腫縣), 낭야(琅邪) 등 바다와 인접한 곳에서 북하(北河)까지 수송을 하려면 대략 서른 종(鍾)[23]을 보내면 겨우 한 석(石) 정도 남아서 도착할 뿐이었습니다. 남자들은 죽자 하고[疾] 농사를 지어도 군량이 부족하고, 여자들은 (아무리) 길쌈질을 해도 군막을 만

---

23 부피의 단위인데, 정확한 양이 얼마인지는 불분명하다.

들기에는 부족했습니다. 백성들은 황폐해져 고아와 과부와 노인과 허약한 사람들을 부양할 수 없어서 길바닥에는 죽은 자가 서로 이어져 바라보고 있었습니다.

(이리하여) 대부분의 천하가 진나라를 배반하기 시작했습니다. 고조 황제께서는 천하를 평정하고서 변경 지대를 공격할 즈음에, 흉노가 대(代)의 산골짜기 밖에 모여 있다는 말을 듣고 이들을 치려고 하자 어사(御史) 성(成)이 나아가 이렇게 간언했습니다.

"그리하셔서는 안 됩니다. 무릇 흉노는 짐승처럼 모였다가 새처럼 흩어지는 습성이 있어서 이들을 뒤쫓는 것은 마치 그림자를 치는 것과 같습니다. 지금 폐하의 빼어나신 다움으로 흉노를 친다고 해도 신은 남몰래 그것이 위태롭다고 여깁니다."

(그러나) 고조 황제는 이 말을 듣지 않고 드디어 북쪽으로 대(代)의 골짜기까지 이르렀다가 과연 평성(平城)에서 포위를 당하고 말았습니다. 고 황제께서 대개 이 일을 몹시 후회하시고, 이에 유경(劉敬)을 보내 화친의 약속을 맺게 한 뒤에야 천하는 전쟁을 잊게 됐습니다.

그래서 병법(兵法)에 이르기를 "군사 10만 명을 일으키면 하루에 1,000금을 쓰게 된다"라고 했습니다. 무릇 진나라에서는 언제나 백성들을 모아 군사들을 변방으로 내보냈는데, 그 수가 수십만 명이나 됐습니다. 비록 적군을 뒤엎고 적장을 죽이며 흉노의 선우를 사로잡은 공은 있다고 할지라도, 역시 마침내는 그로 인해 적에게 원한을 사게 되고 복수심만 깊게 만들었으므로 천하에서 소비한 것을 보상하기에는 부족했던 것입니다. 무릇 위로는 국고를 탕진하고 아래로는 백성들을 황폐하게 하면서 나라 밖을

정벌하는 달콤한 일에 몰두하는 것은 일을 온전케 하는 것[完事=全事]이
완사 전사
아닙니다.

　무릇 저 흉노를 제압하기 어렵다는 것은 한 세대에 국한된 문제가 아
닙니다. 그들이 감히 도둑질을 자행하며 쳐들어와서 백성들을 쫓아내기를
업으로 삼는 것은 저들의 천성이 그렇기 때문인 것입니다. 멀리 우(虞)나
하(夏), 은(殷), 주(周)에 이르기까지 본래 규범을 두어서 감독한 적이 없으
며 금수처럼 길러주었을 뿐, 저들을 사람으로 취급하지 않았습니다.

　무릇 위로 우(虞)나 하(夏), 은(殷), 주(周)가 그들을 다루던 방법을 살
펴보지 않고, 아래로 가까운 시대의 실책을 따르려는 것, 이것을 신은 몹
시 우려하는 바이며, 백성들이 더없이 괴로워하는 일입니다. 더구나 전쟁
이 오래 지속되면 변란이 일어나고, 사태가 어려워지면 생각이 바뀌게 됩
니다. 그래서 변방 지역의 백성들은 지치고 시름에 잠기게 돼 괴롭게 되면
모반할 마음을 품게 되는 것이고, 장군과 관리들도 서로 의심을 하면서 다
른 나라와 내통해 사사로운 이익을 구하게 되는 것입니다. 그랬기 때문에
위타(尉佗)와 장한(章邯)은 그들의 야심을 이룰 수 있었던 것입니다.

　무릇 진나라의 정사가 행해질 수 없게 된 까닭은 권력이 위타와 장한
두 사람에게 나누어졌기 때문입니다. 이것은 무엇을 얻고 잃었는지를 보여
줍니다. 그래서 (『서경(書經)』의) 「주서(周書)」에 말하기를 "나라의 안위(安
危)는 임금이 내는 명령에 달려 있고, 나라의 존망(存亡)은 인물을 어떻게
쓰느냐에 달려 있다"라고 했습니다. 바라건대 폐하께서는 이런 점을 자세
히 살피시어 잠시라도 이 뜻을 깊이 생각해주십시오.'

　이때 서락(徐樂)과 엄안(嚴安)도 함께 글을 올려 당대의 시급한 사안

[世務]에 대해 말했다. 글이 올라가자 상은 세 사람을 불러 보고서 "그대들은 모두 지금까지 어디에 있었던 것인가? 어찌하여 이토록 늦게 만나게 됐단 말인가"라고 말한 다음 언, 락, 안 세 사람을 다 제배해 낭중(郎中)으로 삼았다. 언은 여러 차례 소를 올려 일을 말해 알자(謁者), 중랑(中郎), 중대부(中大夫)로 승진했다. 1년에 네 차례 승진한 것이다.

언(偃)이 상을 설득해 말했다.

"옛날에 제후는 봉지(封地)가 (사방) 100리를 넘지 않아 강하고 약한 형세가 제재하기 쉬웠습니다. (그런데) 지금의 제후들은 혹 수십 개의 성읍을 연결하고 있어서 땅의 넓이가 사방 1,000리나 되니 (통제를) 늦추면 교만하고 사치해 음란한 짓을 하기가 쉽고, (통제를) 급하게 하면 그 강함을 믿고 합종해 경사(京師-황제)에 거역합니다. 지금 법으로 땅을 떼어내고 깎으려 하면 반역하는 일이 싹터 일어날 것이니, 지난날 조조(晁錯)의 경우가 바로 이것입니다. 지금 제후의 자제들이 혹 십 수 명인데 적자(嫡子)만 왕위(王位)를 대신해 서고 나머지는 한 자의 땅도 봉해줌이 없으니, 어질고 효도하는 도리가 제대로 펴지지 못합니다. 바라건대 폐하께서는 제후들로 하여금 은혜를 미루어 자제들에게 땅을 나누어주어 후(侯)를 삼게 하시면, 저들은 사람마다 원하는 바를 얻게 돼 기뻐할 것입니다. 상께서는 다움을 베푸시나 실은 그 나라를 나누는 것이니, 그들의 땅을 깎지 않아도 점차 약해질 것입니다."

이에 상은 그 계책을 따랐다. 다시 상을 설득해 말했다.

"무릉(茂陵)을 새로 세웠으니 천하의 호걸, 겸병하는 부호, 그리고 세상을 어지럽히는 백성들을 모두 무릉으로 이주시켜야 합니다. 그러면 안으로는 경사(京師)를 내실 있게 만들고, 밖으로 간활한 무리들을 없앨 수 있으니 이것이 이른바 주살은 하지 않으면서 해악을 제거한다[不誅而害除]고 하는 것입니다."

상은 이것도 따랐다.

위(衛) 황후를 높여서 세우고[尊立] 연왕(燕王) 정국(定國)의 음모를 적발하는 데 언(偃)은 공로가 있었다. 대신들은 모두 그의 입을 두려워해 가져다 바친 뇌물이 수천 금이었다. 어떤 사람이 언에게 "전횡이 너무 지나칩니다[大橫]"라고 하자 언이 말했다.

"신은 머리를 묶고 40여 년 동안이나 떠돌아다니며 배웠지만, 이 몸은 뜻한 바를 이루지 못해 부모는 자식으로 여기지 않고, 형제들은 거둬주지 않았으며, 빈객들은 나를 버려 오랜 세월 어렵게 살았습니다. 장부로 태어나 오정(五鼎)의 진미〔○ 장안(張晏)이 말했다. "다섯 가지 쇠솥의 진미란 소고기, 양고기, 돼지고기, 물고기, 사슴고기를 말한다."〕를 먹을 수 없다면 죽어서 오정에 삶기는 형벌을 당할 뿐입니다. 내 인생의 날들은 저물어 가니 그 때문에 순리를 거슬러가며 이렇게 하는 것입니다〔○ 사고(師古)가 말했다. "원래 이 말은 오자서(伍子胥)가 한 말인데 주보언이 가져다 쓴 것이다."〕."

언은 또 삭방(朔方)은 땅이 비옥하고, 밖으로 하수(河水)에 둘러싸여 있으며, 몽염이 거기에 성을 쌓아 흉노를 쫓아버렸고, 안으로 물자와 군수품의 운송, 조운(漕運) 등의 수고로움을 덜고 또한 중국이 넓어지며, 오랑캐를 멸망시킬 수 있는 근본이 될 수 있다고 힘주어 말했다. 상은 그의 설을 듣고서 그것을 공경들에게 내려보내 토의하게 하자 그들은 모두 좋지 않을 것이라고 말했다. 공손홍이 말했다.

"일찍이 진(秦)나라 때 30만 명 대군을 동원해 북하(北河)에 성을 쌓도록 했으나 결국 완성하지 못하고 오랫동안 버려진 땅이 됐습니다."

(그러나) 주매신이 홍을 힐난해 굴복시키니 드디어 삭방을 설치하기로 하고 언의 계책을 기본으로 삼았다.

원삭(元朔) 연간에 언이 제왕(齊王)은 내부적으로 음란한 짓을 벌이고 있다고 아뢰자 상은 언을 제배해 제나라 재상으로 삼았다. 언은 제나라에 도착해 형제와 빈객들을 두루 불러놓고 500금을 나누어주면서 이렇게 꾸짖었다[數=責].
                              수 책

"예전에 내가 가난할 때에 형제들은 나에게 옷과 음식을 주지 않았고, 빈객들은 우리 집을 찾아오지 않았다. 이제 내가 제나라의 재상이 되니 여러분들 중에 나를 맞이하러 혹 1,000리 길을 달려온 자도 있다. 내 당신들과는 절교할 것이니 다시는 내 집 문을 들어오지 말라!"

이어 사람을 시켜서 제왕이 그 누이와 간통한 일을 가지고 그를 압박했다. 왕은 끝내 죄를 사면 받지 못하고 예전의 연왕(燕王)처럼 사형당하게 될까 두려워해 마침내 자살했다.

언이 포의(布衣) 시절 연나라와 조나라를 떠돌며 지냈는데, 뒤에 그가 귀한 신분이 돼 연나라의 비리를 들춰냈다. 조왕(趙王)은 언이 자신의 나라에도 화근이 될 수 있다고 걱정해 상에게 글을 올려 언의 불미스런 일을 폭로하고 싶었으나, 언이 늘 상 곁에 있기 때문에 감히 고발하지 못하고 있었다. (그런데) 언이 제나라 재상이 돼 함곡관을 나가자 즉시 사람을 시켜 글을 올려, 언은 제후들에게 뇌물을 받았고 그 때문에 제후의 자제로서 봉후(封侯) 된 자들이 많다고 아뢰었다. 때마침 상은 제왕이 자살했다는 소식을 듣고서 크게 화가 났고, 언이 제왕을 겁박해 자살하게 했을 것으로 여겼기 때문에 이에 형리로 하여금 언의 죄를 심문하게 했다. 언은 제후들의 뇌물을 받은 것은 인정했으나 제왕을 위협해 자살하게 만들지는 않았다고 했다. 상은 언을 주살하고 싶지 않았으나 어사대부 공손홍이 간쟁해 말했다.

"제왕은 자살하고 후손이 없어 나라는 없어져 군(郡)이 돼 한나라에 귀속됐으니, 언은 본래 악의 우두머리인데도 죽이지 않으신다면 천하에 사죄할 방법이 없게 됩니다."

이에 드디어 언은 족멸됐다[族=族滅].

언이 한창 귀한 신분이 돼 총애를 받을 때는 빈객이 수천 명이나 됐지만, 그가 멸족당하자 어느 한 사람도 거들떠보지 않았으나 오직 공거(孔車)만이 시신을 거두어 장례를 지내주었다. 상은 그 말을 듣고서 거(車)를 덕망이 있는 자[長者]라고 여겼다.

서락(徐樂)은 연(燕)의 무종(無終) 사람이다. 글을 올려 말했다.

'신이 듣건대 천하의 근심은 흙이 무너지는 토붕(土崩)에 있는 것이지, 기왓장이 깨지는 와해(瓦解)에 있지 않다고 합니다. 예나 지금이나 마찬가지입니다. 무엇을 일러 토붕이라고 하는 것이겠습니까? 진(秦)나라 말기가 바로 그것입니다.

진섭(陳涉)은 천승의 높은 지위도 없었고, 한 척 땅도 없었습니다. 신분도 왕공(王公)이나 대인(大人)이나 명문가의 후손이 아니었고, 향리에서도 명예가 없었으며, 공자나 묵자나 증자와 같은 뛰어남[賢]도 없었고, 도주(陶朱)²⁴나 의돈(猗頓)²⁵과 같은 부유함도 없었습니다. 그러나 그가 가난한 골목에서 일어나 갈래진 창[棘矜]을 휘두르면서 한쪽 팔을 걷어붙이고 큰 소리로 부르자 천하의 사람들이 바람에 휩쓸리듯이 그를 따랐습니다.

이는 무엇 때문이었겠습니까? 그것은 백성들이 괴로워해도 군주가 그들을 불쌍히 여길 줄 모르고, 아래에서 원망을 해도 위에서 알아주지 않았으며, 풍속이 이미 어지러워져 정치를 제대로 하지 못한 때문입니다. 이러한 세 가지가 진섭의 밑천이 된 까닭입니다. 이를 일러 토붕이라고 하는 것이고, 그래서 말하기를 "천하의 근심은 토붕(土崩)에 있다"고 하는 것입니다.

(그러면) 무엇을 일러 와해(瓦解)라고 하는 것이겠습니까? 오(吳), 초(楚), 제(齊), 조(趙)나라의 반란이 바로 이것입니다. 일곱 나라가 대역(大逆)을 도모하고, 저마다 만승의 천자라고 일컬으며, 무장한 병사가 수십만 명이고, 위세는 그들의 영내를 압도할 만했고, 재력은 사민(士民)들을 끌어들이기에 충분했습니다. 그러나 서쪽으로 한 자 한 치의 땅도 빼앗지 못했고, 그랬기에 몸은 중원에서 사로잡히는 처지가 되고 말았습니다.

이는 무엇 때문이었겠습니까? 그것은 그들의 권세가 보통의 사람보다

---

24 중국 월왕(越王) 구천(句踐)의 신하였던 범려(范蠡)를 가리킨다. 재산을 모으는 재주가 있어 많은 재산을 모아 부호의 표본으로 일컬어진다. 화식(貨殖)의 재능에 뛰어나 세 번 천금(千金)을 모았다고 한다. 도주공(陶朱公)의 준말이다.

25 춘추시대 노(魯)나라 사람으로 대부호(大富豪)이며, 이름은 돈(頓)이다. 의씨(猗氏)라는 고을에서 재산을 일으켰기 때문에 의돈으로 불린다.

가볍고 병력이 진섭보다 약했기 때문이 아닙니다. 이런 때를 당해 선제(先帝-효문제)의 은택이 아직 쇠하지 않았으며, 그 땅에서 편안히 살면서 풍속을 즐기는 백성들이 많았기 때문에, 제후들에게는 (그들의 봉국) 밖에서 도움을 주는 자가 없었습니다. 이를 일러 와해라고 하는 것이고, 그래서 말하기를 "천하의 근심은 와해에 있지 않다"고 하는 것입니다.

이로부터 살펴보건대 천하에 진실로 토붕의 형세가 있게 되면 비록 지위나 벼슬 없이 궁핍하게 지내는 사람[布衣窮處之士]일지라도 혹 가장 나쁜 짓을 해 (얼마든지) 천하를 위태롭게 할 수가 있는 것입니다. 진섭이 바로 그런 경우입니다. 하물며 (조(魏), 한(韓), 조(趙)나라처럼 강대한) 삼진(三晉)의 군주와 같은 자가 혹 천자의 자리를 탈취하려 한다면 어찌 되겠습니까?

천하는 비록 아직 잘 다스려지지 않았다고 할지라도 진실로 토붕의 형세를 없게 할 수 있다면, (제후국들 중에서) 아무리 강한 나라와 강한 병사가 있어도 발뒤꿈치를 돌릴 겨를도 없이 그 자신은 사로잡히고 말 것입니다. 오(吳), 초(楚), 제(齊), 조(趙)나라가 바로 이것입니다. (그런데) 하물며 일반 신하나 백성들이 어떻게 난을 일으킬 수 있겠습니까?

이 중요한 두 가지는 국가의 안위에 관계되는 명백하고도 긴요한 일이니 뛰어난 군주라면 여기에 뜻을 두고서 깊이 살필 것입니다

요사이에 함곡관 동쪽에서는 오곡이 잘 여물지 않아서 한 해의 수확이 예전처럼 회복되지 못해 백성들이 많은 어려움을 겪고 있습니다. 그에 더해 변방에는 일이 발생하고 있습니다. 이것을 사리에 따라서 살펴보면 백성들 중에 그곳에서 사는 것을 편안하게 여기지 못하는 자가 있는 것이며,

편안하게 여길 수 없으면 쉽게 동요하게 됩니다.

쉽게 동요한다[易動]는 것은 곧 토붕의 형세입니다. 그러므로 뛰어난 군주는 만 가지 변화의 근원을 살펴서 국가 안위의 기틀[安危之機]을 밝혀, 조정에서 이것을 해결해 우환이 형세를 드러내기 전에 미리 없애버립니다. 그 핵심은 (미리) 천하에 토붕의 형세가 생겨나지 않도록 하는 것뿐입니다.

그래서 이렇게만 한다면 비록 강한 나라와 강한 군사가 있다고 하더라도 폐하께서는 달리는 짐승을 따라 쫓고, 나는 새를 활로 쏘시며, 연회를 여는 장소를 넓혀 마음껏 즐기시고, 사냥의 즐거움을 누리면서 태연자약할 수 있으실 것입니다. 종과 북과 거문고와 피리 소리가 귀에서 끊이지 않고, 휘장 안에서의 사랑 놀음과 배우들과 난쟁이 주유(侏儒)들의 웃음소리가 앞에서 이어져도 천하에는 오래도록 근심이 없게 될 것입니다.

명망이 어찌 반드시 우왕이나 탕왕과 같기를 바랄 필요가 있을 것이며, 풍속이 어찌 반드시 주나라 성왕(成王)과 강왕(康王) 시대와 같을 필요가 있겠습니까? 그러나 신이 가만히 생각건대 폐하께서는 타고나신 자질이 너그럽고 어지시어, 열렬하게[誠] 천하를 다스리기에 힘쓰신다면 우왕이나 탕왕 같은 명망을 얻는 일은 어렵지 않고, 성왕과 강왕 때의 풍속을 다시 부흥시키지 못할 까닭이 없습니다. 이 토붕과 와해라는 두 가지를 피하여 근본을 확립한 연후에 안전한 상태에서 당대에 명망과 영예를 드높여, 천하를 제 몸과 같이 여기시고[親天下] 사방의 오랑캐들을 복종시키면[服四夷] 은혜와 덕택은 여러 대에 걸쳐 융성하게 될 것이니, 폐하께서는 그저 조정에서 남면하시어 도끼 무늬가 그려진 병풍을 의지해 소매를 걷어

붙이고, 왕공과 대인들로 하여금 읍을 하게 만들기만 하면 되십니다.

신이 듣건대 왕업을 도모해 비록 그것이 이루어지지 않더라도, 지엽말단의 일들은 다 안정시키기에는 충분하다고 했습니다. 천하가 안정되면 폐하께서 구하시는데 어찌 못 얻을 것이며, 무슨 일을 하든지 어찌 이루어지지 않을 것이며, 정벌을 하는데 어찌 복종하지 않겠습니까!'[26]

---

26 송나라 대학자 진덕수(眞德秀)는 서락의 이 글을 『문장정종(文章正宗)』의 본문에는 포함시키지 않고 주에 포함시키면서 이렇게 말했다. "서락(혹은 서악)의 글을 가만히 살펴보니 그는 기본 토대가 와르르 무너져내리는 것을 토붕(土崩)이라 부르고, 화란(禍亂)이 다급하게[驟] 일어나는 것을 와해(瓦解)라고 부르고 있다. 그러나 빼어나고 뛰어난 임금들이 정치를 고심할 때 반드시 은미한 것[微=隱微]을 우선적으로 살핀다고 해서, (서락이 말한) 기본 토대의 견고함을 믿지 않거나 화란의 다급함을 소홀히 여기지는 않는다. 락(樂)이 무제에게 아뢴 것을 보더라도 국가 안위의 기틀을 (미리) 밝혀 우환이 형세를 드러내기 전에 미리 없애버리고자 하는 것이니, 이는 다 조짐[幾微=隱微]의 단계에서 마땅히 경계해야 한다는 것이다. 결국 (서락의 글을) 돌이켜보면 와해의 조짐은 반드시 근심해야 할 것은 아니므로, (무제는 분명) 유희나 성색(聲色)에 자신을 마구 풀어놓고 싶었을 터이니, 이것이 어찌 충직한 신하의 말이겠는가? 그 때문에 서락의 글은 정종(正宗)에 포함시키지 않았다."

권
·
64

엄조·주매신·
오구수왕·주보언·
서락·엄안·종군·
왕포·가연지전
嚴朱吾丘主父徐嚴終王賈傳

〖하〗

엄안(嚴安)은 임치(臨菑) 사람이다. 전 승상 사(史)로서 글을 올려 다음과 같이 말했다.

　'신이 듣긴대 『추지(鄒子)』[1]에 이르기를 "정치와 교화[政教]의 애씀과 바탕[文質]이란 때에 맞으면 쓰고, 지나치면 버리고, 바꿔야 할 때는 바꿔야 한다. 따라서 한 가지만을 지키면서 바꾸지 않는 것은 아직 정치를 제대로 볼 줄 모르는 것의 최악이다"라고 했습니다. (그런데) 지금 천하의 인민들은 재화를 쓰는 바가 사치스러워 거마, 의복, 궁실 등을 경쟁적으로 꾸며대며, 오성(五聲-궁, 상, 각, 치, 우)을 조화롭게 해 절도 있게 연주를 하

1　추연(鄒衍)의 책이다. 추연(騶衍)이라고도 한다. 맹자보다 약간 늦게 등장해 음양오행설(陰陽五行說)을 제창했다. 세상의 모든 사상(事象)은 토(土), 목(木), 금(金), 화(火), 수(水)의 오행상승(五行相勝) 원리에 의해 일어나는 것이라 했고, 이에 의해 역사의 추이(推移)나 미래에 대한 예견(豫見)을 했다.

고[族=奏], 오색(五色-청, 황, 적, 백, 흑)을 섞어서 무늬를 놓으며 오미(五味)를 거듭해, 바야흐로 일장 사방[方丈] 앞에 차려놓고서 천하에 욕망을 과시하려 합니다. 저 백성들의 마음은 아름다운 것을 보면 그것을 원하게 되니, 이는 곧 백성들을 사치로써 가르치는 것입니다. 사치를 하며 절도를 갖지 못하면 넉넉할 수가 없고, 백성들은 근본인 농사를 떠나서 말업인 장사를 요구합니다. 말업인 장사도 헛되이 얻을 수 있는 것이 아니니, 그러므로 의관 속대를 한 고위 관리[縉紳]도 거리낌 없이 속여대고, 칼을 든 무장도 자랑삼아 사람을 죽이며 속이고 빼앗다 보니, 세상은 수치심을 알지 못하고 이로 인해 법을 어기는 사람들이 점점 늘어나고 있습니다.

무릇 아름답고 진기한 물건들은 본래 사람의 눈과 귀를 끄는 것이기 때문에 정도를 잃고서 사치하게 되고, 음악이 적절함을 잃어 음란해지고, 예가 적절함을 잃어 지나치게 화려해지고, 가르침이 적절함을 잃어 거짓이 됩니다. 거짓과 화려함과 음란함과 사치함은 백성들을 바르게 인도하는 [範] 길이 아닙니다. 이 때문에 천하 백성들은 이익을 추구하는 바가 끝이 없고, 법을 어기는 자는 많은 것입니다.

신이 바라건대 백성들을 위해 통제하고 헤아려서 그들의 음란함을 막고, 가난한 사람과 부유한 사람이 서로 갈등을 빚지 않게 해 그들의 마음을 화합시켜야 할 것입니다. 이미 마음이 화평하게 되면 그 본성은 편안해질 것입니다. 본성이 편안해지면 쓸데없는 데 현혹되지 않아[不營=不惑] 도적이 줄어들 것이고, 도적이 줄어들면 형벌을 행하는 일이 적어질 것이고, 형벌이 적어지면 음양이 조화를 이루게 되고 사계절이 바로잡히며, 비와 바람이 때를 잃지 않아 초목이 잘 자라고 오곡이 무르익으며, 여섯 가축들이 잘 길러지고 백성들에게는 역병이 사라질 것이니 이는 조화로움의 극치입니다.

신이 듣건대 주나라가 천하를 소유해 그 치세(治世) 300여 년인데, 성왕과 강왕[成康] 때가 융성기였습니다. (이런 때에는) 형벌을 40여 년 동안 쓰지 않았습니다. 하지만 쇠세(衰世) 또한 300여 년인데, 그때가 되자 오패(五伯)가 번갈아 일어났습니다. 패자(伯者=覇者)는 늘 천자를 도와 이로운 일은 일으키고 해로운 일은 제거했으며, 사나운 자는 주벌하고 간사한 것을 금해 천하를 바로잡음으로써 천자를 높였습니다.

오패가 몰락하자 뛰어나거나 빼어난 군주는 더 이상 나오지 않았고, 천자는 고립돼 힘이 없었으며, 천자의 호령은 먹혀들지 않았습니다[不行]. 제후들은 제멋대로 굴며, 강한 자는 약한 자를 업신여기고, 다수는 소수에게 포악하게 굴었습니다. (제나라) 전상(田常)은 제(齊)나라를 찬탈했고, 여섯 경(卿)들은 진(晉)나라를 나누어가지면서 전국시대(戰國時代)로 돌입했으니, 이는 백성들에게 고통의 시작이었습니다. 이에 강대국은 침공에 힘쓰고 약소국은 방비에 매달렸으며, 합종과 연횡이 판을 치고 병거들이 내달렸으며, 각국 병사들의 갑옷과 투구에는 서캐와 이가 가득하건만 백성들은 서러움을 호소할 곳도 없었습니다.

진나라 왕[秦王]에 이르러 천하를 야금야금 먹어[蠶食] 전국(戰國)을 집어삼키고, 황제라고 일컬으면서 천하의 정치를 통일하고 제후들의 성을 파괴했습니다. 그들은 무기를 녹여 종과 악기를 주조해 다시는 무기로 사용하지 않겠다는 뜻을 보였습니다. 백성들은 전란을 벗어날 수 있었고, 밝은 천자를 만나 모두들 다시 새로운 세상에 태어났다고 여겼습니다. 그때 진나라가 만일 형벌과 세금을 줄이고 요역을 덜어주며, 어짊과 의로움을 숭상하고, 권세와 이익을 천시하며 두터운 것을 숭상하고, 약삭빠른 기교를 나쁘게 여겨 풍속을 바꿔서 천하를 교화했다면 분명 대대로 편안했을 것입니다. (그런데) 진나라는 이러한 풍속을 교화하지 않고, 옛 관습을 그대로 따르면서 약삭빠른 기교와 권세, 이익을 추구하는 자는 등용하고, 미덥고 충성스러운 자는 물리쳤으며, 법을 엄격하게 하고, 정치는 더욱 준엄하게 시행했습니다. 이에 따라 아첨하는 자가 많아서 황제는 날마다 칭송하는 말만 들으니 야심은 커지고 마음은 더욱 교만해졌습니다. 자기의 위세를 나라 밖까지 떨치고 싶어 하자 몽염(蒙恬)에게 군대를 거느리고 북쪽으로 오랑캐를 공격하게 하니, 국토를 개척해 북하(北河)에서 수자리를 서며, 백성들에게 군량을 지고 그 뒤를 따르게 했습니다. 또 위관(尉官)인 도수(屠睢)에게 수군(水軍)을 거느리고 남쪽으로 백월(百越)을 치게 하고, 감어사(監御史) 감록(監祿)에게 운하를 파서 군량을 옮겨 월(越)나라에 깊숙이 들어가게 하니 월나라 사람들은 달아나버렸습니다. 부질없이 날을 보내며 버티다가 진나라 병사는 군량이 부족해졌습니다. 이에 월나라 군사가 공격하니 진나라의 군대는 크게 패하고 말았습니다. 진나라는 이에 위타(尉佗)에게 병졸을 거느리고 월나라를 지키도록 했습니다.

이런 때를 맞아 진나라의 전선은 북쪽의 흉노에서부터 남쪽으로는 월나라까지 걸쳐 있었기 때문에, 군대를 쓸모없는 땅에 주둔시켜놓느라 나아갈 수는 있어도 물러날 수는 없게 돼버렸습니다. 장정들은 10여 년을 계속해 갑옷을 입고 젊은 부녀자들은 군수물자를 실어 나르다 보니, 그 고달픔에 삶을 마다하고 길가 나무에 목을 매어 자살하는 사람들이 서로 바라볼 지경이었습니다.

 진나라의 황제가 붕(崩)하자 천하에는 대반란이 일어났습니다. 진승(陳勝)과 오광(吳廣)은 진(陳) 땅에서 봉기하고, 무신(武臣)과 장이(張耳)는 조(趙) 땅에서 일어났으며, 항량(項梁)은 오(吳) 땅에서 군대를 일으켰고, 전담(田儋)은 제(齊) 땅에서 거병했으며, 경구(景駒)는 영(郢) 땅에서 일어났고, 주불(周市)은 위(魏) 땅에서 봉기했으며, 한광(韓廣)은 연(燕) 땅에서 거병해 심산유곡에서까지도 호걸들이 동시다발로 봉기하니 그 숫자는 이루 다 셀 수 없을 지경이었습니다. 그러나 그들은 모두 본래 공후(公侯)의 자손이나 장관의 벼슬아치도 아니었고, 1척 1촌의 권세도 없이 보잘것없는 시골 거리에서 봉기해 창 자루를 들고 시세에 따라 움직였던 것이며, 사전에 서로 모의하지 않았어도 함께 일어났으며, 약속하지 않았어도 한데 모여 하나둘 점거한 지역이 넓어져서 마침내는 패왕이 되기에 이르니 모두 시세(時勢)의 가르침이 그렇게 만든 것입니다.

 진나라가 천자의 귀한 신분으로 천하를 소유했으면서도 결국 대를 잇지 못하고 제사가 끊기게 된 것은 지나치게 전쟁을 벌인 재앙 때문입니다. 그래서 주나라는 약했기 때문에 나라를 잃었지만 진나라는 강했기 때문에 나라를 잃었던 것이니, 이는 모두 시세의 변화에 따르지 못한 데 따른 환란입니다.

 지금 폐하께서는 남이(南夷)를 부르고, 야랑(夜郎)을 입조시키며, 강(羌)과 북(僰)을 투항시키고, 예주(濊州-예맥)를 공략해 성읍(城邑)을 건설하며, 흉노의 땅 깊숙이 들어가 그들의 용성(龍城)을 불태우고 하시는데, 이를 토의하는 자들은 모두 그런 전략이 좋다고 합니다. (그러나) 이는 신하

된 자의 이익은 될 수 있으나 천하의 장구한 계책은 아닙니다. 지금 중국에는 개 짖는 소리에 놀랄 일이 없을 정도로 아주 태평한데, 나라 밖으로 먼 곳의 수비에 얽매어 국가를 피폐하게 하는 것은 백성을 자식처럼 여기는[子民] 도리가 아닙니다.
　끝없는 욕망을 좇아 만족을 추구함으로써 흉노와 원한을 맺는 것은 변경을 편안하게 하는 길이 아닙니다. 일단 화가 맺히면 풀어지지 않으므로 싸움은 그쳤다가 다시 벌어지게 됩니다. 그러면 가까이 있는 자는 근심에 휩싸일 것이요, 멀리 있는 자는 두려움에 떨게 될 것입니다. 이와 같다면 천하를 오래도록 지탱하기 어렵습니다. 지금 천하는 갑옷을 수리하고 칼을 갈며, 화살을 바로잡고 시위를 점검하며 군량을 수송하느라고 잠시도 쉬지 못하고 있으니, 이는 천하 사람들이 모두 근심하는 바입니다. 무릇 군대를 동원하는 것이 오래되면 변란이 일어나고, 일이 복잡해지면 근심이 생기는 법입니다. 지금 나라 밖으로 개척한 땅은 1,000리나 되고, 이곳에 줄지은 성들이 수십 개입니다. 산천의 형세와 토지에 근거해 그곳의 백성들을 통제하고 인근 제후들을 위협하니 이는 종실(宗室)의 이익이 아닙니다. 예전에[上] 제나라와 진(晉)나라가 무너진 까닭을 살펴보면 공실의 지위가 쇠약해지고, 여섯 경의 세력이 성대해졌기 때문이고, 근자에[下] 진(秦)나라가 멸망한 까닭을 살펴보면 형벌이 지나치게 혹독하고, 욕심이 끝이 없었기 때문입니다. (그런데) 지금 군수(郡守)의 권력의 중함은 여섯 경에 비할 바가 아니고, 군수들이 관할하는 땅은 사방 1,000리 가까이 돼 진승 등이 근거지로 삼았던 몇몇 작은 향리에 비할 수 없이 광활하며, 그들이 사용하는 갑옷, 병기, 그리고 각종 장비는 진승 등이 사용했던 창 자루 정도가 아닌데, 이런 형세하에 천하의 변란을 만난다면 그 결과는 어떻게 될 것인가는 굳이 말씀드릴 필요가 없습니다.'

뒤에 안(安)을 기마령(騎馬令)〔○ 사고(師古)가 말했다. "천자의 기마를 담당하는 관직이다."〕으로 삼았다.

종군(終軍)은 자(字)가 자운(子雲)으로 제남(濟南) 사람이다. 젊어서 학문을 좋아해 박학했고, 속문(屬文)에 능해 군(郡) 내에 소문이 자자했다. 18세 때 박사제자(博士弟子)로 뽑혔다. 관리의 길에 들어섰는데, 태수가 그가 특별한 재능이 있다는 말을 듣고서 불러서 만나보고는 그를 참으로 뛰어나다고 여겨 서로 밀접한 관계를 맺었다. 군(軍)은 태수에게 인사를 올리고 나와서 장안에 이르러 글을 올려 정사를 이야기했다. 무제(武帝)는 그 글을 보고서 특출나나고 여겨 군을 제배해 알자급사중(謁者給事中)으로 삼았다.

상이 옹(雍)에 행차해 오치(五畤)에서 제사를 지낼 때 따라갔다. 이때 흰 기린을 잡았는데, 뿔이 하나였고 매 발마다 발굽이 다섯 개였다. 이때 또 진기한 나무를 얻었는데, 그 가지들은 사방팔방으로 뻗었다가 하나같이 다 다시 나무 꼭대기에서 만났다. 상은 이 두 가지 일을 이상하게 여겨 여러 신하들을 모아놓고, 어떻게 할 것인지에 대해 두루두루 의견을 들었는데, 군이 대(對-대책(對策))를 올려 말했다.

'신이 듣건대 시(詩)는 임금의 다움을 노래하고, 악(樂)은 후(后)의 공로를 노래했는데, 경(經)은 다르지만 뜻은 같은 것으로 성대한 다움이 융성하게 된 것을 밝히는 것이라고 했습니다. 남월(南越) 사람들은 갈대[葭葦-가위] 속으로 쥐새끼들처럼 숨어들어 새랑 물고기랑 한 무리를 이루고 있으며, 한나라의 정삭(正朔-교화의 상징)은 그들의 풍속에 영향을 주지 못하고 있습니다. 우리 관리들이 국경에 나아가면 동구(東甌)는 내부(內附)하고, 민왕은 죄에 엎드렸으며, 남월은 구원을 기대했습니다. 북쪽의 오랑캐는 (방목한) 가축을 따라서 초지를 구하러 옮겨다녔는데, 짐승의 행동과 호랑이나 이리와 같은 마음을 갖고 있어, 상고시대 이래로 아직도 능히 제대로 제어하지를 못하고 있습니다. 대장군(-위청)이 부월을 쥐니 선우는 사막으로 달아났고, 표기(票騎-곽거병)가 깃발을 드니 곤야는 옷깃을 오른쪽으로 했습니다[右袵-우임]〔○ 사고(師古)가 말했다. "중국의 풍속을 따랐다는 말이다."〕. 이는 은택이 남쪽을 적셔주고 위엄이 북쪽에 떨쳤다는 뜻입니다. 벌을 제대로 시행해 친근한 자라고 해 아부하게 하지 않고, 제대로 천거해 소원한 자라고 해 내버려두지 않으며, 관직을 두어 뛰어난 이를 기다리고 상을 걸어 공로를 세우는 자를 기다려 유능한 자를 나아오게 해 복록을 보장해주고, 뒤떨어진 자를 물러나게 해 농사에 힘쓰게 하면[勞力-노력] 천하에 법이 바로잡히게 됩니다. 수많은 아름다운 다움을 행하시면서도 만족스러워하지 않으시고, 빼어난 밝음을 품고 계시면서도 스스로 겸손해하시고, 삼궁(三宮-명당, 벽옹, 영대)의 애씀과 바탕[文質-문질]을 세우시며, 그 직분의 마땅함을 밝히시고서 봉선을 행한 임금이 계시다는 소리를 들어본 적이 없습니다〔○ 사고(師古)가 말했다. "옛날에 봉선을 행한 임금들 중에 이런 아름다움을 갖춘 이가 없었다는 말이다."〕.

 무릇 천명을 받은 초기에는 만사가 처음 만들어지는 때이기 때문에 온 천하가 풍속을 똑같이 하고, 구주(九州)가 관습을 하나로 통일하려면 반드시 밝고 빼어난 천자의 윤색(潤色)〔○ 사고(師古)가 말했다. "더욱 빛나게 갈고닦는다는 말이다."〕을 기다려야만 조상의 대업이 무궁토록 전해지는 법입니다. 그래서 주나라는 성왕(成王)에 이르고 나서야 제도가 정립됐고, 아름다운 징험들이 나타났습니다. 폐하께서는 해와 달의 빛을 성대하게 하시어 빼어난 생각[聖思]을 봉선의 일에 드리우시어, 신명에 대한 삼감의 마음을 오로지 하시고, 하늘과 땅의 제사를 교외의 궁에서 받드시어, 제사를 받드시는 마음이 귀신과 통하고 오랫동안 쌓으신 조화의 기운이 밝은 혼령에 답하시어, 특이한 짐승들이 와서 붙잡혔으니 이는 마땅한 일입니다.

옛날에 무왕(武王)께서 황하의 중류를 아직 다 건너시지 못했을 때 흰 물고기가 왕의 배에 날아 들어오니 몸을 숙여 그것을 붙잡아 불에 구워 제사를 올리자 여러 신하들이 모두 말하기를 "아름답습니다"라고 했습니다. 지금 교제사를 지내 아직 하늘과 땅의 신령께서 서로 통하지 않으셨는데도 기이한 짐승을 붙잡아 그것을 바쳤으니, 이는 하늘이 제사를 흠향하시고 그것이 위와 통했다는 것을 보여주신 조짐입니다. 마땅히 밝게 길일을 택하시어 그것으로 연호를 새롭게 정하시어 귀신들에게 고하시고, 흰 띠를 강회(江淮)에 바치시어 봉선의 아름다운 칭호를 영구(營丘-태산)에 올리시어 광명에 답하셔야 할 것입니다. 사관을 시켜 이 일을 다 기록하게 하시옵소서.

대개 여섯 개의 날개를 가진 역(鶂)새가 (강풍으로 인해) 뒤로 날아간 것은 거스름[逆]이요, 흰 물고기가 배에 뛰어오른 것은 고분고분함[順]입니다. 무릇 밝음과 어두움의 징조란 위로는 날아가는 새가 어지럽고 연못의 물고기가 제 마음대로 날뛰는 것이라 각각의 유형에 따라 미루어 헤아려야 합니다. (그런데) 지금 야수가 두 개의 뿔이 나란히 나서 뿌리가 같다는 것을 분명하게 보여주고 있습니다. 수많은 가지가 안으로 복속하는 것은 더 이상 밖에 기댈 곳이 없다는 것을 보여주는 것입니다. 이와 같은 조응(照應)이란 거의 묶은 머리를 풀고, 좌임을 고쳐 오른쪽으로 매고, 관대를 그대로 하며, 의상을 중국과 그대로 해 교화를 입은 자와 조금도 다를 바가 없습니다. 이것이 바로 손을 공손히 모으고서 그것이 오기를 기다리는 것입니다.'

이 글이 올라가자 상은 그것을 참으로 비범하게 여겨 이로 말미암아 연호를 고쳐[改元] 원수(元狩)라고 했다. 여러 달이 지나 월 땅과 흉노의 명왕(名王)이 무리를 이끌고 투항하는 일이 있었는데, 이때 모든 사람들은 다 군(軍)의 말이 사리에 적중했다[中]고 여겼다.

원정(元鼎) 연간에 박사 서언(徐偃)이 사자가 돼 지방의 풍속을 순시했다. 언(偃)은 칙명을 (마음대로) 고쳐[矯制], 교동국과 노나라로 하여금 소금을 굽고 철을 주조하게 했다. 돌아와서 일을 아뢰자 좌천돼[徙] 태상 승(丞)으로 옮겼다. 어사대부 장탕은 언이 칙명을 마음대로 고쳤다며 법에 따르면 사형에 해당한다고 그를 탄핵했다. 언은 『춘추(春秋)』의 의리에 따르면 대부가 국경 밖으로 나가서는 사직을 안정시키고, 만백성을 보존하기 위해서는 그런 일을 독자적으로 결단할 수 있다[顓]고 생각했다. 탕(湯)은 법대로 처리하려 했지만 그의 의로운 행위를 굴복시킬 수는 없었다. 군(軍)에게 조서를 내려 그의 죄상을 물었는데, 군은 언을 힐난해 말했다.

"옛날에 제후들은 나라마다 풍속이 다르고 나눠져 있어 100리만 돼도 서로 통하지 않았고, 일정한 시기마다 대부를 불러 서로 만나보는 빙회(聘會)의 일이 있었으며, 서로 간의 안위(安危)의 형세도 한 번 호흡을 하는 정도의 짧은 시간에 변화가 있었기 때문에, 사(辭-임금의 명)를 받지 않고서 명령을 만들어 자기 마음대로 일을 판단하는 것이 가능했습니다. (그러나) 지금은 천하가 하나로 통일돼 있고 만 리가 같은 풍속이기 때문에, 그래서 『춘추(春秋)』에 이르기를 '왕자(王者-천자)밖에는 아무도 없다'라고 했던 것입니다. 언(偃)은 봉역(封域) 안을 순시한 것인데, 국경 밖을 나갔다고 하는 것은 무슨 말입니까? 또 소금과 철은 군(郡)에 남은 저장분이 있어 바로 이 두 나라(-교동과 노나라)의 소금과 철이 없다 해도 국가의 이해에 관계가 없는데, 사직을 안정시켜 만백성들을 보존할 수 있다고 설명하는 것은 도대체 무엇입니까?"

또 언을 힐난해 말했다.

"교동국은 남쪽으로는 낭야군과 가깝고, 북쪽으로는 북해군에 접해 있으며, 노나라는 서쪽으로 태산군(泰山郡)에 기대고 있고, 동쪽으로는 동해군이 있어 그 군들로부터 소금과 철을 받고 있습니다. 언은 이들 4개 군의 인구[口數]와 토지를 헤아려 그 용기와 식염의 양을 총계했으니, 두 군에 합쳐서 공급하기에는 부족하지 않겠습니까? 장차 형세상으로 마땅히 여유가 있다면 관리들에게 그것이 불가능하겠습니까? 무엇을 근거로 이런 말을 하는 것입니까? 언이 칙명을 (마음대로) 고쳐[矯制] 가죽 풀무[鼓=鼓鞴]를 써서 철을 주조하게 한 것은 봄에 파종기를 맞아 백성들의 용기를 충족시키려 한 것입니다. 지금 노나라가 가죽 풀무를 써서 불을 피우려 하기에 마땅히 사전에 그 설비를 갖춰야 하는데, 불은 가을이 돼서야 겨우 붙일 수 있을 것입니다. 이 말과 실제는 모순이 되지 않습니까? 언은 이미 세 차례나 아뢰었지만 아무런 조서가 없었습니다. 그런데도 허가를 받지 못했다고 생각지 않고서 칙명을 고쳐 위엄과 복록을 만들어내[作威福]² 백성들의 기대에 부응해 명예를 구하려 했으니, 이는 밝고 빼어난 천자라면 반드시 주벌을 가해야 할 짓입니다. '한 자를 굽혀 한 길을 편다[枉尺直尋]'³라는 것은 맹자도 해서는 안 되는 짓이라고 했습니다. (그런데) 지금 범한 죄는 무겁고 이룩한 공로는 작으니, 언은 스스로 자신이 반드시 죽을 죄를 허락하고서 그것을 행한 것입니까? 장차 요행히 주살을 당하지는 않더라도 결국은 명예를 얻으려 했던 것 아니겠습니까?"

2　위엄과 복록은 임금만이 만들어서 신하들에게 내려줄 수 있다.

3　『맹자(孟子)』「이루장구(離婁章句)」에 나오는 말이다. (맹자의 제자인) 진대(陳代)가 말했다. "(스승님께서) 제후들을 만나보려 하지 않는 것은 의당 작은 데에 얽매이는 것 같습니다. 지금이라도 한번 만나보시어 (만나는 제후가 어떤 인물이냐에 따라) 크게는 왕업을 이루시고, 작게는 패업을 이루십시오. 옛 기록에도 '한 자를 굽혀 한 길을 편다'고 했습니다. (제후들이 부르지 않더라도 스승님께서 먼저 제후들을 만나보심은) 마땅히 해볼 만한 것 같습니다." 맹자가 말했다. "옛날에 (춘추시대의) 제(齊)나라 군주 경공(景公)이 사냥을 할 때 (사냥터를 관리하던) 우인(虞人)을 깃발로 부르자 오지 않았다. 이에 경공이 장차 우인을 죽이려 했다. (그러나 결국은 풀어주었다.) 공자께서는 '뜻있는 선비는 (뜻을 지키다가 혹시 죽더라도 자신의 시신이) 도랑이나 골짜기에 내버려지는 것을 두려워 않으며, 용기 있는 선비는 (의리를 지키다가) 자신의 목이 날아가는 것도 두려워하지 않는다'며 우인을 칭찬하셨다. 공자께서는 우인의 어떤 점을 높이 평가하고 취하셨겠는가? 자신에게 걸맞지 않는 부름일 때는 가지 않았음을 취하신 것이다. (이처럼 사냥터 관리인도 부르는 법도가 예에 맞지 않으면 가지 않았는데) 만일 내가 제후들의 부름을 기다리지도 않고 나아간다면 어떻게 되겠는가? 또 한 자를 굽혀 한 길을 편다는 것은 이득을 척도로 삼아 말한 것이다. 만일 이처럼 이득을 척도로 삼아 말한다면 한 길을 굽혀 한 자를 펴서 이득을 얻는다고 한들 그것을 정말 할 수 있겠는가?"

언은 더 이상 반박을 하지 못하고 스스로 죄에 엎드려 죽을 죄를 지었다는 것을 인정했다. 군(軍)이 아뢰었다.

"언이 칙명을 고쳐서 자기 마음대로 일을 행한 것은 사자로서의 임무를 받든 것이 아니니, 청컨대 어사에 명을 내리시어 언을 불러들여 처벌을 받도록 해야 할 것입니다."

(상이) 이를 재가했다. 상은 그의 힐난을 옳다고 여겨 조서를 통해 어사대부에게 보여주었다.

애초에 군이 제남에서 박사관에 참여해 걸어서 함곡관에 들어왔는 데, 관문의 관리가 군에게 고운 명주 조각[繻=符]을 주었다. 군이 물었다.

"이게 뭡니까?"

관리가 말했다.

"돌아올 때 부절처럼 맞춰보아야 할 것입니다."

군이 말했다.

"대장부가 서쪽으로 유세를 가는데 끝내 돌아오는 일은 없을 것이오."

명주 조각을 내버리고 떠나갔다. 군이 알자(謁者)가 돼 사자로서 군국을 순행할 때 절(節)을 세워 동쪽으로 관문을 나가게 했는데, 관문의 관리가 그를 알아보고서 말했다.

"이 사자는 곧 예전에 명주 조각을 버렸던 그 선생이다."

군은 군국을 순행하고서 자신이 보았던 것들을 사안에 맞춰 보고했다. 돌아와 일을 아뢰자 상은 크게 기뻐했다.

흉노에 사자를 보낼 일이 생겼는데, 이때 군이 스스로 청해 말했다.

"저는 초원을 밟은 공로가 없이 숙위의 반열에 올라 녹을 먹은 지 5년입니다. 변경에 병란의 위험이 있으니 신은 마땅히 갑옷을 입고, 칼을 들고서 화살과 돌에 맞서는 것을 두려워하지 않고 앞길을 열어야 한다고 여깁니다. 제가 우둔해 전쟁의 일을 익히지는 못했지만 지금 듣건대 장차 흉노에 사자를 보내신다고 하니, 바라건대 신이 정성을 다하고 온 기력을 바쳐 밝은 사신[明使]의 일을 받들고 도와서 흉노의 면전에서 길흉을 논할까 합니다. 신의 나이가 어리고 재주가 모자라 시위하는 자리에 있지 못하고, (상으로부터) 멀리 떨어진 외직에 외로이 있으면서 한 방면의 통치를 맡기에도 부족해 마음속으로 분한 마음을 이길 수가 없습니다."

조서를 내려 길흉의 형상을 논한다는 것이 무엇인지를 물었는데, 상은 군의 대답이 기이하다고 여겨 그를 뽑아 간대부(諫大夫)로 삼았다.

남월이 한나라와 화친을 맺었기 때문에 이에 군을 사신으로 삼아 남월에 보내 그 왕을 설득해 입조하게 해서, 나라 안의 제후와 대등하게 예우해주려고 했다. 군이 스스로 청해서 말했다.

"관에 쓰일 긴 갓끈을 주신다면 반드시 남월왕을 끌고와 대궐 앞에 엎드리게 하겠습니다."

군은 드디어 가서 월왕을 설득하니 월왕은 그렇게 하겠다고 하고서 온 나라를 들어 (한나라에) 내속(內屬)하게 해달라고 청했다. 천자는 크게 기뻐해 남월에 대신의 인장과 인끈[印綬]을 내려주고, 한결같이 한나라의 법과 제도를 채용해 그 풍속을 새롭게 바꾸게 하고서, 사자를 그대로 머물게 해 그곳을 어루만져주었다. 월나라의 재상 여가(呂嘉)는 내속하려 하지 않고서 군대를 일으켜 그 왕을 공격해 죽이고, 한나라의 사자도 모두 죽여버렸다. 상세한 이야기는 「남월전(南越傳)」에 실려 있다. 군이 죽었을 때 나이가 20여 세였기 때문에, 세상에서는 그를 칭해 종동(終童)이라고 했다.

    왕포(王褒)는 자(字)가 자연(子淵)으로 촉(蜀) 사람이다. 선제(宣帝) 때 (선제는) 무제(武帝)의 옛일들을 정리하고, 육예(六藝)의 여러 책들을 강론했으며, 널리 기이하고 특이한 학설들의 장점들을 구했고,『초사(楚辭)』에 달통한 구강군(九江郡)의 피공(被公)을 불러 인견하고서 (각종 책들을) 송독(誦讀)하게 했으며, 나아가 뛰어난 재주를 가진 유향(劉向), 장자교(張子僑), 화룡(華龍), 유포(柳褒) 등을 불러 금마문(金馬門)에서 조서를 기다리게 했다[待詔]. 신작(神爵)과 오봉(五鳳) 연간에 천하는 번영해 여러 차례 아름다운 조짐[嘉應]들이 나타났다. 상은 자못 노래와 시를 짓기를 좋아해 음률로 조화시키는 일을 일으키고자 했는데, 승상 위상(魏相)이 음악에 정통하고 아금(雅琴)을 잘 연주하는 자인 발해의 조정(趙定)과 양(梁)나라의 공덕(龔德)을 추천하니, 모두 불러서 만나보고 대조(待詔)하게 했다. 이에 익주자사(益州刺史) 왕양(王襄)이 일반 백성들에게 풍속을 퍼뜨려 이들을 교화하고자 해, 왕포가 탁월한 재주가 있다는 말을 듣고서 만나보기를 청해, 포(褒)에게 중화(中和), 낙직(樂職), 선포(宣布)〔○ 사고(師古)가 말했다. "중화는 정치가 알맞은 도리를 찾아 화평한 것이고, 낙직은 백관들이 각각 적소를 얻은 것을 노래한 것이며, 선포는 풍속의 교화가 널리 퍼져 그 혜택을 입지 않은 자들이 없음을 노래한 것이다."〕의 시 등을 짓게 하고서 호사가들을 뽑아 녹명(鹿鳴)[4]의 소리에 의거해, 그것을 익혀 노

---

4 『시경(詩經)』「소아(小雅)」의 편 이름이다.

래를 부르게 했다. 이 당시 범향후(氾鄕侯) 하무(何武, ?~3년)⁵가 동자(僮子)로 뽑혀 노래하는 자들 중에 있었다. 오래 지나 무(武) 등이 장안에서 배워 태학(太學) 아래에서 노래를 했는데 그것이 전해져 상에게 보고됐다. 선제가 무 등을 불러 그 노래하는 것을 보고서 모두에게 비단을 내려주고 말했다.

"이는 (천자의) 성대한 다움[盛德]을 노래한 것이니 내가 어찌 제대로 그에 해당될 수나 있겠는가!"

포(襃)가 이미 자사(刺史)를 위해 송가(頌歌)를 지은 후에 다시 그 음률을 풀이한 글을 지었는데, 익주자사는 그로 인해 포가 특출난 재주가 있다고 위에 아뢰었다. 상은 이에 포를 불렀다. 이미 도성에 이르자 포에게 조서를 내려 빼어난 군주가 뛰어난 신하를 얻는 노래를 짓게 하고 그 뜻을 풀었다. 이에 포가 대답해 말했다.

"무릇 성긴 모포 조각을 걸치고 거친 털옷을 입은 사람과는 순면의 곱고 세밀함을 말하기 어렵고, 명아주 국과 거친 밥을 먹는 사람과는 고급 요리의 맛을 논하기 어렵습니다. 지금 신은 서쪽의 촉 땅에 치우쳐 살고 있는데, 가난한 마을에서 태어나 쑥대로 이은 지붕 밑에서 자랐습니다. 세

---

5 성제(成帝) 말에 어사대부(御史大夫)가 됐다가 다시 대사공(大司空)을 지냈고, 범향후(氾鄕侯)에 봉해졌다. 애제(哀帝) 때 승상(丞相) 공광(孔光)과 함께 한전(限田)과 한노비(限奴婢) 방안을 추진해 한도를 넘긴 사람을 정리하려 했지만, 귀족들의 반대에 부딪쳐 시행하지 못했다. 평제(平帝) 때 왕망(王莽)이 정권을 잡자 자신을 지지하지 않는 사람을 해치려고 했는데, 무고를 받아 자살했다. 선제(宣帝) 때는 경학박사에게 수업을 받았다. 경술(經術)이 설선(薛宣)보다 뛰어났다고 평가됐다.

상을 두루 관람하거나 많은 책을 읽어서 얻은 지식도 없으면서 도리어 몹시 우둔하고 비천한 결점만을 지니고 있어, 폐하의 두터운 신망을 채워드리고 밝으신 뜻을 받들기에 부족합니다. 비록 그러할지라도 저의 어리석은 마음을 간략히 진술함으로써 진심을 펴지 않을 수 있겠습니까? 기(記)에 이르기를 『춘추(春秋)』의 법도인 오시(五始)〔○ 장안(張晏)이 말했다. "『춘추(春秋)』에서 말한 '원년(元年) 춘(春) 왕(王) 정월(正月)'을 말한다." 사고(師古)가 말했다. "원(元)이란 기운의 시작이고, 춘(春)이란 사계절의 시작이고, 왕(王)이란 천명을 받음의 시작이고, 정월(正月)이란 정치와 가르침의 시작이고, 공이 즉위한 것은 한 나라의 시작이니, 그래서 다섯 가지 시작[五始]이라고 한 것이다."〕의 요체는 임금이 자신을 살피고 통치를 바르게 하는 데 있을 따름입니다. 무릇 뛰어난 이는 나라의 그릇이니 임용된 자가 뛰어나면 정사의 취하고 버림에 있어 힘이 절약되면서도 공로는 널리 펴지고, 도구의 쓰임이 예리하면 힘이 덜 들면서도 효과는 큰 것입니다. 그래서 공인이 무딘 도구를 사용하면 뼈와 근육을 수고롭게 해 종일토록 부지런히 힘써야 한다고 했습니다. 뛰어난 대장장이의 경우에 이르면 명검인 간장(干將)을 만들기 위해 쇠붙이를 주조해 맑은 물에 그 칼끝을 식히고, 월나라산 숫돌에 그 칼날을 갈아내면 물에서는 교룡을 베고 뭍에서는 무소 가죽을 끊는데, 빠르기는 마치 비로 먼지 나는 길을 쓸 듯합니다.

이와 같기 때문에 눈 밝은 이루(離婁)〔○ 장안(張晏)이 말했다. "황제(黃帝) 때 시력이 뛰어났던 사람이다."〕로 하여금 먹줄 선을 따라 깎게 하면 비록 5층이나 되는 높은 누대가 길이와 너비가 100장씩이더라도 섞임이 없는 것은 공인의 용구가 딱 들어맞기 때문입니다. 보통 사람이 둔한 말을 몰게 되면 또한 말 주둥이에 상처를 입히고, 말채찍을 해지게 할 정도로 힘써도 길을 멀리 가지 못하고 가슴만 헐떡거리게 하고 땀만 흘리어, 사람도 힘이 다하고 말도 지치게 됩니다. 명마인 설슬(齧膝)을 수레에 매고 명마 승단(乘旦)을 곁말로 쓰며, 이름난 마부 왕량(王良)이 고삐를 잡고 한애(韓哀)가 수레를 몰면, 종횡무진으로 치달아 해가 지듯 홀연히 빠를 것이며, 도읍을 지나고 국경을 넘는데도 흙무더기를 지나가듯 빨리 달려 번개를 추적하고, 질풍을 따라잡을 듯하면서 팔방의 끝을 두루 돌고 만 리를 한숨에 달릴 것이니, 그 얼마나 멀리 달리겠습니까? 이는 사람과 말이 서로 제 임자를 만났기에 가능한 것입니다.

그래서 시원한 갈포 옷을 입은 사람은 한여름의 찌는 듯한 무더위에 괴로워하지 않고, 따뜻한 여우와 담비 가죽의 겉옷을 껴입은 사람은 한겨울의 혹한을 두려워하지 않습니다. 무엇 때문인가 하면 대비가 돼 있어 대처하기가 쉽기 때문입니다. 뛰어난 이와 군자도 역시 빼어난 임금이 천하를 쉽게 다스리기 위한 도구입니다. 이 때문에 즐거이 그들을 받아들이고, 넓고 여유 있는 길을 열어 천하의 영웅호걸들을 끌어들여야 합니다.

무릇 지혜를 다해 뛰어난 이를 가까이하는 자는 반드시 어진 정책을 수립하게 되며, 멀리까지 찾아다니며 선비를 구하면 반드시 패자(覇者)의 업을 세우게 됩니다. 옛날에 주공(周公)은 입안의 밥알을 뱉고 감던 머리를 쥐고서[吐握] 뛰어난 이를 맞이하는 수고를 몸소 실천하셨기에 감옥이 텅 빌 정도로 융성한 시대를 이루었고, 제(齊)나라 환공(桓公)은 뜰에 촛불을 밝혀 새벽에 찾아오는 신하를 맞이하는 예를 베풀었기에 천하를 바로하고 제후를 규합하는 공이 있었습니다. 이로 말미암아 볼 때 남의 임금 된 사람은 뛰어난 이를 구하는 데 힘씀으로써 사람을 얻어 편안하게 되는 것입니다. 남의 신하 된 자의 경우 또한 그러하니 옛날 뛰어난 이가 빼어난 임금을 만나지 못하면[未遭遇=不遇], 일을 도모하고 정책을 펴려고 해도 임금이 그 계책을 써주지 않았습니다. 열렬함을 펴 보여도 임금은 그 신실함을 그렇게 여기지 않았습니다. 벼슬자리에 나아가도 시책의 효과를 나타낼 수가 없었습니다. 쫓겨나는 것도 그의 허물 때문이 아니었습니다. 이 때문에 이윤(伊尹)은 솥과 도마를 다루는 데 애써야 했고, 태공(太公)은 칼을 휘두르며 고생해야 했으며, 백리해(百里奚)는 자신을 팔아야 했고, 영자(甯子)가 소를 먹이는 일을 해야만 했던 것은 이러한 환난을 만났기 때문이었습니다. 밝은 임금이나 빼어난 군주를 만나게 되면 계책을 낼 때마다 임금의 뜻에 부합되고 간언을 충분히 들어주며, 나아갈 때나 물러날 때 그의 충성에 관심을 지니며, 직책을 맡으면 그 재주를 다하게 해줍니다. (그리하여) 비천하고 욕되고 어둡고 더러운 곳을 떠나 거친 음식과 짚신을 벗어 던지고, 기름진 고기와 향락을 누리게 됩니다. 관리에 임용되고 토지를 하사받아 조상을 빛내고 자손에게 영광을 전해 유세하는 선비를 도와주게 됩니다. 그러므로 세상에는 반드시 빼어난 지혜[聖知]를 갖춘 임금이 있은 후에야 뛰어나고 밝은 신하가 있게 되는 것입니다. 그래서 호랑이가 울부짖어야 바람이 차갑고, 용이 일어나야 구름이 모여듭니다. 귀뚜라미는 가을을 기다려 울고, 하루살이는 음산한 곳에서 나옵니다.『주역(周易)』에 이르기를 '비룡이 하늘에 있으니 대인(大人)을 만나보는 것이 이롭다[飛龍在天 利見大人]'〔○ 사고(師古)가 말했다. "건(乾)괘(䷀)의 아래에서 다섯 번째 효사다. 임금 된 자가 바른 양의 자리에 있으면 뛰어난 이들이 그것을 보게 돼 이롭다는 말이다.")'라고 했고 『시경(詩經)』에 이르기를 '훌륭한 많은 선비가 이 왕국에서 태어났구나[思皇多士 生此王國][○ 사고(師古)가 말했다. "「대아(大雅)」 '문왕(文王)' 편에 나오는 구절이다."]'라고 했습니다. 그래서 세상이 평화롭고 군주가 빼어나면 준걸들이 스스로 찾아오는 것이니, 이를테면 요순(堯舜), 우탕(禹湯), 문무(文武) 같은 임금들이 후직(后稷), 설(契), 고요(皐陶), 이윤(伊尹), 여망(呂望) 같은 신하들을 얻었던 경우입니다. 밝고 밝은 임금이 조정에 계시며 온화하고 위엄을 갖춘 신하들이 줄지어 있어서, 정신을 한곳으로 모으면 서로가 더욱 밝아지게 됩니다. 비록 거문고의 명인인 백아(伯牙)가 명금 체종(遞鍾)을 타고, 활의 명인인 봉문자(逢門子)가 명궁 오호(烏號)를 당긴다 해도, 오히려 임금과 신하가 서로 뜻을 얻은 것에 비유하기에는 부족합니다.

 그렇기 때문에 빼어난 군주는 반드시 뛰어난 신하를 기다려 공적을 넓히고, 훌륭한 선비[俊士=俊傑]도 또한 밝은 군주를 기다려서 그 다움을 드러냅니다. (이리되면) 위아래가 함께 원하고 기뻐하며, 함께 서로 즐거워합니다. (이는) 1,000년에 한 번 만날까 말까 한 경우로 대화를 할 때는 의심스러운 것이 없게 해 큰 기러기의 털이 순풍을 만나 나는 듯하며, 거대한 고기가 큰 골짜기에서 멋대로 헤엄치듯 성대합니다. 이와 같이 뜻대로 되면 어찌 금하려는 일이 없어지지 않을 것이며, 어찌 명령하는 것이 시행되지 않을 수 있겠습니까? 교화가 사해 바깥까지 널리 퍼져 끝이 없게 돼 먼 곳의 오랑캐들이 조공을 바치고, 만 가지 상서로운 일이 반드시 이를 것입니다. 이 때문에 빼어난 군주는 두루 들여다보거나 바라보지 않아도 그 보는 것이 이미 눈 밝으며, 모든 것에 귀를 기울이지 않아도 그 듣는 것이 이미 귀 밝게 됩니다. 그리하여 빼어난 은혜는 상서로운 바람을 따라 날고, 어진 다움은 온화한 기운과 함께 노닙니다. 그러면 천하를 태평스럽게 해야 하는 책임을 완수하고, 한가로이 노닐고 싶은 바람을 이루게 됩니다. 자연의 추세를 따라 노닐고, 무위자연의 세계에서 편안하게 돼서 좋은 징조가 저절로 이르며, 만수무강해 온화한 모습으로 옷자락을 드리우고 팔짱을 끼고 있어도, 영원 만년토록 편하게 되실 것입니다. 어찌 반드시 누웠다 일어났다, 굽혔다 폈다 하는 것을 팽조(彭祖)와 같이하며, 숨을 들이마셨다 내뱉었다 하는 것을 왕교(王喬)나 적송자(赤松子)[6]처럼 해 멀리 속세를 떠나 세상을 등져야만 하겠습니까?

『시경(詩經)』에 이르기를 '훌륭한 선비들이 많으니 문왕께서 (천하를) 안정시키셨도다[濟濟多士 文王以寧]'[7]라고 했으니 아마도 진실로 이렇게 해야만 (나라는) 안녕할 것입니다."

이때 상은 자못 신선을 좋아했기 때문에 그래서 포의 대답 속에 그 일에 대한 언급이 있었다. 상은 포와 장자교 등에게 대조(待詔)할 것을 명했고, 여러 차례 포 등은 사냥에 함께 따라나섰으며, 가는 궁관(宮館)마다에서 노래를 짓게 하고, 순위를 매겨 차등 있게 비단을 내려주었다. 의자(議者)의 다수가 이는 부화한 짓이며, 불요불급하다고 아뢰자 상이 말했다.

"장기나 바둑이라도 있지 않은가? 이런 놀이를 하는 것이 오히려 (아무것도 하지 않는 것)보다 낫다〔○ 사고(師古)가 말했다. "『논어(論語)』「양

---

6 둘 다 고대의 신선이다.

7 「대아(大雅)」'문왕(文王)' 편에 나오는 구절이다.

화(陽貨)」편에 실린 공자의 말이다."]'라고 하지 않았던가? 사부(辭賦) 중에서 큰 것은 고시(古詩)와 같은 뜻이고, 작은 것은 말이 화려해 사람들을 기쁘게 해준다. 여공에 비유하자면 비단을 짓는 것과 같고, 음악으로는 정(鄭)나라나 위(衛)나라 음악과 같은 것일 텐데 지금의 세속은 오히려 이런 것을 가지고 귀와 눈을 즐겁게 해주는 것이지만, 사부는 이와 비교하자면 오히려 어짊과 의로움을 은근히 일깨워주는 바[風諭]가 있고, 조수나 초목의 이름을 많이 알게 해주니[8] 장기나 장기, 바둑보다는 훨씬 낫다."

얼마 후에 포를 뽑아서 간대부로 삼았다.

그후에 태자의 몸이 좋지 않아 정신이 오락가락하며 자주 건망증에 시달리자 (상은) 즐겁지가 않았다. 조서를 내려 포 등은 모두 태자궁에서 태자를 모시며 즐겁게 해주도록 하니, 아침저녁으로 독특한 문장들과 자신들이 지은 작품들을 외우고 읽었다. 태자의 질병이 낫자 원래대로 복귀했다. 태자는 포가 지은 감천송(甘泉頌)과 통소송(洞簫頌)을 좋아해 후궁이나 귀인 등 곁에 있는 사람들로 하여금 그것을 외우고 읽게 했다.

뒤에 방사(方士)가 말하기를 익주에 금마벽계(金馬碧雞)의 진귀한 보물이 있다며 제사를 지내야 한다고 하자, 선제는 포를 시켜 가서 제사를 지내게 했다. 포가 가던 도중에 병으로 죽으니 상은 이를 마음 아프게 여겼다.

가연지(賈捐之)는 자(字)가 군방(君房)이며, 가의(賈誼)의 증손자다. 원제(元帝)가 즉위한 초에 소를 올려 (시사의) 얻고 잃음[得失]을 말하니, 불러

---

8 이는 『논어(論語)』에서 공자가 시를 배우게 되면 얻게 되는 효용 중의 하나로 언급한 것이다.

서 금마문(金馬門)에서 조명을 기다리게 했다.

애초에 무제(武帝)는 남월을 정벌하고서 원봉(元封) 원년에 담이(儋耳)와 주애(珠崖) 두 군(郡)을 세웠는데, 둘 다 남방의 바다 쪽에 있는 섬이며 백성들의 거주지였고, 그 넓이는 사방 1,000리 정도였으며, 도합 16개 현에 인구는 2만 3,000여 호였다. 그 백성들은 포악해서 스스로 외부와 두절한 채 여러 차례 관리들의 금령을 범했으며, 관리들도 그들을 가혹하게 다루는 바람에 대략 여러 해에 한 번씩은 반란이 일어나 관리를 죽였기 때문에 한나라에서는 그때마다 군대를 보내 그들을 쳐서 평정하곤 했다. 애초에 군을 설치한 이래로 소제(昭帝) 시원(始原) 원년에 이르기까지 20여 년 사이에 모두 여섯 번의 반란이 있었다. 시원 5년에 이르러 담이군을 없애 주애에 병합시켰다. 선제(宣帝) 신작(神爵) 3년에 이르러 주애의 3개 현이 다시 반란을 일으켰다. 반란이 일어나고 7년이 지난 감로(甘露) 원년에 9개 현이 반란을 일으켜 즉시 군대를 보내 그들을 쳐서 평정했다. 원제(元帝) 초원(初元) 원년(기원전 48년) 주애군이 또 반란을 일으키자 군대를 보내 쳤다. 여러 현들이 반란을 일으켜 해를 이어 안정이 되지 못했다. 상이 유사(有司)와 더불어 대규모 군사 동원을 논의하자 가연지는 마땅히 주애군을 쳐서는 안 된다고 건의했다. 상은 시중 부마도위(駙馬都尉) 낙창후(樂昌侯) 왕상(王商)으로 하여금 가연지를 꾸짖어 묻도록[詰問] 하면서 이렇게 말했다.

"주애가 한나라에 내속돼 군이 된 지가 오래다. 그런데 지금 배반해 절의를 어겼는데 저들을 쳐서는 안 된다고 건의한 것은 오랑캐의 난을 키워 주고 먼저 가신 황제의 공로와 다움을 훼손하는 것이니 경서(經書)의 의리상으로 무엇에 해당된다는 말인가?"

가연지가 다음과 같이 대답했다.

"신은 요행히도 눈 밝음이 성대하신 임금의 조정[明盛之朝]을 만날 수 있었고, 곧은 말[危言=直言][○ 사고가 말했다. "(곧은) 말이 입에서 나오면 몸이 위태로워지기 때문에 위태로운 말[危言]이라고 한 것이다."『논어(論語)』「헌문(憲問)」편에서 공자는 이렇게 말했다. "나라에 도가 있을 때는 말이나 행동 모두 당당하게 하고[危言危行], 나라에 도가 없을 때는 행실은 당당하게 하되 말은 공손(孫)하게 해야 한다[危行言孫]."]을 하다가 기휘(忌諱-금기사항)에 저촉되면 어떻게 하나라는 근심도 없이 감히 말씀을 올리다 죽더라도[昧死] 온 정성을 다해[卷卷=拳拳] 남김없이 말씀드리도록 하겠습니다.

신이 듣건대 요(堯)임금과 순(舜)임금은 빼어남이 성대했고, 우왕(禹王)은 빼어남의 경지[聖域]에 들어서기는 했지만 도탑지 못했기[不優][○ 신찬(臣瓚)이 말했다. "우왕의 공로와 다움은 빼어난 이의 영역에 들어설 만했으나, 다만 도타움이 크지 못했을 뿐이다."] 때문에 공자께서는 요임금을 칭송해 '크시도다[大哉]'라고 했고, (순임금의 음악인) 소(韶)에 대해서 '지극히 좋다[盡善=至善]'라고 했으며, 우왕에 대해서는 '흠잡을 데가 없다[無間]'라고 했습니다.[9] 이런 세 분의 빼어난 임금의 다움을 갖고서도 그 땅은 사방 수천 리에 지나지 않았지만, 서쪽으로는 유사(流沙)에까지 미치고, 동쪽으로는 바다에 다다랐으며, 북쪽에서 남쪽까지 명성과 가르침이

---

9   이 셋은 다 『논어(論語)』에 나오는 공자의 평가들이다.

온 천하에 퍼졌기 때문에[10] 명성과 가르침에 함께하려고[與=豫] 하면 그들을 다스려주었고, 함께 하려고 하지 않으면 억지로 다스려주지는 않았습니다. 그래서 임금과 신하는 그 다움을 칭송하는 노래를 불렀고, 기운을 품은 것들[含氣之物][11]은 각각 자신의 마땅함[宜]을 얻었습니다.

무정(武丁-고종)과 성왕(成王)은 각각 은나라와 주나라의 크게 어진 임금[大仁][12]이었지만, 그 땅은 동쪽으로 양자강과 황하 사이를 넘지 못했고, 서쪽으로는 저(氐)족과 강(羌)족을 넘지 못했으며, 남쪽으로는 형주(荊州)의 만(蠻) 땅을 넘지 못했고, 북쪽으로는 삭방(朔方)을 넘지 못했습니다. 이 때문에 칭송하는 음악들이 지어졌고, 보고 들을 줄 아는 부류[視聽之類][13]는 모두 각자의 삶을 즐기고, 월상씨(越裳氏) 같은 먼 나라까지도 통역을 동원해 공물을 바치러 왔으니, 이는 무력[兵革]으로 그리할 수 있는 것이 아닙니다. (하지만) 임금의 다움이 시들해지기에 이르러 남쪽으로 정벌 갔다가 돌아오지 못하자〔○ 사고(師古)가 말했다. "이는 (주나라) 소왕(昭王)의 이야기다. 소왕은 초(楚)나라 때문에 익사했다."〕제(齊)나라 환공(桓公)이 그 어려움을 구해주었으니〔○ 사고(師古)가 말했다. "이는 (주나라) 양왕(襄王)을 가리킨다. 애초에 그는 태자였는데, 혜왕(惠王)이 왕자 대

---

10 '서쪽으로는'부터 여기까지는 『서경(書經)』「하서(夏書)」'우공(禹貢)' 편에 나오는 표현을 그대로 끌어서 쓴 것이다.

11 이는 산천초목을 비롯한 생명을 가진 모든 것들을 뜻한다.

12 빼어남에는 이르지 못하고 어짊이 뛰어났기에 이렇게 표현한 것이다.

13 이는 위에 있는 기운을 품은 것[含氣之物]과 대비를 이루며 범위를 조금 좁혀 사람과 동물까지만 뜻한다.

(帶)를 태자로 세우고 싶어 하자, 제나라 환공이 수지(首止)에서 동맹을 맺고 태자의 지위를 안정시켜주었다. 이 일은『춘추좌씨전(春秋左氏傳)』희공(僖公) 5년에 실려 있다."] 공자께서 그 법도[文]를 정했던 것입니다[○ 장안(張晏)이 말했다. "공자가『춘추(春秋)』를 지어 오랑캐의 나라는 아무리 강대해도 스스로 왕(王)이라고 한 것을 다 자(子)로 낮추었다."]. 진(秦)나라에 이르러 군대를 일으켜 먼 나라를 공략해 나라 밖을 탐하느라 나라 안은 텅 비게 되고, 땅을 넓히려고 힘쓰느라 그 해악은 돌아보지 않았습니다. 그랬지만 그 영토는 남쪽으로 민월(閩越)[14]을 넘지 못했고 북쪽으로 태원(太原)을 넘지 못했기 때문에 천하는 무너져 내리고 반란이 일어나, 그 재앙이 결국[卒=終] 2세황제의 말기에 일어났으니, '만리장성의 노래[長城之歌]'[15]는 지금까지도 계속 끊어지지 않고 불리고 있는 것입니다.

다행스럽게도[賴=幸] 빼어난 한나라[聖漢]가 처음에 일어나 백성을 위해 천명(天命)을 요청해 천하를 평정했습니다. 효문황제(孝文皇帝-문제)에 이르러 중국이 아직 안정되지 못한 것[未安]을 마음 아프게 여기시어 무기를 창고에 넣어두고 문치(文治)를 행하시자[偃武行文=偃武修文],[16] 중범죄

---

14 중국의 진(秦), 한(漢) 시대 복건성(福建省) 지방에서 활약한 월족(越族) 또는 그들이 세운 국가(기원전 202~135년)다.

15 진(晉)나라의 양천(揚泉)이 쓴『물리론(物理論)』에 따르면 진나라가 만리장성을 쌓을 때 죽은 사람들이 너무 많았기 때문에 백성들이 다음과 같은 노래를 불렀다고 한다. '아들을 낳으면 조심해 호적에 올리지 않고, 딸을 낳으면 포를 먹이니, (당신만) 장성 밑에서 보지 못한 것이오? 시체와 해골들이 서로 기둥처럼 쌓여 있는 것을[生男愼勿擧 生女哺用脯 不見長城下 屍骸相支柱(撑柱)].'

16 무기를 창고에 넣었다[偃武]는 것은 더 이상 전쟁을 일으키지 않았다는 말이다.

로 처단하는 일[斷獄]은 수백 건에 불과하고, 백성들의 부세도 (1년에) 40전(錢)이었으며, 장정(壯丁)의 부역은 3년에 한 번뿐이었습니다〔○ 여순(如淳)이 말했다. "원래 부세는 1년에 120전이고 부역도 1년에 한 번이었다. 이때는 천하의 백성들이 많아졌기 때문에 부세를 40전만 내고, 부역도 3년에 한 번만 할 수 있었다."〕. 이 무렵 천리마(千里馬)를 헌상하는 자가 있었는데 이에 조서를 내려 말했습니다.

'(대가(大駕)가 행차할 때면) 방울 달린 천자의 깃발[鸞旗]이 앞에 있고, 시종하는 수레들[屬車]이 뒤에서 따르는데, 잘 가면 하루에 50리요, 군대를 이끌고 가면 30리다. 그런데 짐이 홀로 천리마를 타고서 먼저 달려가란 말인가? 짐은 그것을 받을 수 없노라.'

이 명이 사방으로 하달되자 더 이상 천리마를 헌납하는 자가 없었습니다. 이때에 문제께서는 안일과 유흥[逸遊]의 즐거움을 끊었고, 진기한 재물들을 바치는 것을 막아버렸으며, 정나라와 위나라의 (음란한) 음악도 거의 듣지 않으셨습니다. 무릇 후궁의 미색이 아름다우면 뛰어난 이들이 숨어버리고, 간신들이 설쳐대면 간언을 맡은 신하들은 입을 다문다고 했는데 문제께서는 그렇게 하지 않으셨던 것입니다. 그래서 시호[諡]를 효문(孝文)이라 하고, 묘호[廟]를 태종(太宗)이라 한 것입니다.

효무황제(孝武皇帝) 원수(元狩) 6년(기원전 117년)에 이르러 태창(太倉-나라의 창고)의 곡식이 빨갛게 썩어버려 먹을 수가 없게 되고, 도내(都內-대사농의 소속 기관으로 천자의 금고 관리 기구)의 전관(錢貫)이 삭아서 액수를 셀 수가 없었습니다.[17] 이에 (고황제가 흉노에게 포위됐던) 평성(平城)의 옛일을 회고해 검토하고[深], 묵돌(冒頓)선우 이래로 여러 차례 변경 지방이 해를 입었던 것을 성찰하며, 군대에서 쓸 말들을 기르고 부유한 백성들의 자원을 군사용으로 써서 흉노를 물리치고[攘=却] 항복을 받아냈습니다. (그리하여 한나라의 영토는) 서쪽으로는 여러 나라들과 연합해 안식국(安息國)[18]에 이르고, 동쪽으로는 갈석산(碣石山)[19]을 넘어 현도(玄菟)와 낙랑(樂浪)을 군(郡)으로 삼았으며, 북쪽으로는 흉노를 물리치고 만 리에 다시 요새를 구축했고, 남해(南海)를 제압해 여덟 군[八郡]을 설치했습니다. 그랬기 때문에 천하에 중범죄로 처단하는 일[斷獄]은 1만여 건에 이르렀고, 백성들의 부세도 (1년에) 수백 전이었으며, 소금과 철과 술을 전매해[榷=專賣] 생겨난 이익으로 그 용도를 보충하려 했지만 오히려 충족시킬 수가 없었습니다. 이런 때를 맞아 도적 떼들이 여기저기서 일어났고, 군대는 여러 차례 출동하는 바람에 아버지는 앞에서 전사하고 아들은 뒤에서 싸우다 부상을 입고, 여자들은 변경의 초소[亭鄣]를 찾아다니고, 부모 잃은 아이들은 길거리에서 목놓아 울고, 노모와 과부들은 흘러내리는 눈물을 삼키며 여항에서 통곡을 하니, 텅 빈 제사를 진설해놓고는 아득히 만 리 밖에서 혼령을 그리워할 뿐입니다. 회남왕(淮南王)은 호부(虎符)[20]를

---

17 그만큼 물자가 많았다는 뜻이다.
18 한(漢)나라 때 지금의 이란과 아프가니스탄 일대에 있었던 파르티아 제국을 일컫던 이름이다.
19 중국 하북 지방과 고조선 사이에 있던 산으로 보이는데 위치는 정확히 알 수 없다.
20 동으로 만든 호랑이 모양의 부절로 군국의 수상에게 주어 출병의 신호로 삼았다.

몰래 베껴[盜寫] 은밀하게 이름 있는 선비들을 모으고, 관동(關東)의 공손용(公孫勇) 등은 거짓으로 사자가 되니, 이것들은 다 영토를 넓히고자[廓=擴] 하는 바가 너무나도 커서 정벌이 그치지를 않았기 때문입니다.

지금 천하(-한나라)는 단지 관동을 소유하고 있는데, 관동에서 큰 나라는 단지 제(齊)나라와 초(楚)나라뿐이니, 백성들의 대부분은 오랫동안 고통을 겪고 있어 해를 이어 집을 떠나 유랑하며, 그 성곽들을 벗어나 길거리에서 서로를 베개 삼아 잠을 자고 있습니다. 사람이 본래 가진 정으로 볼 때 부모보다 제 몸처럼 여겨야 할[親] 것은 없고, 부부보다 즐거운 사이는 없는데, 아내를 다른 집에 시집보내고 자식을 파는 지경에 이르렀는데도 법은 이를 제대로 금하지 못하고, 의로움도 그것을 막지 못하니, 이것은 나라의 근심거리입니다. (그런데도) 지금 폐하께서는 조급해하는 마음[悁悁之心]을 참지 못하시고, 수많은 사람들을 내몰아 그들을 큰 바다 한가운데 밀어 떨어뜨리려[擠-墜] 하시니, 저승의 땅에서는 통쾌해할지 몰라도 그것은 기근을 구제해 도움으로써 백성들을 온전하게 보전하는 길은 아닙니다. 『시경(詩經)』에 이르기를 '미련 맞은 형주의 오랑캐들이 큰 나라를 원수로 삼았도다[蠢爾蠻荊 大邦爲讎]'[21]라고 했으니 이는 (중국에) 빼어난 임금이 나오면 뒤에 가서 복속하게 되고, 중국이 쇠하면 먼저 반란이 일어난다는 뜻으로, 그들이 움직여 나라가 어려움에 빠지게 되는 것이 예로부터 근심거리가 된 지 오래됐는데, 하물며 마침내 남방 1만 리의 오랑

---

21 「소아(小雅)」'채기(采芑)' 편에 나오는 구절이다.

캐를 다시 일으켜주는 일이야 어떻겠습니까? 낙월(駱越)[22]의 사람들은 아버지와 자식이 냇가에서 함께 목욕을 하고 코로 물을 마시는 습속이 있어, 금수와 아무런 차이가 없으니 본래 군현을 설치하기에 적합하지 않습니다. 어리석게도 홀로 일해(一海)의 한가운데에 있으면서 그 안개와 이슬의 기운이 습하고, 독초와 독충과 독사, 그리고 풍토병이 많으며, 사람들은 포로가 되지 않고 전사들은 자살을 합니다. 또 오직 주애군에서만 진주와 물소 뿔과 거북이의 등딱지가 나는 것도 아니어서 주애군을 버리더라도 애석할 것이 없으며, 그들을 치지 않더라도 위신이 깎일 것도 없습니다. 그 백성들은 비유하자면 물고기나 자라에 가까운데 어찌 꼭 그런 곳을 탐할 필요가 있겠습니까?

신이 남몰래 예전에 강(羌)족의 군대가 그것에 대해 했던 말을 생각해 보니 군대를 (햇볕이나 비바람에) 그대로 노출케 했던 것[暴師]이 일찍이 아직 1년도 되지 않았고, 병사들이 출동해 1,000리도 못 가서 그 비용이 40여억 전에 달해 대사농(大司農)의 돈이 다 떨어졌기 때문에, 이에 소부(少府)의 금전(禁錢)[23]으로 그것을 보충했습니다. 무릇 한 구석이 좋지 못해도 비용이 이미 이와 같은데, 하물며 군대를 힘들게 해 원정을 하고 병사들을 잃어버린 채 아무런 공도 세우지 못한다면 어찌 되겠습니까? 그 사례를 옛날 일에서 구하게 되면 부합되지를 못하고[不合], 그것을 지금에 미루어 적용하게 되면 이 또한 이롭지 못합니다[不便=不利]. 신의 어리석음

---

22 한나라 때 광시의 서부에서 윈난 동부 및 베트남 북부에 걸쳐 살던 여러 월족 중의 한 갈래다.
23 소부의 돈은 천자에게 공급하는 것이다. 그래서 금전(禁錢)이라 부른다.

으로 보건대 관대(冠帶)의 예를 갖출 줄 아는 나라와 『서경(書經)』의 「하서(夏書)」 '우공(禹貢)' 편이 언급했던 나라, 그리고 『춘추(春秋)』가 다룬 나라가 아니라면[24] 모두 내버려두고서 상관할 바가 없습니다. 바라건대 주애군을 끝내 버리시어 오직 관동을 구휼하는 것만을 근심으로 삼으십시오."

대책문이 올라가자 상은 그것을 갖고서 승상과 어사에게 물었다. 어사대부 진만년(陳萬年)은 마땅히 쳐야 한다고 했고, 승상 우정국(于定國)은 "예전에도 군사를 일으켜[興兵=擧兵] 저들을 해를 이어 쳤지만, 호군도위(護軍都尉)와 교위(校尉), 그리고 승(丞) 등 모두 11명 중에서 무사히 돌아온 자는 두 명뿐이었고, 사졸과 운송을 맡았던 자들 중에 죽은 사람이 1만 명 이상이었으며, 비용은 3억 전이 들어갔는데도 오히려 이들을 다 항복시킬 수가 없었습니다. 지금은 관동 지역이 궁핍함에 시달리고 있어 백성들을 어지러이 움직이는 것은 힘드니 그것은 가연지의 의견이 옳습니다"라고 말하자 상은 마침내 이를 따랐다. 드디어 조서를 내려 말했다.

'주애(珠厓)의 오랑캐[虜]들이 관리와 백성들을 죽이고 배반해 반역을 꾀했는데, 지금 조정에서 의견을 내는 자들[議者]은 혹 칠 수 있다고 말하고, 혹 지켜낼 수 있다고 말하고, 혹 포기하자고 말해 그 뜻이 제각각 다르다. 짐은 낮밤으로 오로지 의견을 내는 자들의 말들을 깊이 생각해보았다. (황제의) 위엄이 (저들에게) 행해지지 않는 것을 부끄럽게 여긴다면 그들을 다 주살하고자 할 것이고, 여우 같은 의심을 품고서 어려움을 피하고자 한다면 둔전(屯田)을 지키면서 상황의 변화에 융통성 있게 대처해야 하

---

24 중국이라고 할 때 그 범위에 들어오는 나라들에 관한 언급이다.

는데, 이는 만백성을 근심에 빠뜨리는 것이다.

　무릇 만백성이 굶주림에 빠지는 것과 먼 곳의 오랑캐를 토벌하지 않는 것, 이 둘은 다 위험한 것이지만 그중 어느 것이 더 큰 위험인가? 종묘의 제사도 흉년이 든 해에는 다 갖추지 못하는데[不備]_{불비}, 하물며 그런대로 견딜 만한[不嫌]_{불혐} 치욕을 피하는 것쯤이야 (어떻겠는가)! 지금 관동(關東-함곡관 동쪽) 지역은 크게 곤궁한데도 창고가 텅 비어 서로 구휼하지를 못하고 있다. 그런데 또 군대를 동원한다면 이는 백성들을 수고롭게 할 뿐만 아니라 흉년이 그에 이어질 것이다. 그러니 주애군(珠厓郡)을 (한나라 행정 구역 범위에서) 없애고, 그 백성들 중에 의리를 사모해 우리 쪽에 귀속하려는 자는 그 뜻대로 하도록 하되, 원치 않는 자들은 강압적으로 귀속시키지 말라.'

　주애군은 이로 말미암아 없앴다.

　연지(捐之)는 자주 불려갔는데, 그의 말이 많이 받아들여져 쓰였다[納用]_{납용}. 이때 중서령(中書令) 석현(石顯)이 정사를 좌지우지하고 있었는데, 연지가 여러 차례 현(顯)의 단점을 이야기했기 때문에 그로 인해 관직을 얻지 못했고, 뒤에 다시 알현하는 것이 드물어졌다. 그런데 장안령(長安令) 양흥(楊興)이 새롭게 재능으로 총애를 얻었고, 연지와는 서로 잘 지냈다. 연지가 불려가 알현을 하고 싶어 흥에게 일러 말했다.

　"경조윤이 비어 있으니 나로 하여금 알현할 수 있게 해준다면 군란(君蘭-양흥의 자)에 대해 잘 이야기해서 경조윤을 얻을 수 있게 해주겠소."

　흥이 말했다.

　"현관(縣官)이 일찍이 내가 설(薛-설광덕)대부보다 낫다고 말씀하신 바가 있으니 나는 쉽게 도와줄 수 있을 것이오. 군방이 붓을 내리 그으면 그 언어는 천하에서 가장 정교하니, 군방을 상서령으로 삼게 한다면 오록충종(五鹿充宗)보다 훨씬 나을 것입니다."

연지가 말했다.

"내가 충종을 대신할 수 있고 군란께서 경조가 되신다면, 경조는 군국 중에서 으뜸이고 상서는 백관의 근본이니, 천하는 진실로 크게 잘 다스려질 것이고 선비들은 서로 사이가 벌어지지 않을 것입니다. 연지가 전에 평은후(平恩侯)가 장군이 될 만하다고 하고, 기사후(期思侯)도 아울러 제조(諸曹)를 맡을 만하다고 하니 모두 말한 대로 됐습니다. 또 알자 만선(滿宣)을 추천해 그를 세워 기주자사(冀州刺史)가 되게 한 일도 있습니다. 중알자(中謁者)는 마땅히 일을 맡아서는 안 되고 환자(宦者)는 마땅히 종묘에 들어와서는 안 된다고 말해, 그것을 막은 일도 있습니다. 서로 추천한다면 마땅히 예전처럼 되지 않겠습니까!"

홍이 말했다.

"내가 다시 알현할 기회가 있게 되면 군방을 말씀드리겠소."

연지가 다시 석현의 단점을 이야기했다. 홍이 말했다.

"현은 지금 바야흐로[鼎=方] 귀하고, 상은 그를 믿고서 쓰고 있습니다. 지금 관직에 나아가고자 한다면 아우님은 내 계책을 따라야 할 것입니다. 또 뜻을 서로 맞춰야 곧바로 들어갈 수 있을 것입니다."

연지는 곧장 홍과 함께 공동으로 현(顯)을 천거하는 주문을 올려 말했다.

'가만히 보건대 석현은 본래 산동 지방의 이름난 종족 출신으로 예의가 있는 집안입니다. 정도를 지키며 6년을 보내는 동안 일찍이 아무런 허물도 없고, 업무를 밝게 익혀 일을 다룸에 있어 민첩하며, 공문을 나서면 곧바로 집으로 들어가 다른 교제를 일체 갖지 않습니다. 마땅히 관내후의 작위를 내려주시고, 그 형제들을 불러 여러 조(曹)의 관리로 삼아야 할 것입니다.'

또 흥(興)과 함께 흥을 천거하는 주문을 지었다.

'남몰래 보건대 장안령 흥은 운 좋게 이름을 알려 여러 차례 불려가 알현했습니다. 흥이 부모를 모시는 것은 증씨(曾氏-공자의 제자 증자)의 효도처럼 하고, 스승을 모시는 것은 안회나 민자건[顔閔]의 재능처럼 해, 영예로운 이름이 사방에 알려져 있습니다. 밝은 조서를 내리시어 무재(茂才)의 과(科)로 뽑혔으며, 열후들은 그를 제1등으로 평가했습니다. 장안령이 돼 백성들을 부릴 때는 공경함을 잃지 않아 길거리 사람들도 모두 그의 능력을 칭송하고 있습니다. 그가 속문(屬文)을 써 내려가는 것을 보면 동중서, 말씀을 올리고 글을 꾸미는 것은 곧 동방생(東方生-동방삭)이며, 그를 간쟁하는 신하로 두게 되면 급직(汲直-급암)이 될 것이요, 무인으로 쓸 경우 관군후(冠軍侯-곽거병)가 될 것이며, 백성들을 다스리는 일을 맡기면 조광한(趙廣漢)이 될 것이요, 공을 품어 사를 끊어내는 면에서는 윤옹귀(尹翁歸)처럼 할 것입니다. 흥은 이 여섯 사람의 자질을 겸비해 가지고 있으며, 도리를 굳게 지키며 의로움을 잡아 쥐고서 조금도 굽히지 않아, 나라의 큰 일에 임해서 그의 지조를 빼앗을 수 없을 것[臨大節而不可奪]^{25}이기

---

25 『논어(論語)』 「태백(泰伯)」 편에 나오는 증자의 말이다. "육척의 어린 임금을 부탁할 만하고, 100리 되는 제후국의 흥망을 맡길 만하며, 국가의 위기상황에 임해서는 (그 절개를) 빼앗을 수 없

때문에 나라의 훌륭한 신하[良臣]이오니, 시험삼아 수(守)경조윤을 맡기셔야 할 것입니다.'

석현은 그 실상을 듣고서 알아차려 상에게 있는 그대로 말했다. 이에 홍과 연지를 옥에 내려 황후의 아버지 양평후(陽平侯) 금(禁)에게 현과 함께 공동으로 다스리게 하니[雜治] 이렇게 아뢰었다.

"홍과 연지는 기만해 속이려는 마음을 품고서 서로 칭찬하고 천거해 번갈아 높은 자리를 얻으려고 하다가 도중에 말이 샜으니 부도하게 상을 기망하려 했습니다. 『서경(書經)』에 이르기를 '참소하는 말이 좋은 행실을 끊어버려 짐의 무리들을 진동하고 놀라게 했다'[26]라고 했고, (『예기(禮記)』) 「왕제(王制)」에 이르기를 '잘못을 옹호하고 겉을 꾸미면 상의 명을 듣지도 말고 바로 주살하라'라고 했으니 법대로 논죄할 것을 청하옵니다."

연지는 결국 이에 연루돼 기시(棄市)됐다. 홍은 사형 1등을 감형받아 칼을 찬 채 머리를 깎고서 성을 쌓는 노역에 동원됐다[城旦]. 성제(成帝) 때 (복권돼) 부(部) 자사(刺史)에까지 올랐다.

찬(贊)하여 말했다.

"『시경(詩經)』에 이르기를 '융적(戎狄-서쪽과 북쪽 오랑캐)을 이에 막으며, 형서(荊舒-남쪽 오랑캐)를 이에 징계하도다'[27]라고 했으니 저들이 제하

다면 이는 군자다운 사람입니다."

26 「우서(虞書)」 '순전(舜典)' 편에 나오는 말이다.
27 「노송(魯頌)」 '비궁(閟宮)' 편에 나오는 구절이다.

(諸夏-중국)의 근심거리가 된 지는 오래됐다. 한나라가 일어나 오랑캐와 월(越)나라를 정벌하니 이에 번성할 수 있었다. 회남왕, 연지, 주보, 엄안 등이 말했던 마땅한 도리[義]를 깊이 들여다보면 아주 명료하게 드러난다. 그래서 그들의 말을 여기에서 갖추어 논했던 것이다. 세간에서는 공손홍이 주보를 배척하고, 장탕이 엄조를 함정에 빠뜨렸으며, 석현이 연지를 참소했다고 하는데, 그 행적을 자세히 들여다보니 주보는 솥에 삶아지는 형을 구하다가 족멸의 죄를 얻었고, 엄(嚴)과 가(賈)는 궁궐문[禁門]을 드나들며 권력과 이익을 얻으려 했으니, 그들의 죽음은 다 마땅한 것이지 어찌 정말로 배척되거나 모함을 당한 것을 한스러워하겠는가!"

권
◆
65

동방삭전
東方朔傳

동방삭(東方朔)은 자(字)가 만천(曼倩)으로 평원군(平原郡) 염차(厭次) 사람이다. 무제(武帝)는 처음 자리에 나아가[卽位] 천하에 명을 내려 방정(方正), 현량(賢良), 문학(文學), 재력(材力)의 선비를 천거하게 하고 이들을 통상적인 서열에 얽매이지 않고 파격적으로 승진을 시켜주었다. 이에 사방의 선비들이 글을 올려 (정치의) 얻고 잃음을 논했고, 스스로 자신의 재능을 알리려는 자들이 1,000여 명을 헤아렸고, 재능이 없는 자들에 대해서도 즉각 이미 그것에 대해 보고를 받았다고 일러주고서 물러가게 했다. 삭(朔)은 애초에 올라와 이런 글을 올렸다.

　'신 삭(朔)은 어려서 부모를 여의고 형수의 손에 자랐습니다. 나이 13세부터 글을 배웠고, 세 번의 겨울을 지나는 동안 공부하자 각종 문체와 전고[文史]를 익혀 임용에 대비한 준비를 갖췄습니다. 15세에는 검술을 익혔습니다. 16세에 『시경(詩經)』과 『서경(書經)』을 배워 22만 자를 암송했습니다. 19세에는 손자(孫子)와 오자(吳子)의 병법을 배워 전투할 때 진을 치는 방법과 (징과 북을 쳐서) 군사를 전진시키고 후퇴하게 하는 법을 익혔는데 이 또한 22만 자를 암송했습니다. 이렇게 해서 신 삭은 진실로 이미 44만 자를 암송하고 있습니다. 또한 늘 (공자의 제자인) 자로(子路)가 한 말[1]을 가슴속에 새기고 있습니다. 신 삭은 나이 스물둘이고, 키는 9척 3촌이며, 눈은 구슬을 매단 것 같고, 이는 조개를 엮어놓은 것 같으며, 용맹함은 맹분(孟賁)[2]이요, 민첩하기는 경기(慶忌)[3]요, 청렴함은 포숙(鮑叔)[4]이요, 신의를 잘 지키기는 미생(尾生)[5]입니다. 이런 정도라면 가히 천자의 대신이 될 만합니다. 신 삭은 죽음을 무릅쓰고 두 번 절해 아룁니다.'

삭의 글은 불손했고 스스로 자화자찬했지만, 상은 그를 아주 기이한 사람이라고 여겨 공거서(公車署-황제에게 상소를 올린 사람이 접대를 받으며 조칙이 내려오기를 기다리는 관청)에서 다음 조칙을 기다리게 했는데[待詔], 녹봉은 적었고 천자를 알현할 길은 없었다. 한참 시간이 지난 뒤에 삭은 대궐의 말을 보살피는 난쟁이[朱儒=侏儒]들을 속여[紿=欺] 이렇게

---

1 『논어(論語)』에서 "자로는 일단 허락한 일을 묵혀두지 않았다"라고 했다.
2 전국시대 위나라 사람으로 쇠뿔을 맨손으로 뽑은 용사다.
3 춘추시대 오왕(吳王) 요(僚)의 아들. 행동이 매우 민첩해 달리는 짐승을 따라잡았고, 나는 새를 손으로 잡았다. 얼마나 민첩한지 말을 타고서도 그를 따라잡지 못하고, 화살로도 그를 맞히지 못했다.
4 춘추시대 제나라의 대부로 관중과 동업할 때 그에게 이익을 많이 양보했다.
5 중국 고대에 신의를 잘 지킨 사람의 상징이다. 그가 한 여자와 다리 밑에서 만나기로 약속했는데, 여자가 아직 오지 않았을 때 조수가 밀려왔다. 그는 약속을 저버리지 않기 위해 다리 기둥을 붙잡고 기다리다가 물에 빠져 죽었다.

말했다.

"상께서는 너희 무리들[曹=輩]이 조정[縣官]에 아무런 도움도 되지 않고, 농사를 짓고 힘을 쓰는 일에서 일반 사람들에게 미치지 못하며, 많은 사람들을 거느리고 관직을 맡아 백성들을 다스리지 못하고, 종군해 오랑캐를 공격할 때에도 군사 일을 담당하지 못하니, 나랏일에 무익한데도 옷과 밥만 헛되이 없앤다[索=盡]고 여기시어 이제 너희 무리들을 모두 죽이려 하신다."

난쟁이들은 크게 두려워하며 울고불고했다. 삭이 그들을 달래 말했다.

"상께서 지나가시거든 머리를 조아려 죄를 청해라!"

얼마 후에 상이 지나간다는 말을 듣고서 난쟁이들은 모두 크게 울부짖으며 머리를 조아렸다. 상이 물었다.

"무슨 일이냐?"

난쟁이들이 대답했다.

"동방삭이 상께서 신들을 모두 죽이실 것이라고 했습니다."

상은 삭이 꾀가 많다[多端]는 것을 알고 있었기에 그를 불러 물었다.

"어째서 난쟁이들에게 겁을 주었느냐?"

삭이 대답했다.

"신 삭은 살아도 말해야 하고 죽어도 말해야 합니다. 난쟁이들은 키가 3척 남짓일 뿐인데도 녹봉이 좁쌀 한 부대에 돈이 240전입니다. 반면에 신 삭은 키가 9척이 넘는데도 똑같이 좁쌀 한 부대에 돈 240전을 받습니다. 난쟁이는 배가 불러 죽을 지경이요, 신 삭은 굶어 죽을 지경입니다. 신이 올린 말씀이 쓸 만하면 특별한 예우를 해주시고, 쓸 만하지 못하면 내쫓아서 부질없이 장안의 쌀이나 없애게 하지 마옵소서."

상은 크게 웃고 금마문(金馬門)에서 조칙을 기다리라고 하니, 이때부터 삭은 조금씩 총애를 얻어 상을 가까이에서 모셨다. 상이 일찍이 여러 술수가(術數家)들에게 사복(射覆-엎어놓은 그릇 밑에 물건을 놓아두고 그것을 알아맞히게 하는 놀이)을 시키면서, 사발 아래에 도마뱀[守宮]을 놓고 알아맞히라[射]고 했으나 아무도 알아맞히지 못했다. 삭이 자진해 나섰다[贊=進].

"신이 일찍이 역(易)을 배웠으니 맞혀보겠습니다."

이에 시초(蓍草)를 나누어 괘(卦)를 늘어놓고서 대답했다.

"신이 생각하기에 용은 용인데 뿔이 없고, 뱀이라 부르자니 또 발이 있습니다. 스멀스멀 기어가고, 두리번거리며 벽을 잘 기어오르는 것을 보면 도마뱀 아니면 도마뱀붙이일 것입니다."

상은 "잘 맞혔다"라고 하고서 비단 10필을 내려주었다. 다시 다른 물건을 알아맞히라고 했더니 연달아 맞혀서[中] 그때마다 비단을 하사받았다. 이때 천자의 총애를 받던 곽사인(郭舍人)이라는 광대가 있었는데, 우스갯소리[滑稽]를 잘했고, 그 소재가 무궁무진해 항상 천자를 좌우에서 모셨는다. 그가 말했다.

"삭은 미친놈이라 요행히 맞혔을 뿐이지 실제로 술수에 능한 자[至數]가 아닙니다. 삭에게 다시 알아맞히라고 해보시기 바랍니다. 삭이 맞히면 신이 곤장 100대를 맞고, 제대로 알아맞히지 못하면 신에게 비단을 내려주십시오."

그래서 나무에서 자라는 기생(寄生)식물을 덮어놓고는 삭에게 알아맞히라고 했다. 삭이 말했다.

"이것은 똬리[裹數-물동이]에 물건을 담고 머리에 일 때 동이 밑에 까는 물건]입니다."

곽사인이 말했다.

"그러면 그렇지, 삭이 맞힐 리가 있겠습니까?"

삭이 말했다.

"날고기는 회라 하고 말린 고기는 포라 합니다. 나무에 붙어사는 것을 기생(寄生)이라 하고, 동이 아래 넣는 것을 똬리라고 하지요."

이에 상은 광대 우두머리를 시켜 곽사인에게 매질을 하게 했다. 곽사인이 아픔을 참지 못하고 "아이고, 아이고!" 소리쳤다. 삭이 비웃으며 말했다.

"에이! 털 없는 주둥아리에 소리는 아이고, 아이고, 꽁무니는 들썩들썩."

사인이 화를 내면서 말했다.

"삭이 함부로 천지를 시종하는 신하를 욕보이고 기만했으므로 기시형(棄市刑)에 처해야 합니다."

상이 삭에게 물었다.

"무슨 이유로 그를 욕보였는가?"

삭이 대답했다.

"신이 감히 그를 욕보인 것이 아니라 다만 그에게 수수께끼[隱]를 내어준 것일 뿐입니다."

상이 물었다.

"어떤 수수께끼인가?"

대답했다.

"털 없는 주둥아리는 개 똥구멍, 아이고, 아이고 소리는 새끼를 먹이려는 새 소리, 꽁무니가 들썩들썩하는 것은 먹이를 쪼아 먹는 두루미지요."

사인이 굴하지 않고 이렇게 말했다.

"신이 다시 동방삭에게 수수께끼를 내겠사오니 알아맞히지 못하면 그에게도 매를 치십시오."

곧장 억지로 운을 맞춘 말을 내놓았다.

"영호서(令壺齟), 노백도(老柏塗), 이우아(伊優亞), 의우아(狋吽牙)가 있는데 무엇을 가리키는가?"

삭이 말했다.

"영(令)은 명령이요, 호(壺)는 물건을 담는 그릇이요, 서(齟)는 이가 고르지 못한 것이다. 노(老)는 사람이 공경하는 바요, 백(柏)은 귀신이 사는 뜰이요, 도(塗)는 질척거리는 길이요, 이우아(伊優亞)는 말이 애매모호한 것이요, 의우아(狋吽牙)는 개 두 마리가 싸우는 것이다."

사인이 수수께끼를 낼 때마다 삭은 목소리를 듣자마자 즉각 대꾸했는데, 기지와 재치가 번득여 변화무쌍한 그를 당해낼 도리가 없었고, 좌우에 있던 자들이 크게 놀랐다. 상은 삭을 상시랑(常侍郎)으로 삼았고, 드디어 총애[愛幸]를 얻게 됐다.

시간이 한참 흘러 복날에 시종하는 신하에게 고기를 내려준다는 조칙이 있었다. 그런데 날이 어두워지도록 대관승(大官丞-황실의 음식물 공급을 관장하는 직책)이 나타나지 않자 삭은 혼자 검을 빼어 고기를 베고는 동료들에게 말했다.

"복날이라 일찍 귀가해야겠으니 하사품을 받아가겠소이다."

말을 마치고 즉시 고기를 가슴에 품고 가버렸다. 대관(大官)이 이 일을 상에게 아뢰었다. (다음 날) 삭이 입조하자 상이 물었다.

"어제 고기를 하사할 때 조칙을 기다리지도 않고, 검으로 고기를 베어서 귀가한 것은 무엇 때문인가?"

삭이 관을 벗고 사죄했다. 상이 말했다.

"선생은 일어나서 자신의 잘못을 말해보라!"

삭이 두 번 절하고 말했다.

"삭아! 삭아! 하사품을 받되 조칙을 기다리지 않았으니 얼마나 무례한가! 검을 뽑아 고기를 베었으니 얼마나 호쾌한가! 고기를 많이 베어가지 않았으니 또 얼마나 청렴한가! 귀가해 세군(細君)〔○ 사고(師古)가 말했다. "동방삭 아내의 이름이다. 일설에는 세(細)는 소(小)로서 동방삭이 자신을 제후에 비견해 아내를 제후의 아내를 부르는 칭호인 소군(小君)이라 했다고 한다."〕에게 주었으니 또 얼마나 어진가!"

상이 말했다.

"잘못을 말해보라 했더니 되레 자신을 찬양하는군!"

다시 술 한 섬과 고기 100근을 하사해 돌아가 세군에게 주라고 했다.

그보다 앞서 건원(建元) 3년(기원전 138년) (무제는) 처음으로 미행(微行)을 나서 북쪽으로 지양(池陽)에까지 이르렀고, 서쪽으로 황산(黃山)〔○ 진작(晉灼)이 말했다. "궁(宮)의 이름이며 괴리(槐里)에 있었다."〕에 이르렀으며, 남쪽으로 장양(長楊)에서 사냥했고, 동쪽으로 의춘(宜春)〔○ 사고(師古)가 말했다. "의춘궁을 말한다. 장안성 동남쪽에 있었다."〕에서 놀았다. (무제는) 미행을 할 때는 항상 종묘에서 제사에 쓰기 위해 새로 빚은 술[酎=주]

酎酒]을 마신 다음에 출발했다. 8월이나 9월 중에 (황제를 시종하는) 시중(侍中), 상시(常侍), 무기(武騎) 및 대조(待詔)하는 농서(隴西)와 북지(北地)의 양갓집 자제들 중 말을 잘 타고 활을 잘 쏘는 자들과 대궐 문에서 만날 것을 약속했기 때문에 기문(期門-약속의 문)이라는 호칭이 이때부터 생겨났다. 미행은 밤에 물시계[漏]가 10각(刻)[6]에 내려오면 곧장 떠났는데, 늘 자신을 평양후(平陽侯)〔○ 여순(如淳)이 말했다. "평양후 조수(曹壽)는 무제의 여동생 남편인데, 아주 총애했기 때문에 그 이름을 칭한 것이다."〕라고 불렀다. 해 뜰 무렵 산 밑에 들어가 말을 타고, 사슴과 멧돼지, 여우, 토끼를 쏘며, 곰들[熊羆]과 맨손으로 싸우느라 논과 보리밭 등을 짓밟았다. 백성들은 하나같이 아우성치며 욕을 해댔고[罵詈], 서로 모여 스스로 호두(鄠杜-섬서성 호현)현령에게 호소했다. 현령이 가서 평양후를 알현코자 하니 여러 기병들이 그를 매로 내리치려 했다. 현령은 크게 화를 내며 관리들을 보내 사냥을 중지시키고 수렵하던 여러 기병을 구류했는데, 마침내 승여(乘輿-황제를 상징)의 어물(御物)을 보이고서야 한참 있다가 풀려날 수 있었다. 때로는 밤에 나갔다가 다음 날 저녁에 돌아왔고, 뒤에는 5일 치 식량을 갖고 나갔는데, 닷새에 한 번 정도만 장신궁(長信宮-황태후의 궁)에 얼굴을 내밀면서도 상은 이를 크게 좋아하며 즐겼다. 그후 남산(南山-종남산(終南山)) 기슭의 백성들은 마침내 (황제의) 미행이 자주 있다는 것을 알아차렸다. 그러나 태후에게 신경이 쓰여 감히 멀리까지 가지는 않았다. 승상과 어사는 천자의 뜻[指]을 알아차리고, 이에 우보도위(右輔都尉

---

6   8시 30분경이다.

-장안의 서쪽 경비 책임자)를 시켜 장양궁(長楊宮)의 동쪽을 순찰토록 하고, 우내사(右內史)에게는 백성들을 징발해 회합 장소의 접대를 맡도록 시켰다. 뒤에는 비밀리에 휴게소[更衣]〔○ 사고(師古)가 말했다. "휴식을 하고 옷을 갈아입는 공간으로 여기에도 궁인(宮人)을 두었다."〕까지 설치했다. 선곡궁(宣曲宮)〔○ 사고(師古)가 말했다. "곤명지(昆明池)의 남쪽에 있었다."〕에서 남쪽으로 12개가 있어 쉬기에 적합한 곳을 휴게소로 하고, 밤에는 이궁(離宮)에 투숙했는데, 장양궁, 오작궁(五柞宮), 배양궁(倍陽宮)〔○ 사고(師古)가 말했다. "호현(鄠縣)에 있었다."〕, 선곡궁에 자주 행차했다.

이에 상이 길이 멀고 힘든 데다가 또 백성들에게 걱정거리가 된다고 여겨, 태중대부 오구수왕(吾丘壽王)을 시켜 셈에 밝은 대조(待詔) 두 사람으로 하여금, 아성(阿城-옛 아방궁) 이남의 주질(盩厔) 동쪽과 의춘원(宜春苑-장안의 남쪽) 서쪽 땅을 장부에 올려, 논밭의 면적과 그 값을 계산하도록 했다. 그 밭을 없애 상림원(上林園)을 만들어 남산과 이어지게[屬=連] 하려는 것이었다. 또 중위(中尉)와 좌·우내사(左右內史)〔○ 사고(師古)가 말했다. "이때까지는 아직 (장안의 행정구역을) 경조(京兆), 풍익(馮翊), 부풍(扶風)으로 나누지 않았을 때였기 때문에 중위와 좌·우내사라고 한 것이다."〕에게 조서를 내려 이웃 현의 미개간 밭[草田]을 표식하게 했는데, 호두현의 백성들에게 변상을 해주기 위함이었다. 오구수왕이 일을 보고하자 상은 크게 기뻐하며 잘했다고 칭찬했다. 이때 삭(朔-동방삭)이 곁에 있다가 나아가 간언했다.

"신이 듣건대 겸손하고 삼가면 하늘이 응답을 드러내되 복록으로 응답하고, 교만하고 사치하면 하늘이 응답을 드러내되 재이(災異)로 응답한다고 합니다. 지금 폐하께서는 여러 회랑과 누대를 쌓으면서 높이 쌓지 못할까만 걱정하시고, 사냥하는 장소가 넓지 못한 것만 걱정하십니다. 하늘이 변고를 보이지 않으면 삼보(三輔-수도)의 땅 전체를 동산으로 만들 지경이니, 어찌 꼭 주질(盩厔)현과 호두(鄠杜) 땅에서 그치고 말겠습니까? 사치함이 한계를 넘으면 하늘이 그로 인해 변고를 만들어내므로, 상림원을 아무리 작게 조성해도 신은 오히려 크다고 봅니다.

무릇 저 남산은 천하의 요새입니다. 남산 앞으로는 양자강과 회수(淮水)가 흐르고, 북쪽으로는 황하(黃河)와 위수(渭水)가 흐릅니다. 견수(汧水)와 농저(隴坻) 동쪽으로부터 상현(商縣)과 상락현(上洛縣) 서쪽까지는 토양이 비옥합니다. 한나라가 일어날 때 삼하(三河)의 땅을 버리고, 패수(霸水)와 산수(産水) 서쪽에 머물러 경수(涇水)와 위수(渭水) 남쪽에 도읍을 정했습니다. 이 지역은 산천이 빼어나고 천하의 물자가 모여드는 곳으로, 진나라가 서융(西戎)을 사로잡고 산동(山東) 여섯 나라를 병합한 근거지입니다. 이곳의 산에서는 옥돌이 나오고, 금, 은, 동, 철, 예장(豫章)나무, 자단목(紫檀木), 회양목을 비롯한 특이한 물자가 산출돼 그 수량을 헤아리지 못할 정도입니다. 이 물건을 공인들이 가져다 쓰고 만백성들이 그 물자에 기대어 풍족하게 살아갑니다. 그뿐만 아니라 메벼, 배, 밤, 뽕나무, 삼, 대나무, 화살 따위의 물건이 풍부합니다. 토양이 생강과 토란을 재배하기에 알맞고, 물에는 개구리와 물고기가 많아서 가난한 백성들이 그 덕분에 먹을 것, 입을 것을 마련해 굶주림이나 추위에 떨 걱정을 하지 않습니다. 풍현(酆縣)과 호경(鎬京) 사이는 기름진 땅으로 명성이 나서 땅값이 1무(畝)에 1금(金)이 나갑니다.

(그런데) 이제 그 같은 땅을 구획정리해 상림원을 만드신다면, 저수지와 연못에서 나오는 이익을 끊어버리고 백성들의 비옥한 땅을 빼앗는 셈입니다. 위로는 국가의 재정을 궁핍하게 만들고 아래로는 백성들의 농사일을 빼앗습니다. 이미 거둔 공을 버리고 실패할 일을 반복하며 오곡의 수입을 감소시키는 것입니다. 이것이 상림원을 지어서는 안 되는 첫 번째 이유입니다.

상림원을 조성하면 가시나무 숲을 만들어 고라니와 사슴을 키우고, 여우와 토끼가 뛰놀 동산을 넓히며, 범과 이리가 뛰어다닐 언덕을 확대할 것입니다. 또 백성의 무덤을 파헤치고 사는 집을 무너뜨려, 어리고 나약한 자들이 옛 고향을 그리워하게 만들고, 늙은이들이 눈물을 흘리며 슬퍼하도록 만듭니다. 이것이 상림원을 지어서는 안 되는 두 번째 이유입니다.

토지를 측량해 상림원을 조성하고, 둘레에 담장을 쳐서 동산을 만들면 경쾌하게 말을 타고 동서로 횡행하며, 수레가 남북으로 달리고, 깊이 판 해자와 큰 강이 생깁니다. 한나절 쾌락을 위해서 한량없는 천자의 부귀를 위태롭게 합니다. 이것이 상림원을 지어서는 안 되는 세 번째 이유입니다.

원림을 넓히는 데 힘쓰고 농부의 고통을 돌보지 않는 것은, 나라를 부강하게 하고 백성을 부유하게 하는 방법이 아닙니다. 은나라 주왕이 시장이 9개나 설치된 궁궐을 세우자 제후들이 반란을 일으켰고, 초나라 영왕(靈王)이 장화대(章華臺)를 세우자 백성들이 이반했으며, 진나라가 아방궁(阿房宮)을 세우자 천하가 어지러워졌습니다.

비천하고 어리석은 소신(小臣)이 목숨도 잊고 죽음을 재촉하며, 성대한 천자의 뜻을 거스르고 엄한 지시를 거슬렀으므로 그 죄가 만 번 죽음에 해당합니다. 그럼에도 불구하고 큰 소원을 말씀드리지 않을 수는 없습니다. 태계육부(泰階六符)〔○ 맹강(孟康)이 말했다. "태계(泰階)는 (별 이름으로) 삼태(三台)다. 각 태성(台星)마다 두 개의 별이 있어 모두 6개의 별이 있다. 부(符)란 이 6개 별이 상징하는 징조다." 응소(應劭)가 말했다. "황제(黃帝)는 『태계육부경(泰階六符經)』에서 이렇게 말했다. '태계(泰階)란 하늘의 세 계단이다. 위 계단[上階]은 천자가 되고, 가운데 계단[中階]은 제후와 공경 및 대부가 되고, 아래 계단[下階]은 선비와 일반 백성[庶人]이 된다. 위 계단의 위 별[上星]은 남성 군주[男主]이고, 아래 별[下星]은 여성 군주[女主-혹은 왕비]이며, 가운데 계단의 위 별은 제후와 삼공(三公)이고, 아래 별은 경과 대부이며, 아래 계단의 위 별은 원사(元士)이고, 아래 별은 일반 백성이다. 세 계단이 모두 바르면[平=和] 음양이 조화를 이루고 비바람이 제때에 내리거나 불고, 사직의 신령들은 모두 마땅함을 얻어 천하가 크게 안정되니[大安], 이를 일러 태평(太平)이라 한다. (반면에) 세 계단이 모두 바르지 못하면[不平] 다섯 신령[五神]이 제사를 받지 못하고, 해는 먹히며, 물은 마르고, 농사는 제대로 되지 않으며, 겨울에는 천둥·번개가 치고, 여름에 이슬이 내려 백성들이 편안치 못하게 되니, 그로 인해 다스리는 도리는 기울어지게 된다. 이리되면 천자는 사나운 명령[暴令]을 내리고, 군사동원을 좋아하며, 궁궐을 수리하고 정원이나 동산을 넓히게 되니, 위 계단은 숨이 넘어갈 듯 헐떡거리며[奄奄] 듬성듬성해진다[疏闊]. 효무제가 하려는 일들은 다 여기에 해당되니 그 때문에 동방삭이 간언을 올린 것이다."〕를 아뢰오니 하늘의 괴변을 살펴보시기 바랍니다."

이날 태계의 일을 아뢰었다 해 상은 곧장 동방삭을 제배해 태중대부 및 급사중으로 삼고 황금 100근을 내려주었다. 그러나 끝내 수왕(壽王)이 아뢴 대로 상림원을 세웠다.

이로부터 오랜 시일이 흘러 융려공주(隆慮公主)의 아들 소평군(昭平君)이 무제의 딸 이안공주(夷安公主)를 아내로 맞아들였는데, 병으로 위독하던 융려공주가 미래를 대비해 황금 1,000근과 돈 1,000만을 헌납하고, 소평군이 나중에 사형죄를 지으면 속죄해달라고 요청하자 무제가 이를 허락했다. 융려공주가 죽고 난 뒤 소평군은 날로 교만해졌고, 술에 취해 이안공주의 보모를 죽여서 옥에 갇혔다. 공주의 아들이기 때문에 정위가 무제에게 죄명을 결정해달라고 주청했다. 좌우에 있는 자들은 하나같이 소평군을 위해서 "이전에 속죄금을 내자 폐하께서 허락하신 일이 있습니다"라고 거들었다. 무제는 "내 여동생이 나이 들어 이 아들 하나만을 두었고, 죽을 때 내게 부탁까지 했었다"라고 말하면서 눈물을 흘리며 탄식했다. 한참 있다가 "법령이란 선제(先帝)께서 만드신 것이다. 동생에 대한 동정 때문에 선제의 법령을 어긴다면 내가 무슨 면목으로 고조의 사당에 들어간단 말인가? 또 아래로는 만백성을 대할 수 없다!"라고 말하고 정위의 주청을 재가했다. 그리고 슬픔을 이기지 못해 울음을 그치지 못했다. 좌우의 신하들도 모두 슬퍼했다. 이때 동방삭이 앞으로 나아가 축수(祝壽)하며 말했다.

"신이 듣건대 빼어난 임금께서 정사를 베푸실 때는 원수도 꺼리지 않고 상을 주고, 골육지친이라도 가리지 않고 죄를 지으면 죽인다고 했습니다. 『서경(書經)』에 이르기를 '한곳에 치우치지 않고 무리 짓지 않으니, 임금다운 임금의 길[王道]은 넓고도 넓도다!'라고 했습니다. 이 두 가지 원칙은 오제(五帝)께서 소중히 여기신 법이며, 삼왕(三王)도 힘들어 했던 바입니다.

그런데 폐하께서 행하셨으니 이로부터 천하 만백성들은 모두 자기 맡은 바를 지키며 살 것이며, 천하를 위해 매우 다행한 일입니다. 신 삭은 술잔을 받들어 죽음을 무릅쓰고 두 번 절하며, 만세토록 천수를 누리시기를 축원합니다."

이 말을 듣고 무제는 자리에서 일어나 궁 안으로 들어가버렸는데, 저녁때 삭을 불러 꾸짖어 말했다.

"전(傳)에 이르기를 '때가 무르익은 연후에 말하면 사람들이 싫어하지 않는다'[7]라고 했다. 아까 선생이 축수를 올린 행위가 그래 때를 잘 맞췄는가?"

동방삭이 관을 벗고 머리를 조아리면서 말했다.

"신이 듣건대 즐거움이 지나치면 양기가 넘치고, 슬픔이 지나치면 음기가 손상된다고 했습니다. 음양이 변하면 심기(心氣)가 움직이고, 심기가 움직이면 정신이 흩어지며, 정신이 흩어지면 사기(邪氣)가 침범합니다. 근심을 푸는 방법으로는 술보다 나은 것이 없습니다. 신 삭이 축수를 올린 뜻은, 남의 생각을 그대로 따르지 않고 올바른 일을 하신 폐하를 환하게 드러내고 슬픔을 그치게 하자는 것입니다. 어리석게도 기휘(忌諱)할 줄을 모르고 죽을죄를 저질렀습니다."

이보다 앞서 삭은 술에 취해 궁궐 안으로 들어가 소변을 본 일이 있었다. 그 때문에 불경죄로 탄핵을 받았다. 조서를 내려 서인(庶人)으로 삼아 환자서(宦者署)에서 조칙을 기다리게 했었다. 이번 일로 인해서 다시 중랑

---

7 『논어(論語)』「헌문(憲問)」편에 나오는 말이다.

(中郞)으로 삼고 비단 100필을 내려주었다.

애초에 무제의 고모 관도공주(館陶公主)는 두태주(竇太主)[8]라고 불렸는데, 당읍후(堂邑侯) 진오(陳午)가 그와 혼인했다. 오(午)가 죽어 과부가 된 두태주는 나이가 쉰 남짓 돼서 동언(董偃)을 가까이했다. 본래 언(偃)은 자신의 어미와 함께 구슬을 팔아 생계를 꾸렸는데, 언이 13세 됐을 때 어미를 따라서 태주의 집을 출입했다. 좌우에 모시는 사람들이 언의 아름다운 용모를 칭찬하자 태주가 그를 불러서 보고는 그 어미에게 "내가 너를 대신해서 키워주마"라고 하고는 그대로 그 저택에 머무르게 한 다음에 글쓰기, 산술, 말 관상 보기, 말 타기, 수레 타기, 활쏘기 등을 가르쳐 언은 글을 제법 많이 읽었다. 18세에 이르자 관례를 치렀는데, 외출할 때는 태주의 말고삐를 잡고 집에 들어와서는 가까이서 모셨다. 그는 사람됨이 얌전하고 인정이 많았고, 태주가 그를 총애하는 까닭에 많은 공경들이 그를 잘 대우했다. 장안성 안에 그 이름이 널리 알려져 동군(董君)이라고 불렸다. 두태주는 그를 남들에게 추천하고 재물을 주어 선비들과 교제하도록 했으며, 중부(中府-제후왕의 궁중에서 재물을 보관하던 기구)에 영을 내려 "동군이 요청하면 하루에 황금 100근이 넘고 돈은 100만이 넘고, 비단은 1,000필이 넘는 것만 내게 보고하(고 나머지는 마음대로 가져가게 하)라!"고 했다.

안릉현(安陵縣)의 원숙(爰叔)이라는 자는 원앙(爰盎-문제 때 중랑장을 지낸 인물)의 조카인데 언과 사이가 좋아 언에게 이렇게 말했다.

"족하(足下)는 두태주를 사사로이 모셔서 헤아릴 수 없는 죄를 안고 사

---

8 두태후의 딸이다.

는 것이니 앞으로 어떻게 처신하려고 하는가?"

언이 두려워하며 말했다.

"걱정한 지가 오래지만 어떻게 해야 할지를 모르겠다."

원숙이 말했다.

"고성묘(顧城廟-문제의 능묘)는 장안으로부터 멀리 떨어져 있고, 천자가 쉴 만한 이궁(離宮)도 변변한 것이 없으며, 게다가 가래나무와 대나무가 있어 천자가 노닐기에 적당하니, 적전(籍田)이 있는 장문원(長門園-장안성 동남쪽에 있는 두태주 소유의 원림)을 그대가 두태주에게 아뢰어 천자께 바치는 것이 어떻겠는가? 상께서 이곳을 소유하고 싶어 하시니, 그렇게 하면 상께서는 그대가 이 일을 주선한 줄 잘 아시게 될 것이고, 그러면 베개를 편안히 하고 잠들 수 있고, 겁내고 슬퍼할 걱정거리가 영영 사라질 것이오. 만약 오래도록 조치하지 않다가 상께서 장차 그것을 달라고 요청하면 그때 그대는 어떻게 하려는가?"

언은 머리를 조아리며 "삼가 가르침을 받들겠소"라고 하고 저택 안으로 들어가 두태주에게 제안하니, 두태주는 즉시 상주문을 써서 장문원을 바쳤다. 상은 대단히 기뻐하며, 두태주의 장문원을 개칭해 장문궁(長門宮)으로 부르게 했다. 태주는 대단히 흡족해하며 언을 시켜 황금 100근을 원숙에게 주며 장수를 빌게 했다.

원숙은 이 일을 계기로 동군이 상을 알현할 기회를 마련하고자 계책을 꾸미고서 태주로 하여금 병을 핑계로 조회를 드리지 않도록 했다. (그러자) 상이 태주의 저택에 가서 문병하고 무엇을 원하는지를 물으니, 태주는 사양하면서 이렇게 말했다.

"첩이 요행히도 폐하의 두터운 은덕과 선제(先帝)께서 남기신 다움을 입어 조회에 참가해 군신의 예를 갖추어 행할 수 있고, 공주의 항렬에 끼어 상으로 봉토(封土)도 받아 그 수입을 받고 있으니, 하늘보다 높고 땅보다 두터운 은덕이야말로 백 번 죽어도 갚을 길이 없습니다. 그러나 어느 날 갑자기 폐하를 모시는[洒掃=灑掃] 직분을 다하지 못하고 이 미천한 몸[狗馬]이 먼저 구렁텅이에 굴러 죽게 된다면, 한스러운 일이 한 가지 남아 마음속에서 벗어나지를 않습니다. 폐하께서 시간이 나실 때 만 가지 국사를 잠시 잊고 정신을 가다듬기 위해, 대궐로부터 수레를 돌이켜 소첩의 산림(山林)으로 행차하신다면, 폐하께 축수하는 술잔을 받들어 올리고 즐겁게 해드릴 기회를 가지고 싶습니다. 이렇게만 하고 죽는다면 무슨 한이 남겠습니까?"

상이 말했다.

"태주께서는 무슨 걱정을 하시나요? 병이 낫기만을 바랄 뿐입니다. 뭇 신하와 따르는 시종이 너무 많아 비용을 너무 쓰게 할까 봐 걱정일 뿐입니다."

상은 대궐로 돌아갔다. 얼마 지나 태주의 병이 낫자 자리에서 일어나 알현하니, 상은 돈 1,000만을 들여 술자리를 마련하고 태주와 함께 마셨다. 며칠이 지나 상이 산림에 행차하니 태주는 직접 앞치마를 두르고 요리를 내오고, 상을 안내해 섬돌에 올라 자리에 앉도록 했다. 자리에 다 앉기도 전에 상이 말했다.

"주인옹(主人翁)을 보고 싶습니다."

태주는 이에 섬돌 아래로 내려가 비녀와 귀고리를 풀어놓고, 맨발로 머리를 조아리며 사죄했다.

"소첩이 후안무치하게도[無狀] 폐하를 저버리고 죽을죄를 저질렀습니다. 폐하께서 법대로 처분하지 마시기를 바라오며, 소첩의 죽을죄를 머리를 조아려 아룁니다."

(상은) 용서한다는 조칙을 내렸다. 태주는 비녀를 꽂고 신발을 신고 일어나서 동쪽에 있는 별채로 가서 직접 동군을 이끌고 왔다. 동군은 푸른색 두건을 쓰고 팔에는 토시를 낀 채[9] 태주를 따라 앞으로 나와 전각 앞에 엎드렸다. 태주가 그를 소개하자 동언이 말했다.

"관도공주의 요리를 맡은 신하 언은 죽음을 무릅쓰고 두 번 절해 아뢰옵니다."

이어 머리를 조아리며 사죄하자 상는 그에게 일어나라고 했다. 그리고 옷과 관을 하사하고 윗자리로 오르라고 조칙을 내렸다. 언이 땅에서 일어나 종종걸음으로 달려가 의관을 차려 입었다. 태주는 황제에게 스스로 음식을 받들고 술잔을 바쳤다. 이 술자리에서 동군은 대우는 받았으나 호칭이 없었기 때문에 '주인옹'이라고만 불렀다. 황제는 술자리에서 술을 실컷 마시고 매우 즐겁게 놀았다. 태주는 이에 장군과 열후(列侯), 시종 신하들에게 황금과 돈, 각색 비단을 제각기 차등을 두어[有數=有差] 내리도록 허락해달라고 했다. 이에 동군이 귀하게 되고 총애를 받는다는 사실을 천하에 모르는 자가 없이 널리 소문이 났다. 각 군국에서는 개 시합, 말 타기, 축구 놀이[蹴鞠]를 잘하는 자들과 검객들이 동씨한테로 모여들었다. 동언

---

9 천인이 하는 복장이다.

은 항상 무제를 좇아서 북궁(北宮)에서 놀았고, (상림원에 있는) 평락관(平樂觀)에서 말을 달려 사냥했으며, 투계(鬪鷄)와 축구 놀이를 구경하고, 개 시합과 경마를 겨루었다. 상은 그 놀이를 대단히 즐겨 했다. 이에 상은 태주를 위해 선실(宣室)에서 술잔치를 열고, 알자를 시켜 동군을 궁으로 불러오게 했다.

이때 창을 잡고 섬돌 아래에 서 있던 삭(朔)이 창을 옆에 놓고 앞으로 나아가 아뢰었다.

"동언은 베어 죽여야 할 죄가 세 가지나 있거늘 어째서 대궐로 들여보내시는 것입니까?"

무제가 "무슨 죄란 말이냐?"고 묻자 동방삭이 말했다.

"동언은 신하 된 몸으로 사사로이 공주를 가까이서 모셨으니 이것이 첫 번째 죄입니다. 남녀 간의 풍기를 문란하게 하고 혼인의 예를 어지럽혀 조성의 세도를 손상시켰으니 이것이 두 번째 죄입니다. 폐하께서 나이가 젊으시므로 한창 육경(六經)에 마음을 기울이고 제왕의 업무에 정신을 쏟아야 하며, 요임금과 순임금 시절의 정사를 따르기에 여념이 없어야 하고, 하(夏)·은(殷)·주(周) 삼대(三代)의 어진 임금을 본받아야 할 때입니다. 그런데 동언은 경전을 따르거나 학문을 권하기는커녕 도리어 화려한 것만 숭상하고 사치만을 힘쓰며, 개 시합이나 말 타는 즐거움만을 추구하고, 눈과 귀의 감각적인 쾌락만을 만끽하며, 사악하고 잘못된 길만을 걷고, 음란하고 비뚤어진 길을 날래게 다닙니다. 이자는 바로 이 나라의 큰 도적이자 군주의 큰 요물입니다. 동언은 음란한 자의 괴수이니 이것이 세 번째 죄입니다. 옛날 백희(伯姬)¹⁰가 불에 타 죽자 천하의 제후들이 탄복했습니다. 폐하께서는 어떻게 생각하십니까?"

상은 묵묵부답 아무 대답도 하지 않다가 한참 만에 말문을 열었다.

"내가 이미 잔치를 열었으니 이 뒤부터 고치겠노라!"

그러자 삭이 말했다.

"안 됩니다. 저 선실은 선제(先帝)의 정전(正殿)입니다. 국가의 대사를 의논하는 자가 아니면 들어가지 못하는 곳입니다. 예로부터 음란한 짓이 점차 커져 나라를 찬탈하는 변고를 만들어냈습니다. 그러한 까닭에 (제나라에서는) 수초(豎貂)가 음란한 짓을 벌여 역아(易牙)와 더불어 난을 일으켰고,¹¹ 경

---

10 노(魯)나라 선공(宣公)의 딸로 송나라 공공(恭公)에게 시집갔다. 그녀는 공공이 죽어 과부로 지냈는데 경공(景公) 때에 이르러 밤에 백희가 기거하는 궁에서 불이 났다. 좌우에 있던 사람이 "부인은 잠깐 불을 피하십시오"라고 하자 백희가 "부인은 시녀가 갖추어지지 않으면 밤에 당을 내려가지 않는 법이다"라고 하며 마침내 불에 타 죽었다.

11 수초와 역아는 모두 춘추시대 제나라 환공(桓公)의 신하이다. 관중(管仲)이 큰 병이 들자 환공이 문병하러 가서 "과인에게 남겨 교훈이 되게 할 말이 무엇인가?"라고 물었다. 관중이 "군주께서는 역아와 수초를 멀리하시기 바랍니다"라고 대답했다. 환공이 "역아는 자기 아들을 삶아서 과인을 즐겁게 한 자인데 왜 의심한단 말인가?"라고 반문하자 관중이 "사람의 정이란 아들을 사랑하지 않는 자가 없습니다. 그런데 아들마저 죽이는 자이니 임금에게 무슨 짓인들 하지 않겠습니까?"라고 답했다. 환공이 "스스로 거세해 과인을 가까이 모신 사람을 왜 의심한단 말인가?"라고 묻자, 관중은 "사람의 정이란 자기 몸을 아끼지 않는 자가 없습니다. 그런데 자기 생식기마저 거세하는 자이니 임금에게 무슨 짓인들 하지 않겠습니까?"라고 대답했다. 이에 환공이 "잘 알았다"고 했다. 관중이 죽자 환공이 이들을 모두 쫓아냈다. 그런데 환공은 먹는 것이 달지 않았고, 궁 안이 다스려지지 않았다. 3년이 지난 뒤 환공은 "관중이 너무 지나친 것이 아닐까?" 하고 모두 불러들였는데 그들이 반란을 일으켰다. 다음 해 환공이 큰 병이 들었는데, 역아와 수초는 서로 난을 일으키느라고 궁궐 문을 폐쇄하고 높은 담장을 쌓아서 사람들의 출입을 금했다. 한 부인이 담을 넘어 들어가서 환공이 누운 곳에 이르렀다. 환공이 "무엇이라도

보(慶父)[12]가 죽자 노(魯)나라가 온전해졌으며, 관채(管蔡)[13]가 죽임을 당하자 주나라 왕실이 편안해졌습니다."

상이 "잘 알았노라"고 하고서 조칙을 내려 잔치를 취소했다. 그리고 다시 북궁(北宮)에 술자리를 마련하고서 동사마문(東司馬門)을 통해서 동군을 데려오게 했다. 이때 동사마문의 이름을 동교문(東交門)으로 바꾸었다.[14] 삭에게 황금 30근을 내려주었다. 동군에 대한 총애는 이로 말미암아 날로 시들었다. 언은 서른 살이 돼 죽었다. 몇 년이 지나 태주도 죽었는데, 동군과 함께 패릉(霸陵)에 합장됐다. 이 뒤로 공주와 귀인이 예법과 제도를 뛰어넘는[踰] 일이 잦아졌는데, 이는 동언으로부터 시작됐다.

이 무렵 천하에 사치가 극심해 너도나도 상공업에 뛰어드니 농토를 버

먹고 싶다"고 하자 부인이 "먹을 것을 얻지 못합니다"라고 했다. 또 "물이라도 마시고 싶다"고 하자 부인은 "그것도 얻을 수 없습니다"라고 했다. 환공이 "무엇 때문인가?" 묻자 부인이 "역아와 수초가 서로 난을 일으켜 궁궐 문을 폐쇄하고 높은 담장을 쌓아서 사람들의 출입을 금했기 때문에 얻을 수 없습니다"라고 했다. 이 말을 들은 환공은 탄식하고 눈물을 흘리면서 "슬프다! 성인의 식견이 어찌 원대하지 않은가? 죽은 자가 지각이 있다면 내가 장차 무슨 면목으로 관중을 본단 말인가!"라고 말하고, 옷깃으로 얼굴을 가리고 수궁(壽宮)에서 죽었다.

12 노환공(魯桓公)의 아들이고, 장공(莊公)의 아우이다. 장공이 죽자 경보가 장공의 아들 민공(閔公)을 살해하고 난을 일으켰는데, 성공하지 못하고 거(莒) 땅으로 달아났다. 그 뒤 희공(僖公)이 왕위에 올라 많은 뇌물을 주어 거 땅 사람에게 경보를 돌려보내라고 요구했다. 거 땅의 사람이 돌려보내자 경보는 도중에 목을 매어 자살하니 희공이 정식으로 왕위에 올랐다.

13 관숙선(管叔鮮)과 채숙도(蔡叔度)를 말한다. 모두 주나라 무왕(武王)의 아우들이다. 성왕(成王)이 나이가 어려서 주공(周公)이 섭정하자 관채가 멸망당한 은나라 주왕(紂王)의 아들 무경(武庚)과 연합해 난을 일으켰다. 그 뒤 무경과 관숙은 죽임을 당하고 채숙은 구금됐다.

14 언이 이 문을 통해 드나들며 무제와 사귀었다고 해서 이름을 이렇게 지은 것이다.

리고 떠나는 백성들이 많았다. 상이 조용한 틈을 타서 삭에게 "내가 백성들을 교화시키고 싶은데 어떤 방법이 있겠는가?"라고 묻자 삭이 아래와 같이 대답했다.

"요임금, 순임금, 우왕, 탕왕, 문왕, 무왕, 성왕(成王), 강왕(康王) 때의 일은 상고시대의 일이라서 수천 년이 지나버려 참으로 말씀드리기가 어려우므로 신은 감히 말씀드리지 않겠습니다. 바라건대 가까운 시대인 효문황제(孝文皇帝) 때의 일을 말씀드리고자 하오니, 지금 살아 있는 노인들은 모두 눈으로 보고 귀로 들어 알고 있는 사실입니다. 효문황제께서는 귀하기로는 천자요, 부유하기로는 온 천하를 소유하신 분인데도, 몸에 입은 옷은 검은색의 거친 비단이었고 발에 걸친 신은 생가죽으로 만든 가죽신이었습니다. 장식 없는 가죽띠로 검을 차셨고, 왕골자리를 깔고 앉으셨으며, 병기는 무뎌서 칼날이 없을 정도였고, 옷은 낡아 무늬가 없었으며, 상서문(上書文)을 담는 주머니를 이용해 궁궐의 휘장을 만들었습니다. 그러나 도리와 다움을 아름답게 여기시고, 어짊과 마땅함을 준칙으로 삼으셨습니다. 이에 천하의 백성들이 효문황제의 행동거지를 멀리서 보고 순박한 풍속을 이뤄 교화가 분명하게 시행됐습니다.

(그런데) 지금의 폐하께서는 장안성 안이 협소하다고 생각하셔서 성 밖에 건장궁(建章宮-미앙궁 서쪽 장안성 바깥에 있던 궁궐)을 세우려고 하십니다. 왼편으로는 봉궐(鳳闕-건장궁의 문궐)을 짓고, 오른편으로는 신명대(神明臺-건장궁 안에 있는 신선에게 제사하던 대)를 세워 천문만호(千門萬戶)로 불립니다. 궁궐의 나무와 흙에도 화려한 자수를 입히고, 개나 말한테도 오색 비단옷을 입힙니다. 궁인들은 대모(瑇瑁)로 만든 비녀를 꽂고,

몸에는 구슬을 차고 있습니다. 놀이하는 수레를 만들어 말을 타고, 사냥하는 것을 조장하고, 화려하게 꾸미고 진귀한 물건 모으기를 좋아합니다. 대궐 안에서 1만 근짜리 종을 치고, 우레와 같은 큰 소리가 나는 북을 두드리면서 광대들이 놀이하고, 아리따운 아가씨들이 춤을 춥니다.

폐하께서 이렇게 지나치게 사치하시면서 백성들에게만 사치하지 말라, 이농하지 말라고 요구하시니 실현되기 어렵습니다. 폐하께서 참으로 신 동방삭의 의견을 채택하시어 수많은 화려한 휘장을 철거해 사통오달(四通五達)의 거리에서 불태우시고, 준마를 내버려 다시는 사용하지 않겠다는 의지를 보이신다면, 요·순임금의 드높은 정사와 견줄 만한 시대가 될 것입니다. 역서(易書)에 이르기를 '근본을 바로잡는다면 만사가 잘 다스려지고 털끝만큼 어긋나면 1,000리나 큰 차이가 나리라'[15]고 했습니다. 폐하께서는 이 점을 유의해 살펴보시기 바랍니다."

삭은 우스갯소리[詼笑]를 잘했지만, 때때로 상의 안색을 엿보아 직언하고 준엄하게 비판해, 상은 늘 그의 말을 채택했다. 삭은 공경을 비롯한 높은 지위에 있는 자들을 모두 경시하고 조롱해, 그 누구에게도 굽히지 않았다.

상은 삭이 우스갯소리를 잘하고 구변이 좋다고 생각해 즐겨 질문을 자주 했다. 일찍이 삭에게 물었다.

"선생은 짐이 어떤 임금이라고 보는가?"

---

15 『주역(周易)』에 있는 말은 아니다. 『대대예기(大戴禮記)』 「보부(保傅)」 편에 위의 내용을 인용하고 있다.

삭이 대답했다.

"요·순임금[唐虞]의 융성했던 정사와 성왕과 강왕[成康]의 흥성한 치적을 가지고도 오늘날의 치적을 말하기에는 충분하지 않습니다. 신이 엎드려 살피건대 폐하의 공로와 다움은 오제(五帝)의 윗자리에 놓이고 삼왕(三王)보다 높습니다[右=高上]. 단지 이런 정도에 그치지 않고 참으로 천하의 뛰어난 선비들을 얻었기 때문에 공경을 포함한 벼슬아치들이 모두 적임자라고 할 수 있습니다. 비유를 들어 말씀드리면, 주공과 소공[周邵]을 승상으로 삼으시고, 공구를 어사대부로 삼으시고, 태공망(太公望)을 장군으로 삼으시고, 필공고(畢公高-문왕의 아들로 주나라 태사(太師)가 됨)를 습유(拾遺-언관)로 삼으시고, 변엄자(弁嚴子-고대의 용사)를 위위(衛尉)로 삼으시고, 고요(皐陶-순임금의 신하로 법을 관장)를 대리(大理)로 삼으시고, 후직(后稷-주나라의 시조로 백성에게 농업을 가르침)을 사농(司農)으로 삼으시고, 이윤(伊尹)을 소부로 삼으시고, 자공(子贛-공자의 제자로 구변이 좋았음)을 외국에 사신으로 보내시고, 안연(顔淵)과 민자건(閔子騫)을 박사로 삼으시고, 자하(子夏)를 태상(太常)으로 삼으시고, 익(益)을 우부풍으로 삼으시고, 자로(子路-공자의 제자로 용맹했음)를 집금오로 삼으시고, 설(契-순임금의 사도로 오교(五敎)를 관장)을 대홍려로 삼으시고, 용봉(龍逢-하나라 걸왕의 신하로 간언하다 죽은 충신)을 종정으로 삼으시고, 백이(伯夷)를 경조윤으로 삼으시고, 관중(管仲)을 좌풍익으로 삼으시고, 노반(魯盤-고대의 뛰어난 장인)을 장작감(將作監)으로 삼으시고, 중산보(仲山甫)를 광록대부로 삼으시고, 신백(申伯)을 태복으로 삼으시고, 연릉계자(延陵季子)를 수형도위로 삼으시고, 백리해(百里奚)를 전속국(典屬國)으로 삼으시고, 유하혜(柳下惠)를 대장추(大長秋)로 삼으시고, 사어(史魚)를 사직(司直)으로 삼으시고, 거백옥(蘧伯玉)을 태부로 삼으시고, 공보(孔父)를 첨사(詹事)로 삼으시고, 손숙오(孫叔敖)를 제후의 재상으로 삼으시고, 자산(子産)을 군수로 삼으시고, 왕경기(王慶忌)를 기문(期門)으로 삼으시고, 하육(夏育-유명한 역사)을 정관(鼎官-궁전 앞에서 솥을 드는 사람)으로 삼으시고, 예(羿-활의 명인)를 모두(旄頭)로 삼으시고, 송만(宋萬-송나라 민공(閔公) 때의 용사)을 식도후(式道候-천자가 출입할 때 궁문의 개폐를 명하는 직책)로 삼으셨습니다."

이 말을 듣고 상은 크게 웃었다. 이 당시에 조정에는 뛰어난 재주를 가진 사람들이 많았는데 상이 다시 삭에게 물었다.

"지금 승상 공손홍과 어사대부 예관(兒寬), 동중서, 하후시창, 사마상여, 오구수왕, 주보언(主父偃), 주매신, 엄조, 급암(汲黯), 교창(膠倉), 종군(終軍), 엄안(嚴安), 서락(徐樂), 사마천의 무리들이 모두 변론을 잘하고 지식이 풍부하며 문장을 아주 잘 짓는다. 선생 자신이 보기에 이들과 비교해 어떠한가?"

삭이 대답했다.

"신이 살펴보니 들쑥날쑥한 이, 툭 튀어나온 광대뼈, 대접 같은 입술, 내려앉은 목에 쳐든 고개, 정강이와 다리는 붙어 있고, 볼기짝과 꽁무니가 이어진 자들이 걸음걸이는 비틀비틀, 허리는 구부정하더군요. 신 삭이 비록 모자란 놈이기는 해도 오히려 이런 사람들 여러 몫을 할 수 있습니다."

질문에 답하는 삭의 기발한 말솜씨가 모두 이러한 식이었다.

무제는 이미 영특한 준재들을 불러서 각 사람의 그릇과 재능[器能]을 헤아려서 기용했는데, 혹시라도 그 능력에 제대로 어울리는 자리를 주지 못하면 어떻게 하나 마음을 썼다. 그때 바야흐로 한나라는 밖으로는 흉노와 월나라를 정벌하고, 안으로는 제도를 바로 세우느라 한창 일이 많았다. 공손홍 이하 사마천에 이르기까지 모두 천자의 명을 받들어 사방으로 사신으로 나갔는데, 어떤 자는 군의 태수와 제후국의 재상이 됐고, 공경 대신에까지 이르렀지만 유독 삭만 일찍이 태중대부까지 오른 경우를 빼고는 뒤에는 항상 낭관이었고, 매고(枚皐)나 곽사인과 함께 상의 좌우에서 우스갯소리나 할 뿐이었다. 오랜 세월이 흐른 뒤에 삭은 글을 올려 병농(兵農)을 통해서 나라를 부강하게 하는 계책을 말하고, 그 기회에 자신만이 큰 벼슬자리를 얻지 못했으므로 자신도 한 번 쓰이기를 바란다고 하소연했다. 그런데 그가 사용한 언사가 오로지 상앙(商鞅)과 한비(韓非)의 설만 채용했고, 말하고자 한 뜻이 제 마음대로이고 게다가 우스꽝스러운 것이 제법 많아 수만 자에 달하는 말을 했음에도 결국 기용되지 못했다. 그러자 삭은 가상의 객(客)을 설정해 자신을 비난하는 글을 지었는데, 그렇게 해서 낮은 지위에 머물러 있는 자신을 위로하려고 한 것이다. 그 글은 다음과 같다.

객이 동방삭을 비난해 말했다[客難].[16]
객난

---

[16] 이후 객난(客難)은 한문 문체의 하나로 자리 잡았다. 즉, 남이 자기에게 따져 묻는다고 가정하고, 이에 대한 답변 형식으로 자기의 견해를 밝히는 문체이다. 객관과 이어지는 비유선생(非有先生)론은 이미 안대회의 번역이 있고, 특히 문학적 성격이 있는 글이라 옮겨왔다. 표현도 그대로 두었다.

"소진(蘇秦)과 장의(張儀)는 만승(萬乘) 제후를 한번 만나자마자 정승의 자리를 걸머쥐어 그 은덕 그 후세에까지 미쳤소. 지금 당신은 대부로서 선왕의 학술을 익혔고, 성인의 의로움을 사모했으며, 『시경(詩經)』과 『서경(書經)』 및 백가(百家)의 글을 암송해 이루 다 기록하지 못할 지경이오. 죽간(竹簡)과 비단에 글을 써서 입술이 썩고 이가 다 빠질 정도로 가슴속에 담아두어 잠시도 놓지 않으니, 학문을 좋아하고 도를 즐긴 결과가 아주 분명하오. 지혜와 능력이 천하에 짝할 자가 없다고 자부하므로 박학하고 구변 좋고 지혜롭다 말할 만하오. 그러나 온 힘을 다하고 충성을 바쳐 성스런 천자를 섬긴 지 수많은 세월이 지났건만, 시랑(侍郎)의 관직을 벗지 못하고 창을 잡고 경비를 서는 지위를 넘지 못하니, 혹시 행실이 잘못된 것은 아니오? 친형제가 머물러 살 곳도 없으니 이유가 대체 무엇이오?"

그의 질문에 동방삭 선생은 "허허!" 장탄식하고서 머리를 쳐들고 말했다.

"그 속내는 당신이 알 수 있는 것이 아니지. 그때는 그때, 지금은 지금이니 같은 차원에서 말할 수 있나? 소진과 장의의 시대는 주나라 왕실이 크게 붕괴해 제후들이 조회를 드리지 않고 힘으로 징벌하고 권력을 다투었네. 서로 무력으로 침략해 12개 제후국으로 합병돼 자웅을 가리지 못했네. 이때는 인재를 얻은 자가 강성해지고 인재를 잃은 자는 망하는 때라, 유세하는 선비가 횡행할 수밖에 없었지. 그래서 그들의 몸은 높은 지위를 누리고, 진귀한 보물은 집 안에 가득하며, 밖에는 곡식 창고가 있고, 덕택이 후세에까지 미쳐 자손들이 오래도록 향유했네. 지금은 사정이 다르다네. 성스런 황제의 덕이 흘러서 천하가 두려워하고 제후들이 복종하며, 사해 밖까지 띠처럼 둘러 사발을 엎어놓은 듯이 편안하네. (천하가 전쟁 없이 평형을 이루고 한집안이 돼 큰 사업을 하기가 마치 손바닥 위에 올려놓은 듯 쉽네. 그러니 현자와 바보를 무엇으로 구별하겠는가? 하늘의 도리를 준수하고 땅의 이치를 따르므로 제 있을 자리를 얻지 못한 사물이 없다네. 따라서 천자가 어루만지면 안정을 찾고, 뒤흔들면 괴로움을 겪으며, 높이 올려주면 장군이 되고, 낮춰놓으면 포로가 되며, 높이 천거하면 청운(靑雲) 높이 올라앉고, 억누르면 깊은 연못 밑으로 가라앉네. 사람을 기용하면 범이 되고, 쓰지 않으면 쥐가 되는 법, 있는 힘을 다해 충성을 바치려고 해도 재주를 발휘할 마당이 있겠는가? 하늘과 땅은 넓고, 백성은 수가 많아 정력을 다해 유세하려고 사방팔방에서 몰려드는 사람이 이루 다 헤아릴 수 없네. 가진 힘을 다해 황제의 덕을 사모해도 옷과 밥을 얻지 못하고, 심지어는 대궐 문에도 들어가지 못하는 자도 있지. 소진과 장의가 오늘날 세상에 나처럼 태어났다면 장고(掌故) 자리도 차지하지 못했을 텐데 어떻게 감히 상시랑(常侍郎)을 바라기나 하겠는가? 그렇기 때문에 때가 다르고 일이 다르다고 했네. 그렇다고 자신을 수양하지 않을 수야 있겠는가? 『시경(詩經)』에서는 '집 안에서 종과 북을 치면 바깥까지 소리가 들리네'(「소아(小雅)」 '백화(白華)' 편의 구절), '낮은 못에서 학이 울면 울음소리 하늘에서 들리네'(「소아(小雅)」 '학명(鶴鳴)' 편의 구절)라고 했네. 자신을 잘 수양한다면 영화를 얻지 못할까 염려할 필요는 없네. 강태공은 몸소 인의(仁義)를 실천하다 일흔두 살이 돼 주나라 문왕, 무왕에게 기용돼 제 주장을 펼치고, 제(齊)나라에 봉해져 700년이 지나도록 제사가 끊어지지 않았네. 선비가 밤낮으로 열심히 공부하고 행실을 닦아 감히 게으름을 피우지 못하는 까닭이 여기에 있네. 비유하자면 할미새가 날면서도 우짖는 것과 같지. 그러므로 『춘추좌씨전(春秋左氏傳)』에서는 '하늘은 사람이 추위를 미워한다고 겨울을 없애지 않고, 대지는 사람이 험준함을 미워한다고 광대함을 포기하지 않으며, 군자는 소인들이 흉흉히 소란을 피운다고 행실을 바꾸지 않는다'고 했네. 또 '하늘에는 일정한 도수(度數)가 있고, 대지에는 일정한 형상이 있으며, 군자에게는 일정한 행실이 있다. 군자는 일정한 행실을 따라 움직이지만 소인은 결과만을 따진다'고 했네. 『시경(詩經)』에서는 또 '예의에 어긋나지 않았으니 남의 말을 두려워하랴?'라고 했네. 그러므로 '물이 지극히 맑으면 물고기가 없고, 사람이 지극히 깨끗하면 따르는 자가 없다. 관을 쓰고 앞에 수술을 드리우는 것은 밝게 보는 것을 가리기 위함이요, 귓가에 구슬을 다는 것은 똑똑하게 듣는 것을 막기 위함이라'고 했네. 아무리 눈이 밝은 자라도 보지 못하는 것이 있고, 아무리 귀가 밝은 자라도 듣지 못하는 것이 있기 마련이지. 덕이 큰 사람을 천거할 때 자그마한 과실 정도는 너그럽게 보아 넘기는데 그 까닭은 한 사람에게 모든 덕망을 갖추기를 요구하지 않는다는 뜻이네. 굽은 것을 바로잡는 것도 스스로 터득하게 하고, 관대하고 부드럽게 변하는 것도 스스로 얻게 하며, (제 본성과 재능을) 재고 헤아리는 것도 스스로 찾게 유도하네. 성인의 교화란 이처럼 스스로 터득하게 하기 때문이지. 스스로 터득하면 효과가 빠르고 넓다네. 그런데 오늘날 처사(處士)는 따르는 자 없이 쓸쓸하고 초연하게 홀로 살지. 위로는 천하를 마다한 허유(許由)를 찾고, 아래로는 벼슬하지 않고 미친 척하던 접여(接輿)가 있나 둘러보네. 공을 이루자 도망해버린 범려 같은 꾀를 써보려고 하고, 간언하다가 죽임을 당한 오자서의 충성을 바치려고 드네. 그러나 천하가 태평하고 백성들이 의를 지키고 있으니 더불어 지낼 벗이 드문 것이 당연하지 않은가? 자네는 어째서 내 처지를 의심하는가? 저 연나라 소왕(昭王)이 악의(樂毅)를 써서 제나라를 격파하고, 진나라가 이사(李斯)를 기용해 천하를 통일하고, 한나라 고조께서 역이기(酈食其)를 써서 제나라 왕을 설득해 70여 개의 성을 항복시켰네. 그때 물이 흐르듯 유창하게 유세한 말은 잘 받아들여졌고, 손가락에 반지가 끼어 있듯이 제후들이 그 말을 따랐기 때문에 시도한 것이 모두 성취돼 공훈이 산악처럼 높았다네. 반면에 지금은 천하가 안정되고 국가가 평안하므로, 이 좋은 시대를 만나 살면서 자네는 내가 시대를 잘못 만났다고 이상히 여길 이유가 있는가? 속어에 '대롱 구멍으로 하늘을 엿보고, 표주박으로 바닷물을 헤아리며, 풀줄기로 종을 친다'고 했네. 그래 가지고야 어떻게 하늘의 법도를 꿰뚫어보고, 바다의 이치를 알아내며, 종소리를 낼 수 있겠나? 이렇게 본다면, 처사가 출세하는 것은 비유하자면 생쥐가 개를 습격하는 꼴이자 돼지 새끼가 범을 물어뜯는 격이네. 그 앞에 이르기만 하면 몸이 으스러지고 말 테니 무슨 공을 세우겠는가? 이제 어리석고 비루한 식견으로 처사를 비난하는 자네를 내 아무리 곤경에 빠뜨리지 않으려고 해도 정말 어쩔 수 없네그려. 자네가 시세 변화를 읽지 못할 뿐만 아니라 큰 도리조차 전혀 모른다는 사실을 분명하게 보여줄 뿐이네."

동방삭은 또 비유선생(非有先生)[17]의 논쟁을 가설해 지어냈다. 그 내용은 다음과 같다.

---

17 비유(非有)는 어디에도 없다는 뜻으로 자허(子虛)나 오유(烏有)와 같이 허구적인 인물이다.

비유선생이 오나라에서 벼슬을 했다. 조정에 나와서는 옛일을 거론해 군주의 마음을 격려하지도 않고, 조정에서 물러나와서는 군주가 잘한 일을 칭송해 세상에 공적을 드러내지도 않았다. 아무 말도 하지 않고 묵묵히 지낸 지 3년이 됐다. 오나라 왕이 괴이하게 여겨 그에게 물었다.

"과인이 선왕의 공훈을 이어받아 현자의 윗자리에 올라앉은 이래 남보다 일찍 일어나고 늦게 잠을 자면서 감히 게으름을 피우지 못하고 있소. 그렇건만 선생이 표연히 높이 날아와 먼 오나라 땅에 몸을 붙이고 과인을 보좌해 나라를 다스리려고 하오. 참으로 마음속으로 가상하게 여기고 있소. 한시도 자리에 누워도 편치 못하고, 밥을 먹어도 맛을 느끼지 못하며, 곱고 아름다운 여자를 눈으로 쳐다보지도 못하고, 북과 종으로 연주하는 멋진 음악을 귀로 듣지 못했소. 마음을 비우고 뜻을 다부지게 잡아 고견의 끄트머리라도 듣고자 기다린 지 벌써 3년이 지났소. 그러나 지금껏 선생은 조정에 나와서는 정사를 보좌하지도 않고 물러나서는 군주의 명예를 드날리지도 않았소. 적이 생각건대, 선생이 이렇게 해서는 안 된다는 생각이 들었소. 재능을 간직하고 드러내지 않는 것은 충성스럽지 못하고, 재능을 드러냈으나 펼치지 못한 것은 군주의 불찰이오. 아무리 생각해도 과인의 불찰이 아닌가 하오."

이 말에 비유선생이 엎드려서 "예, 예!"라고 하자 오나라 왕이 말했다.

"할 말이 있으면 다 해보시오! 과인이 정중하게 듣고 채택하겠소."

그러자 선생이 말을 꺼냈다.

"아! 그럴 수야 있겠습니까? 그럴 수야 있겠습니까? 그렇게 손쉽게 군왕께 말씀드릴 수야 있겠습니까? 눈에도 거슬리고 귀에도 거슬리고 비위에도 상하지만 자기 몸에는 도움이 되는 이야기가 있는 반면, 눈으로 보기에도 좋고 귀에 듣기에도 부드럽고 마음을 상쾌하게 만들기도 하지만 인생을 치는 이야기가 있습니다. 명철하고 성스러운 군주가 아니라면 그러한 이야기를 들으려고 하겠습니까?"

그러자 오나라 왕이 물었다.

"어째서 그렇단 말이오? '중간 정도 이상의 사람이라면 높은 도를 말할 수 있다'고 했으니 선생은 한번 말해보시오. 과인이 잘 듣겠소."

그 말에 선생이 말을 이어갔다.

"옛날 용봉(龍逢)은 걸왕에게 온 힘을 다해 간언했고, 왕자(王子) 비간(比干)은 주왕(紂王)에게 직언했습니다. 이 두 신하는 온갖 지혜를 짜내어 충성을 바친 분입니다. 제왕의 은덕이 아래 백성에까지 퍼지지 않아 만백성이 소동을 일으킬까 두려워한 나머지 임금의 잘못을 직언하고 사악한 행실을 준엄하게 비판해 군주의 영화를 꾀하고 닥쳐올 재앙을 제거하고자 했습니다. 그러나 지금은 그때와 사정이 다릅니다. 저 두 신하처럼 하면 도리어 군왕의 행실을 비방했다고 해 신하로서 예의가 없다고 여깁니다. 결국에는 시비를 분간하지 않기 때문에 제 한 몸을 잃고, 허물이 없으면서도 죄를 뒤집어쓰고, 선친까지 욕보여 천하의 비웃음거리가 되지요. 그러므로 손쉽게 군왕께 말씀드릴 수 있겠습니까? 따라서 군왕을 잘 보필하는 신하들은 와해되기 쉬운 반면, 사악하고 아첨하는 신하들은 우르르 몰려들어 마침내 비렴(蜚廉)과 악래(惡來-주왕 때의 아첨을 잘하던 신하)들이 나타납니다. 이 두 사람은 간사하고 거짓된 일을 잘해, 교묘하고 솜씨 좋은 말로 벼슬자리에 잘도 올랐습니다. 곱게 꾸미고 아로새긴 물건으로 은밀하게 임금의 마음을 끌어다가 눈과 귀의 욕망을 충족시키기에 힘써, 구차하게 제 한 몸 보전하기만을 추구했습니다. 지나간 일에서 교훈을 얻지 않으면 몸을 죽이고 욕을 당하며, 종묘는 붕괴되고 국가는 폐허가 됩니다. 성현을 내쫓고 죽이며, 참소하는 자들을 가까이한 결과입니다. 『시경(詩經)』에서 '참소하는 자들은 법도 없어 사방 나라를 어지럽히도다'(「소아(小雅)」 '청승(靑蠅)' 편의 구절)라고 하지 않던가요? 이 시는 바로 이런 경우를 말하고 있습니다. 따라서 제 몸을 낮추고 부드러운 얼굴빛과 고운 말씨로 싱글벙글 예, 예 하면서 주상의 정치에는 아무런 도움도 주지 못하는 짓을, 뜻있는 선비와 어진 사람은 차마 하지 못합니다. 그렇다고 점잖게 엄숙하고 바른 자세를 갖추고서 진중한 말로 직간(直諫)해 위로는 군왕의 사악함을 바로잡고, 아래로는 백성들을 해치는 자를 없애려고 한다면, 사악한 군주의 마음에 거슬리고 난세의 법에 저촉됩니다. 따라서 천수를 누리려는 선비들은 조정에 나아가려고 하지 않고, 깊은 산중에 처박힌 채 흙을 쌓아 집을 만들고 쑥대를 엮어 지게문을 삼고, 그 속에서 거문고를 튕기며 상고적 제왕의 풍모를 읊으며 지냅니다. 그 생활도 즐거우니 죽음마저도 잊을 수 있지요. 그런 까닭에 백이와 숙제는 주나라를 피해서 수양산 아래에서 굶어 죽었으나 후세 사람들은 그들의 어짊을 칭송합니다. 사악한 군왕의 행위는 이처럼 참으로 두렵습니다. 그러므로 손쉽게 군왕께 말씀드릴 수 있겠습니까?"

그의 말을 들은 오나라 왕은 눈을 휘둥그레 뜨고 낯빛을 바꾸며 방석을 치우고 안궤를 밀쳐놓은 다음 단정히 앉아 경청했다. 선생이 말을 이어갔다.

"접여는 세상에서 도피했고, 기자는 머리를 풀어 헤치고 미친 척했지요. 이 두 사람은 혼탁한 세상에서 도피해 제 한 몸을 보존했습니다. 그들이 명철하고 현명한 군주를 만나, 한가한 시간에 너그럽고 온화한 기분으로 발분해, 충성을 바칠 기회를 얻어 국가의 안위를 계획하고 정치의 잘잘못을 헤아리도록 했다고 해보십시오. 위로는 군왕의 몸을 편안하게 하고, 아래로는 만백성을 안녕하게 했을 것입니다. 그렇게 됐다면 삼황오제(三皇五帝)의 치세를 아마 얼마 지나지 않아 목도했겠지요. 그래서 이윤(伊尹)은 치욕을 무릅쓰고 솥과 도마를 짊어지고 다섯 가지 맛을 잘 조리해 탕임금을 뵙기를 청했고, 강태공은 위수(渭水) 가에서 낚시해 문왕을 뵐 기회를 만들었습니다. 마음이 합해지고 뜻이 같았기 때문에 신하가 의도한 것을 이루도록 군왕이 도왔고, 신하가 계획한 것을 군왕은 따랐습니다. 정말 군주를 제대로 만났기 때문이지요. 군왕은 깊고 원대하게 사고해 자기 몸을 정의롭게 바로잡고, 은혜를 아랫사람에게 널리 베풀었습니다. 어짊과 의로움을 뿌리로 삼아 덕이 있는 자는 포상하고, 어질고 능력 있는 자는 녹봉을 주었으며, 사악하고 난리를 일으키는 자는 죽이고, 먼 지역을 제어해 모든 부족을 통일해 풍속을 멋지게 만들었습니다. 이것이 바로 제왕이 번창하게 된 까닭입니다. 위로는 하늘의 본성을 바꾸지 않고, 아래로는 인륜을 빼앗는 일이 없으면, 천지가 조화를 이루고 먼 나라에서도 사모해 따르지요. 따라서 이들을 성왕(聖王)이라고 부릅니다. 신하가 주어진 직분을 다하자 토지를 나누고 공후(公侯) 작위를 하사해, 제후국을 자손까지 전하게 했습니다. 그 이름을 후세까지 드날리게 해 백성들이 지금까지 그들을 칭송합니다. 이것은 바로 탕왕과 문왕을 만났기 때문에 가능했던 것입니다. 태공과 이윤은 이런 처지가 됐건만 용봉과 비간은 저런 처지가 됐으니 왜 슬프지 않겠습니까? 그러므로 손쉽게 군왕께 말씀드릴 수 있겠냐고 말한 것입니다."

오나라 왕은 묵묵히 고개를 숙인 채 깊은 생각에 잠겼다가 얼굴을 들고 눈물을 줄줄 흘리면서 말했다.

"아아! 내 나라가 망하지는 않았지만 간당간당해 대가 끊어질까 위태롭구나!"

왕은 명당(明堂)에서 정사를 정돈하고, 군신 간의 질서를 바로잡고, 현명한 재사를 등용하고, 덕과 은혜를 베풀고, 인의를 시행하고, 공을 세운 자를 포상했다. 몸소 검소하게 절제하고, 후궁의 경비를 삭감하고, 수레와 말에 드는 비용을 줄이고, 음탕한 음악을 내치고, 아첨꾼을 멀리하고, 음식 비용을 덜고, 사치품을 없앴다. 궁궐과 건물을 작게 짓고, 궁궐 정원을 부수고, 인공 호수를 다시 메워 생업이 없는 빈민들에게 나눠주었다. 궁궐의 창고를 열어 빈민을 구휼하고, 노인을 위문하고, 과부와 고아를 보살피고, 세금을 줄이고, 형벌을 경감했다. 이렇게 3년을 시행하자 온 나라가 평안하고 천하가 크게 다스려졌다. 음양이 조화를 이루고, 만물이 다 제 위치를 찾았다. 나라에는 재해의 변괴가 없고, 백성들은 굶주림과 추위에 떠는 기색이 없었다. 집안은 넉넉하고 사람은 풍족했으며, 쌓아놓은 곡식이 풍부해 옥은 텅텅 비었다. 뒤이어 봉황이 날아왔고, 교외에 기린이 나타났으며, 감로수가 하늘에서 내리고 붉은 풀의 싹이 텄다. 나중에는 풍속이 다른 먼 나라 사람들까지 풍속과 의로움을 사모해 제각기 제 직분을 지키며 찾아와 공물을 바쳤다. 치란(治亂)의 길과 존망(存亡)의 단서는 이렇듯이 쉽게 드러나건만 군주의 자리에 있는 자는 시행하려고 하지 않고, 신하는 어리석어 틀렸다고 생각한다. 따라서 『시경(詩經)』에서 "왕국에 선비들이 많으니 주나라의 기둥이로다! 많고 많은 선비들이여! 그들 덕분에 문왕께서 평안하셨도다!"(「대아(大雅)」 '문왕(文王)' 편의 구절)라고 읊었는데 바로 이런 경우를 노래했다.

동방삭의 문장은 위에 보인 두 편이 가장 좋다. 그 나머지로 '태산을 봉하다', '화씨의 구슬을 꾸짖다', '황태자 탄생을 축하하다', '병풍', '궁전의 잣나무 기둥', '평락관(平樂館) 사냥', 팔언시(八言詩)·칠언시(七言詩) 각 상·하편, '공손홍(公孫弘)에게 수레를 빌리다' 따위가 있는데 유향(劉向)이 기록한 동방삭의 글은 이것이 전부다. 세상에서 동방삭이 한 일이라고 전하는 여타의 사실은 모두 그릇된 것이다.

찬(贊)하여 말했다.

"유향(劉向)이 말하기를 젊을 때 삭(朔)과 같은 시대를 살아 당시 일을 잘 아는 어르신들과 뛰어난 분들에게 자주 물었는데, 그들은 다 '동방삭은 해학을 말하고 논변에 능했으나 자신만의 주장을 가지지는 못했고, 일반인들에게 이런저런 주장을 펼치기[誦說] 좋아했기에 후세에 전해지는 이야기가 많아진 것이다'라고 했다. 양웅(楊雄)도 그에 대해 이렇게 말했다.

'삭의 말은 스승을 그대로 따르지 않았고[不純], 그의 행실은 다움을 그대로 따르지 않아[不純] 남겨진 풍모나 글이 보잘것없다. 하지만 삭의 이름이 실상보다 넘치게 된 까닭은 그가 해학[詼=諧]에 뛰어나고 다방면에 재능을 가져 한 가지 행위로 이름 붙일 수 없는 데에 있다. 그가 사람과 상대하며 해학을 펼칠 때 보면 광대[優=俳優]를 닮았고, 무궁무진함은 사리를 아는 자[智=智者]와 닮았으며, 바르게 간언할 때는[正諫] 곧은 신하[直=直臣]를 닮았고, 다움을 더럽힌 것은 은둔자[隱=隱者]를 닮았고, 행동을 스스로 지저분하게 한 것은 은자와 비슷하다.'[18]

백이와 숙제는 잘못됐고[非], 유하혜(柳下惠)[19]를 옳다[是]고 여긴 삭은 보신이 최고[上容]〔○ 응소(應劭)가 말했다. "몸을 지키고 해를 피하는 것이다."〕라고 자식들에게 경계시키며 이렇게 말했다.

'수양산에서 굶어 죽은 백이숙제는 아둔하고[拙]

주하사(柱下史)가 된 노자는 노련하다[工]〔○ 응소(應劭)가 말했다. "노자는 주(周)나라의 주하사(柱下史-관청의 장서 관리관)가 돼 조정에 은신했기 때문에 평생토록 아무런 우환이 없었으니 이를 일러 노련하다고 한 것이다."〕

배불리 먹고 거드름 피우기 위해서는

---

18 양웅의 『법언(法言)』「연건(淵騫)」편에 나오는 말이다.

19 춘추시대 노(魯)나라 사람으로 성은 전(展)이고 이름은 획(獲)이며, 자는 금(禽)이다. 유하(柳下)는 식읍(食邑)의 이름이고, 혜(惠)는 시호다. 유하계(柳下季) 또는 유사사(柳士師) 등으로 불린다. 일찍이 사사(士師)라는 관직을 지내면서 형옥(刑獄)을 맡았는데, 세 번 쫓겨나자 사람들이 떠나기를 권했다. 그러자 바른 도리로 남을 섬긴다면 어디를 간들 쫓겨나지 않겠으며, 도를 굽혀 남을 섬길 바에는 하필 부모님의 나라를 떠나겠느냐고 대답했다. 노나라 희공(僖公) 26년 제(齊)나라가 노나라를 공격하자 희공이 전희(展喜)를 보내 호군((犒軍)을 명분으로 삼아 제나라에 철군을 설득하라고 했다. 전희가 먼저 그에게 어떻게 말해야 할지 물어보았다. 어질고 덕이 있어 공자(孔子)로부터 칭송을 받았다. 동생이 유명한 도적 도척(盜跖)이었다. 낯선 여자와 하룻밤을 지내고도 음란(淫亂)하지 않아 조행(操行)이 있는 남자로 불린다.

농사를 버리고 벼슬을 해야지

조정에 숨어서 세상을 즐기며 살고

시류를 거스르다 화를 자초하지 말거라.'

이것만 보아도 삭은 골계(滑稽)하는 자의 우두머리라 하겠다. 삭의 해학, 예언, 사복(射覆)[20] 따위는 경박스러운 것이지만, 대중들에게 유행해 어린 애와 목동들이 현혹되지 않는 자가 없었다. 그래서 후세의 호사가들이 기이한 말과 괴상한 이야기를 가져다가 삭에게 결부시키기 때문에 상세하게 기록했다."

---

20 원래는 사발 같은 그릇에 어떤 물건을 덮어놓고 무엇이 들어 있는지 알아맞히게[射] 하는 놀이였으나, 나중에는 주령으로 발전해서 시나 글귀, 고사성어, 전고(典故) 등을 이용해 어떤 사물을 암시하게 해놓고, 차례가 된 사람에게 알아맞히게 하는 방식으로 바뀌었다. 이때 답을 맞히는 사람도 그 사물을 암시하는 다른 시나 글귀, 고사성어, 전고(典故) 등을 제시해야 한다. 답을 맞히지 못하거나 문제를 잘못 낸 사람은 모두 벌주를 마셔야 한다.

권
◆
66

공손하·유굴리·
전천추·왕흔·
양창·채의·
진만년·정홍전
公孫劉田王楊蔡陳鄭傳

공손하(公孫賀)는 자(字)가 자숙(子叔)으로 북지군(北地郡) 의거(義渠) 사람이다. 하(賀)의 할아버지 곤야(昆邪)는 경제(景帝) 때 농서군(隴西郡) 태수(太守)를 지냈고, 장군으로서 오초(吳楚)를 쳐서 공로가 있어 평곡후(平曲侯)에 봉해졌으며, 10여 편의 글이 있다〔○ 사고(師古)가 말했다. "예문지(藝文志)」 '음양가(陰陽家)'에 공손혼야(公孫渾邪)의 15편이 있다고 했는데 이것을 말한다."〕.

하(賀)는 젊어서 기병으로서 종군해 공로를 세웠다. 무제(武帝)가 태자로 있을 때 하는 사인(舍人)이 됐고, 무제가 즉위하자 승진해 태복(太僕)이 됐다. 하의 부인 군유(君孺)는 위황후(衛皇后)와 자매였기 때문에 하는 이로 말미암아 총애를 받았다. 원광(元光) 연간 중에 경거(輕車)장군이 돼 마읍(馬邑)에 주둔했다. 4년 후에 운중군(雲中郡)으로 출진했다. 5년 후에 거기(車騎)장군으로서 대장군 청(靑-위청)을 따라 출진해 공로가 있어 남교

후(南箊侯)에 봉해졌다. 뒤에 다시 좌장군으로서 정양군(定襄郡)에 출진했으나 공로가 없었고, 주금(酎金)에 연루돼 후의 작위를 잃었다. 다시 부저(浮沮)장군으로서 오원군(五原郡)에서 출진해 2,000여 리를 나아갔지만 아무런 공로를 세우지 못했다. 8년 후에 드디어 석경(石慶)을 대신해 승상(丞相)이 돼 갈역후(葛繹侯)에 봉해졌다. 이때 조정에는 일이 많아 대신들을 감독하고 꾸짖었다. 공손홍(公孫弘) 이후 승상 이채(李蔡), 엄청적(嚴青翟), 조주(趙周) 세 명이 연달아[比=頻] (어떤) 일에 연루돼 죽었다. 석경은 비록 근신하는 몸가짐[謹] 때문에 제 명에 죽을 수 있었지만, 그러나 그 또한 여러 차례 견책을 당한 바 있었다. 애초에 하가 불려가 제배돼 승상이 되자 인끈을 받으려 하지 않으면서 머리를 조아리고 눈물을 흘리며 말했다.

"신은 변방의 보잘것없는 지역[邊鄙] 출신으로 말에 안장을 설치하고 활을 쏘는 일로 관리가 됐을 뿐이나, 그 재주가 진실로 재상을 맡기에는 어울리지 않습니다."

상은 좌우의 신하들과 함께 하가 진심으로 슬퍼하는 것을 보고는 감동해 눈물을 흘리며 말했다.

"부축해 승상을 일으키도록 하라."

하는 한사코 일어나지 않으려 했으나 상이 끝내 일으키고는 방을 나가버리자 하는 어쩔 수 없이 제배를 받아들였다. 밖으로 나오는데 좌우의 사람들이 그렇게 제배를 받지 않으려는 이유가 뭔지를 묻자 하가 말했다.

"주상께서는 뛰어나고 눈 밝으신데, 신은 그에 부합하지[稱] 못하니 중책을 짊어졌다가 이로 말미암아 끝내 위태로워질까 두려워서입니다."

하의 아들 경성(敬聲)은 하의 뒤를 이어 태복이 돼 부자가 나란히 공경

(公卿)의 자리에 있었다. 경성은 황후의 누이의 아들이라 해 교만하고 사치스러워 법을 지키지 않았고, 정화(征和) 연간에 자기 마음대로 북군(北軍)의 경비 1,900만 전을 사용했다가 발각돼 감옥에 내려졌다. 이때 조서가 내려와 양릉(陽陵)의 주안세(朱安世)를 붙잡으라고 했는데 체포를 하지 못하자 상은 그를 붙잡는 일을 서둘렀기 때문에 하가 자청해 안세(安世)를 쫓아가 붙잡겠다고 하면서 그 대신 경성의 죄를 풀어달라고 했다. 상은 그것을 허락했다. 뒤에 과연 안세를 붙잡았다. 안세란 자는 경사(京師)의 대협객으로 하가 아들의 죄를 면하게 해주려 한다는 이야기를 듣고서 비웃으며 말했다.

"승상의 화가 종실(宗室)에까지 미치겠구나. 남산(南山)의 무성한 대나무들도 내 한 마디로 죄를 입게 될 자의 숫자에 모자라고 사곡(斜谷)의 빼곡한 나무들도 내 형틀에 묶이기에 그 숫자가 모자란다."

안세는 드디어 옥중에서 글을 올려 경성이 양석(陽石)공주와 간통을 했고, 또 사람을 시켜 무당으로 하여금 상을 저주했으며, 북산의 감천궁에 올라 (상이 달려가는) 치도(馳道)에 인형을 묻어두고서 저주의 악담을 했다고 고발했다. (이 글을) 유사에 내려보내 하의 죄를 검증해 범죄의 실상을 끝까지 파헤쳐 결국 부자는 옥중에서 죽었고, 그의 집안은 족멸됐다.

무고(巫蠱)의 화는 주안세에게서 시작돼 강충(江充)에 의해 커졌다가 드디어 공주, 황후, 태자에 이르기까지 모두 패망시켰다. 상세한 이야기는 「강충전(江充傳)」과 「여원전(戾園傳)」〔○ 사고(師古)가 말했다. "「무오자전(武五子傳)」에 따르면 여태자의 시호를 여(戾)라고 했고, 원색(園色)을 설치했기 때문에 여원(戾園)이라고 한 것이다."〕에 실려 있다.

유굴리(劉屈氂)는 무제(武帝)의 서형(庶兄)인 중산정왕(中山靖王)의 아들로 그가 처음에 관직에 나오게 된 사정은 알 수가 없다.

정화(征和) 2년 봄에 어사에게 제조(制詔)하여 말했다.

'전 승상 하(賀)는 (짐과) 오랜 친분[舊故]에 의지해 높은 권세에 올라타고서 간사한 짓을 했고, 좋은 토지를 손에 넣어 자제와 빈객들을 이롭게 해주느라 백성들은 돌아보지도 않고, 변방 수자리 병사들의 식량을 축내 뇌물이 아래에서 위로 흘러들어갔으나 짐은 이를 오랫동안 참아주었다. 그러나 끝내 스스로 이를 고치지 못하고, 마침내 변경의 군들만 풍요롭게 함으로써 자기의 명성만 끌어올렸고, 내부의 군(郡)들에 명해 직접 수레를 제작하느라 다른 비용을 절약하게 했고, 또한 농민들로 하여금 직접 이런 식량을 수송하게 함으로써 농민들을 힘들게 하고, 말을 기르는 백성들을 번거롭게 해 새끼를 밴 말까지 상처를 입고 무비(武備)를 소모시켰다. 아래 관리들은 망령되이 세금을 부당하게 징수해 백성들은 유망(流亡)했다. 또 조서를 위조해 간사스럽게 주안세를 붙잡아 옥에 내려보냈다. (하의) 옥사는 이미 법관에 의해 바로잡혔다. 이에 탁군태수(涿郡太守) 굴리(屈氂)를 좌승상으로 삼고 승상과 장사(長史)를 나눠 두 개의 부(府)로 해, 천하의 먼 지방에서까지 뛰어난 인재들을 찾아내는 일에 대비토록 하라. 무릇 혈친들을 제 몸과 같이 여기고, 뛰어난 인재들을 자리에 임용하는 것[親親任賢=親親賢賢]은 주(周)와 당(唐)[1]의 도리였다. 팽(澎)의 2,200호로 좌승상을 봉해 팽후(澎侯)로 삼노라.'

---

1 주나라 성왕(成王)의 동생 우(虞)의 봉국이다.

그 해 가을에 여(戾)태자가 강충(江充)에게 중상모략을 당하자[所譖=소참] 충(充)을 죽이고서 군대를 출동시켜 굴리는 승상부에 홀로 몸을 피해[挺=引=인] 달아났는데, 그때 승상의 인끈을 잃어버렸다. 이때 상은 더위를 피해 감천궁에 있었고, 승상의 장사가 급히 역마로 달려와 이를 상에게 보고했다. 상이 "승상은 무엇을 하고 있는가?"라고 물으니 그는 "승상은 이를 비밀로 하고, 아직 군대를 출동시키지 않고 있습니다"라고 답했다. 상은 화를 내며 말했다.

"일이 이처럼 소란스러운데[籍籍=紛紛=적적=분분] 무엇을 비밀로 한다는 말인가? 승상에게는 주공(周公)의 풍모가 없다. 주공은 (형제인) 관숙과 채숙[管蔡=관채]을 주살하지 않았던가?"

이에 승상에게 새서(璽書)를 내려 말했다.

'반란을 일으킨 자들을 붙잡아 목을 베라. 목을 벤 자에게는 그에 맞는 상을 내리도록 하라. 소가 끄는 수레를 방패로 삼아 싸우고 단병(短兵)으로 접전을 벌여 사졸 중에 사상자가 많이 생기지 않도록 하라. 성문을 굳게 닫아걸고 반란자들이 밖으로 나갈 수 없도록 하라.'

태자는 충을 주살하고 병력을 출동시키고서 제(帝)가 감천궁에 계시는데 병으로 인해 고생을 하시어 무슨 일이 생겨 간사한 신하들이 난을 일으키려고 한다고 선포했다. 상은 이에 감천궁에서 돌아와 성의 서쪽 건장궁(建章宮)으로 행차해 조서를 내려 삼보(三輔-수도권) 인근에 있는 현의 병력들을 징발해 중(中) 2,000석 이하의 관리를 나눠 보내 군대를 지휘하게 하고, 승상에게는 장군을 겸하도록 했다. 태자도 (이에 맞서) 사자를 보내 황명을 고쳐[矯制=矯制=교제=교제] 장안의 여러 관부에 있는 죄수들을 사면하고,

무기고의 병기를 꺼냈으며, 소부(少傅) 석덕(石德)과 빈객 장광(張光) 등에게 명해 나뉘어서 병사들을 이끌게 하고, 장안의 죄수 여후(如侯)에게 부절을 갖고 가서 장수영(長水營)과 선곡궁(宣曲宮)의 오랑캐 기병을 출동시키게 해 모두 무장을 하고서 모이도록 했다. (한편 조정에서는) 시랑 망통(莽通)이 장안에 사자로 가게 되자 가서 여후를 추포하게 하고서 오랑캐 기병들에게는 이렇게 말했다.

"저 부절은 가짜이니 그의 말을 들어서는 안 된다."

드디어 여후의 목을 베고 기병을 이끌고서 장안으로 들어갔고, 또 집탁(輯濯)을 맡은 사졸들을 징발해 그들을 대홍려 상구성(商丘成)에게 넘겨주었다.

원래 한나라의 부절은 붉은색 한 가지였지만, 태자가 붉은 부절을 갖고 있었기 때문에 이를 고쳐서 노란 깃대 장식[黃旄]을 추가해 서로 구별할 수 있게 했다. 태자는 북군의 감군(監軍) 사자 임안(任安)을 불러 북군의 병력을 출동하게 했다. 안(安)은 태자의 부절을 받아 북군으로 들어가서는 군문을 닫아걸고서 태자의 명에 응하지 않았다. 태자는 병력을 이끌고 떠나갔고, 장안의 여러 시장 사람들이 뛰쳐나와 모두 수만 명이나 되는 사람들이 장락궁(長樂宮) 서문 아래에 몰려들었으며, 승상의 군대와 마주치자 5일 동안 교전을 벌여 죽은 자만 수만 명이었고 피가 도로변 하수구로 흘러들어갔다. 승상 쪽의 병사가 점점 늘어나자 태자의 군대는 패배해 남쪽 복앙성문(覆盎城門)으로 달아나 밖으로 탈출할 수 있었다. 마침 밤이 되자 사직(司直) 전인(田仁)이 성문을 맡고 있었는데, 태자를 탈출하게 했다 해 승상이 인(仁)의 목을 베려 했다. 어사대부 폭승지(暴勝之)가 승상에게 말했다.

"사직이라면 2,000석의 관리인데 마땅히 먼저 (위에) 청해야지 어찌 마음대로 죽이려 합니까?"

승상은 인을 풀어주었다. 상은 그 소식을 듣고서 크게 화를 내며, 하급 관리를 보내 어사대부를 꾸짖어 말했다.

"사직은 반란자를 도망치게 해주었으니 승상이 그를 참하려 한 것이 법인데 대부는 어찌하여 마음대로 그것을 막았는가?"

승지(勝之)는 두려움에 떨다가 자살했다. 또 북군 사자 임안은 태자의 부절을 받고서 두 마음을 품은 죄에 연루돼, 그리고 사직 전인은 마음대로 태자를 도망치게 해주었다 해 모두 허리가 잘리는 요참형에 처해졌다. 상이 말했다.

"시랑 망통이 반란군 장수 여후(如侯)를 붙잡고, 장안의 남자 경건(景建)은 통을 따라서 소부 석덕을 붙잡았으니, 큰 공훈[兀動]을 세웠다고 할 수 있다. 대홍려 상구성은 온 힘을 다해 싸워 반란군 장수 장광을 붙잡았다. 이에[其] 통(通)을 봉해 중합후(重合侯), 건(建)을 덕후(德侯), 성(成)을 투후(秺侯)로 삼도록 하라."

태자의 여러 빈객들 중에서 일찍이 궁문을 출입했던 자들은 모두 연좌시켜 주살했다. 태자를 따라서 군대를 출동시켰던 자들은 법을 위반했기 때문에 족멸시켰다. 관리와 병사들 중에서 겁박을 당해 어쩔 수 없이 따랐던 자들은 모두 돈황군으로 유배를 보냈다. 태자는 아직 성 밖에 있었기 때문에 처음으로 장안의 여러 성문에 둔병(屯兵)을 두었다. 20여 일 후에 대자는 호현(湖縣)에서 붙잡혔다. 상세한 이야기는 「태자전(太子傳)」에 실려 있다.

그 이듬해 이사(貳師)장군 이광리(李廣利)가 군대를 이끌고 흉노를 치러 출진하는데 승상이 송별연을 열어 위교(渭橋)까지 전송을 나가 광리에게 인사의 말을 했다. 이에 광리가 말했다.

"바라건대 군후(君侯)[2]께서는 빨리 창읍왕(昌邑王)을 (불러) 태자로 삼도록 청하셔야 할 것입니다. 만약에 그렇게 해서 세워져 제(帝)가 된다면 군후께서는 오래오래 무슨 걱정이 있으시겠습니까?"

굴리는 그리하겠노라고 허락했다. 창읍왕이란 이사장군의 여동생 이부인의 아들이고, 이사의 딸은 굴리의 며느리였기 때문에 함께 창읍을 세우려 했던 것이다. 이때는 무고의 옥사를 다스리느라 다급할 때였는데 내자령(內者令) 곽양(郭穰)은 승상이 자주 상으로부터 견책을 당하다 보니 승상의 부인이 무당을 시켜 사당에서 제사를 지내게 하면서 상을 저주하고 악담을 퍼부었으며, 또 이사와 함께 기도를 올리며 창읍왕을 제(帝)로 만들려고 도모하고 있다고 고발했다. 유사에서 주청을 올려 이를 검증하니 죄는 대역부도(大逆不道)에 해당됐다. 조서를 내려 굴리를 음식을 싣는 수레에 태워 조리를 돌리게[徇=行示] 한 다음에 동시(東市)에서 요참했고, 처자는 목을 베어 화양가(華陽街)에 걸어두었다. 이사장군의 처자도 붙잡혀 왔다. 이사는 이를 듣고서 흉노에 투항했고, 그의 일족은 결국 족멸당했다.

---

2 열후 중에 승상이 된 사람에 대한 호칭이라는 설도 있고, 그냥 열후에 대한 존칭이라는 설도 있다.

차천추(車千秋)는 본래의 성이 전씨(田氏)인데, 그의 선조는 제(齊)나라의 (명문가였던) 전씨 중에서 (함곡관 동쪽인) 장릉(長陵)으로 이주한 집단에 속했다. 천추(千秋)는 고침랑(高寢郎)[3]이 됐다. 위(衛)태자가 강충에게 중상모략을 입어 패망한 일이 있은 지 오랜 시간이 흘러 천추는 급변의 사태를 논하는 글을 올려 태자의 원한을 대변해 이렇게 말했다.

'아들이 아버지의 군대를 가지고 농간을 부렸다면 그 죄는 태형에 해당합니다. 천자의 아들이 잘못해서 사람을 죽였다면 무슨 죄에 해당하겠습니까? 신이 일찍이 꿈을 꿨는데 머리가 하얀 노인 한 분이 신에게 일깨워 준 이야기입니다.'

이때 상은 태자가 두려움에 떨어서 그런 것이지 다른 뜻은 없었다는 것을 알고 있었기 때문에 천추의 말을 듣고서 크게 깨닫는 바가 있어 천추를 불러 만나보았다. 어전에 이르렀는데 천추는 키가 8척 남짓에 체모가 매우 수려해 무제는 그를 만나보고는 기뻐해 이렇게 말했다.

"부자 간의 일에 대해서는 남들이 쉽게 말할 수 있는 것이 아니건만 공만이 홀로 그렇지 않음을 밝혀주었다. 이는 고묘(高廟)의 신령이 공을 시켜 나를 일깨운 것이니 공은 마땅히 나를 보좌해야 할 것이다."

(그리고는 즉석에서) 천추를 세워 제배해[立拜] 대홍려로 삼았다. 여러 달이 지나 드디어 유굴리를 대신해 승상으로 삼고 부민후(富民侯)에 봉했다. 천추는 다른 재능이나 술학(術學-경학)이 있었던 것도 아니고, 문벌이나 공로도 없이 단지 한 마디 말로 상의 뜻을 일깨워 불과 몇 달 만에 재

---

3 고조의 능을 지키는 낭관이다.

상의 자리를 차지하고 봉후(封侯)됐으니, 이는 세상에 일찍이 없었던 일이다. 뒤에 한나라의 사자가 흉노에 갔을 때 선우가 이에 대해 물었다.

"듣건대 한나라에 새롭게 승상이 제배됐다고 하던데 그는 어떻게 그 자리를 얻을 수 있었던 것입니까?"

사자가 말했다.

"글을 올려 그렇게 된 것입니다."

선우가 말했다.

"정말 그런 것이라면 한나라가 승상을 임명한 것은 뛰어난 이를 쓴 것이 아니라 그저 한 남자가 글을 올려 그 자리에서 그것을 얻은 것일 뿐이다."

사자가 돌아와 선우의 말을 그대로 (무제에게) 전했다. 무제는 사명(使命)을 욕되게 한 것이라 해 (일찍이 사자를 파견한 대홍려 천추를) 옥리에게 내려보내려 했다. 그러나 한참 지나 마침내 그를 풀어주었다[貰=釋放].

그러나 천추는 사람됨이 도탑고[敦厚] 지모(智謀)가 있어 승상의 자리에 있으면서 스스로 그에 걸맞게 처신해 그를 전후한 여러 공(公)들을 뛰어넘었다. 애초에 천추가 처음 업무를 볼 적에 여러 해 동안 태자의 옥을 다스리면서 주살하는 일이 너무 잦아 많은 신하들이 두려움에 떠는 것을 보고서 상의 뜻을 너그럽게 하고 넓혀줌으로써 많은 이들을 위로하고 편안하게 해주고 싶었다. 이에 어사대부, 중(中) 2,000석 관리들과 함께 상의 장수를 빌고 빼어난 다움을 찬미하고서, 상에게 은혜를 베풀어 형벌을 완화하고, 좋은 음악을 즐겨 들으며 뜻을 길러, 귀신과 화합해 천하를 위해 스스로 편안히 즐길 것을 권했다. 상이 답해[報] 말했다.

"짐이 천자답지 못해 좌승상(-유굴리)과 이사(貳師)가 음모를 꾸며 역란(逆亂)을 일으킨 이래로 무고의 화가 사대부에게까지 내려가 미쳤다. 짐은 일식이 일어난 것이 여러 달에 이르고 있는데, 무슨 음악을 듣는다고 한들 즐겁겠는가? 사대부를 아프게 한 일이 늘 마음속에 있으니 이에 이미 지나간 일들에 대해서는 탓하지 않겠다. 그럼에도 불구하고 무고의 화가 처음 일어났을 때 승상과 어사대부에게 조서를 내려 2,000석 관리들을 독려해 관련자들을 체포하게 하고 정위에게 재판을 담당하도록 했으나 구경과 정위들이 국문을 당한 것에 대해서는 들은 바가 없다. 지난번에 강충이 먼저 감천궁 사람들을 취조했고, 이어서 미앙궁 초방(椒房-황후의 처소)까지 조사해 경성(敬聲-공손하의 자)의 무리인 이우(李禹-이광의 손자) 등이 흉노에 들어가기로 모의했음에도 유사에 발각되지 않았는데, 지금의 승상이 직접 난대(蘭臺-궁중 도서관)의 무고를 발굴해 검증함으로써 무고의 일은 명확하게 알려지게 됐다. 지금까지도 그밖의 여러 무고가 그치지 않고 있고 안 좋은 기운[陰賊]이 몸에 파고들며, 멀고 가까운 곳에서 무고가 행해져 짐은 이를 심히 부끄럽게 여기고 있는데, 어찌 장수를 비는 말을 할 수 있겠는가? 삼가 그대들이 올리는 잔을 받지 않고 삼가 고하건대 [謝=告] 승상과 2,000석 관리들은 각각 관사[館=官舍]로 돌아가도록 하라. 『서경(書經)』에 이르기를 '한쪽으로 기울지 않고 편당을 맺지 않으면 임금의 도리는 널리 펼쳐질 것이다[毋偏毋黨 王道蕩蕩][○ 사고(師古)가 말했다. "「주서(周書)」 '홍범(洪範)' 편에 나오는 말이다."]'라고 했으니 두 번 다시 그런 말은 하지 말라."

1년여가 지나서 무제(武帝)가 병이 들자 구익부인(鉤弋夫人)[○ 사고(師

古)가 말했다. "구익은 궁궐 이름인데 소제(昭帝)의 어머니 조(趙)첩여가 거처하던 곳이기 때문에 그래서 구익부인이라고 부르는 것이다."]이 낳은 황자를 태자로 삼고, 대장군 곽광, 거기장군 김일제(金日磾),[4] 어사대부 상홍양 및 승상 천추(千秋)를 제배해 나란히 유조(遺詔)를 받게 하고서 어린 임금[少主]을 도와 이끌도록 했다. 무제가 붕(棚)하고 소제(昭帝)가 처음 자리에 나아왔을 때 아직 정사를 처리할[聽政] 수 없었기 때문에 정사는 모두 대장군 광(光)이 결정했다. 천추는 승상의 자리에 있으면서 삼가고 두터워 무거운 다움[重德]이 있었다. 매번 공경들이 조회를 할 때마다 광은 천추에게 일러 말했다.

"애초에 군후(君侯)와 함께 선제의 유조를 받아 지금 이 광은 안을 다스리고 군후는 밖을 다스리고 있으니, 마땅히 나를 가르치고 독려해 광으로 하여금 천하와 등을 지게 하는 일은 없도록 해주시오."

천추가 말했다.

"알겠습니다. 장군께서 그런 뜻을 잃지 않으신다면 곧 천하는 크게 다행일 것입니다."

그러고는 끝내 자신의 의견은 말하지 않았다. 광은 이 때문에 그를 중하게 여겼다. 좋은 조짐이나 아름다운 응보가 있을 때마다 여러 차례 승상을 포상했다. 소제의 시대가 끝날 때까지 나라에는 큰 일이 거의 없었고, 백성들의 생활은 점점 충실해졌다. 시원(始元) 6년에 군국에 조서를 내려 현량과 문학의 선비들을 천거하게 하고, 백성들이 근심하고 고통스러워

---

4   흉노의 휴도왕(休屠王)의 아들이다. 금일제로도 읽는다.

하는 바를 묻게 했는데, 이로 인해 염철(鹽鐵)의 의견〔○ 사고(師古)가 말했다. "염철관을 폐지해 백성들이 모두 자유롭게 소금을 굽고 철을 주조하자는 의견이다. 이를 계기로 정치 전반의 얻고 잃음[得失]을 논하게 됐다."〕이 일어났다.

천추가 승상으로 있은 지 12년 만에 훙(薨)하니 시호를 정후(定侯)라고 했다. 애초에 천추가 나이가 많았기 때문에 상은 그를 도탑게 대우해[優] 조현할 때 작은 수레를 타고 궁궐 안으로 들어올 수 있게 해주었기 때문에 그를 차(車 혹은 거)승상이라고 불렀다. 아들 순(順)이 후의 작위를 이어받아 관직은 운중(雲中)태수에 이르렀는데, 선제(宣帝) 때 호아(虎牙)장군으로 흉노를 치러 갔다가 노획(鹵獲)한 것을 늘려서 보고한 죄에 연루돼 자살했고, 나라는 없어졌다.

상홍양(桑弘羊)은 어사대부로 8년을 지내면서 스스로 나라를 위해 관영전매(專賣)의 이익을 크게 일으켰다고 자부해 그 공로를 자랑하면서 자식을 위해 관직을 얻고자 했으나, 뜻을 이루지 못하자 곽광을 원망해 상관걸 등과 함께 반란을 모의했다가 결국 주멸됐다.

왕흔(王訢)〔○ 사고(師古)가 말했다. "흔(訢)은 흔(欣)과 같은 글자다."〕은 제남(齊南) 사람이다. 군과 현의 관리로서 공적을 쌓아 점차 승진해 피양령(被陽令)〔○ 맹강(孟康)이 말했다. "예전의 천승현(千乘縣)이다."〕이 됐다. 무제(武帝) 말기에 군대가 (정벌을 위해) 자주 출동하는 바람에 군국에는 도적 떼가 일어났기 때문에 수의어사(繡衣御史) 폭승지(暴勝之)가 사자로서 부절을 지닌 채 도적을 추적했는데, 그 때문에 군사를 징발하는 일을 맡아 2,000석 이하 관리들을 주살했다. 승지(勝之)가 피양령 흔(訢)의 목을 베려 하니 흔은 이미 옷을 벗고 풀고 모루[質=鑕]에 엎드려 위를 쳐다보며 말했다.

"사군(使君-사자나 사신의 존칭)께서는 마음대로 죽이고 살릴 수 있는 칼자루를 잡고 계시니 그 위엄이 군국을 진동시키고 있는데, 지금 다시 일개 흔의 목을 베어봤자 위엄이 더 늘어날 리가 없습니다. 차라리 관대함을 베푸시어 은혜를 밝히심으로써 저로 하여금 온 힘을 다해 죽도록 싸우게 하는 것이 더 낫지 않겠습니까?"

승지는 그 말을 장하게 여겨 주살하지 않고 이로 인해 흔과 서로 두터운 교분을 맺었다.

승지가 사자의 일을 마치고 돌아와 흔을 천거하니 (상은) 그를 불러 우보도위(右輔都尉) 겸 수(守-임시) 우부풍(右扶風)으로 삼았다. 상은 여러 차례 안정군(安定郡)과 북지군(北地郡)을 행차하면서 부풍을 지나가게 됐는데, 궁관과 치도(馳道)가 잘 정비돼 있고, 유막 등의 장비가 잘 갖춰져 있었다. 무제는 이를 아름다이 여겨 수레를 멈추고서 흔을 제배해 정식[眞] 우부풍으로 삼았는데, 이렇게 해서 일을 본 것이 10여 년이었다. 소제(昭帝) 때 어사대부(御史大夫)가 됐고, 차천추를 이어 승상이 돼 의춘후(宜春侯)에 봉해졌다. 이듬해 훙하니 시호를 내려 경후(敬侯)라고 했다.

아들 담(譚)이 뒤를 이어 열후로서 창읍왕(昌邑王)을 폐위하고, 선제(宣帝)를 세우는 모의에 참여해 300호의 봉읍을 추가로 받았다. 훙하니 아들 함(咸)이 뒤를 이었다. 왕망(王莽)의 처는 곧 함의 딸이어서 망(莽)이 찬위(簒位)한 이후 의춘씨(宜春氏)는 외척으로서 큰 총애를 받았다. 흔으로부터 나라를 전하는 것이 현손에게까지 이어졌는데 망이 패망하자 이에 나라가 끊어졌다.

양창(楊敞)⁵은 화음(華陰) 사람이다. 대장군의 막부에서 급사(給事)로 일했고, 군사마(軍司馬)가 되자 곽광이 그를 아껴 두텁게 대했고, 점차 승진해 대사농(大司農)에 이르렀다. 원봉(元鳳) 연간에 도전(稻田)사자 연창(燕蒼)이 상관걸(上官桀) 등이 모반하는 것을 알아차리고서 그것을 창(敞)에게 고했다. 창은 평소 일을 삼가고 두려워해 감히 이를 말하지 못하다가 마침내 병이 났다고 글을 올리고서[移病] 누웠다. 그러고는 그것을 간대부 두연년(杜延年)에게 고하니 연년(延年)이 그것을 상에게 보고했다. 창(蒼)과 연년은 모두 (후에) 봉해졌고, 창은 구경의 자리에 있으면서도 곧바로[輒] 말하지 않았기 때문에 후(侯)가 될 수 없었다. 뒤에 어사대부로 옮겼다가 왕흔의 뒤를 이어 승상이 되면서 안평후(安平侯)에 봉해졌다.

이듬해 소제(昭帝)가 붕했다. 창읍왕이 불려와 자리에 나아갔으나 음란한 행태를 보이자 대장군 광(光)과 거기장군 장안세(張安世)가 모의해 왕을 폐하고, 새롭게 (천자를) 세우려 했다. 의견이 이미 정해지자 대사농 전연년(田延年)을 시켜 창에게 보고하게 했다. 창은 놀라움에 떨며 무슨 말을 해야 할지를 몰라 땀이 흘러 등을 적시는데도 그저 "예, 예" 할 뿐이었

---

5 사마천의 딸과 혼인했다. 군사마(軍司馬)로 처음 관직을 시작해 대사농(大司農)으로 승진했다. 신중하고 시비가 일어나는 것이 싫어 상관걸 부자가 모반을 생각했을 때도 집에 머물렀다. 훗날 승상에 올랐다.

다. 연년이 일어나 갱의실로 가자 창의 부인이 갑자기 동쪽의 작은 건물에서 창에게 말했다.

"이는 나라의 큰 일이라 지금 대장군께서 의견을 이미 정하시고 구경을 시켜 군후(君侯)께 보고드린 것입니다. 만일 군후께서 서둘러 응해 대장군과 같은 마음임을 보이시지 않는다면 이는 곧 아무런 결심도 하지 않으신 것으로 간주돼 일에 앞서 주살될 것입니다."

연년이 갱의실에서 돌아오자 창과 부인은 연년과 함께 허락하겠다며 대장군의 교령(敎令)을 받들 것을 청하고서 드디어 함께 창읍왕을 폐하고 선제(宣帝)를 세웠다. 선제가 즉위한 지 한 달여가 지나 창이 훙하니 시호를 경후(敬侯)라고 했다. 아들 충(忠)이 뒤를 이었는데, 창이 승상의 자리에 있으면서 계책을 정하고 종묘를 안정시켰다 해 봉읍 3,500호를 더 받았다.

충의 동생 운(惲)은 자(字)가 자유(子幼)이고, 충의 보증으로 낭(郎)이 됐고, 상시기(常侍騎)〔○ 사고(師古)가 말했다. "기랑(騎郎)으로서 늘 가까이에서 주상을 모셨기 때문에 상시기라고 했다."〕에 보임됐다. 운의 어머니는 사마천(司馬遷)의 딸이다. 운이 처음에 외할아버지의 『태사공기(太史公記)』[6]를 읽었고, 자못 『춘추(春秋)』에도 능했다. 재주가 뛰어나다는 칭송을 들었다. 특출난 준걸이나 여러 유학자들과 사귀는 것을 좋아했고, 이름이 조정에서도 드러나 (선제(宣帝) 때) 좌조(左曹)로 발탁됐다. (그후) 제리광록훈(諸吏光祿勳)에 발탁됐다. 곽씨(霍氏)가 모반을 했을 때 운은 이를 미리 알아차리고서 시중 김안상(金安上)을 통해 상에게 보고하니 상에게 불

---

6 『사기(史記)』를 말한다.

려가 실상을 이야기했다. 곽씨가 복주되자 운을 비롯한 5명은 모두 봉해져 운은 평통후(平通侯)가 됐고, 중랑장(中郎將)으로 승진했다.

낭관(郎官)의 관례에 따라 숙위하는 낭관에게는 돈을 주어 필요로 하는 것들을 시장에서 살 수 있게 해주었고, 공공 문서를 지급해주었으며, 마침내 외박도 할 수 있어 이를 이름해 산랑(山郎)이라고 불렀다. 그러나 가난한 낭관의 경우에는 병이 있어 휴가를 쓰려 해도 하루뿐이었으며, 이를 쓰게 되면 5일에 한 번씩 있는 휴일이 없어지기 때문에 경우에 따라서는 1년이 넘도록 하루도 휴일을 쓰지 못하는 사람도 있었다. 이와 달리 부유한 산랑은 매일 외출해 놀고 혹은 돈을 써서 낭관 중에서도 좋은 자리를 얻을 수가 있었다. 뇌물이 횡행했으며 이를 전해주고 본받았다.

운은 중랑장이 돼 산랑의 관행을 폐지하고 1년간의 회계를 대사농에서 담당하도록 넘겨 관의 돈으로 재용을 충당하게 했다. 그리고 낭관의 병으로 인한 휴가나 휴일은 모두 법령에 따라 처리하도록 했다. 낭관이나 알자에게 죄가 있으면 즉각 면직할 것을 아뢰었고, 고과성적이 좋은 자 중에서 덕행과 능력을 갖춘 사람을 천거해 군수나 구경에 이를 수 있게 해주었다. 낭관을 이처럼 감화시키자 스스로 열심히 하지 않으려는 자들이 없었고, 청탁이나 뇌물의 단서가 끊어져 명령이 행해지고 금령이 지켜져 궁전 내부에서 모두 만족해하는 소리가 나왔다. 이로 말미암아 발탁돼 제리광록훈(諸吏光祿勳)이 됐고, 이어 천자의 가까이에서 정사를 주도하게 됐다.

애초에 운은 아버지의 재산 500만 전을 받았지만 자신이 후에 봉해지자 재산을 종족들에게 모두 나눠주었다. 계모에게 아들이 없었는데 그 재산도 수백만 전이 돼 죽을 때 모두 운에게 주었지만, 운도 다시 그것을 모두 계모의 형제들에게 나눠주었다. 다시 재산을 받아 1,000여만 전이 되자 모두 나눠주었다. 그가 재물을 가벼이 보고 의로움을 좋아하는 것이 이와 같았다.

운이 전중(殿中)에 있을 때에는 염치를 알고 깨끗해 아무런 사사로움이 없어 낭관들은 그의 공평함을 칭송했다. 그러나 운은 자신의 행실과 정치력을 자랑했고, 또한 성질이 각박하고 거칠어[刻害] 다른 사람의 숨은 비밀[陰伏]을 들추어내기를 좋아했으며, 같은 지위에 있는 사람들 중에 자신을 거스르는 사람이 있으면 반드시 그를 해치려 했고, 이로써 자신의 능력을 과시해 다른 사람의 위로 올라갔다. 이로 인해 조정에 그를 원망하는 사람들이 많았고, 태복(太僕) 대장락(戴長樂)과 서로 대립하다가 결국 이로 인해 패퇴했다.

장락(長樂)이란 자는 선제(宣帝)가 민간에 있을 때 서로 알고 지냈는데 즉위하자 그를 발탁해 가까이에 두었다. 장락은 일찍이 천자를 대신해서 종묘의 의식을 주관했는데, 돌아와서 연사(掾史)에게 이렇게 말했다.

"나는 천자를 직접 뵙고서 조서를 받아 제(帝)를 대신해 의식을 연습했는데 투후(秺侯-김상)가 나의 수레를 몰았다."

어떤 사람이 글을 올려 장락이 마땅히 말해서는 안 되는 것을 말했다고 고발하자 그 일을 정위에게 내렸다. 장락은 운(惲)이 사람을 지켜 자신을 고발했다고 의심하고서 자신도 글을 올려 운의 죄를 고발했다.

'고창후(高昌侯)의 수레가 내리 달려 북액문(北掖門)에 들어왔는데 운이 부평후(富平侯) 장연수(張延壽)에게 말하기를 "듣건대 전에 수레가 내리 달려 전문(殿門)에 충돌해 그로 인해 문의 빗장이 부러지고 말이 죽자 소제께서 붕하셨습니다. 지금 또 이와 같이 했으니 이는 하늘의 때[天時=천시 天命천명]이지 사람의 힘이 아닙니다"라고 했습니다. 좌풍익 한연수(韓延壽)가 죄가 있어 옥에 내려지자 운이 글을 올려 연수를 옹호했습니다. 낭중 구상(丘常)이 운에게 말하기를 "듣건대 군후(君侯)께서 한풍익을 위한 글을 올렸다고 하던데 마땅히 살릴 수 있겠습니까?"라고 하자 운은 이렇게 말했습니다.

"일이 어찌 쉽겠는가? 곧은 사람이라도 반드시 몸을 보전할 수 있는 것은 아니오. 내가 내 자신을 보전할 수 없으면서 어찌 다른 사람을 편들어 살릴 수가 있겠소. 진인(眞人)이 말한 바대로 쥐가 구멍에 들어가지 못하는 것은 입에 물고 있는 물건이 너무 크기 때문이라고 했소."

또 중서알자령 선(宣)이 선우(單于)의 사자가 한 말을 가지고 있다가 여러 장군들과 조정 안의 2,000석 관리들에게 보여주니 이에 운이 말했습니다.

"묵돌(冒頓)선우는 한나라의 맛있는 음식과 좋은 물건을 얻고서도 그것을 냄새난다, 안 좋다고 하니 선우는 내조하지 않을 것이 분명합니다."

운은 서각(西閣)에 올라 각 위에 있는 그림을 보고서 걸(桀)과 주(紂)의 그림을 가리키며 낙창후(樂昌侯) 왕무(王武)에게 이렇게 말했습니다.

"천자께서 여기를 지날 때 걸이나 주의 허물을 한두 가지 묻는다면 스승이 될 수 있습니다."

그림에는 요임금, 순임금, 우왕, 탕왕이 있는데도 그들을 칭하지 않고, 굳이 걸과 주를 거론했습니다. 운은 흉노의 투항자가 선우가 피살됐다고 말하는 것을 듣고서 이렇게 말했습니다.

"똑똑하지 못한 임금의 경우에 대신이 계책을 세워 좋은 구상을 내놓아도 쓰지 않으니 이는 스스로 사멸의 길에 자신을 두는 것이나 마찬가지입니다. 예를 들면 진(秦)나라 때는 다만 소신(小臣)에게 일을 맡기고, 충성스럽고 훌륭한 신하[忠良]는 주살했기 때문에 결국 멸망하고 말았습니다. 만일 대신을 가까이해서 일을 맡겼다면 진나라는 지금까지도 망하지 않았을 것입니다. 옛날이나 지금이나 언덕 위의 야수는 마찬가지입니다."

운은 (이처럼) 망령되이 망한 나라의 일을 끌어들여 지금 세상을 비방했으니, 남의 신하 된 자로서의 예가 없습니다. 또 장락에게는 이렇게 말했습니다.

"정월 이래로 하늘에 구름이 끼었으나 비는 내리지 않으니 이는 『춘추(春秋)』가 기록한 바이고 하후군(夏侯君-하후승)이 말했던 바입니다. 다시는 하동(河東)〔○ 장안(張晏)이 말했다. "후토(后土)의 사당이 하동에 있어 천자는 해마다 거기에서 제사를 지냈다."〕에 행차하지 못할 것입니다.[7]

주상의 일을 갖고서 험담을 했으니 패역하고 의리를 끊어버린 바가 너무나도 심합니다.'

일을 정위에 내렸다. 정위 정국(定國-우정국)이 취조해보니 실상이 명백해 다음과 같이 아뢰었다.

'운은 죄에 불복할 뿐만 아니라 (광록 소속인) 호장(戶將) 존(尊)을 불러 부평후 장연수를 겁박해 "태복은 이미 사형죄에 해당하는 것이 여러 가지이니 아침저녁이면 죽어야 할 사람이오. 나는 다행히 부평후와 인척관계에 있소. 그때의 일은 지금 오직 세 사람(-운, 부평후, 대장락)이 함께 앉아

---

7 이 말은 곧 천자가 죽는다는 것을 뜻한다.

서 이야기를 했을 뿐이니 후(侯-장연수)로 하여금 '그때 나는 운이 그렇게 말하는 것을 듣지 못했습니다. 운이 혼자서 장락과 사이가 나빠졌기 때문에 무고한 것입니다'라고 증언해달라고 하시오"라고 했습니다.

존은 "할 수 없다"고 했습니다. 운은 화가 나서 큰 칼을 쥐고서 말했습니다. "부평후가 장락 편에 서서 증언한다면 나는 족멸의 죄를 얻게 될 것이오. 내 말을 다른 사람에게 누설해 이를 태복이 듣고서 나머지 일들까지 어지럽게 만들게 하지 마시오."

운은 요행히 구경제리(九卿諸吏)의 반열에 들어 숙위하는 근신으로서 상의 신임을 얻어 정사를 듣는 데 참여했는데도 충성과 사랑을 남김없이 쏟지 못하고 신하 된 의리를 다하지 못한 채 망령되이 원망하는 마음을 품어 요언과 악담을 했으니, 대역부도에 해당해 그를 체포해 다스릴 것을 청합니다.'

상은 차마 주살을 가하지 못하고 조서를 내려 운과 장락 모두 면직시키고서 서인(庶人)으로 삼았다.

운은 이미 작위를 잃고서는 집에 머물며 가산을 잘 관리해 재물을 늘리는 것을 스스로 즐거움으로 삼았다[自娛]. 1년여가 지나고 나서 친구인 안정태수(安定太守) 서하(西河) 사람 손회종(孫會宗)은 지략을 아는 선비였기에 운에게 편지를 보내 간언하고 경계시키며[諫戒] 말하기를 '대신이 폐출당해 조정을 물러났으면 마땅히 문을 닫고 두려운 마음을 간직하고서 [惶懼] 스스로를 불쌍하게 여기는 뜻을 가져야지, 부당하게도 재산을 다스리고 빈객들과 통교하면서 명예를 얻으려 해서는 안 될 것이오'라고 했다.

운은 재상의 아들로 어릴 때 조정에서 드러났다가 하루아침에 애매한 말로 인해 폐출당했으니, 속으로 불복하는 마음을 품고서 회종(會宗)에게 다음과 같은 답서를 보냈다.

'운(惲)은 재주는 썩었고 행실은 더러우며[材朽行穢], (사람으로서) 애쓰는 바와 그 밑바탕[文質]에는 봐줄 만한 것[所底=所達]이 없는데도 요행히 조상들께서 남기신 공업에 힘입어 (황제를 지키는) 숙위(宿衛)가 될 수 있었습니다. 때마침 변란[8]을 만나게 돼 작위를 얻었으나 끝내 그 임무를 다하지 못한 채 갑자기 재앙을 당했습니다.

족하(足下)께서 저의 어리석음과 몽매함을 불쌍히 여겨 서신을 보내 제가 미치지 못하는 바[所不及=所不逮]를 가르치고 바로잡아주니[教督], 정성스러운 배려[殷勤=慇懃] 참으로 두텁습니다. 그러나 제가 속으로 억울하게 생각하는 점은 족하께서 일의 처음과 끝을 깊이 살피지 않고, 그저 세상에 떠도는 비방과 칭찬에만 귀를 기울인다는 것입니다. 비루하기 그지없는 저의 속마음[愚心]을 말씀드리면 족하의 뜻을 거스르고 제 잘못을 꾸며대는 것[文過] 같아서 입 다물고 그냥 있으려 했습니다만 공씨(孔氏-공자)가 '각자 너희들의 뜻을 이야기해보라[各言爾志][9]라고 하신 말씀에 어긋날까 두려웠기 때문에 저의 어리석은 생각을 간략하게나마 말씀드리니, 다만 그대가 잘 살펴봐주십시오.

---

8   선제(宣帝) 지절(地節) 4년(기원전 66년) 곽광(霍光)의 손자 곽우(霍禹) 등이 일으킨 모반 사건을 말한다.

9   『논어(論語)』「공야장(公冶長)」편에 나오는 공자의 말이다.

운의 집안이 바야흐로 융성했을 때는 주륜거(朱輪車)[10]를 타는 사람이 10명이나 됐고, 저의 지위는 열경(列卿)이었으며,[11] 작위는 통후(通侯)였고, 관속의 총사령으로서 정사에 참여할 수 있었습니다. 하지만 이때에는 건의할 바[所建明=所建白]가 있어도 그것으로 (천자의) 다움을 통해 세상을 바꾸는 일을 제대로 할 수 없었고, 또 많은 관리들과 마음을 함께하고 힘을 합해 조정의 잘못들을 바로잡지도 못했기에, 아무런 공로나 재능도 없이 높은 지위를 도적질해 녹이나 타 먹는다[竊位素餐]는 비난을 받은 지 오래됐습니다. (이처럼) 복록이나 노리고 권세를 탐하면서 스스로 물러나지도 못하고 있다가, 변고를 만나 마구잡이로 구설수에 휘말려 몸은 북궐(北闕)[12]에 갇히고, 처자식으로 감옥을 가득 차게 만들었습니다.

이런 때를 맞아 저 자신 멸족을 당해도 그 죗값을 다 치를 수 없을 텐데 어찌 목숨을 보존할 생각을 품어 다시 조상들의 묘소를 받들려 하겠습니까? 엎드려 생각해보니 빼어나신 주상의 은혜를 이루 다 헤아릴 수가 없습니다. 군자는 도리와 더불어 노닐며 사사로운 근심을 잊는 것[忘憂]을 즐거움으로 삼지만, 소인은 몸이나 온전히 하면서 죄를 잊는 것[忘罪]을 기쁨으로 삼습니다. 남몰래 혼자 깊이 생각해보건대 허물은 이미 크고

---

10 바퀴를 붉은색으로 칠한 수레다. 한나라 제도에 공경(公卿)과 열후(列侯)에서 2,000석 관리 이상 되는 고위 관료만이 탈 수 있었다.

11 양운은 광록훈에 올랐다. 진나라가 설치한 낭중령(郎中令)을 한무제가 바꾼 명칭으로 9경 중 한 명이다. 궁궐의 숙위(宿衛), 수문(守門), 궁내사(宮內事) 등 실제적으로 궁내의 일을 총괄하는 중요한 직책이다. 속관으로는 대부, 낭, 알자, 기문(期門), 우림(羽林) 등이 있다.

12 궁궐의 북쪽에 세운 망루로 한나라 때 상주문이나 황제의 조칙에 관한 일을 처리한 곳이다.

행실도 이미 엉망이어서 앞으로 농사나 지으며 여생을 보내려고 했습니다. 이 때문에 몸소 처자식을 거느리고, 죽을 힘을 다해 밭을 갈고, 누에를 치며, 논밭에 물을 대고, 가산을 다스려 위에다 세금을 내고 있었는데, 뜻밖에도 이로 인해 다시 비웃음과 비난을 받게 됐습니다.

무릇 사람의 정으로 막을 수 없는 것은 빼어난 이들도 금하지 않았으니, 그렇기 때문에 임금과 아버지는 지극히 높고 제 몸처럼 가까운 분이시지만, 임종을 맞아 보내드려야 할 때가 이미 있는 법입니다.

신(臣)이 죄를 얻은 지도 이미 3년이 됐습니다. 농가는 고생스럽게 일하고, 복랍(伏臘)¹³ 때가 되면 작은 양과 큰 양을 삶고, 말술을 빚어 스스로를 위로합니다. 우리 집안은 진(秦)나라 출신이라 진나라 음악을 잘하고, 아내는 조(趙)나라 여자라 거문고를 아름답게 잘 탑니다. 노비들 중에 노래하는 자도 여러 명이 있어 술을 마신 뒤 귀에 열이 오를 때면[耳熱] 하늘을 올려다보며, 질장군[拊缶]을 두드리고 중얼중얼 노래를 부릅니다.

그 가사는 이렇습니다.

"저 남산 밑에 개간한 밭뙈기[田彼南山] / 황폐해져 돌보지 않는구나[無穢不治]! / 100무의 땅에 콩을 심었는데[種一頃豆] / 콩 속은 떨어지고 콩깍지만 남았구나[落而爲] / 인생이란 즐길 뿐이니[人生行樂耳] / 부귀가

---

13 고대 중국에서 여름과 겨울, 두 계절에 걸쳐 올리는 제사다. 하지 이후 세 번째 경일(庚日)은 초복(初伏)으로 무더위가 기승을 부릴 때와, 동지 이후 세 번째 술일(戌日)을 납일(臘日)이라고 해 추위가 가장 심할 때 각각 제사를 지냈다. 후에 음력 12월 초팔일을 납일로 정했다.

언제 찾아올지 기다리기만 하겠는가[○ 장안(張晏)이 말했다. "양지 녘에 우뚝 솟은 산은 임금의 기상을 말하고, 밭의 잡초는 뽑지 않으니 이는 조정의 기강이 문란하다는 뜻이다. 1경은 100무에 해당한 밭으로 조정의 백관을 지칭한다. 콩이란 작물은 충실한 물건으로 마땅히 곡식 창고에 저장돼 있어야 하나 벌판에 버려졌으니 이는 조정에서 추방된 자신을 지칭하고, 기곡(其曲)은 비뚤어진 콩줄기로 조정에 가득한 아첨꾼을 말한다."]?'

이때는 옷을 추어올리며 기쁜 마음으로 박차고 일어나 소맷자락을 위아래로 날리면서 발을 굴려가며 춤을 추는데, 참으로 음란함[淫荒]이 도를 지나쳐 하지 말아야 할 것도 모르게 됩니다.

운(惲)에게는 다행히 남아 있는 돈이 있어 바야흐로 값이 쌀 때 사고 비쌀 때 팔아 1할의 이익을 얻으니, 이러한 비천한 장사치[賈竪]가 돼 더러운 곳에 몸을 남고서 운이 몸소 그런 일을 하고 있습니다. (저야) 하류(下流)의 사람이라 뭇 사람들의 비방이 저 한 몸에 돌아오니 춥지도 않은데 벌벌 떨 지경입니다[不寒而栗].¹⁴

비록 평소에 이 운을 잘 아는 사람도 오히려 풍조에 편승해 비난해대는데, 아직도 칭찬할 만한 명예가 남아 있다는 것입니까? 동생(董生-동중서)이 말하지 않았던가요? "온 힘을 다해 어짊과 의로움[仁義]을 구하면서

---

14 사마천의 『사기(史記)』 「혹리열전(酷吏列傳)」에 나오는 말로, 한무제 때 혹리 의종(義縱)이 정양군(定襄郡) 대수로 부임했을 때, 가혹하고 잔인하게 법을 적용해 관하의 백성들이 '춥지 않아도 벌벌 떨었다'는 뜻이다.

늘 백성을 교화시키지 못할까 걱정하는 것은 경대부(卿大夫)의 뜻이고, 온 힘을 다해 재물과 이익[財利]을 구하면서 늘 자신이 궁핍해질까 걱정하는 것은 일반 백성의 일이다." 그러므로 가는 길이 같지 않으면 서로 함께 계책을 도모할 수 없는 것입니다. (그런데) 지금 그대[子]는 어찌하여 경대부의 법도[制]를 갖고서 저[僕]를 꾸짖으십니까?

무릇 서하(西河)는 원래 (전국시대에) 위(魏)나라 땅이었고, (위나라) 문후(文侯)가 이곳에서 나라를 일으켰기 때문에 거기에는 단간목(段干木)[15]과 전자방(田子方)의 유풍이 있어, 그 지방 사람들은 모두 절의가 높고 원대해[漂然] 물러나고 나아가는 분수를 잘 압니다.

지금 족하께서는 고향을 떠나 안정(安定)[16]에 부임했는데, 안정의 산과 계곡 사이는 본래 곤융(昆戎-견융)의 옛 땅이어서 사람들은 탐욕스럽고 비루하기 그지없으니, 어찌 풍속이 사람을 바꿔놓을 수 있겠습니까? 이번에 마침내 그대의 속마음을 잘 알게 됐습니다. 바야흐로 한나라가 융성하는 이런 때를 맞아, 바라건대 힘써 임무에 전념하시고, 더 이상 여러 말은 마십시오.'

또 운의 형의 아들 안평후(安平侯) 담(譚)은 전속국(典屬國)으로 있었는데 운에게 일러 말했다.

---

15 전국시대 때 위나라 사람으로 시정에 숨어서 살았다. 위문후가 알고 그를 초빙해 재상으로 삼으려고 했으나 그는 항상 담장을 넘어 달아나 몸을 피하곤 했다. 문후가 더욱 그를 존중해 그가 수레를 타고 그가 사는 곳을 지나갈 때는 언제나 식례(弒禮)를 행해 존경심을 표했다.

16 지금의 영하성(寧夏省) 고원현(固原縣) 일대에 설치했던 한나라 때의 군(郡) 이름이다. 치소는 고평(高平)이다.

"서하태수 건평두후(建平杜侯-두연년)는 예전에 죄가 있어 지방으로 좌천됐지만, 지금은 불려와서 어사대부로 있습니다. 후(侯)의 죄는 가볍고 또 공로가 있으시니 장차 다시 쓰이실 것입니다."

운이 말했다.

"공로가 있으면 무엇하겠는가? 현관(縣官)은 온 힘을 다해도 부족하다네."

운은 평소에 개관요(蓋寬饒), 한연수와 친했기 때문에 담이 곧바로 말했다.

"개사예(蓋司隸)와 한풍익(韓馮翊)은 모두 온 힘을 다해 관리가 됐지만 함께 일에 걸려들어 주살됐습니다."

마침 일식의 변고가 있었고, 호위병의 마졸로서 말을 기르는 성(成)이라는 사람이 글을 올려 운을 고발했다.

'교만하고 사치해 잘못을 뉘우칠 줄을 모르니, 일식의 변고는 이 사람이 불러온 것입니다.'

소장을 정위에게 내려보내 실상을 검증토록 하니, 운이 회종에게 보냈던 글이 나왔는데, 선제(宣帝)는 그것을 보고서 운을 미워했다. 정위는 운이 대역부도의 죄에 해당한다고 해 허리가 잘리는 요참형에 처했다. 처자식은 주천군(酒泉郡)으로 유배 보냈다. 담(譚)은 운에게 간언해 그를 바로잡지 못하고, 서로 응답하면서 원망하는 말을 한 죄에 연루돼 면직당해 서인이 됐다. 성(成)을 불러 제배해 낭(郎)으로 삼았고, 관직에 있으면서 운과 두텁게 교분을 가졌던 사람들, 미앙궁의 위위(衛尉) 위현성(韋玄成), 경조윤 장창(張敞), 그리고 손회종 등은 모두 관직을 빼앗겼다.

채의(蔡義)는 하내군(河內郡) 온현(溫縣) 사람이다. 경서에 밝아 대장군 막부에서 급사로 일했다. 집안이 가난해 늘 걸어 다녔으며, 생활 밑천이 다른 가정들에 미치지 못했기 때문에 일을 좋아하는 사람들이 서로 뜻을 모아 돈을 내어 의(義)에게 소가 끄는 달구지를 사서 그것을 타고 다니게 해주었다. 여러 해에 걸쳐 자리를 옮겨 복앙성(覆盎城) 문지기[門候]에 보임됐다.
문후

오랜 시간이 지나 조서를 내려 한시(韓詩)를 잘하는 사람을 찾았는데, 의가 불려가 조서를 기다렸으나[待詔] 아무리 기다려도 나아가 알현할 기회가 없었다. 의가 소를 올려 말했다.
대조

'신은 산동(山東)의 산골 사람으로 행실이나 능력이 다른 사람에 비할 바가 못 되고, 용모 또한 보통 사람에도 미치지 못하지만, 그런데도 인륜을 버리지 못하는 것은 가만히 생각건대 옛 스승에게 도리를 들었고, 스스로 경술(經術)에 의탁하고 있기 때문입니다. 바라건대 한가로운 시간이 있으실 때 어전에서 그동안 쌓아온 생각을 다 털어놓을 기회를 내려주시옵소서.'

상이 의를 불러 만나보고는 시를 강의하게 한 다음에 매우 기뻐해 그를 뽑아 광록대부 급사중으로 삼았고, 뒤에는 소제(昭帝)에게도 진강을 했다. 여러 해가 지나 제배돼 소부(少府)가 됐고, 다시 어사대부로 승진했다가 양창(楊敞)의 뒤를 이어 승상이 돼 양평후(陽平侯)에 봉해졌다. 또 계책을 정하고 종묘를 안정시킨 공으로 익봉(益封)되고, 황금 200근을 상으로 받았다.

의가 승상이 됐을 때 나이는 80세를 넘었고, 몸집은 작은 데다가 수염과 눈썹이 없어 용모가 노파를 닮은 데다가 걸음걸이는 구부러져 항상 두 아전이 양쪽에서 부축해야만 겨우 걸을 수 있었다. 이때는 대장군 광이 정사를 장악하고 있었는데, 의견을 내는 자[議者]들 중에 어떤 사람이 광은 재상 자리에 뛰어난 이를 뽑아 쓰려 하지 않고 구차스럽게 자기가 마음대로 제어할 수 있는 자를 쓴다고 했다. 광은 이를 듣고서 시중과 좌우 및 여러 관속들에게 일러 말했다.

"임금의 스승으로서 마땅히 재상이 될 만한데 어찌 이런저런 말이 나온단 말인가? 이 따위 말은 천하에 알려져서는 안 될 것이다."

의가 재상이 된 지 4년 만에 훙하니 시호를 절후(節侯)라고 했다. 자식이 없어 봉국을 없앴다.

진만년(陳萬年)은 자(字)가 유공(幼公)이며, 패군(沛郡) 상현(相縣) 사람이다. 군의 아전이 돼 현령에 이르렀다가 광릉(廣陵)태수로 승진했는데, 인사고과가 좋아 경사에 들어가 우부풍(右扶風)이 됐고, 태복(太僕)으로 승진했다.

만년(萬年)은 안으로 행실을 닦았으나 사람 섬기기를 잘해 외척 허(許)와 사(史)에게 뇌물을 보내 집안이 기울 정도로 혼신의 노력을 다했고, 낙릉후(樂陵侯) 사고(史高)를 더욱 성심으로 섬겼다. 승상 병길(丙吉)이 병이 들자 중(中) 2,000석 관리들이 명함을 내놓고[上謁=通名] 병문안을 했고, 가승(家丞)을 보내 인사를 했다. 인사가 끝나자 모두 돌아갔는데 만년 홀로 남아 밤늦게야 돌아갔다. 길(吉)의 병이 더욱 심해지자 상은 직접 찾아와 대신의 행실과 능력에 대해 물었다. 길은 우정국, 두연년 그리고 만년을 천거했다. 만년은 결국 정국을 뒤이어 어사대부가 됐고, 8년 만에 병으로 졸(卒)했다.

아들 함(咸)은 자(字)가 자강(子康)으로 나이 18세에 만년의 보증으로 낭(郞)이 됐다. 특출난 재주가 있고 강직해 자주 정사에 관한 일을 말했고, 근신들을 풍자하거나 기롱해 글을 수십 차례 올렸고, 승진해 좌조(左曹)가 됐다. 만년이 일찍이 병들어 누웠을 때 함을 불러 병상 옆에서 가르치고 경계시켰는데, 이야기가 한밤중까지 이어지자 함은 졸다가 머리를 병풍에 부딪쳤다. 만년은 크게 화가 나서 그를 지팡이로 때리려 하며 말했다.

"너를 가르치고 경계시키려 하는데 너는 도리어 졸면서 내 말을 듣지 않으니 어찌 된 일이냐?"

함은 머리를 조아리며 사죄해 말했다.

"말씀하신 바는 다 알아들었습니다. 핵심은 제가 남에게 아첨하지 말라는 것이지요."

만년은 이에 더 이상 말하지 않았다.

만년이 죽은 후에 원제(元帝)는 함을 발탁해 어사중승으로 삼아 주군(州郡)에서 올린 일들을 총괄하고 자사들의 성적을 분류하며 궁궐 안에서의 법 집행을 맡기니, 공경 이하는 모두 그를 공경하며 꺼려했다. 이때 중서령 석현(石顯)이 정권을 장악해 마음대로 권력을 휘두르고 있었는데, 함이 자못 현(顯)의 단점을 말하니 현 등은 그에게 원한을 가졌다. 그때 괴리(槐里) 영(令) 주운(朱雲)이 잔혹해 아무런 죄도 없는 사람을 죽이니 유사에서 처벌할 것을 아뢰었으나 재가가 내려오지 않았다. 함은 평소 운(雲)과 사이가 좋아 운은 함을 통해 일의 진행 상황을 탐지하고, 함의 권고를 받아 글을 올려 자신의 무죄를 호소했다. 이에 석현 등은 몰래 그것을 알아내 함이 궁중의 비밀스러운 이야기를 흘렸다고 아뢰는 바람에 옥에 내려져 모질게 고문을 당하고서 사형을 감면 받아 머리를 깎인 채 성단(城旦)의 일을 하는 곳으로 내쫓겨났다.

성제(成帝)가 처음 즉위했을 때 대장군 왕봉(王鳳)은 함이 전에 석현을 지적해 문제점을 말했고, 충직한 절의가 있다고 보아 함을 장사(長史-대장군 부관)로 삼을 것을 주청했다. 기주(冀州)자사로 승진했고 사명을 받들어 황제의 뜻에 부합하니 그를 불러들여 간대부로 삼았다. 다시 외직으로 나가 초나라 내사(內史), 북해군과 동군태수가 됐다. 그를 천거한 경조윤 왕장(王章)이 죄에 걸려 주살되자 함도 면직됐다.

다시 일어나 남양태수가 됐다. 부임하는 곳마다 살벌함으로 위엄을 세웠고, 교활하거나 위세를 부린 자가 있으면 곧장 고발해 해당 관청으로 보내 사공(司空) 밑에서 법률이 정한 일정한 노역을 시켰다. 땅을 파서 절구통을 만들고, 나무로 절굿공이를 만들어 쌀을 찧도록 하고, 찧은 쌀이 하루 규정량에 미달한 자 혹은 몰래 차꼬를 벗은 자 혹은 복장이 불량한 자에게는 그 자리에서 태형을 가했다. 감독이 엄격하고 작업이 힘들어 고통을 견디지 못하고서 목을 매어 죽는 자들이 1년에 수백, 수천에 이르렀는데, 오랫동안 방치된 시체는 구더기가 슬었으나 그 가족들이 거두어가지 못하게 했다.

그의 다스림은 엄연년과 비슷했으나[放] 청렴함은 그에 못 미쳤다. 부임하는 현에서 대는 음식은 자신을 봉양하는 데 썼고, 사치스러운 데다 아름다운 음식[玉食=美食]을 즐겼다. 그러나 하급 관리들을 엄하게 단속하고 군의 상급 관리들에게는 문을 닫고서 근신하게 해 법을 어길 수 없도록 했다. 공공연하게 훈계의 글을 내려보내 말했다.

'각각이 뇌물을 탐하는 것을 그냥 허락할 경우 이는 한 군에 100명의 태수가 생기는 것이나 마찬가지이니 어찌 그대로 둘 수 있겠는가?'

아래 관리들은 그를 두려워했고, 호강한 세력들도 그 앞에 굴복했으며, 명령은 시행되고 금령은 지켜졌다. 그러나 또한 이 때문에 그는 쫓겨났다. 함은 삼공의 아들로 어린 나이에 조정에 이름을 날렸다. 그러나 설선(薛宣), 주박(朱博), 적방진(翟方進), 공광(孔光) 등은 함보다 훨씬 뒤에 벼슬길을 시작했지만 모두 청렴하고 검소해 먼저 공경에 이르렀는데 함은 군수로 뒤처져 있었다.

이때는 거기(車騎)장군 왕음(王音)이 정사를 보좌하고 있었는데[輔政], 진탕(陳湯)을 믿고 썼다. 함은 여러 차례 탕(湯)에게 뇌물을 보내고 글을 주어 말했다.

'그대의 힘을 입어 중앙[帝城]에 들어갈 수만 있다면 죽어도 여한이 없을 것입니다.'

뒤에 마침내 불려가 들어가서 소부(少府)가 됐다. 소부에는 보물을 관리하는 속관들이 많았는데, 함은 그들을 모두 조사해 횡령죄를 적발하고, 그 모든 재물은 관에 몰수했다. 그는 속관 및 후궁의 황문(黃門-환관), 구순(鉤盾-동산 관리인), 액정(掖庭)의 관리까지 죄가 있으면 위에 아뢰거나 철저하게 조사해 법대로 처리하니 함을 두려워해 모두 의기소침해졌다.

소부가 된 지 3년째 되던 해에 적방진과 틈이 생겼다. 방진이 승상이 되자 이렇게 아뢰었다.

"함은 예전에 군수로 있으면서 가는 곳마다 가혹한 짓을 하고 백성들에게 해악을 끼쳤습니다. 백성을 감독하는 자리임에도 불구하고 감독 받는 측에게서 뇌물을 받아 벼슬아치로서 간신 진탕에게 아부해 천거를 구했습니다. 탐나는 것은 거리낌없이 취하는 염치를 모르는 자이오니 마땅히 그 자리에 두어서는 안 될 것입니다."

함은 이에 면직됐다. 얼마 후에 홍양후(紅陽侯) 립(立-왕립)이 함을 방정(方正)(의 자격)으로 천거해 광록대부 급사중으로 삼았고, 방진은 다시 아뢰어 그를 면직시켰다. 여러 해 지나서 립이 죄가 있어 봉국으로 나아가니, 방진은 위에 아뢰어 함도 고향으로 돌아가야 한다고 했다. 이에 근심하다가 죽었다.

정홍(鄭弘)은 자(字)가 치경(穉卿)이며, 태산군(泰山郡) 강현(剛縣) 사람이다. 형 창(昌)은 자(字)가 자경(次卿)이며, 역시 배우기를 좋아해 두 사람 다 경술에 밝고 법률과 정사에 정통했다. 차경이 태원(太原)과 탁군(涿郡)의 태수가 되고, 홍(弘)은 남양(南陽)태수가 됐는데, 둘 다 치적을 드러냈고, 그들의 가르침과 법도는 뒤에 모범이 됐다. 차경은 법을 쓰는 것이 너무 혹심해 홍만큼 공평하지 못했다. 홍은 회양(淮陽)의 재상으로 승진했고, 인사 고과성적이 좋아 우부풍이 됐는데, 경사 사람들은 그를 칭송했다. 위현성(韋玄成)의 뒤를 이어 어사대부가 됐다. 그리고 6년 만에 경방(京房)과 논의한 죄에 연루돼 면직됐는데, 상세한 이야기는 「경방전(京房傳)」에 실려 있다.

찬(贊)하여 말했다.

"이른바 소금과 철에 대한 토의[議]가 시원(始元)17 연간에 일어나서 글과 학문에 능한 선비와 훌륭한 인재[文學賢良]를 불러들여 다스려짐과 어지러워짐[治亂]에 대해 물어보자 한결같이 답하기를, '바라건대 군국(郡國)의 소금과 쇠와 술의 전매 및 균수관을 철폐해 본업(本業-농업)에 힘쓰고, 말업(末業-상공업)을 억제함으로써 천하의 백성들과 이익을 다투지 않게 된 연후라야 교화를 일으킬 수 있을 것입니다'라고 했다. 어사대부 홍양(弘羊)은 이것이야말로 변경을 안정시켜 사방의 오랑캐들을 제압할 수 있는 나라의 큰 일이기 때문에 철폐해서는 안 된다고 보았다. 그 당시 서로 힐난(詰難)을 해대어 그때의 토의 내용이 상당량 문서로 남아 있다. 선제(宣帝) 때에 이르러 여남군(汝南郡)의 환관차공(桓寬次公)〔○ 사고(師古)가 말했다. "차공은 관의 자(字)다."〕이『춘추공양전(春秋公羊傳)』에 통달해[治] 그를 들어 낭(郎)으로 삼으니 뒤에 여강군(廬江郡) 태수의 승(丞)에 이르렀는데, 널리 일에 능통하고 글을 잘 지어 염철의 토의를 미루어 헤아려서 조목들을 늘려 그 논란을 끝까지 정리해 수만 자의 책으로 내니, 이 또한 다스려짐과 어지러워짐[治亂]을 규명해 일가(一家)의 법을 이루고자 한 것이었다. 그 글에서 이렇게 말했다〔○ 사고(師古)가 말했다. "환관이 염철론의 좋고 나쁜 점을 총평한 것이다."〕.

'공경(公卿) 대 현량(賢良)과 문학(文學)의 토의를 보니 "내가 들었던 바와 다른[異乎吾所聞]〔○ 사고(師古)가 말했다. "『논어(論語)』「자장(子張)」편

---

17 소제(昭帝)의 연호다.

에 나오는 자장의 말로 자신과 뜻이 같지 않다는 말이다. 그래서 관(寬)이 그것을 인용했다.")" 것이 있었다. 여남군의 주(朱)선생[18]의 말을 들어보건대 이런 때를 맞아 영준(英俊)한 선비들이 나란히 나아왔는데, 현량으로는 무릉(茂陵)의 당(唐)선생 등, 문학으로는 노국(魯國)의 만(萬)선생 등 60여 명이 모두 대궐 뜰에 모이니 육예(六藝)의 기풍이 퍼져나가고 치국평천하[治平]의 근원이 펼쳐지게 돼 그들 중에서 사리를 아는 자[知者]는 자신들의 깊은 사려를 설명했고, 어진 자[仁者]는 자신들이 베풀어야 할 바를 분명하게 밝혔으며, 용기 있는 자[勇者]는 과단성을 보여주었고, 웅변에 능한 자[辯者]는 말을 종횡으로 구사해 탄탄하게[斷斷] 쟁론하며 강경하게[行行] 주장하니, 비록 상세하게 다 갖추지는 못했더라도 개략적으로 봐줄 만하다. 중산국(中山國)의 유자(劉子)는 임금다운 도리[王道]를 미루어 헤아려 말하면서 당시의 풍조를 교정해 바른 도리로 돌아가게 했고[反諸正=反正], 애씀과 바탕이 조화를 이뤄[彬彬=文質彬彬] 그릇이 크고 학식이 넓은[弘博] 군자였다. 구강군(九江郡)의 축(祝)선생은 사어(史魚)[19]의 절의를

---

18 주자백(朱子伯)을 가리킨다.

19 이름은 타(佗)이며 자(字)는 자어(子魚), 사추(史鰌)다. 춘추시대 위(衛)나라 대부(大夫)다. 영공(靈公) 시기에 축사(祝史)를 맡았는데, 위나라 사직신(社稷神)의 제사를 책임지고 있었기 때문에 축타(祝佗)라고도 불린다. 영공(靈公) 38년(기원전 497년) 위나라의 공숙자(公叔子)가 일찍이 집안에서 영공을 초대해 잔치를 열자 이렇게 충고했다고 한다. "그대는 부유한데 군주가 가난하면 장차 반드시 재앙이 될 것이오. 화를 피하는 방법은 단지 부유하더라도 교만하지 않고, 삼가 신하의 도리를 지켜야 할 것이오." 그는 여러 차례 영공(靈公)에게 거백옥(蘧伯玉)을 천거했으며 미자하(彌子瑕)를 멀리할 것을 간곡히 권고했다. 공자는 그를 "곧도다[直], 사어여! 나라에 도리가 있으면 화살처럼 곧고, 나라에 도리가 없어도 화살처럼 곧으니 군자로다"라고 평가했다.

떨쳐 울분[憤懣]을 터뜨리며 공경들을 나무랐고, 굳세고 곧아 조금도 굽히지 않았으니, 이른바 강어(强圉)[20]도 두려워하지 않을 인물이다. 상(桑)대부(=상홍양)는 당대의 요직에 앉아 시세의 변화에 영합하면서 권력과 이익의 방략을 올렸는데, 그것이 바른 법도[正法]는 아니었지만 큰 유학자나 석학들도 직접 풀 수 없는 문제에 대처함에 있어 박학다식하고 사리에 통달한 선비였다. 그러나 공경으로서 정사의 칼자루를 쥐고 옛날의 도리[古始]를 스승으로 삼지 않고, 말업의 이익을 풀어놓음으로써 그 지위에 맞지 않게 처신했고, 그 법도에 맞지 않게 행동해 결국은 명[性=生]을 단축하고[21] 그 재앙이 자신의 집안에까지 미쳤다. 차(車)승상은 이윤과 여상[伊呂]과 같은 반열에 있으면서 중추적인 역할을 맡았으나 입을 닫고 한 마디도 하지 않아 제 몸의 안위만 지켰으니 "저 사람이여! 저 사람이여[○ 사고(師古)가 말했다. "『논어(論語)』「헌문(憲問)」편에 나오는 공자의 말로 아무것도 칭찬해줄 만한 것이 없다는 뜻이다."]!"라고 하지 않겠는가? 만약에 승상부와 어사부 두 곳의 선비들이 바르게 의견을 내서 재상을 보필할 수 없었다면 같은 무리를 이뤄 같은 행실을 부추기면서 (위의) 뜻에 아부하고 구차스럽게 영합함으로써 그 위만을 기쁘게 하려 한 것이니, 한 말이나 한 말 두 되들이의 자잘한 사람들[斗筲之人]을 어찌 따질 것인가[○ 사고(師古)가 말했다. "『논어(論語)』「자로(子路)」편에서 자공이 공자에게 '지금 정치에 종사하는 사람들은 어떻습니까?'라고

---

20 악랄할 만큼 선(善)을 멀리하는 자를 가리킨다.

21 상관걸(上官桀)과 함께 모반을 일으켰다가 주살됐다.

묻자 공자는 말했다. '아! 한 말이나 한 말 두 되들이의 자잘한 사람들을 어찌 따질 것인가?' 이는 그 재주와 그릇이 작고 볼품없어 헤아릴 필요도 없다는 말이다.")?"

권
◆
67

양왕손·호건·주운·매복·운창전
楊胡朱梅云傳

양왕손(楊王孫)은 효무(孝武) 때 사람이다. 황로(黃老)의 학술을 배웠고, 집 안에 천금의 재산이 있어 스스로 생활함에 있어 넉넉했기 때문에 건강에 좋은 것이라면 구하지 않은 것이 없었다. 병이 들어 장차 삶을 마치려 하자[終] 그 아들에게 유언을 남겨 말했다.
　"나는 알몸으로 그냥 묻어[臝葬] 나의 참모습으로 돌아가고자 하니 꼭 내 뜻을 잊지 말거라. 내가 죽으면 베로 부대를 만들어 그 속에 시신을 넣고서 땅을 7척 정도 파서 시신을 내리고 난 뒤에 다리에서부터 부대를 찢어 땅에 딱 붙도록 해라."
　아들은 입을 다물고서 그 말씀을 따르지 않으리라 생각했으나 아버지의 명을 어기는 것이 어려웠고, 그렇다고 따르자니 마음속으로 또 차마 그럴 수 없어 마침내 왕손(王孫)의 벗인 기후(祁侯)[○ 사고(師古)가 말했다. "기후 증하(繒賀)의 손자로 작위를 이어받은 증타(繒它)다."]를 만나보려갔다. 기후는 왕손에게 편지를 써서 말했다.

'왕손께서 심한 병에 걸리셨는데 저[僕]는 곧 상을 따라서 옹(雍)에 제
복
사를 지내려 가야 하기 때문에 찾아가 뵐 수가 없습니다. 바라건대 정신을
잘 가다듬으시고 걱정을 줄여 의약을 잘 챙기시어 몸을 두터이 잘 지키소
서. 가만히 듣건대 왕손께서는 알몸으로 장례를 지내라고 미리 말씀하셨
다는데 만일 죽은 자가 지각[知]이 없다면 그만이지만 혹시라도 지각이
지
있다면 이는 지하에서라도 수치가 될 것입니다. 왜냐하면 장차 조상들을
알몸으로 뵈어야 하기 때문입니다. 남몰래 생각건대 왕손을 위해서라도 그
리할 수는 없습니다. 또 『효경(孝經)』에 이르기를 "그래서 관곽(棺槨)과 관
속에 넣은 의복과 이부자리[衣衾]를 만든다"라고 했으니 이는 진실로 빼
의금
어난 이가 남겨준 제도인데 어찌 반드시 고지식하게[區區=小意] 혼자서 자
구구   소의
신이 들어서 알게 된 것을 지키려 하시는 것입니까? 바라건대 왕손께서는
그 이치를 잘 살피셔야 할 것입니다.'

왕손이 답서를 보내 말했다.

'대개 듣건대 옛날의 빼어난 임금들은 인정상 차마 그 부모를 내다버리
지 못하기 때문에 장례 제도를 만들었다고 하는데, 지금은 그 제도를 뛰
어넘어 두터운 장례[厚葬]를 해대니 그 때문에 저는 알몸 장례를 지냄으
후장
로써 장차 세상 풍속을 바로잡으려고 하는 것입니다. 무릇 두터운 장례는
진실로 죽은 자에게는 아무런 보탬이 되지 않는데도, 세상 사람들은 앞
을 다투어 남보다 화려하게 장사를 지내느라 재산을 탕진하고, 물건을 지
하에 묻어 썩힙니다. 심지어는 오늘 묻었다가 다음 날 파내기도 하니 들판
에 해골로 뒹굴도록 방치하는 것과 무엇이 다르겠습니까? 게다가 무릇 죽

음이란 한평생을 마치는 변화이자 만물이 도달하는 종착지입니다. 갈 데로 가고 변할 것으로 변하면 그것은 참모습으로 되돌아갔다고 할 것입니다. 어두운 암흑 속의 자기 본연으로 돌아가 아무런 형체도, 소리도 없는 것이 바로 도리의 실상에 부합합니다. 무릇 겉을 꾸며 많은 사람들에게 과시하고, 두터운 장례를 지내 본래의 참된 모습을 바꿔놓는 것은 종착지로 돌아갈 사람을 돌아가지 못하게 하고, 변화해야 할 자를 변화하지 못하게 만드는 것이니, 이는 곧 마땅히 있어야 할 곳을 잃게 만드는 것입니다.

또 제가 듣건대 정신이라는 것은 하늘의 것이고, 형체라는 것은 대지의 것입니다. 정신이 형체를 떠나면 각기 참모습으로 돌아가기 때문에 그것을 귀(鬼)라 부르는데, 귀(鬼)의 의미는 귀(歸-돌아감)입니다. 덩그러니 지하에 홀로 남아 있는 시체가 어떻게 지각이 있을 수 있겠습니까? 비단과 패물로 시체를 감싸고, 내관과 외곽으로 땅과 소통하지 못하게 막으며, 지체를 꼭꼭 묶고 입에는 옥(玉)을 물게 하므로 제아무리 변화하려고 해도 하지를 못합니다. 바짝 마른 고깃덩이가 돼 1,000년이 지난 뒤 내관과 외곽이 썩어야 마침내 흙으로 돌아가 참된 집으로 들어갑니다. 이로 말미암아서 말씀드리건대 흙으로 돌아가지 못하고서 어찌 오래도록 나그네 꼴이 될 필요가 있겠습니까?

옛날에 요임금의 장례는 속이 빈 나무로 궤짝을 만들었고, 칡으로 시신을 묶었으며, 묘혈도 아래는 지하수의 물줄기를 끊지 않을 정도였으며, 위는 시체 썩는 냄새가 나지 않을 만큼만 덮었다고 합니다. 그래서 빼어난 임금은 살아서는 모시기가 쉬웠고, 죽어서는 장사 지내기가 수월했습니다. 쓸데없는데 힘을 기울이지 않았고, 가치 없는 일에 재물을 낭비하지 않은 것입니다. 지금 사람들은 재물을 낭비해 두텁게 장례를 치르기 때문에 참 모습으로 돌아가는 길을 방해하고, 땅에 이르는 것을 막습니다. 죽은 자가 무엇을 알고 산 자가 무슨 이득을 얻겠습니까? 이는 이중으로 미혹된 짓이라 할 것입니다. 아! 나는 이런 짓을 하지 않으렵니다.'

(편지를 받고서) 기후는 "좋은 말씀"이라고 했고, 드디어 알몸인 채로 묻혔다.

호건(胡建)은 자(字)가 자맹(子孟)이며, 하동(河東) 사람이다. 효무(孝武) 천한(天漢) 연간에 임시 군정(軍正-군의 검찰관)의 승(丞-부관)이 됐는데, 집안이 가난해 수레나 말을 살 길이 없어 언제나 도보로 다녔고, 병졸들과 생활을 같이해 그들을 위로함으로써 그들의 신망을 크게 얻었다.

이때 감군어사(監軍御史)가 못된 짓을 했는데, 즉 북군의 담장 일부를 헐고서 거기에 상점을 만들었다. 건(建)은 그를 주살하려고 해, 이에 그 보졸들에게 약속해 말했다.

"나는 그대들과 함께 죽여야 할 자가 있으니 내가 '잡아라'고 하면 잡고 '목을 베라'고 하면 목을 베라."

이에 마침 병사와 말을 검열하는 날이 돼 감군어사와 호군(護軍)의 장교들이 단 위에 줄지어 앉아 있었는데 건은 보졸들을 따라서 뛰어가 단 아래에 이르러 경례를 하고서 곧바로 단 위로 올라가니 보졸들도 다 따라서 올라갔고, 건이 감군어사를 가리키며 "저자를 잡아라"고 소리치니 병졸들이 달려가 그를 단 아래로 끌어내렸다. 건이 말했다.

"그를 목 베라!"

드디어 어사의 목을 벴다. 호군의 장교들은 모두 경악했고, 어찌된 일인지를 알지 못했다. 건은 이미 사전에 작성한 상주문을 옷 속에 품고 있었는데, 드디어 위에 이를 아뢰었다.

'신이 듣건대 군법이란 무위를 세움으로써 대중들을 위압하고 악한 자를 주벌함으로써 간사함을 막는다고 했습니다. (그런데) 지금 감군어사는 공공연하게 군대의 담장을 뚫어 장삿속을 챙겨 사사로이 군대의 물품들을 거래했으니, 굳센 마음가짐이나 용맹한 절의를 보이지 않아 사대부를 앞에서 이끌 수 없고, 더욱이 이치를 잃어 공정하지 못한 짓을 했습니다. (그런데 이를) 문관의 재판에 넘긴다면 그다지 중한 죄가 아닐 것입니다. (병서(兵書)인)『황제이법(黃帝李法)』에 이르기를 "진지(陣地)를 만든 이후에 정문을 통하지 않고 벽에 구멍을 내어 통과하는 자가 있다면, 이를 일러 간사한 자라고 하고, 간사한 자는 죽인다"라고 했습니다. (또) 신이 삼가 군법을 살펴보니 "군정(軍正)은 장군에 속하지 않는다. 장군에게 죄가 있으면 위에 보고할 수 있고, (교위나 도위 같은) 2,000석 이하의 장교들에 대해서는 (직접) 처벌할 수 있다"라고 돼 있습니다. 군정의 승이 어사를 죽인 것은 법률상으로는 의심스러운 바가 있겠지만, 일을 집행하는 자로서는 일일이 상께 번거로움을 드려서는 안 된다고 여겨, 소신이 삼가 목을 베고서 죽음을 무릅쓰고 보고드리옵니다.'

제(制)하여 말했다.

'사마법(司馬法)에 이르기를 "조정의 기밀은 군대에 들어가지 않고, 군대의 기밀은 조정에 들어가지 않는다"라고 했다. 어찌 문관의 이야기를 들을 필요가 있겠는가? 삼왕(三王)은 간혹 군중에서 서약을 했다. 이는 백성들로 하여금 미리 결심할 수 있게 하기 위함이었다. 혹 적과 싸우려 할 서약을 했다. 이는 백성들로 하여금 결사의 각오를 다지게 하기 위함이었다. 혹 장교의 목을 베었다. 이는 백성들의 뜻을 모으기 위함이었다"라고 했다. 건 또한 무슨 의심할 바가 있겠는가?'

건은 이로 말미암아 이름을 드높였다. 뒤에 위성(渭城)현령이 돼 잘 다스려 명성이 있었다. 바로 그때 소제(昭帝)가 어려 황후의 아버지 상관(上官)장군 안(安)과 제(帝)의 누나 개주(蓋主)의 정부[私夫] 정외인(丁外人)이 서로 사이가 좋았다. 외인은 교만하고 방자한 성품이었는데, 전 경조윤 번복(樊福)을 원망해 식객을 시켜 그를 활로 쏘아 죽이게 했다. 식객은 공주의 집에 숨어 관리가 감히 체포할 수가 없었다. 위성현령 건(建)은 관리와 병사들을 거느리고 집을 에워싸 그를 붙잡았다. 개주가 이를 듣고서 외인, 상관장군과 함께 많은 노비와 식객들을 데리고 가서 관리와 포졸들을 마구 쏘니, 그들은 뿔뿔이 흩어져 달아났다. 공주는 복야(僕射)를 보내 위성현령의 부하 경찰들이 공주의 집 노비에게 상처를 입혔다고 추궁하게 했다. 건은 자신은 아무런 죄가 없다고 답했다. 개주는 화를 내며 사람을 시켜 글을 올리게 해 건이 장(長)공주를 모욕하고, 공주의 대문에 활을 쏘았으며, 자신의 부하 경찰들이 공주의 노비에게 상처를 입힌 것을 알면서도 변명만 할 뿐 일부러 하수인들을 조사하려고 하지도 않는다고 말했다.

대장군 곽광은 그 글을 그냥 묵혀두었다[寢]. 뒤에 광이 병이 나서 상관씨가 정사를 듣는 일을 대신하게 되자 관리를 내려보내 건을 체포하니 건은 자살했다. 관리와 백성들은 원통함을 호소했고, 지금도 위성에 그의 사당이 서 있다.

주운(朱雲)은 자(字)가 유(游)이며 노(魯) 사람인데, 평릉(平陵)으로 옮겼다. 젊어서 임협(任俠)을 좋아해 그들의 도움을 빌려 원수를 갚기도 했다. 키는 8척이 넘었으며 용모가 매우 당당했고, 용력(勇力)으로 소문이 났다. 나이 마흔이 돼서야 마침내 마음을 고쳐먹고, 박사 백자우(白子友)에게 『주역(周易)』을 배웠고, 또 전장군 소망지(蕭望之)를 섬겨 『논어(論語)』를 전수받아 능히 그것을 남들에게 가르칠 수 있을 정도가 됐다. 작은 일에 구애되지 않고 그릇이 커서 당시 사람들은 그를 존경했다.

원제(元帝) 때 낭야(琅邪-산동성) 사람 공우(貢禹)가 어사대부가 됐는데, 화음(華陰) 부태수인 가(嘉)라는 사람이 봉서를 올려 말했다.

'다스리는 도리는 뛰어난 이를 얻는 데 있고, 어사의 자리는 재상의 다음[副]으로 구경의 위[右=在上]이니 잘 고르지 않으면 안 됩니다. 평릉(平陵)의 주운(朱雲)은 문무의 재능을 겸하고 있고, 충성스러움과 바름을 갖춘 데다가 지략이 있으니, 600석 작질을 주어 수(守-임시) 어사대부에 시험 삼아 임명해 그 능력을 다하도록 하는 것이 좋을 듯합니다.'

상은 이에 그 일을 공경들에게 내려보내 물었다. 태자 소부 광형(匡衡)이 대답해 말했다.

"대신이란 나라의 고굉(股肱-팔과 다리)이며, 만백성들이 우러러보는 대상이니, 밝은 임금께서 신중하게 골라야 하는 자리입니다. 전(傳)에 이르기를 '아랫사람이 위의 작위를 가벼이 여기고 낮은 사람이 신하를 좌우하려고 도모하게 되면, 나라가 흔들려 백성들이 안정되지 않는다'라고 했습니다. 지금 가(嘉)는 부태수 자리에 있으면서 대신의 자리에 대해 이러쿵 저러쿵하며, 필부 중에 마차에도 타기 곤란한 사람을 들어 구경의 위를 뛰어넘으려 하니, 이는 나라를 중하게 여기고 사직을 높이는 도리가 아닙니다. 요임금이 순임금을 쓰고 문왕이 태공(太公)을 쓸 때에도 오히려 시험을 해본 연후에야 작위를 주었는데, 하물며 주운과 같은 자이겠습니까? 운은 평소 용맹을 좋아해 자주 법을 어기는 바람에 망명을 한 적도 있습니다. 역(易)을 배워 자못 스승의 도리[師道]는 익혔다고 하지만 그의 행실에는 아직 이렇다 할 뛰어난 점이 없습니다. (반면에) 지금 어사대부 우(禹)는 결백하고 청렴하며, 반듯하고 경술에 능통해 백이(伯夷)와 사어(史魚)의 풍모를 가지고 있으니, 나라 안에 그에 관해 들어서 모르는 사람이 없습니다. 그런데도 가(嘉)는 운을 칭송해 어사대부를 맡기려 하니, 이처럼 망령되이 서로 칭찬하고 천거하는 것을 볼 때 간사스러운 마음이 있는 것이 아닌가 의심이 듭니다. 이처럼 안 좋은 싹[漸]은 자라게 해서는 안 되는 것이니, 마땅히 유사에 내려 그 실상을 가려냄으로써 좋고 나쁨을 밝혀야 할 것입니다."

가(嘉)는 결국 죄를 얻었다.

이때 소부(少府) 오록충종(五鹿充宗)이 (천자로부터) 귀함과 총애를 받았는데, 그는 양구(梁丘)의 '역(易)'을 익힌 사람이었다. 선제(宣帝) 때부터 양구씨(梁丘氏)의 역설(易說)은 좋은 평가를 받고 있었고, 원제(元帝)가 그것을 좋아해 그것과 다른 학설과의 같고 다른 점을 비교해 보고하게 해 충종(充宗)으로 하여금 다른 계통의 역가(易家)들과 토론을 하게 했다. 충종은 존귀함에 기대어 말재주를 펴니, 다른 유자들은 어느 누구도 당해낼 수가 없어 모두 병을 핑계로 감히 그런 자리에 모이려고 하지 않았다. (그런데) 운(雲)을 추천하는 이가 있어 그가 불려 들어갔는데, 옷자락을 걷고 자리에 올라 머리를 들고서 질문을 던지는데, 목소리가 좌우를 놀라게 했다. 이미 논란이 시작되자 연이어 오록군(五鹿君)의 논지를 꺾었고, 그래서 여러 유자들은 그것을 보고 이렇게 말을 했다.

"오록의 뿔이 길게 뾰족뾰족하지만[嶽嶽] 주운이 그 뿔들을 다 꺾어버렸도다."
악악

이로 말미암아 (주운은) 박사가 됐다.

승진해 두릉현령(杜陵縣令)이 됐는데 일부러 망명자를 풀어준 죄에 연루됐다가 마침 사면령을 만났고, 다시 방정(方正)(한 인사를 천거할 때)으로 뽑혀 괴리현령(槐里縣令)이 됐다. 이때 중서령(中書令) 석현(石顯)이 일을 좌우하면서 충종과 당(黨)을 이루고 있을 때라 백료가 그를 두려워했다. 오지 어사중승 지함(陳咸)만은 나이가 어리고 기백[抗節]이 있어 현(縣)
항절
등에게 붙지 않고, 운(雲)과 서로 친분을 맺었다. 운이 여러 차례 소(疏)를 올려 승상 위현성(韋玄成)은 제 몸이나 챙기며 자리를 보전하는데 급급해 제대로 왕래하지 못하고 있다[亡能往來][○ 사고(師古)가 말했다. "『서경(書
망 능 왕래
經)』」「주서(周書)」 '군석(君奭)' 편에서 주공(周公)이 말했다. "오직 문왕(文王)께서 일찍이 능히 우리가 소유한 중국을 닦고 화합시키실 수 있었던 것은 진실로 오직 괵숙(虢叔)과 굉요(閎夭)와 산의생(散宜生)과 태전(泰顚)과 남궁괄(南宮括) 같은 신하들이 있었기 때문이다."]¹고 말했고, 함은 여

---

1 결국 주운은 주공의 말을 빌려 위현성이 뛰어난 신하들을 임금에게 제대로 천거하지 못하고

러 차례 석현을 헐뜯었다[毁]. 한참 후에 유사(有司)에서 관리를 부추겨 사람을 죽인 혐의로 운을 조사했다. 여러 신하들이 조현하는 자리에서 상은 승상에게 운의 관리로서의 치적[治行]을 물었다. 승상 현성(玄成)은 운이 포학하고 실적도 없다고 말했다. 이때 진함이 그 앞에 있다가 그 말을 듣고서 운에게 일러주었다. 운이 글을 올려 자신의 억울함을 호소하려 하니, 함이 주문(奏文)의 초안을 잡아주었고, 그 글을 어사중승(인 자기 자신)에게 내려줄 것을 추가해서 넣었다. 그 일을 승상에게 내리자 승상은 관리를 배치해 그의 살인죄를 성립시켰다. 운은 달아나 장안으로 들어가서 다시 함과 계책을 의논했다. 승상은 그 일을 자세히 폭로하며 위에 아뢰었다.

"함은 숙위하는 집법(執法)의 신하로서 요행히 조현하는 자리에 참여할 수 있었는데, 거기서 들은 일을 누설해 사사로이 운에게 일러주었고, 주문(奏文)의 초안을 잡아주었으며, 어사중승인 자기 자신에게 일이 내려오도록 계책을 꾸몄습니다. 그리고 뒤에 운은 도망친 죄인임을 알면서도 서로 교통했고, 운이 잡히지 않은 것도 그 때문이었습니다."

상은 이에 함과 운을 옥에 내렸고, 사형죄를 감형해 성단(城旦)에 처했다. 함과 운은 끝내 폐고(廢錮)돼 원제(元帝)의 시대가 끝날 때까지 세상에 나올 수 없었다.

성제(成帝) 때에 이르러 승상 안창후(安昌侯) 장우(張禹)는 천자의 스승이었던 까닭에 벼슬이 특진해 매우 존중을 받았다. 운이 글을 올려 천자를 배알하게 됐는데, 공경이 늘어서 있는 가운데 운이 말했다.

있음을 강도 높게 비판한 것이다.

"지금 조정의 대신들은 위로는 폐하를 올바른 길로 이끌지 못하고, 아래로는 백성들에게 무익한 일만 하면서 모두 시위소찬(尸位素餐)하고 있으니 공자(孔子)가 말한 "비루한 사람과 함께 임금을 섬길 수 없다", "지위를 잃을 것 같으면 못할 짓이 없다"[2]라고 한 것에 해당합니다. 소신에게 상방(尙方-천자의 기물을 만드는 관청)의 참마검(斬馬劍-말을 벨 수 있는 칼)을 내려주신다면 간사한 신하 한 명의 목을 베어 다른 신하들을 경계시키겠습니다."

상이 물었다.

"간사한 신하가 누구인가?"

운이 대답했다.

"안창후 장우입니다."

상은 크게 놀라 말했다.

"미천한 관리로서 아래에 머물면서 윗사람을 욕하고, 조정의 한가운데서 (나의) 스승을 욕하다니, 그 죄는 사형에 해당하며 용서하지 않을 것이다."

어사가 운을 끌어내려고 하자 운은 끌려 나가지 않으려고 난간을 붙들고 발버둥치다가 그만 난간이 부러지고 말았다[檻折]. 운이 소리쳐 말했다.

---

2 『논어(論語)』 「양화(陽貨)」 편에 나오는 말로 원래는 이렇게 말한 것이다. "비루한 사람과 함께 임금을 섬기는 것이 과연 가능할 수 있을 것인가? (자리나 지위를) 얻기 전엔 그것을 얻어보려고 걱정하고, 이미 얻고 나서는 그것을 잃을까 걱정한다. 정말로 잃을 것을 걱정할 경우 (그것을 잃지 않기 위해) 못하는 짓이 없을 것이다."

"소신은 지하에서 용봉(龍逢-걸왕에게 간언하다 죽음)과 비간(比干-주왕에게 간언하다 죽음)을 만나 어울리는 것으로 만족하면 되지만, 빼어난 조정이 (직언하는 신하를 죽여 얻게 될 오명에 대해서는) 어떻게 될지 알지 못하겠습니다."

어사가 드디어 운을 끌고 나갔다. 이에 좌장군 신경기(辛慶忌)가 관을 벗고 인끈을 풀며, 궁전 아래에서 머리를 조아리고 말했다.

"이 신하는 평소에 세상에 광직(狂直)함으로 널리 알려져 있는 자입니다. 만일 그가 한 말이 옳다면 주살해서는 안 될 것입니다. 설사 그의 말이 틀렸다고 해도 진실로 마땅히 그를 용납해주셔야 합니다. 신 감히 죽음을 걸고 간언드리옵니다."

경기(慶忌)는 머리를 땅에 부딪쳐 피가 낭자했다. 상이 기분을 풀고 나서야 그 일은 그칠 수 있었다. 뒤에 그 난간을 수리하려고 하자 상이 말했다.

"새로운 것으로 바꾸지 말고 부서진 것을 이어 붙이도록 하라. 곧은 신하[直臣]를 기리는 징표로 삼겠다."

운은 이때 이후로 다시는 벼슬을 하지 않고, 늘 호현(鄠縣)의 시골에 살면서 때때로 소달구지를 타고 외출해 유생들과 어울렸는데, 지나는 곳마다 모두 그를 공경해 섬겼다. 설선(薛宣)이 승상이 됐을 때 운이 가서 그를 만나보았다. 선(宣)은 빈객과 주인의 예를 갖추어놓고 운으로 하여금 머물러 묵게 하면서 조용히 운에게 말했다.

"시골에 머물면 별다른 일이 없을 터이니, 장차 나의 동합(東閤)에 머물면서 사방의 특출난 선비들을 잘 살펴봐주시지요."

운이 말했다.

"소생더러 재상의 아전이 되라는 것입니까?"

선은 감히 더 이상 말을 하지 않았다.

그는 '역(易)'을 가르쳤는데 여러 학생들 중에서 잘 가린 다음에야 제자로 삼았다. 구강현(九江縣)의 엄망(嚴望)과 망의 조카 원(元)은 자(字)가 중(仲)인데 능히 운의 학문을 전수받아 둘 다 박사가 됐다. 망(望)은 태산(泰山)태수에 이르렀다.

운은 70세를 넘기고서 집에서 생을 마쳤다[終]. 병이 나도 의사를 부르거나 약을 먹지 않았다. 유언하기를 평소 입던 옷으로 염을 하고, 관은 몸의 크기만 한 것으로 하며, 흙을 곽의 크기만 하게만 덮도록 하니 무덤의 크기는 1장 5척일 뿐이었고, 평릉의 동쪽 외곽에 장사 지냈다.

매복(梅福)은 자(字)가 자진(子眞)으로 구강군(九江郡) 수춘현(壽春縣) 사람이다. 젊은 시절 장안(長安)에서 공부했고, 『상서(尙書)』와 『춘추곡량전(春秋穀梁傳)』에 정통해 군(郡) 문학(文學)이 됐다가 남창현(南昌縣) 현위(縣尉)가 됐다. 이후에는 관직을 버리고 수춘으로 돌아가 여러 번 장안으로 가는 현의 사자를 통해서 비상하게 다뤄야 할 국사를 상소했다. 또 빨리 달리는 역말을 빌려 타고 황제가 임시로 머문 행재소(行在所)로 가서 시급하게 시행해야 할 정사를 조목조목 상주했는데, 그때마다 답은 내려오지 않았다.

이때는 성제(成帝)가 대장군 왕봉(王鳳, ?~기원전 22년)[3]에게 정사를 맡기고 있었다. 봉(鳳)은 정권을 독차지하고 조정을 마음대로 움직였다. 한편 경조윤 왕장(王章)은 본래 충성스럽고 곧은 사람이었는데 봉을 나무라고 꾸짖었다[譏刺]가 그에게 죽임을 당했다. 봉의 세력은 날이 갈수록 강성해졌고 재앙과 이변이 자주 발생했으나 감히 바른 대로 말할 수 있는 자가 아랫사람 중에는 아무도 없었다. 이에 복(復)은 다음과 같은 글을 올렸다.

'신이 듣건대 기자(箕子)는 은(殷)나라 때 거짓으로 미친 척했지만[伴狂] 주(周)나라를 위해 홍범(洪範)[4]을 전수해주었고, 숙손통(叔孫通)은 진(秦)나라를 도망쳐 한(漢)나라로 귀부해 예악 제도를 제정했습니다. 무릇 숙손통이 진나라에 충성을 바치지 않은 것은 아니고, 기자가 은나라를 멀리해 친족을 배반한 것은 아닙니다. 그 나라들을 위해서 아무런 말을 할 수 없었을 뿐입니다.

옛날 고조(高祖)께서는 좋은 말을 받아들이기[納言]를 마치 거기에 미치지 못하면 어떻게 하나[不及] 하듯이 하셨고, 간언하는 말을 따르기

---

3 원제(元帝)의 황후 왕정군(王政君)의 오빠다. 처음에 위위시중(衛尉侍中)이 되고, 양평후(陽平侯)를 이었다. 성제(成帝)가 즉위하자 대사마(大司馬)와 대장군(大將軍)이 돼 상서사(尚書事)를 맡았다. 그의 동생 다섯 사람도 같은 날 후(侯)에 봉해졌다. 왕씨의 자제들이 두루 요직에 앉아 황제가 제 역할을 할 수 없었다. 경조윤(京兆尹) 왕장(王章)이 평소 강직해 과감하게 간언(諫言)을 올려 왕봉을 탄핵했다. 왕봉이 글을 올려 걸해골(乞骸骨-사직 요청)하니 태후가 이 소식을 듣고 음식을 받지 않았다. 얼마 뒤 재기해 일을 보면서 상서(尚書)를 시켜 왕장을 탄핵하니 왕장은 옥중에서 죽었다. 이때부터 공경(公卿)들이 질시(疾視)했다. 정권을 보좌한 11년 동안 왕씨들이 조정을 장악한 것은 그로부터 시작됐고, 나중에 조카 왕망(王莽)이 한나라를 대신해 신(新) 왕조를 건립했다.

4 기자가 무왕에게 전해준 위대한 법으로 『서경(書經)』에 기록돼 전한다.

[從諫]를 마치 굴렁쇠를 굴리듯이 재빨리 하셨습니다. (신하의) 말을 들을 때에는 (한 사람에게) 능력을 골고루 갖추기를 요구하지 않으셨고[不求其能],[5] 공을 세울 만한 인재를 쓸 때에는 평소에 어떠했는지를 따지지 않으셨습니다. 그래서 죄를 짓고 도망하던 무리에서 진평(陳平)을 빼내 참모의 우두머리[謀主]로 삼았고, 군사의 무리에서 한신(韓信)을 발탁해 상장군으로 세우셨습니다. 그 결과 천하의 선비들이 한나라로 구름처럼 몰려들어[雲合] 앞다퉈 각종 진기하고 특별한 재능을 발휘했습니다. 지략이 있는 자[知者]는 가진 책략을 한껏 쏟아냈고, 어리석은 자[愚者]도 자신이 가진 생각을 다 털어놓았으며, 용맹한 사람[勇士]은 절의를 다 바치고 겁이 많은 자[怯夫]라도 죽음을 무릅쓰게 만들어 천하의 지혜를 다 모으고 천하의 위세를 뭉치게 했습니다. 이 때문에 진나라를 마치 기러기 털 뽑듯 쉽게 없애셨고, 초(楚)나라를 길거리에 떨어진 물건 줍듯 쉽게 차지하셨습니다. 이것이 바로 고조께서 천하에 대적할 이가 없었던 까닭입니다.

효문황제(孝文皇帝)께서는 대왕(代王)으로 계시다가 황제로 즉위하셨는데 주공(周公), 소공(召公) 같은 (뛰어난) 스승이나 이윤(伊尹), 여상(呂尙) 같은 (뛰어난) 재상이 있던 것도 아니지만, 고조의 법을 따르셨고, 그보다 한층 더 공손하고 검소하셨습니다. 그 덕분으로 그때에는 천하가 거의 태평했습니다.

이런 사실을 놓고 볼 때 고조의 법을 따르면 천하가 잘 다스려지고, 따르지 않으면 어지러워지니 그 까닭은 무엇이겠습니까? 진나라는 무도해 중

---

5 말 자체가 좋으면 그 사람의 능력 여부와 관계없이 받아들였다는 뜻이다.

니(仲尼-공자)께서 남기신 흔적을 다 지워버렸고, 주공의 예법을 없앴으며, 정전(井田)을 무너뜨리고 다섯 등급의 작위[6]를 제거했습니다. 그러자 예법은 사라지고 음악은 붕괴돼, 임금다운 도리[王道]가 시행되지 않았습니다. 그래서 임금다운 도리를 시행하고자 해도 성과를 낼 수가 없었습니다.

효무황제(孝武皇帝)께서는 충성스런 간언[忠諫]을 좋아하시고, 지극한 말[至言=直言]을 들으면 기뻐하셨습니다. 청렴하거나 재능이 다 갖추어지지 않아도 벼슬을 주셨고, 공훈이 두드러지지 않아도 상을 내리셨습니다. 이러한 까닭에 벼슬하지 않은 천하 사람들이 제각기 뜻을 다잡고[厲志=勵志], 온 정성을 다해[竭精] 대궐에 나와 자신들이 가진 재능을 뽐내려고 했기 때문에 그 수를 이루 다 헤아릴 수가 없었습니다. 한나라 조정이 이때 얻은 뛰어난 자들은 대단히 융성했습니다. 만약 효무황제께서 그들의 계책을 시행하셨더라면 태평 시대를 이루었을 것입니다. 그러나 이때 황제께서는 전쟁터에 시체를 쌓아두고 뼈를 뒹굴게 하면서, 흉노와 월나라를 시원스레[快心] 소탕하려고 했습니다. 그 때문에 회남왕(淮南王) 유안(劉安)이 틈을 타서 반란을 일으켰는데, 반란의 계책이 무르익기도 전에 모의가 누설됐습니다. 이는 (그나마) 수많은 뛰어난 이들[衆賢]이 한나라 조정에 모여 있었기 때문입니다. 회남왕의 대신들이 감히 한마음이 돼 반란 모의를 따르지 못한 이유가 여기에 있습니다.

현재 벼슬하지 않은 자들이 나라의 틈을 엿보다가 틈이 생기면 봉기하

---

6 『예기(禮記)』 「왕제(王制)」 편에 "제왕이 만든 녹봉과 작위는 공(公), 후(侯), 백(伯), 자(子), 남(男) 5개 등급이 있다"고 했다. 이 다섯 등급의 작위를 말한다.

는데, 촉군(蜀郡) 사건이 여기에 해당합니다.[7] 그리고 산양군(山陽郡)에서 죄를 짓고 도망하던 소령(蘇令)의 무리가 이름난 도시와 큰 군을 유린했습니다. 이들은 동조하고 따르는 무리를 찾으면서 도망하거나 숨으려는 마음은 아예 품지 않았습니다.[8] 이러한 사건은 모두 대신을 가볍게 보고 두려워하거나 꺼리는 대상이 없어서 발생합니다. 국가의 권력이 가볍기 때문에 일개 평민이 주상과 더불어 권력을 다투려고 합니다.

선비란 나라의 무거운 그릇[重器중기]입니다. 선비를 제대로 얻으면 나라가 무거워지고, 선비를 잃으면 나라가 가벼워집니다. 『시경(詩經)』에 이르기를 "많고 많은 선비들이여! 그들 덕분에 문왕께서 평안하셨도다[濟濟제제 多士 文王以寧다사 문왕 이 녕]!"[9]라고 했습니다. 묘당(廟堂-재상들이 국사를 의논하는 곳)의 의논은 초가에 사는 자가 말해서 될 일이 아닙니다. 신은 살아서는 몸뚱이가 들판의 풀을 더럽히고, 죽어서는 시신이 병졸들과 나란히 뒹굴까 봐 진실로 두렵습니다. 그래서 여러 번 글을 올려 알현하기를 청했으나 번번이 허락받지 못했습니다. 신이 듣건대 제나라 환공(桓公) 시절에는 구구

---

[7] 성제(成帝) 홍가(鴻嘉) 연간에 광한(廣漢) 땅에서 정궁(鄭躬)이 일으킨 반란을 가리킨다. 처음에는 60여 명으로 봉기해 관청을 부수고 죄수를 풀어주며 '산군(山君)'이라고 자칭했다. 이듬해 그 수가 1만여 명에 이르러 4개 현에서 활동했지만 지방에서 진압하지 못하자 성제가 조호(趙護)를 파견해 몇 개월 만에 진압했다.

[8] 소령은 산양군의 철관도(鐵官徒)였던 자로서 기원전 14년에 288명을 이끌고 봉기해 관장을 죽이고 죄수를 풀어주며, 장군이라고 칭했다. 19개 군국(郡國)에서 활약하는 그 무리를 성제가 관리를 파견해 토벌하게 했으나 이기지 못했다. 그 뒤에 소령은 엄흔(嚴訢)에게 체포돼 죽임을 당했다.

[9] 「대아(大雅)」 '문왕(文王)' 편에 나오는 구절이다.

단[九九]을 외우는 재주를 가지고 알현하기를 청하는 자가 있었을 때에도 환공은 그를 거절하지 않았다고 합니다〔○ 사고(師古)가 말했다. "구구단을 언급한 것은 마치 지금 구장오조(九章五曹)의 무리들을 비꼰 것이다."〕. 이는 그보다 더 뛰어난 재주를 가진 자가 찾아오기를 기대했기 때문입니다. 지금 신이 말하고자 하는 내용은 저 구구단 수준을 넘어섭니다만, 폐하께서 신을 거절한 것이 벌써 세 번째입니다. 이것이 천하의 선비가 폐하께 이르지 않는 까닭입니다.

옛날 진(秦)나라 무왕(武王)이 힘이 센 사람을 좋아하자 임비(任鄙-전국시대 진나라의 역사)가 찾아와 관문을 두드리고, 재능을 발휘하고자 했습니다. 그 덕분에 목공(穆公)이 천하의 패자가 됐고, 유여(繇余)가 목공의 덕망을 보고 귀의했습니다.[10] 이제 천하의 선비를 불러 모으려고 하시면 상소를 올려 알현하기를 청하는 백성이 있을 경우, 일단 그를 상서(尙書)에게 보내서 하고자 하는 말을 들어주십시오. 채택할 만한 주장을 내놓으면 녹봉을 조금이라도 받도록 벼슬을 내리시고, 비단 5필을 하사하십시오. 이렇게 하신다면 천하의 선비들이 발분해 충성스런 간언을 토해내 훌륭한 방안을 날마다 들으실 것입니다. 그리하여 천하가 질서 정연하게 다스려지고 국가가 안팎으로 찬란하게 발전할 것입니다.

세상은 넓고 백성은 많기 때문에 말을 잘하는 사람은 지극히 많습니

---

10 유여는 진(晉)나라 사람으로 서융(西戎)에 들어갔다. 서융의 왕이 진나라 목공이 뛰어나다는 소문을 듣고, 유여를 사신으로 보내 살펴보게 했다. 목공을 훌륭한 왕이라고 판단한 유여는 진나라에 남고, 서융으로 돌아가지 않았다. 후에는 진나라의 재상이 돼 서융을 정벌하는 책략을 계획했고, 국토를 개척해 목공을 패자로 만들었다.

다. 그러나 그중에서 정말로 걸출해 세상을 인도하고 국정을 기획하며, 아름다운 문장을 잘 지어 옛 빼어난 이들과 비교해도 어긋남이 없고, 시의적절해 현실에 잘 맞아떨어지는 인재는 얼마 없습니다. 벼슬과 녹봉, 예물과 비단은 천하를 위한 숫돌에 비유할 수 있습니다. 고조께서는 그 숫돌을, 세상을 분발시키고 무딘 자를 연마하는 도구로 삼으셨습니다. 공자께서는 "일을 잘하는 장인(匠人)은 반드시 먼저 공구를 날카롭게 벼린다"[11]라고 말씀했습니다. 진나라는 공자의 말씀을 따라 하지 않고 비방의 그물을 펼쳐 한나라를 위해 뛰어난 선비들을 몰아주었고, 명검 태아(泰阿)를 거꾸로 잡고서 초(楚)나라 항우(項羽)에게 칼자루를 쥐어주었습니다.[12] 명검의 칼자루만 놓치지 않았다면 순종하지 않는 무리가 있었다고 해도 감히 그 칼날에 맞서지는 못했을 것입니다. 이것이 효무황제께서 영토를 확장하고 공훈을 세워서 한나라의 세종(世宗)이 되신 까닭입니다.

(그러나) 지금은 패자(霸者)가 되는 길을 따르기는커녕 거꾸로 삼대(三代)에 관리를 선발하던 방법으로 이 시대에 필요한 선비를 뽑으려고 합니다. 이것은 오히려 백락(伯樂)[13]이 그린 말 그림을 보고서 시장에 나가 천리마를 구하는 격이므로, 좋은 말을 얻지 못할 것이 너무도 자명합니다.

---

11 『논어(論語)』「위령공(衛靈公)」 편에 나오는 말이다. 장인은 임금을 비유하고, 날카로운 공구는 현명한 재상을 비유한다.

12 태아는 명검의 이름으로 구야(歐冶)가 만들었다. 진나라가 무도해 진섭(陳涉)이나 항우로 하여금 나라의 틈을 타서 봉기하게 했으므로, 검을 거꾸로 잡고 칼자루를 남에게 넘겨준 셈이라는 뜻이다.

13 춘추시대 진(秦)나라 목공(穆公) 때 사람으로 명마를 잘 고르기로 유명하다.

그래서 고조께서는 진평(陳平)의 잘못을 눈감아주고 그의 계략을 수용하셨고,[14] 진(晉)나라 문공(文公)은 천왕(天王)을 불렀으며,[15] 제(齊)나라 환공(桓公)은 원수를 기용했습니다.[16] 그 시대에 이익이 된다면 이치를 거스르든 따르든 문제 삼지 않는 것이 이른바 패도[伯道=覇道]입니다. 전체가 한 빛깔로 이루어진 것을 순수하다[醇=純]고 말하고, 흰색과 검은색이 잡다하게 섞여서 이루어진 것을 잡스럽다[雜=駁]고 합니다. 태평시대의 법을 가지고 난폭한 진나라의 유산이 남은 시대를 다스리는 것은, 시골 마을의 술자리에서나 따지는 예절을 가지고 군대와 시장을 다스리려는 것과 다름이 없습니다.

(그런데) 지금 폐하께서는 천하에서 바치는 간언을 받아들이지 않을 뿐만 아니라 그들에게 죽음까지 내리고 있습니다. 올빼미가 해를 입으면 어진 새들은 더욱더 그 자리를 떠나기 마련이고, 어리석은 자가 죽임을 당하면 지혜로운 선비들은 깊이깊이 숨어들게 돼 있습니다. 그동안 어리석은 백성들이 상소를 올렸을 때 긴요하지 않은 일을 말했다는 법에 저촉돼 정위에게 처벌을 맡겨 죽임을 당한 자가 다수입니다.

이런 일 때문에 양삭(陽朔-기원전 24~21년) 이래로 천하에서는 간언을

---

14 그의 잘못이란 진평이 형수를 빼앗고 뇌물을 받은 일을 가리킨다.

15 천왕은 주나라의 양왕(襄王)을 말한다. 진나라 문공이 하양(河陽)에서 사냥하자고 양왕에게 청해 제후를 이끌고 양왕에게 조회했다.

16 원수는 관중(管仲)으로 그는 환공의 반대편에서 환공을 공격했으나, 뒤에는 그 휘하의 재상이 됐다.

바치는 것을 꺼렸는데,[17] 조정에 있는 신하들이 유독 심했습니다. 많은 신하들은 모두 황제의 의중만을 고분고분 따를 뿐 바른 주장을 견지하는 자는 아무도 없으니, 무엇으로 그런 실상을 훤히 알 수 있겠습니까? 폐하께서 한번 백성이 바친 글을 가져다가 보시고, 좋은 생각을 담고 있다고 여기시면 시험 삼아 정위에게 글을 내려보내 보십시오. 정위는 분명히 "마땅히 해야 할 말이 아니므로 큰 불경죄[大不敬대불경]에 해당한다"라고 할 것입니다. 이러한 사례로 실상을 추정할 수 있으나 이것도 많은 일 가운데 하나에 불과합니다.

(예전에) 전(前) 경조윤 왕장(王章)은 그 바탕이 충성스럽고 곧은 사람이니 조정에서 황제를 앞에 두고 이치를 내세우며 용감하게 싸우는 사람이라고 판단해, 효원황제(孝元皇帝)께서 왕장을 발탁하시어 자리나 차지하는 신하들[具臣구신]을 분발시키고, 올바르지 못한 조정을 바로잡으려고[矯=正교정] 하셨습니다. 그런데 폐하에 이르러서는 왕장뿐만 아니라 처자식까지 죽이고 말았습니다. 악한 자가 아무리 미워도 미움은 그 사람에게만 그치는 법이거늘, 왕장은 반란을 일으키는 잘못을 저지르지도 않았는데 재앙이 집안에까지 미쳤습니다. 곧은 선비의 절개를 꺾고, 간언하는 신하의 혀를 묶어버렸기 때문에 많은 신하들은 모두 잘못돼간다는 것을 알면서도 감히 따지지 못합니다. 천하에서 간언을 내놓지 말라고 (서로) 경계하는 것이야말로 국가의 가장 큰 걱정거리입니다.

바라건대 폐하께서는 고조의 법을 따르시어 진나라가 멸망한 전철을

---

17 양삭 원년에 왕장(王章)이 하옥돼 죽었다.

밟지 않도록 하십시오. 자주 시월(十月)의 노래[18]를 연주하시고, 무일(無逸)의 경계[19]에 유념하십시오. 급하지 않은 일을 상주했다고 해 처벌하는 법[不急之法]을 없애고, 거리낌 없이 말하라는 조칙을 내리시어 널리 살펴보시고 많은 사람들의 이야기를 들으십시오. (혈육상으로) 사이가 멀고 (신분이) 낮은 자들까지 고려하시어 깊이 숨은 자들로 하여금 숨지 못하게 하시고, 멀리 떨어져 있는 자가 길이 막혀 오지 못하는 일이 없도록 하십시오. 이것이 이른바 "사방의 문을 활짝 열고서 눈을 환하게 뜨고 사방을 보라"[20]라는 자세입니다.

게다가 급하지 않은 일을 상주했다고 처벌하는 법은 은연중 비방하는 말을 만들어냅니다. "지나간 일에 대해서는 간언할 수 없지만 앞으로 다가올 일에 대해서는 따를 수 있다"[21]라고 했습니다. 지금 황제의 명령은 침범당하고 임금의 권위는 빼앗기고 있습니다〔○ 사고(師古)가 말했다. "대신이 임금의 명령을 침범한다는 말이다."〕. 외척의 권세는 날이 갈수록 높아가건만 폐하께서는 그 형세를 보지 못하십니다. 바라건대 그 그림자라도 살펴보시기를 바랍니다. 건시(建始) 이래 일어난 일식과 지진은 대충 말해도 『춘추(春秋)』에 등장하는 것의 세 배이고, 물난리는 견주어 헤아

---

18 『시경(詩經)』 「소아(小雅)」 '시월지교(十月之交)' 편을 가리킨다. 외척이 발호하는 상황을 풍자한 시다.

19 『서경(書經)』 「주서(周書)」의 한 편명이다. 주공(周公)이 지어 성왕에게 쾌락을 추구하지 말라고 경계했다.

20 『서경(書經)』 「우서(虞書)」 '순전(舜典)' 편에 나오는 말이다.

21 『논어(論語)』 「미자(微子)」 편에 나오는 접여(接輿)라는 사람의 노래 중 일부다.

릴 상대가 없을 지경입니다. 음기가 성해지고 양기가 쇠약해졌으며, 쇠붙이가 하늘을 날아가니 대관절 어떠한 상황입니까〔○ 장안(張晏)이 말했다. "하평(河平) 2년에 패군(沛郡)의 철관(鐵官)에서 주조한 쇠붙이가 유성처럼 날아 올랐다. 이것은 권력을 쥔 신하가 권력을 농단하는 것을 상징하는 변고다."〕?[22]

한나라가 흥성한 이래로 사직이 세 번 위태로웠습니다. 여씨(呂氏)와 곽씨(霍氏), 상관씨(上官氏)는 모두 모후(母后)의 집안이었습니다. 친인척을 가까이하며 지내는 방법은 그들을 온전하게 살도록 하는 것이 최상입니다. 그들에게 뛰어나고 훌륭한 스승을 보내 충성과 효도의 도리를 가르치는 것이 올바른 방법입니다. (그런데) 지금은 오히려 그들의 지위를 높여주어 총애하고, 권력의 칼자루를 쥐어주어 교만을 떨다가 반역을 저지르게 만들어, 끝내는 모두 죽임을 당하는 처지에 이르게 됩니다. 이것은 친족을 제 몸처럼 여기는 큰 도리[親親之大]를 저버린 것입니다. 곽광(霍光)처럼 (머리가) 뛰어난 자[賢]도 자손을 위해서 깊고 멀게 고민하지는 못했습니다. 그래서 권세를 부린 신하[權臣]는 세상이 바뀌면 위태로운 법입니다.[23]

『서경(書經)』에서 "불이 붙듯이 내버려두지 말라! 처음에는 작은 불씨

---

22 왕봉(王鳳)과 같은 외척이 득세하는 실상을 황제가 파악하지 못하기 때문에 자연계에 나타나는 현상을 예로 들어 외척 득세의 실상을 고발했다. 그림자란 바로 자연계에 나타난 득세의 현상을 의미한다.

23 노(魯)나라의 삼가(三家), 진(晉)나라의 여섯 경, 한(漢)나라의 조씨(曹氏), 위(魏)나라의 사마씨(司馬氏)는 모두 권력을 쥐었다가 그디 음 임금에 이르러 드디어 나라를 찬탈했으니, 이는 대개 세력이 집중되면 따르는 자들이 많아지기 때문이다.

[庸庸]였다〔○ 사고(師古)가 말했다. "「주서(周書)」 '낙고(洛誥)' 편에 나오는 말이다. 용용(庸庸)이란 불씨가 아주 작은 모양이다."〕"라고 했습니다. 집권 세력이 임금을 올라타고, 권력이 임금보다 커진 다음에는 진실로 손을 쓸 방법이 없을 것입니다.'

상은 결국 그것을 받아들이지 않았다. 성제(成帝)는 오랫동안 황제의 지위를 이를 후사가 없었기에 복은 마땅히 삼통(三統-하나라, 은나라, 주나라 삼대의 정삭(正朔))을 세우고 공자의 후손을 봉해 은나라의 후사로 삼아야 한다고 보고서 다시 다음과 같은 소를 올렸다.

'신이 듣건대 (공자께서는) "그 지위에 있지 않으면 그에 해당하는 정사[政]에 대해 도모하지 않는다"[24]라고 했습니다. 여기서 정사란 맡은 직책[職]입니다. 지위가 낮은 자가 저보다 높은 지위의 맡은 일을 말하는 것은 죄입니다. (하지만) 자신의 직책을 뛰어넘어 죄를 짓고 세상의 걱정거리를 말하는 것은, (그로 인해) 비록 형틀에 엎드려[伏質] 몸이 잘려나가더라도 [橫分]〔○ 사고(師古)가 말했다. "형틀에 엎드린다는 것은 참형(斬刑)이고, 몸이 잘린다는 것은 몸과 머리가 분리되는 형벌이다."〕 신이 바라는 바입니다.

자리나 지키면서 아무런 말도 하지 않고, 이가 다 빠지도록 늙어도 몸이 온전한 사람이 있습니다만, 정작 그가 죽는 날 시체가 채 썩지도 않았는데 그의 이름은 벌써 사라져버립니다. 비록 (제(齊)나라) 경공(景公)과 같은 높은 지위와 마구간에 말이 4,000마리[千駟]나 차 있다고 해도 신은 그

---

24 『논어(論語)』 「태백(泰伯)」 편에 나오는 말이다.

따위를 탐하지 않습니다.[25] 그래서 바라건대 아로새긴 돌로 쌓은 섬돌에 올라 붉은 칠을 한 길을 걸어서 병풍을 등지고 자리에 앉으신 폐하를 단 한 번 알현하고서, 평소 지닌 어리석은 생각을 남김없이 말씀드리고자 합니다. 이 시대에 아무런 도움도 되지 못한 채 이 세상에 그냥 머물러 있는 것, 그것이 제가 잠자리에 누워도 편치 않은 까닭이고, 음식을 먹어도 맛을 느끼지 못하는 까닭입니다. 바라건대 폐하께서는 신의 말씀을 깊이 살펴주십시오.

듣건대 다른 사람을 보존시켜주는 것[存人]은 자신을 세우는 것[自立]이요, 다른 사람을 막는 것[壅人]은 자신을 막는 것[自塞]이라 했습니다. 좋은 일과 나쁜 일을 행한 것에 대한 보답은 각각 그 일에 맞게 이루어집니다. 옛날에 진(秦)나라가 두 주(周)나라를 멸망시키고 여섯 나라를 없애고서 숨어든 선비들[隱士=은사]을 드러내 쓰지 않았고[不顯=불현], 벼슬을 않고 살아가는 인사들[逸民=遺逸=일민=유일]을 들어 쓰지 않았으며[不擧=불거], 삼통(三統)을 끊고 하늘의 도리를 없앴습니다. 이 때문에 진시황 자신은 위태로웠고, 아들은 죽임을 당했으며, 손자는 황제의 자리를 잇지 못했으니 이른바 다른 사람을 막음으로써 자신을 막은 것입니다. 그래서 무왕(武王)은 은나라를 이기고 수레에서 내리기도 전에 오제(五帝)[26]의 후손들을 보존시켰고, 은나라

---

25 『논어(論語)』「계씨(季氏)」편에 나오는 다음과 같은 구절을 가져온 것이다. (공자는 말했다.) "제나라의 경공은 말 4,000마리를 소유했으나 죽는 날을 당해서는 백성들이 그의 다움을 칭송하지 않았다. 백이와 숙제는 수양산 아래에서 굶어죽었으나 백성들이 지금에 이르도록 칭송하고 있다."

26 황제(黃帝), 전욱(顓頊), 제곡(帝嚳), 요(堯), 순(舜)이다.

의 후손을 송(宋)나라에 봉하고, 기(杞)나라가 하(夏)나라를 계승하게 함으로써 삼통을 분명하게 드러내어 천하를 독차지하지 않겠다는 의향을 보여주었습니다. 그 때문에 희(姬-주나라의 성)씨가 천하의 절반을 차지해 종묘의 신주를 옮길 때 창문으로 삐져나올 정도였으니〔○ 이기(李奇)가 말했다. "이는 그만큼 많았다는 말이다."〕이른바 다른 사람을 보존시켜주는 것이 자신을 세운다는 뜻입니다.

(그런데) 지금 (하나라를 세운) 성탕(成湯)임금은 제사를 받지 못하고 은나라는 후사가 없습니다. 폐하께서 오랫동안 뒤를 이을 후사가 없는 이유도 아마 여기에 있는 듯합니다. 『춘추(春秋)』에 이르기를 "송나라가 그 대부를 죽였다"라고 했는데 이에 대해 『춘추곡량전(春秋穀梁傳)』에서 "대부의 성명을 기록하지 않은 이유는 공자의 할아버지 항렬인 그를 높이기 위해서이다〔○ 사고(師古)가 말했다. "이 일은 희공(僖公) 25년의 일이다. 공자는 본래 송나라 공보(孔父)의 후예인데 선조가 노나라로 도망한 이후 노나라 사람이 됐다. 송나라에서 죽인 대부가 공보의 후예로서 송나라에 남아 있던 사람이요, 공자에게는 할아버지 항렬이라 그를 높여 이름을 쓰지 않았다."〕"라고 풀이했습니다. 이는 공자가 옛 은나라의 후예임을 말한 것입니다. (따라서) 비록 정통은 아닐지라도 공자의 후손을 봉해 은나라의 후사로 삼는 것이 예법상 진실로 마땅합니다. 그 이유가 무엇이겠습니까? 군(君)에 봉해진 제후가 종갓집 종손의 자리를 빼앗고, 천자의 서자가 적자의 지위를 빼앗을 수도 있기 때문입니다.[27] "뛰어난 이[賢者]의 자손은

---

27 천자나 제후가 적자를 폐하고 현자를 대신 세우는 일이나 지차(之次) 자손이 적자와 종손의

마땅히 봉토[土=封土]가 있어야 한다"[28]라고 전해오는데 하물며 공자는 빼어난 이[聖人]이자 은나라의 후예이니 어떻게 대우해야 하겠습니까?

옛날에 성왕(成王)이 제후의 예법으로 주공(周公)을 장사 지내려고 했을 때 하늘에서 위력을 보여 우레가 치고 바람이 휘몰아치는 재앙이 있었습니다. 지금 중니(仲尼)의 묘는 궐리(闕里-공자가 살던 마을)를 벗어나지 않고, 공씨(孔氏)의 자손들은 서민 신세[編戶]를 면하지 못했습니다. 빼어난 인물이면서도 필부가 받는 제사밖에 받지 못한다는 것은 저 하늘의 뜻이 아닙니다.

이제 폐하께서 참으로 공자의 소왕(素王)[29]으로서의 공훈을 인정하시어 그 자손을 봉하신다면 국가는 반드시 그로 인한 복록을 얻고 폐하의 명성 또한 하늘과 더불어 무궁할 것입니다. 왜냐하면 소왕의 공훈을 뒤에 추적해 그 자손을 봉해준 사례가 아직까지는 없었지만 후대의 빼어난 임금들은 반드시 이를 법칙으로 삼을 것이기 때문입니다. (이렇게 하신다면) 불멸의 명예를 얻을 일이니 힘쓰지 않을 수 있겠습니까?'

(그러나) 복은 고립무원(孤立無援)으로 황제와 사이가 멀었다. 게다가 왕씨를 준엄하게 비판했기 때문에 위의 상소는 받아들여지지 않았다. 이 일이 있기 이전 무제(武帝) 때에 비로소 주나라의 후예인 희가(姬嘉)를 봉해 주

자리를 대신 차지하는 것을 말한다.

28 『춘추좌씨전(春秋左氏傳)』에 나오는 말이다.

29 제왕의 다움을 가지고는 있지만, 그에 걸맞은 지위를 누리지 못한 사람으로 공자를 지칭하는 말이다. 『춘추곡량전(春秋穀梁傳)』에서 공자를 소왕이라고 불렀다.

자남군(周子南君)으로 삼았고, 원제 때에 주자남군을 높여 주승휴후(周承休侯)로 삼아 그 지위를 제후왕(諸侯王)에 버금가게 했다. 그리고 대부들과 박사들로 하여금 은나라 후예를 찾게 했더니 10여 개 성씨로 흩어져 살았다. 군국에서 간혹 대갓집을 찾기는 했으나 자손을 따라 올라가 추적해보면 계통이 끊어져 잇댈 수 없었다.

그때 광형(匡衡)이 의견을 내어 다음과 같이 말했다.

"제왕이 돼 앞선 두 개 왕조의 후예[二王後]를 보전하는 까닭은 그들의 선왕을 높여서 삼통을 이으려는 데 있습니다.[30] 그들 중에서 사형죄를 범한 자는 승계할 자격을 끊어버리고, 다른 친척을 다시 봉해 첫 군주로 봉해줌으로써 제왕의 시조를 받들어 계승하게 합니다. 춘추(春秋)의 의리에서는 자신의 사직을 지키지 못한 제후는 후사가 끊어졌습니다. 지금 송나라는 벌써 제 계통을 지키지 못하고 나라를 잃어버렸으므로, 마땅히 은나라 후예를 다시 세워서 첫 군주로 봉해줌으로써 성탕임금의 전통을 받들도록 해야 합니다. 끊어진 송나라 제후의 지위를 이어주는 것이 아니라 은나라의 후예를 얻는 일임을 분명히 해야 합니다. 지금 옛 송나라의 적통을 찾는 것은 세월이 너무 오래 지났기 때문에 불가능합니다. 비록 적통을

---

30 고대 중국에서는 새로운 왕조를 세운 뒤에 이전 두 개 왕조의 왕족 가운데서 적임자를 골라 제후로 봉해주었다. 『시경(詩經)』「주송(周頌)」'진로(振鷺)' 편 모서(毛序)에 "앞선 두 개 왕조의 후예가 와서 제사를 도왔다[二王之後 來助祭也]"라고 했는데, (이를 풀이한) 정현(鄭玄)은 "이왕(二王)은 하나라와 은나라이고, 그 후예는 기(杞)나라와 송나라다"라고 했다. 한나라의 입장에서는 이왕을 은나라와 주나라로 간주해, 은나라와 주나라의 후예를 찾아서 제후로 봉해주자는 논의가 제기됐다.

얻는다고 해도 그 적통의 선조가 이미 단절됐기 때문에 첫 군주로 봉해줄 수 없습니다. 『예기(禮記)』에서 공자께서는 '나 공구는 은나라 사람이다'라고 했습니다. 공자는 모든 사람이 떠받들어 전해오는 분이므로 그 후예로 성탕임금의 후사를 삼는 것이 마땅합니다."

상은 그가 제기한 주장을 불경스럽다고 했기 때문에 결국 논의는 중단됐다. 성제 때 이르러 매복이 다시 상소해 공자의 후예를 봉해 성탕임금의 제사를 받들도록 해야 옳다고 주장했다. 수화(綏和) 원년에 이전 두 개 왕조의 후예를 제후로 봉했다. 옛글을 근거로 그들의 자취를 찾았는데, 『춘추좌씨전(春秋左氏傳)』, 『춘추곡량전(春秋穀梁傳)』, 『세본(世本)』,[31] 『예기(禮記)』로 상호 입증했다. 마침내 황제가 조칙을 내려 공자의 후예를 은소가공(殷紹嘉公)으로 봉했다. 상세한 이야기는 「성제기(成帝紀)」에 실려 있다. 이때 복은 집에 머물면서 독서를 통해 본성을 잘 보존하고 기르는 일을 자신의 일로 삼았다. 원시(元始) 연간에 이르러 왕망(王莽)이 정권을 독차지하자 복은 하루아침에 처자식을 버리고 구강군을 떠나버렸는데, 현재까지도 그가 신선이 됐다는 말이 전해온다. 그 뒤에 회계군에서 복을 본 사람이 있었는데, 그는 성명을 바꾼 채 오나라 시장[吳市]의 문지기로 있었
오시
다고 한다.

운창(云敞)은 자(字)가 유유(幼孺)로 평릉(平陵) 사람이다. 같은 현에 사는 오장(吳章)을 스승으로 섬겼는데, 장(章)은 『상서(尙書)』를 닦아 박사가

---

31 진(秦)나라 이건 시대 제왕의 사적을 기록한 역사책이다.

됐다. 평제(平帝)는 중산왕(中山王)으로 있다가 제위(帝位)에 올랐지만 나이가 어렸기 때문에 왕망(王莽)이 정권을 쥐고서 스스로를 안한공(安漢公)이라고 칭했다. 평제는 성제(成帝)의 뒤를 이었기 때문에 사친(私親)을 챙겨 볼 수가 없어 제의 어머니와 외가 위씨(衛氏)는 모두 중산(中山)에 남아 있어야 했고, 경사(京師)에 올라올 수가 없었다. 망(莽)의 장남 우(宇)는 망이 위씨를 멀리하는 것이 잘못이라고 여겨 제(帝)가 장성할 경우 원한을 사게 될까 두려웠다. 우는 오장과 모의해 밤에 망의 집 문에 피를 발라 마치 그것이 귀신의 경고인 듯이 보이게 해 망이 두려움을 품게 되기를 기대했다. 장은 그로 인해 귀신의 허물을 받게 될 것을 바랐다. 일이 발각되자 망은 우를 죽였고 위씨를 주멸했으며, 이 음모와 관련돼 죽은 사람이 100여 명이었다.

장(章)은 허리가 잘리는 요참(腰斬)을 당해 동시(東市)의 문에 시신이 걸렸다. 애초에 장은 당대의 명유(名儒)였기 때문에 강의 활동이 왕성해 제자가 1,000여 명이었는데, 망은 이들을 악당(惡黨)으로 몰아 모두 금고(禁錮)에 처해 벼슬길을 막아버렸다. 제자들은 모두 이름을 바꾸고 다른 스승에게로 갔다. 창(敞)은 이때 대사도(大司徒)의 연(掾-아전)이었지만 스스로 오장의 제자라고 자수하고서[自劾], 장의 시신을 거두어 가지고 돌아와 관을 장만해 염을 하고서 장례를 지내니, 경사(京師)에서는 이를 칭송했다. 거기장군(車騎將軍) 왕순(王舜)은 그의 절의(節義)를 높이 평가해 난포(欒布)에 비교하면서 위에 아뢰어 자신의 속관으로 삼고서 다시 중랑간대부(中郎諫大夫)로 천거해 벼슬에 오르게 했다. 망이 제위를 찬탈하자 왕순은 태사가 됐다. 다시 창을 천거해 보필의 직임을 맡겼다. 병으로 사직했다. 당림(唐林)이 창은 군(郡)을 맡길 만하다고 추천하자 그를 발탁해 노군(魯郡)의 대윤(大尹)으로 삼았다. 경시(更始)³² 연간에 안거(安車)로 창을 불러 어사대부로 삼았는데, 다시 병으로 사직하고 경사를 떠나 고향 집에서 졸(卒)했다.

찬(贊)하여 말했다.

"옛날에 중니(仲尼-공자)가 말하기를 '중항(中行-적중된 도리를 행함)의 인재를 얻지 못하면 광견(狂獧)한 인물도 괜찮다'³³라고 했다. 양왕손(楊王孫)의 뜻을 보면 진시황(秦始皇)보다 훨씬 뛰어나다. 세상에서 주운(朱雲)을 칭송하는 것에는 그 실상을 넘어서는 바가 있기 때문에 그래서 (공자는) 말하기를 "잘 알지 못하면서 그것을 행한 적이 있는가? 나는 그런 적이 없다"³⁴라고 한 것이다. 호건(胡建)은 적과 대적했을 때 과감했지만 무용(武勇) 이외에는 밝지 못했다. 간신이랑 임금괴외 틈을 만드는 자를 목 베어 주벌했으나 군대를 실추시켰다. 매복(梅福)의 글은 (『시경(詩經)』) 「대아(大雅)」의 '비록 노성(老成)한 사람은 없으나 그래도 모범이 되는 법은 있도다', '은(殷)나라의 거울이 멀리 있지 않고 하후(夏后)의 시대

---

32 왕망의 신(新)나라 말기에 일어난 한(漢) 부흥군이 옹립한 경시제(更始帝)의 연호다.

33 논어(論語)』「자로(子路)」편에 나오는 말이다. "중도를 행하는 사람을 얻어 함께할 수 없다면, 반드시 광자나 견자와 함께하겠노라! 광자는 진취가 있고, 견자는 삼가며 하지 않는 바가 있다."

34 『논어(論語)』「술이(述而)」편에 나오는 말이다.

에 있도다'³⁵라고 한 것과 맞아떨어진다. 결국은 좋아하는 것을 따르게 되면 그 성명(性命)을 시장의 문에서도 온전하게 할 수 있으리라는 것이다. 운창(云敞)의 의로운 기개는 오장(吳章)의 일에서 드러났으니 어짊은 자기로 말미암은 것³⁶이고, 그리하여 다시 대부(大府)로 들어갔으니, 깨끗하면 갓끈을 씻는다³⁷ 한 것이 어찌 멀리 있는 것이겠는가?"

---

35 이 둘은 '탕(蕩)' 편의 두 구절인데 이를 통해 매복이 공자의 후세를 세워줄 것을 청한 것을 칭송한 것이다.

36 『논어(論語)』「안연(顏淵)」편에서 공자는 말했다. "어짊을 행하는 것은 자기로 말미암은 것이지 남으로 말미암은 것이겠는가?"

37 『초사(楚辭)』「어부지가(漁父之歌)」에 이르기를 "창랑의 물이 깨끗하면 내 갓끈을 씻을 수 있고, 창랑의 물이 흐리면 내 말을 씻을 수 있도다"라고 했다. 이는 다스려지는 때를 만나면 벼슬에 나아가고 어지러운 때를 만나면 숨어 지낸다는 뜻이니, 운창이 병을 핑계로 관직을 떠난 것은 이 시의 뜻과 비슷한 것이다.

권
◆
68

곽광·김일제전
霍光金日磾傳

곽광(霍光)은 자(字)가 자맹(子孟)이고, 표기장군(票騎將軍) 곽거병(霍去病)의 동생이다. 아버지 중유(中孺)는 하동군(河東郡) 평양현(平陽縣) 사람이다. 현의 관리인 그는 평양후(平陽侯-조참(曹參)의 후손인 조수(曹壽)) 집안에 파견돼 근무한 적이 있는데, 이때 평양후의 여종 위소아(衛少兒)와 사통해 거병(去病)을 낳았다. 중유(中孺)는 평양후 파견 근무를 마치고 집으로 돌아와 부인을 맞이해 광(光)을 낳았는데, 그 이후로 위소아와는 서로 아무런 소식이 오가지 않았다. 오랜 세월이 흘러 소아의 여동생 위자부(衛子夫)가 무제(武帝)의 총애를 받아 세워져 황후가 되자, 거병은 황후의 조카로서 귀한 자리에 올라 총애를 받았다. 이미 장성한 거병은 마침내 아버지가 곽중유라는 것을 자연스럽게 알게 됐으나 그때까지만 해도 굳이 찾지는 않았다. 마침 표기장군이 돼 흉노를 치러가는데 하동군에서 출발하게 돼 하동태수가 교외까지 마중나와 활과 화살을 등에 지고 앞장서서 거병을 인도했고, 평양현(平陽縣) 숙소에 도착한 거병은 관리를 보내 곽중유를 모셔오게 했다. 장군의 숙소에 도착한 중유가 종종걸음으로 들어와 배알하자 장군은 그를 맞아들여 절하고 난 다음에 무릎을 꿇고서 말했다.

"제가 대인(大人)의 유체(遺體)라는 사실을 일찍 알지 못했습니다."

중유가 바닥을 기어 머리를 땅에다 부딪치며 말했다.

"이 늙은 신하가 장군께 명을 기탁할 수 있게 됐다니 이는 하늘의 힘입니다."

거병은 중유를 위해 전답과 저택, 노비를 크게 마련해주고 정벌길에 나섰다. 정벌에서 돌아와 다시 평양현을 들렀을 때 마침내 광(光)을 데리고 서쪽으로 떠나 장안에 이르렀는데, 그때 광의 나이 10세 남짓이었고 힘을 써서 광을 낭(郎)에 임명했으며, 점차 승진해 여러 부서의 시중(侍中)을 지냈다. 거병이 죽고 난 뒤 광은 봉거도위(奉車都尉) 광록대부(光祿大夫)가 돼 천자가 외출할 때는 수레를 받들어 모셨고 궁중에 들어와서는 좌우에서 모셨는데, 황제의 처소에 출입한 것이 20여 년이었으나 늘 조심하고 신중해 일찍이 한 번도 잘못을 저지르지 않았기 때문에 깊은 총애와 신뢰를 받았다.

정화(征和) 2년에 위태자(衛太子)가 강충(江充)으로 인해 패망하고, 연왕(燕王) 단(旦)과 광릉왕(廣陵王) 서(胥)가 많은 잘못을 저질렀다. 이때 상은 연로해 구익궁(鉤弋宮)에 사는 총애하는 후궁 조첩여(趙倢伃)에게서 아들을 두었는데, 상은 그 아들을 후사로 삼아 대신으로 하여금 그를 보좌하게 할 생각이었다. 그래서 뭇 신하들을 살펴보았을 때 광만이 그러한 크고 무거운 임무를 감당할 적임자로 사직을 맡길 만했다. 상은 이에 그림을 잘 그리는 환관을 골라 주공(周公)이 성왕(成王)을 업고 제후의 조회를 받는 그림을 그리라고 해 그것을 광에게 내려주었다.

후원(後元) 2년 봄에 상이 오작궁(五柞宮)으로 나들이 갔다가 몹시 심한 병이 들었는데, 그때 광이 눈물을 흘리면서 상에게 물었다.

"폐하께서 만약에 말씀을 더 이상 못하신다면[不諱] 후사가 되실 분은 누구십니까?"

상이 말했다.

"그대는 앞서 받은 그림의 속뜻을 깨닫지 못했는가? 막내아들을 세우고 그대는 주공(周公)의 일을 행하라!"

광은 머리를 조아리면서 사양해 말했다.

"신은 김일제(金日磾)보다 못합니다."

일제(日磾) 또한 말했다.

"신은 외국인이라 광보다 못합니다."

상은 광을 대사마 대장군(大司馬大將軍)으로 삼고, 일제를 거기장군(車騎將軍)으로 삼았으며, 또 태복(太僕) 상관걸(上官桀)을 좌장군(左將軍)으로 삼고, 수속도위(搜粟都尉) 상홍양(桑弘羊)을 어사대부(御史大夫)로 삼았는데, 모두 황제의 침상 아래에서 직책에 제배돼 어린 군주를 보필하라는 유조(遺詔)를 받았다. 다음 날 무제가 붕(崩)하고 태자가 존호를 이어받았으니 이 사람이 효소황제(孝昭皇帝)다. 제의 나이는 8세로 정사는 모두 광에게서 결정됐다.

이에 앞서 후원(後元) 연간에 시중복야(侍中僕射) 망하라(莽何羅)가 아우인 중합후(重合侯) 망통(莽通)과 모의해 반란을 일으켰는데, 그때 광은 김일제, 상관걸 등과 힘을 합해 그들을 주살했으나 아직 논공행상을 시행하지는 못하고 있었다. 무제는 병이 들자 새서를 봉하고 이렇게 말했다.

"짐이 붕어하거든 글을 열어보고 그대로 시행하라!"

그 유조에 따라 김일제를 택후(秺侯)에 봉했고, 상관걸을 안양후(安陽侯), 광을 박륙후(博陸侯)에 봉했는데, 그들이 제후에 봉해진 것은 모두 반역자를 잡은 예전의 공로 때문이었다. 그때 위위(衛尉) 왕망(王莽)의 아들 홀(忽)이 시중의 직책에 있으면서 이렇게 떠들고 다녔다.

"제가 붕어하실 때 내가 항상 좌우에서 모셨는데, 유조를 내려 세 사람을 봉한 일은 알지도 못한다. 그 무리들이 스스로 서로를 귀하게 만들어 준 것일 뿐이다."

광이 그것을 듣고 왕망을 준절하게 꾸짖으니 망은 짐독(鴆毒)을 써서 홀을 죽였다.

광은 사람됨이 침착하고 조용하고 사려가 깊었는데, 키는 겨우[財=纔]제 제 7자 3치에 불과했으나 얼굴이 희고 눈과 눈썹이 수려하며 수염이 아름다웠다. 그가 궁전을 드나들 때 머무는 곳과 가는 길이 항상 일정해 낭관이나 복야(僕射-낭관의 우두머리)는 광이 다니는 곳을 알아두었기 때문에 그가 어디 있는지를 놓치는 일이 없었으니 그의 단정하고 정확한 성품이 이와 같았다.

애초에 그가 어린 천자를 보필해 정사가 그에게서 나왔기 때문에 천하사람들은 그의 풍채를 보고 싶어 했다. 언젠가 대궐 안에 변괴가 발생해 밤새도록 뭇 신하들이 놀라서 소란을 떨자 광이 상부새랑(尚符璽郞)을 불러 옥새를 달라고 했으나 그는 옥새를 그에게 기꺼이 건네려고 하지 않았다. 광이 옥새를 빼앗으려고 하자 상부새랑은 검을 부여잡고 말했다.

"신의 머리는 빼앗을 수 있을지언정 옥새는 빼앗을 수 없습니다!"

광은 그의 처사가 매우 옳다고 생각했다. 다음 날 조칙을 내려 이 랑의 작질을 2등급 올려주었다. 이에 광을 중하게 여기지[多=重] 않는 사람이 없었다.
다 중

광은 좌장군 걸(桀)[1]과 혼인으로 맺어져 서로 가까웠다. 광의 맏딸은 걸의 아들 안(安)의 아내로 둘 사이에 딸을 두었는데, 딸의 나이가 황제의 배필이 될 만했다. 걸은 무제의 손위 누이인 악읍(鄂邑)의 개공주[蓋主]〔○ 사고(師古)가 말했다. "악읍은 (개공주의 남편인) 개후(蓋侯)의 식읍이다. 그래서 개(蓋)공주라 한다."〕에게 부탁해[因] 안의 딸을 후궁(後宮)에 넣어 첩여(倢伃)로 만들었는데, 몇 달 후 황후의 자리에 올랐다.
개주
인

아버지 안은 표기장군이 돼 상락후(桑樂侯)에 봉해졌다. 광이 때때로 휴가를 얻어 목욕하러[休沐] (궁궐을) 나갔는데, 걸은 그때마다 들어와 광
휴목

---

1 상관걸(上官桀, ?~기원전 80년)을 가리킨다. 젊어서 우림기문랑(羽林期門郎)이 돼 무제(武帝)를 섬기다가 미앙구령(未央廐令)으로 옮겼다. 나중에 시중(侍中)과 태보(太保)를 지냈다. 무제가 병들자 좌장군(左將軍)에 봉해지고 죽기 2개월 전 무제의 유서에 따라 곽광(霍光)과 함께 유조(遺詔)에 따라 태자 불릉(弗陵)을 보좌했다. 소제(昭帝) 때 반란자 망하라(莽何羅)를 체포해 안양후(安陽侯)에 봉해졌다. 아들 상관안(上官安)의 딸이 소제의 후(后)가 됐다. 나중에 광과 권력 다툼을 벌였는데, 황제가 광을 가까이 두고 자신을 멀리하자 연왕(燕王) 유단(劉旦), 개장공주(蓋長公主)와 함께 광을 살해하고 황제를 폐위하려는 음모를 꾸몄는데 발각돼 멸족(滅族)됐다. 여기서 다루고 있는 바로 그 사건이다. 괴력을 가진 역사(力士)였으며, 항상 무제의 신변을 보호했다.

의 일처리를 대신했다. 걸 부자는 이미 신분이 존귀해지고 권세가 커지자 개공주의 은덕을 생각했다. 그런데 공주는 행실이 좋지 못해 하간(河間-하북성)의 정외인(丁外人)을 가까이해 총애했다. 걸과 안은 외인을 제후에 봉해지도록 주선하려 했다. 나라의 고사(故事)에 따라 열후(列侯)의 신분이어야 공주와 혼인할 수 있다는 관례를 적용받도록 하기 위함이었다. 그러나 광은 허락하지 않았다. 그러자 이번에는 외인을 광록대부로 만들고자 해 황제가 불러 만나는 기회를 만들어주려고 했으나 이번에도 허락하지 않았다. 개공주는 이 때문에 광을 몹시 원망했다. 한편 걸과 안은 수차례 외인을 위해 관직과 작위[官爵]를 요청했으나 뜻을 이루지 못하자 참으로 부끄러웠다.

선제(先帝-무제) 때부터 걸은 이미 구경(九卿)이었으므로 지위가 광보다 위였다[右=上]. 지금은 부자가 나란히 장군이 됐고, 황후[椒房]라는 든든한 위세마저 가지고 있었지만, 황후는 바로 안의 친딸인 데 반해 광은 황후의 외조부에 불과할 뿐인데도 도리어[顧=反] 광이 조정의 일을 독점하고 있어, 이로 말미암아 그들은 광과 권력을 다투게 됐다.

연왕 단(旦)은 소제(昭帝)의 형이었기 때문에 (자신이 황제가 되지 못한 것에 대해) 늘 원망을 품고 있었다. 한편 어사대부 상홍양(桑弘羊)은 주세법(酒稅法)과 염철 전매제를 만들어 나라에 큰 이익을 주었기 때문에, 자신의 공적을 자랑하며 자제들에게 관직을 얻게 해주려고 했기 때문에 그도 (이를 가로막는) 광을 원망했다. 이에 개공주와 상관걸, 안 및 홍양은 모두 연왕 단과 모의를 통해[通謀] 사람을 시켜 연왕의 상서라고 사칭해 말했다.

'광은 낭관과 우림(羽林-근위 기병)을 사열하러 나갔을 때 길에 사람의 통행을 금지시켰고[蹕=辟除], 태관(太官)을 먼저 배치했습니다.'[2]
　　　　　　　　　　　필　벽제

또 끝에서 말했다.

'소무(蘇武)는 전에 흉노에 사신으로 가서 20년 동안 억류돼 있으면서 끝내 항복하지도 않았는데, 그가 돌아왔을 때 겨우 전속국(典屬國)[3]에 임명했습니다. 반면에 대장군(大將軍-곽광)의 장사(長史) 양창(楊敞)[4]은 아무런 공훈이 없는데도 수속도위가 됐습니다. 또 광은 관리의 선발을 함부로 해 막부(幕府-대장군인 곽광의 군부(軍府)) 교위를 늘렸습니다. 광은 권력을 독점하고 자기 마음대로 해 비상한 일이 생기지나 않을까 의심이 됩니다. 신 단(旦)은 바라건대 연왕에 명한다는 부절과 인장을 돌려드리고 궁궐에 숙위(宿衛)하면서 간특한 신하의 변고를 감시하고자 합니다.'

이와 같은 상서를 광이 휴가를 간 틈을 타 올렸다. 걸이 이 사건을 법관에게 내려주면 상홍양은 대신들과 더불어 광을 체포해 내쫓으려고 했다. 글이 올라가자 상은 어떻게든 해당 부처에 사안을 내려보내려 하지 않았다.

다음 날 아침 광은 이를 듣고서 화실(畫室)〔○ 여순(如淳)이 말했다. "근신(近臣)들이 잠시 머물며 자신의 국정 계획 등을 가다듬는 곳이다."〕에 머

2　둘 다 황제의 행차 때만 행하는 절차다. 태관을 배치한 것은 음식을 준비하기 위함이다.

3　오랑캐나 소수민족들의 이민이나 귀항 및 조공 등의 일을 관장했다.

4　사마천의 딸과 혼인했다. 군사마(軍司馬)로 처음 관직을 시작해 대사농(大司農)으로 승진했다. 신중히고 시비가 일어나는 것이 싫어 상관걸 부자가 모반을 생각했을 때도 집에 머물렀다. 훗날 승상에 올랐다.

무르며 어전에 들어가지 않았다. 상이 "대장군은 어디에 있는가?"라고 묻자 좌장군 걸이 "연왕이 그의 죄를 고발했기 때문에 감히 들어오지 못하고 있습니다"라고 대답했다. 이에 조서를 내려 대장군을 불렀다. 광이 들어와 관을 벗고서 머리를 조아리며 사죄하자 상이 말했다.

"장군은 관을 쓰시오! 짐은 이 상서가 거짓임을 잘 알고 있소. 장군은 죄가 없소."

광이 물었다.

"폐하께서는 신이 죄가 없다는 사실을 어떻게 아십니까?"

상이 말했다.

"장군이 광명정(廣明亭-장안성 동쪽 동도문(東都門) 밖에 있는 정자)에 나가 낭관 등에 대한 사열을 행한 것은 최근의 일이오. 교위를 선발한 지는 열흘도 지나지 않았으니 연왕이 어떻게 그 사실을 알 수 있겠소. 더구나 장군이 나쁜 짓을 하려고 했다면 교위 따위는 필요치도 않소."

그때 황제의 나이는 겨우 열넷에 불과했다. 이 말을 듣고 상서(尙書)와 좌우에 있던 신하들은 모두 깜짝 놀랐고, 글을 올린 자가 결국 도망을 치자 황제는 그에 대한 체포를 매우 독촉했고, 걸 등이 두려워 황제에게 건의하기를 "별일이 아니오니 굳이 잡을 필요는 없습니다"라고 했으나 상은 듣지 않았다.

그 뒤로 걸의 패거리 중에 광을 참소하는 사람이 있으면 황제는 그 즉시[輒] 화를 내며 이렇게 말했다.

"대장군은 충신으로 선제께서 짐을 보필하도록 부탁한 신하이다. 감히 그를 헐뜯는 자가 있다면 그 죄를 묻겠노라!"

그후로부터 걸 등은 광에 대해 더 이상 감히 말을 꺼내지 못했고, 그래서 결국 계략을 세워 개공주로 하여금 주연을 열어 광을 초대해 복병을 시켜 때려죽이고, 그 틈을 타 황제를 폐하고 연왕을 맞아들여 세워 천자로 삼으려고 했다. 일이 발각돼 광은 걸, 안, 홍양, 외인과 그 일족을 주살했다. 연왕과 개공주는 자살했다. 광의 위엄은 온 나라 안을 진동했다. 소제(昭帝)가 이미 성인의 관례를 치르자 드디어 광에게 정사를 맡겼는데, 13년이 되자 백성들의 삶은 충실해졌고, 사방의 오랑캐들이 와서 빈복(賓服)했다.

원평(元平) 원년(元年)(기원전 74년) 소제(昭帝)가 붕했는데 후사가 없었다. 무제의 여섯 아들 중 광릉왕(廣陵王) 서(胥)만이 남아 있어 여러 신하들이 세워야 할 사람을 토의하니 모두 광릉왕을 지목했다. 왕은 본래 행실이 도리를 잃어 선제(先帝-소제)가 책봉하지 않았다. 광은 내심 불안했다. 한 낭관이 이런 글을 올렸다.

'주나라 태왕(太王)은 태백(太伯)을 폐하고 왕계(王季)를 세웠으며, 문왕(文王)은 백읍고(伯邑考)를 버리고 무왕(武王)을 세웠으니〔○ 사고(師古)가 말했다. "태백은 왕계의 형이고 백읍고는 문왕의 맏아들이다."〕, 오직 마땅한지가 중요하기 때문에 비록 윗사람을 폐하고 아랫사람을 세운다 해도 가능한 일입니다. 광릉왕은 종묘를 이어받을 수 없습니다.'

이 글은 광의 뜻과 딱 맞았다. 광은 그 글을 승상 양창 등에게 보이고, 글을 올린 낭관을 뽑아 올려 구강군(九江郡) 태수로 삼고, 그날로 황태후의 조서를 받들어 대홍려(大鴻臚)의 일을 맡아보는 소부 사락성(史樂成)과 종정(宗正) 유덕(劉德), 광록대부 병길(丙吉), 중랑장 이한(利漢)을 파견해 창읍왕(昌邑王) 하(賀)를 맞아들였다.

하(賀)는 무제의 손자로 창읍애왕(昌邑哀王)의 아들이다. 장안에 도착한 창읍왕은 즉위하자마자 음란한 짓을 자행했다. 광은 크게 걱정하던 끝에 예전에 자신이 데리고 있었던 측근 대사농 전연년(田延年)에게만 이 문제를 물었다. 연년이 말했다.

"장군께서는 나라의 주춧돌[柱石]입니다. 그 사람이 불가하다면 어찌하여 태후께 건의해[建白] 다시 뛰어난 이[賢]를 골라 세우지 않습니까?"

광이 물었다.

"그렇게 하고 싶지만 옛날에도 일찍이 그런 일이 있었던가?"[5]

연년이 대답했다.

"이윤(伊尹)이 은나라의 재상으로 있을 때 태갑(太甲)을 내쫓아 종묘를 안정시키자 후세 사람들이 그의 충성스러움을 칭송했습니다. 장군께서 만약 그러한 일을 행하신다면 이는 진실로 한나라의 이윤이라 할 것입니다."

광은 마침내 연년을 급사중(給事中)으로 삼고 은밀하게 거기장군 장안세(張安世)와 계획을 세운[圖計] 다음에 드디어 승상과 어사, 장군, 열후, 중(中) 2,000석 관리, 대부, 박사(博士) 등을 불러들여 미앙궁에서 회의를 열었다.

광이 말했다.

"창읍왕은 행실이 도리에 어둡고 음란해[昏亂] 사직을 위태롭게 할까

---

5 곽광은 무장 출신이었기 때문에 충분한 학식은 없었다. 그래서 물은 것이다.

두려우니 어찌하면 좋겠소?"

신하들은 모두 경악(驚愕)해 낯빛을 잃고[失色] 감히 아무도 말하지 못하고 다만 "예, 예[唯唯]"라고만 할 뿐이었다. 연년이 자리에서 일어나 앞에 나와서 칼자루를 만지며 말했다.

"선제께서 장군에게 어린 황제[幼孤]를 맡기고 천하를 넘기셨던 것은 장군의 충성심과 뛰어남[忠賢]이라면 능히 유씨(劉氏-황실)를 보전할 수 있다고 보셨기 때문입니다. 지금 백성들은 솥의 물처럼 들끓어 사직이 장차 기울어지려 하고 있습니다. 게다가 한나라의 천자가 대대로 시호에 효(孝)라는 글자를 붙이는 것은 천하가 장구하게 이어지게 함으로써 종묘의 신령들이 혈식(血食-제사 음식)을 받을 수 있게 함입니다. 만약에 한나라 황실[漢家]에서 제사가 끊어지게 한다면 장군이 비록 죽더라도 무슨 면목으로 지하의 선제를 뵈올 수 있겠습니까? 오늘 이 토의는 일각의 망설임[旋踵]도 있어서는 안 됩니다. 여러 신하들 가운데 답을 주저하는 자가 있다면 신이 칼로 베기를 청합니다."

광이 사죄하며 말했다.

"구경(九卿)께서 이 광을 탓하는 것은 지당합니다. 천하가 흉흉해 불안하면 광이 마땅히 어려움을 당하게 돼 있는 것입니다."

이에 회의에 참석한 신하들은 모두 머리를 조아려 말했다.

"모든 백성[萬姓]의 목숨이 장군께 달려 있으니 대장군의 명령만 따르겠습니다."

광은 즉시 여러 신하들과 함께 태후를 알현해 창읍왕이 종묘를 이어받아서는 안 되는 사정[狀]을 갖추어 아뢰었다. 황태후는 이에 수레를 타고 미앙궁의 승명전(承明殿-황제가 글을 짓거나 선비를 접견하는 미앙궁의 전각)에 가서[幸] 조서를 내려 문지기들로 하여금 창읍에서 온 여러 신하들을 궁 안에 들이지 말도록 했다. 왕(王-창읍왕)은 들어오고 태후는 돌아왔는데,⁶ (태후는) 수레를 타고 온실전(溫室殿-겨울에 추위를 피하도록 만든 미앙궁과 장락궁의 전각)으로 돌아오려고 했다. 태후궁의 환관들이 각기 궁궐 문을 한 짝씩 잡고 있다가 창읍왕이 궁궐에 들어오자 문을 닫아 창읍의 여러 신하들은 들어올 수 없었다.

왕이 "무슨 짓인가?"라고 묻자 광이 무릎을 꿇고서 "황태후의 조서가 내려져 창읍의 여러 신하들은 들이지 말라 하셨습니다"라고 답했다.

왕이 말했다.

"그런 일이라면 천천히 하면 되는 것이지 어찌 이렇게 사람을 놀라게 하는가?"

광은 창읍의 여러 신하들을 모두 몰아내 금마문(金馬門-미앙궁의 문) 밖에 두었다. 거기장군 장안세는 우림군(羽林軍) 기병을 거느리고 200여 명을 포박해 모두 정위에 속한 조옥(詔獄-황제가 특별히 명을 내린 죄수를 감금·조사하는 감옥)에서 처리하게 했다. 소제 때에 시중과 중상시(中常侍-시중보다도 높은 지위로 황제를 시종하는 직책)를 지낸 이들로 하여금 왕을 지키게 했다. 광은 좌우 사람들에게 타일렀다[勅].

"단단히 지켜라. 갑자기 돌아가시거나 자결하면 나는 천하를 저버리고 임금을 죽였다는 악명을 얻게 된다."

---

6 서로 엇갈려 만나지 못했다.

왕은 여전히 자신이 내쫓겨나게 돼 있다는 사실을 모른 채 좌우 사람들에게 말했다.

"내 옛 신하와 시종관들이 무슨 죄가 있길래 대장군은 그들 모두를 포박했단 말인가?"

조금 후에 왕을 부르라는 태후의 조서가 있었다. 왕은 태후가 부른다는 말을 듣고 두려워하며 "나에게 무슨 죄가 있어 나를 부르시는 것인가?"라고 말했다.

태후는 구슬이 달린 저고리를 걸치고 화려한 차림을 하고서 무장(武帳)[7] 안에 앉아 있었고, 시종하는 수백 명 모두가 무기를 지녔으며, 기문(期門)의 무사들도 창을 잡고 전각 아래에 줄지어 섰다. 신하들이 서열에 따라 전(殿)에 오르자 창읍왕을 불러 그 앞에 엎드려 조서를 듣도록 했다. 광과 신하들이 연명해 왕의 죄상을 상주했다. 상서령(尙書令)이 그것을 읽어 내려갔다.

'승상 신(臣) 양창(楊敞),[8] 대사마 대장군 신 곽광, 거기장군 신 장안세, 도료장군(度遼將軍) 신 범명우(范明友), 전장군 신 한증(韓增), 후장군 신 조충국(趙充國), 어사대부 신 채의(蔡誼), 의춘후(宜春侯) 신 왕담(王譚), 당도후(當塗侯) 신 위성(魏聖), 수도후(隨桃侯) 신 조창락(趙昌樂), 두후(杜侯) 신 복륙도기당(復陸屠耆堂), 태복 신 두연년, 태상(太常) 신 소창(蘇昌), 대

7　황제가 궁전에 오를 때 쓰는 휘장으로 그 안에 병기 5종을 설치했다.

8　원문에서는 이름 창(敞)만 적혀 있는데, 편의상 성과 이름을 함께 썼다. 성명은 사고(師古)의 주에 따랐다. 성을 모르는 경우 이름만 밝혔다.

사농 신 전연년, 종정 신 유덕, 소부 신 사락성, 정위 신 이광(李光), 집금오(執金吾) 신 이연수(李延壽), 대홍려 신 위현(韋賢), 좌풍익(左馮翊) 신 전광명(田廣明), 우부풍(右扶風) 신 주덕(周德), 장신소부(長信少府) 신 부가(傅嘉), 전속국 신 소무, 경보도위(京輔都尉) 신 조광한(趙廣漢), 사예교위(司隸校尉) 신 벽병(辟兵), 제리문학 광록대부(諸吏文學光祿大夫) 신 왕천(王遷), 신 송기(宋畸), 신 병길, 신 사(賜), 신 관(管), 신 승(勝), 신 량(梁), 신 장행(長幸), 신 하후승, 태중대부(太中大夫) 신 덕(德), 신 조앙은 죽음을 무릅쓰고[昧死] 황태후 폐하께 아룁니다.
　　　　　　　　　　　　　　　　　　매사

　신 창 등은 죽을 죄를 지어 머리를 조아립니다. 천자께서 종묘를 영원토록 보전해 천하를 하나로 통치하기[總一] 위해서는 자효(慈孝)와 예의
　　　　　　　　　　　　　　　　　　　총일
(禮儀)와 상벌(賞罰)을 근본으로 삼습니다. 효소황제(孝昭皇帝)께서는 일찍 천하를 버리시어[棄] 후사가 없으셨기에 신 창 등이 의견을 나눠본 결
　　　　　　　　　　　　　　　기
과, 예법에 이르기를 "후사가 되는 자가 바로 그의 아들이다"[9]라고 했으므로 창읍왕이 그 후사로 마땅하다고 해, 종정과 대홍려, 광록대부를 보내 칙사의 예로 창읍왕을 모셔와 상주로 삼았습니다. (그러나 창읍왕은) 참최(斬縗-부친상의 상복)를 입고서도 슬퍼하는 마음이 없이 예의를 내팽개치고 장안으로 오는 도중에도 소식(素食)[10]하지 않았고, 시종하는 자를 시켜 민간의 여자를 약탈해 의거(衣車)[11]에 태우고서 역참의 객사에 들게

9　『춘추공양전(春秋公羊傳)』 성공(成公) 15년 조에 나온다.

10　상주는 과일과 마른 음식 등 조리하지 않은 음식을 먹는 것이 예법이다.

11　앞엔 창문, 뒤엔 휘장이 있어 몸을 숨길 수 있는 수레로, 주로 부녀자나 의복을 운반했다.

했습니다.

처음에 이르러 황태후를 뵙고서 황태자로 세워졌습니다만 늘 남몰래 닭이나 돼지고기를 사서 먹고, 소제의 영구 앞에서 황제의 신새(信璽)와 행새(行璽)를 받아들고 거상(居喪)하는 곳에 이르러, 봉함을 풀어 옥새를 보고 원래대로 봉해놓지 않았습니다. 시종을 시켜 부절(符節)을 지니고 가 창읍에서 시종하던 관리와 말을 관리하는 관원, 관노 등 200여 명을 데려다가 늘 궁궐 안에서 함께 거처하며 놀았습니다. 그래서 왕 스스로 황제의 부절과 옥새를 보관하는 곳으로 칙사의 지팡이를 가지러 간 것이 16차례이며, 아침저녁으로 곡할 때도 시종하는 관리를 시켜 칙사의 지팡이를 들고 따르게 했습니다. 또 이런 편지도 썼습니다.

"황제는 시중(侍中-창읍 때의 시중)과 군경(君卿)에게 말하노라. 중어부령(中御府令) 고창(高昌)을 보내 황금 1,000근을 하사하니 군경은 이것으로 아내 10명을 얻도록 하라."

돌아가신 소제의 영구[大行]가 앞 대궐에 모셔져 있건만, 악부(樂府-궁궐의 음악을 관장하던 관서)의 악기를 꺼내서 창읍의 악공을 불러들여 북치고 노래하고 피리를 불며 배우들을 놀게 했습니다. 장례를 마치고 돌아온 뒤에도 영구가 모셔져 있던 전에 올라 쇠북과 경쇠를 연주했고, 태일신(泰壹神)을 제사하는 악공과 종묘에 제사하는 악공을 연도(輦道-천자 전용 도로)와 모수(牟首-각도(閣道)를 가리킨다)에 불러들여 노래하고 춤추며 갖가지 악기를 다 연주하게 시켰습니다.

장안주(長安廚-황제의 부식을 담당하는 경조부의 관청)에서 세 가지 태뢰(太牢)를 가져다가 각실(閣室-각도(閣道)에 있는 방)에서 제사를 드린

다음, 제사를 마치자 시종하는 관리들과 술을 마시고 고기를 씹었습니다[飮啖]. 법가(法駕)¹²에 피헌(皮軒-호랑이 가죽으로 휘장을 친 수레로 법가의 일부)과 난기(鸞旗-깃발의 일종으로 수레의 사방을 두른 법가의 일부)를 달고서 북궁(北宮)과 계궁(桂宮)을 내달려, 멧돼지와 장난하고 호랑이를 싸우게 하는 놀이를 했습니다.

황태후께서 타시는 작은 마차를 끌고와서 관노를 작은 말에 태우고 액정(掖庭-비빈(妃嬪)과 궁녀들이 거처하는 궁궐)에서 놀게 시켰고, 소제의 궁녀인 몽(蒙) 등과 음란한 짓을 벌이고는 액정령에게 명해 감히 한 마디라도 누설하면 허리를 베는 형[要斬=腰斬]에 처하겠다고 협박했습니다.'

태후가 말했다.

"그만하라! 선제의 신하와 아들이 돼 이렇게 패역하고 난잡한 짓[悖亂]을 할 수 있단 말이냐!"

왕이 자리를 떠나 엎드렸다. 상서령이 다시 읽어 내려갔다.

'제후와 왕, 열후, 2,000석의 인끈 및 묵수(墨綬), 황수(黃綬)를 가져다가 창읍에서 온 낭과 환관, 그리고 면천(免賤)된 종에게 채워주기도 했습니다. 부절의 노란색 술을 붉은색으로 바꾸게 했습니다. 궁중 창고에 보관한 황금과 돈, 도검(刀劍), 옥기(玉器), 채색 비단 등을 꺼내 같이 노는 자들에게 상으로 주었습니다. 시종하는 관리 및 관노들과 더불어 밤에 술을 마셔 엉망으로 취했습니다. 태관(太官)에게 조서를 내려 천자에게 바치는 음식은 전과 같이 올리게 했습니다. 식감(食監-황제의 음식을 관할하는 환관)

---

12 황제가 교외에 나가 하늘에 제사를 드릴 때 타는 수레로 평상시에는 마음대로 타지 못한다.

이 상복을 벗기 전에는 전과 같이 음식을 들지 못한다고 아뢰자, 다시 태관에게 명해 빨리 음식을 갖추어 올리되 식감을 거치지 말라고 했습니다. 태관이 감히 음식을 갖추어 올리지 못하자, 즉시 시종관을 시켜 궁을 나가서 닭과 돼지를 사서 궁전의 문지기에게 들여보내게 한 뒤 이를 상례로 삼으라고 했습니다.

밤에 홀로 온실전에서 아홉 사람의 시중 드는 사람들을 세워놓고 자형과 창읍 관내후(昌邑關內侯)를 불러보았습니다. 조종(祖宗)의 제사도 아직 받들지 않았는데, 옥새를 찍은 편지를 써서 사자를 시켜, 칙사의 지팡이를 가지고 가서 세 가지 태뢰로 창읍애왕(昌邑哀王)의 원묘(園廟)에 제사를 드리고 사자황제(嗣子皇帝)라고 칭했습니다.[13] 옥새를 받은 지 불과 27일 동안 칙사의 지팡이를 가진 사자를 여기저기 많은 관서에 보내 칙명으로 물건을 징발한 것이 1,127건입니다. 문학 광록대부(文學光祿大夫) 하후승 등과 시중 부가(傅嘉)가 잘못된 점을 수차례 간언하다가, 승은 조서로 위협받아 질책당했고 가는 투옥됐습니다. 왕의 음란과 광기는 제왕의 예법을 벗어나 한나라의 제도를 어지럽혔습니다. 신 창 등이 여러 차례 간언을 드렸습니다만 바꾸기는커녕 날이 갈수록 더 심해지니, 사직이 위태로워지고 천하가 불안해질까 두렵습니다.

신 창 등은 삼가 박사 신 공패(孔霸), 신 준사(雋舍), 신 덕(德), 신 우사

---

13 창읍왕은 황제로 세워졌기 때문에 예법상 한나라 종묘에 제사를 먼저 지내야 하며, 친아버지인 창읍애왕에게 먼저 제사를 지낼 수 없다. 그리고 소제의 아들 신분으로 황제가 됐기 때문에 창읍애왕에게 사자황제라는 칭호를 쓸 수 없다.

(虞舍), 신 사(射), 신 후창(后倉) 등과 토의했더니 모두 이렇게 말했습니다.

"고황제(高皇帝)께서 큰 공업(功業)을 세워 한나라의 태조(太祖)가 되셨고, 효문황제(孝文皇帝)께서는 자애와 인자함, 절도와 검소함으로 태종(太宗)이 되셨습니다. 지금 폐하께서는 효소황제의 뒤를 이은 몸으로 행실이 음란하고 사악해 도리를 벗어났습니다.『시경(詩經)』에 이르기를 '아직 세상물정을 모른다고 하나 그래도 이미 아들을 안고 있도다[借曰未知 亦旣抱子]'^{차왈미지 역기포자}¹⁴라고 했고, 다섯 가지 죄 가운데 불효보다 큰 것은 없습니다. 주(周)나라 양왕(襄王)이 어머니를 제대로 섬기지 못하자『춘추(春秋)』에 이르기를 '천왕(天王)이 정(鄭)나라에 나가 계셨다[出居]^{출거}'¹⁵라고 썼습니다. 불효로 인해서 경사를 떠나 천하 백성들한테 절연을 당했기 때문입니다. 종묘는 한 사람의 임금보다 무거운데 폐하(-창읍왕)께서는 아직 태조 고황제의 사당을 알현해 명을 받지 못했으므로, 하늘의 질서를 받들어 종묘를 섬기고 만백성을 아들처럼 통치할 수 없으니 마땅히 내쫓아야 합니다."

신이 청하옵건대 담당 관리인 어사대부 신 채의, 종정 신 유덕, 태상 신 소창과 태축(太祝) 등으로 하여금 한 가지 태뢰를 갖추게 해 고황제의 사당에 고해야 합니다. 신 창 등은 죽음을 무릅쓰고 말씀 올렸습니다.'

황태후가 "그리하라!"라고 조서를 내렸다. 광은 왕에게 일어나서 예를

---

14 「대아(大雅)」 '억(抑)' 편에 나오는 구절이다.

15 주나라 양왕의 계모 혜후(惠后)는 자신이 낳은 아들 숙대(叔帶)를 천자로 세우고 싶어 했으나 양왕이 천자가 되자 숙대는 오래도록 국외로 떠돌아다녔다. 양왕 16년 숙대가 흉노족과 결탁해 주나라를 공격해 양왕이 핍박을 당해 도망해 정나라에 이르렀다.『춘추(春秋)』의 이 말은 희공(僖公) 24년(기원전 636년)에 나온다.

갖춰 조서를 받들도록 시키자 왕이 말했다.

"천자에게 간쟁하는 신하 일곱이 있으면 무도(無道)해도 천하를 잃지 않는다고 들었건만."[16]

광이 말했다.

"황태후께서 내쫓으라 명하셨거늘 어찌 천자란 말이오?"

(사람들이) 왕에게 몰려들어 그의 손을 붙잡고 옥새의 인끈을 풀어 태후에게 바치고, 왕을 부축해 전에서 내려가 금마문(金馬門)으로 내보내자, 많은 신하들이 따라가며 전송했다.

왕이 서쪽을 향해 절하고 "내가 어리석고 못나서 한나라의 국사를 맡지 못하는구나"라고 말한 뒤 천자의 시종꾼 수레[副車]에 올라탔다. 대장군 광은 그를 창읍의 사저까지 모셔다드리고 나서 사죄하며 말했다.

"왕의 행실은 스스로 하늘의 명을 끊은 것입니다. 신들이 모자라고 겁이 많아 목숨을 바쳐 은덕을 갚지 못했습니다만 신들은 차라리 왕을 저버릴 수는 있어도 감히 사직을 저버릴 수는 없습니다. 부디 왕께서는 스스로를 아끼시옵소서[自愛]. 신은 영원토록 두 번 다시 곁에서 뵈올 수 없을 것입니다."

광은 눈물을 흘리며 떠났다.[17] 여러 신하들이 아뢰어 말했다.

"옛날에 폐출돼 쫓겨난 자는 먼 곳에 내쳐서 정치에 참여하지 못하게

---

16 『효경(孝經)』 「간쟁(諫諍)」 편에 나오는 구절이다.
17 그후 곽광은 신하들과 함께 논의한 결과 무제의 증손 병이(病已-선제의 어릴 때 이름)가 학식이 있다 해 그를 추대키로 했다. 황태후는 재가했다. 그가 선제(宣帝)다.

했으니, 청컨대 창읍왕 하를 한중(漢中) 방릉현(房陵縣)으로 이주시켜야 합니다."

태후는 조칙을 내려 유하를 창읍으로 돌아가게 하고 탕목읍(湯沐邑) 2,000호를 내려주었다. 광은 임금을 제대로 보좌하지 못하고 악의 구렁텅이에 빠뜨렸다는 죄목으로 창읍의 속관 200여 명을 모조리 죽였다. 형장으로 가던 도중 저잣거리에서 그들은 이렇게 울부짖었다.

"마땅히 잘라야 할 것을 자르지 않아 도리어 그 화를 당하게 되는구나[當斷不斷 反受其亂]〔○ 사고(師古)가 말했다. "일찍 광 등을 죽이지 못한 것을 후회한 것이다."〕!"

광은 조정에 앉아 승상 이하 관리들을 불러 모아 새롭게 세워야 할 사람을 토의했다. 광릉왕은 예전에 이미 쓰지 않기로 했고, 연(燕)의 날왕(剌王)은 모반을 꾀하다 죽임을 당했기 때문에 그의 아들들은 토의의 대상에 끼지 못했다. 무제의 근친으로는 오직 위태자(衛太子)의 손자로서 황증손(皇曾孫)이라고 불리는 이가 민간에 있었는데 모두들 그를 칭찬했다. 광은 마침내 승상 창(敞-양창) 등과 함께 상주해 말했다.

"예법에 이르기를 '사람은 도리상 자신의 친족을 제 몸과 같이 여겨[親親] 할아비를 높이고, 할아비를 높임으로써 대종(大宗)을 공경한다'라고 했습니다. 대종이 후사가 없으면 그때는 지파(支派) 자손 중에서 뛰어난 이를 골라 후사로 세웁니다. 효무황제(孝武皇帝)의 증손 병이(病已)는 무제 때 액정령에게 기르고 보살피라는 명이 있었습니다. 지금 나이 열여덟으로 스승으로부터 『시경(詩經)』과 『논어(論語)』, 『효경(孝經)』을 배웠고, 절약과 검소함을 몸소 실천하며, 자애롭고 백성을 사랑해 효소황제(孝昭皇

帝)의 뒤를 이어서 조종의 묘정(廟庭)을 받들 수 있고, 만백성을 통치할 수 있사오니 신은 죽음을 무릅쓰고 아룁니다."

황태후가 "좋다!"라고 조칙을 내렸다. 광은 종정 유덕(劉德)을 보내 상관리(尙冠里)에 있는 증손의 집에 이르러 목욕을 시키고 어의(御衣)를 내려주었고, 태복은 사냥에 쓰는 수레에 태워 증손을 종정부(宗正府)로 맞이해 재계하게 했다. 미앙궁에 들어가 황태후를 뵙고 봉해 양무후(陽武侯)로 삼았다. 이윽고 광이 황제의 옥새와 인끈을 받들어 올리고 고황제의 묘정에 배알하게 하니 이 사람이 효선황제(孝宣皇帝)다.

다음 해에 조서를 내려 말했다.

'무릇 다움이 있는 자를 기리고 큰 공로를 세운 자에게 상을 내리는 것은 고금의 일관된 법도다. 대사마 대장군 광은 충성스럽고 올바르게 궁정을 지켰으며, 다움을 펴고 은혜를 세상에 밝혔으며, 절개를 지키고 의로운 일을 행해 종묘를 안정시켰다. 이에 하북(河北)과 동무양(東武陽) 1만 7,000호의 땅을 더 봉해주노라.'

과거의 식읍과 합해 봉토가 모두 2만 호가 됐다. 하사받은 상은 앞뒤로 받은 것을 합해 황금 7,000근, 돈은 6,000만 전, 갖가지 비단이 3만 필, 노비가 170명, 말이 2,000필, 대저택[甲第]이 한 채였다.

소제(昭帝) 때부터 광의 아들 우(禹)와 형의 손자 운(雲)은 둘 다 중랑장을 지냈고, 운의 동생 산(山)은 봉거도위 시중을 지내 흉노와 월족으로 구성된 군대를 통솔했다. 광의 두 사위는 동서 대궐의 위위(衛尉)를 지냈고, 여러 아우들과 많은 사위 및 외손들은 모두 조회에 참가할 자격과 함께 여러 관아의 대부(大夫)와 기도위, 급사중의 직책을 맡고 있었다. 당여와 가깝고 먼 친족 및 그 자제들이 조정에 뿌리를 내렸다. 광은 후원(後元) 때부터 천하의 정사를 다뤄왔기에 상이 즉위하자 곧바로 정사를 황제에게 돌려주었다. 상은 사양하고 받지 않았고 모든 일을 다 광에게 먼저 보고한 다음 천자에게 아뢰도록 했다. 광이 조정에 나타날 때면 상은 마음을 비우고 용모를 가다듬어 극진하게 예우했다.

광이 정사를 장악한 기간이 앞뒤로 20여 년인데 지절(地節) 2년 봄에 병이 들어 위독하니 상은 친히 광의 집에 납시어 문병하고서 그를 위해 눈물을 흘렸다. 광이 글을 올려 은혜에 감사를 표하고 말했다.

"바라건대 제 식읍 3,000호를 나누어 형의 손자인 봉거도위 산(山)을 열후(列侯)로 봉해 형 표기장군 곽거병의 제사를 받들도록 해주십시오."

이 일을 승상과 어사에게 처리하라고 내려보내자 그날로 광의 아들 우를 우장군으로 삼았다.

광이 훙(薨)하자 상과 황태후는 친히 광의 장례에 참석했다. 태중대부 임선(任宣)이 시어사(侍御史) 5인과 더불어 부절을 가지고 모든 장례 절차를 맡았고, 중(中) 2,000석 관리 막부를 설치하고 분묘를 만들었다. 상은 금전과 비단 이불 100채, 옷 50상자, 구슬과 수의, 신나무 관재, 외관(外棺), 황장목으로 만든 관재 덮개 각 1개, 종목(樅木)으로 만든 외장용(外藏用) 관목 15개 등과 같은 능묘에 쓰이는 도구를 모두 황제의 제도와 똑같이 했다. 광의 시신을 담은 영구를 온량거(轀輬車)[18]에 실어 노란 비단으로 덮개

---

18 창을 만들어 누울 수 있게 만든 수레다. 창을 열면 시원하고 창을 닫으면 따뜻해 온량거라고 불렀는데, 시체를 보관하기에 좋기 때문에 상례용으로 사용했다.

를 덮은 수레에 큰 깃발을 왼쪽에 다는 황제의 의식을 채용했다. 재관(材官), 경거(輕車), 북군(北軍)의 5개 진영 군사를 징발해 무릉(茂陵-무제의 능으로 곽광의 능묘는 그 동쪽)까지 장례 행렬을 호송하게 했다. 광의 시호는 선성후(宣成侯)라고 했다. 삼하(三河-하동(河東)·하남(河南)·하내(河內)의 3개 군)의 병졸들을 징발해 묏자리를 파서 분묘를 조성했고, 분묘 위에 사당을 설치하고 묘지를 관리하는 300호의 마을을 두었으며, 대장군 막부의 속관[長丞]이 옛 법대로 분묘를 모시도록 했다.

이미 장사를 치르고 나자 산(山)을 봉해 악평후(樂平侯)로 삼아 봉거도위의 지위를 겸직한 채 상서(尙書)의 일을 관장하게 했다. 천자는 광의 공덕을 생각해 다음과 같은 조서를 내렸다.

'고(故) 대사마 대장군 박륙후는 효무황제를 모신 기간이 30여 년이요, 효소황제를 보좌한 기간이 10여 년이다. 큰 난리를 만나 올바른 도리를 지켜 삼공(三公), 구경(九卿)을 이끌고 만세를 안녕하게 할 계책을 정함으로써 사직을 편안하게 했다. 천하 만백성이 그 덕분에 안녕을 누리게 됐다. 크고도 성대한 공로와 다움을 짐은 아주 아름답게 생각한다. 그의 후손들에게 부역을 면제해주고 그의 작위와 식읍을 똑같이 잇도록 하며, 대대로 국가의 부역과 부세를 면제해 그 공덕을 소상국(蕭相國-소하)과 같이 하노라.'

다음 해 여름에 태자의 외조부 허광한(許廣漢)을 봉해 평은후(平恩侯)로 삼았다. 다시 다음과 같은 조서를 내렸다.

'선성후 광은 충성스럽고 정대하게 황제를 보필해 국가를 위해서 노력을 다했다. 훌륭한 공적을 선창해 후세까지 표창하노니 광의 형의 손자 중

랑장 운(雲)을 관양후(冠陽侯)에 봉하노라.'

우가 박륙후의 작위를 계승한 뒤에 그의 어머니 태부인(太夫人) 현(顯)이 광이 생전에 직접 만든 분묘의 제도를 고쳐서 대폭 확장했다. 분묘에 3개의 출구를 만들어 출구마다 궐문(闕門)을 만들고 신도(神道)를 개축해 북으로는 소령관(昭靈館)에 다다르고, 남으로는 승은관(承恩館)과 통하게 만들었다. 사당을 성대하게 꾸며서 수레가 다니는 길을 광의 분묘 내부의 통로로 연결시켰다. 양인(良人) 신분의 비첩(婢妾)을 가두어 무덤을 지키게 했다. 또 저택을 넓히고 꾸몄다. 황제의 수레와 똑같은 수레를 만들고, 비단에 수를 놓은 깔개와 손잡이를 설치했으며, 황금칠을 했고, 가죽으로 수레바퀴를 감싸서 시비들이 다섯 색깔의 비단으로 현이 탄 수레를 끌게 해 저택 안에서 놀았다. 애초에 광은 집안일을 감독하던 풍자도(馮子都)를 몹시 총애해 항상 그와 더불어 일을 처리했는데, 과부가 된 현이 자도와 간통했다. 우와 산도 똑같이 저택을 화려하게 꾸몄고, 평락관(平樂館-귀족들이 말을 달리며 즐긴 상림원 안의 원림)에서 말을 달리며 놀았다. 운은 조회에 나가 황제를 뵈어야 할 때에도 여러 차례 병을 핑계로 가지 않고, 사사로이 많은 친구들과 함께 황산(黃山-혜제가 조성한 궁원(宮苑)) 동산으로 가서 사냥하고는 노비를 시켜 대신 황제를 알현하는 명함을 드리게 하는 일이 잦았다. 그러나 질책하는 사람이 아무도 없었다. 현과 여러 딸은 밤낮으로 장신궁(長信宮-상관태후의 처소)에 들락거리며 아무런 절제와 제한이 없었다.

선제(宣帝)[19]는 민간에 살 때부터 오랜 세월 이어진 곽씨들의 존귀함과 번성함을 들어서 알고 있었기 때문에 속으로 달갑게 여기지 않았다. 곽광이 세상을 떠나자[薨] 상은 비로소 직접 정사를 주관하게 되니 어사대부 위상(魏相)을 급사중으로 삼았다.[20] 그러자 현(顯)이 우(禹), 운(雲), 산(山)에게 말했다.[21]

"너희들은 대장군께서 이룩해놓은 일들에 힘쓰지 않으면 안 된다. 지금 어사대부가 급사중이 됐으니 남들이 (황제와 우리를) 한번 떼어놓는다면 너희들은 스스로를 보전할 수 있겠느냐?"

그 뒤 두 집안(-곽씨와 위상 집안)의 노비들이 길거리에서 길을 다투게 됐는데, 곽씨 집안의 노비가 어사부(御史府)에 들어가 어사대부가 출입하는 문을 발로 차려고[蹋] 하니, 어사가 머리를 조아리며 사죄하고서야 마침내 물러갔다. 사람들이 이를 곽씨에게 전하자 현 등은 비로소 큰 걱정거리가 생겼음을 알게 됐다. 때마침 위(魏)대부는 승상이 돼 자주 편하게 불

---

19 중국 전한(前漢)의 9대 황제(재위 기간 기원전 74~49년)로 지방 백성들의 사정을 밝게 알고 전한의 여러 황제 가운데 가장 어진 황제로 손꼽히고 있다. 그는 지방의 행정을 잘 정리하고, 외교에 있어서도 흉노를 쳐부수고, 기원전 60년에는 서역 36국을 항복시켰다. 이 때문에 흉노는 서로 뿔뿔이 흩어졌으며, 오랫동안 흉노족의 괴로움을 받지 않게 됐다.

20 급사중이란 일종의 비서실장과 같은 역할이다.

21 현은 곽광(霍光)의 아내다. 막내딸 곽성군(霍成君)을 귀하게 만들 욕심으로 몰래 여의(女醫)를 시켜 선제의 허후(許后)를 독살하고, 광에게 딸을 권하게 해 황후에 오르게 했다. 광이 죽자 감노(監奴) 풍자도(馮子都)와 음란한 짓을 일삼았다. 허후를 시해한 일이 탄로가 나자 선제를 폐하려고 음모를 꾸몄지만 실패하고, 아들 우(禹)와 종손 운(雲), 산(山) 등 일문이 멸족을 당했다. 그녀는 기시(棄市)됐다. 그 일부 과정이 여기에 실려 있다.

러 나랏일을 이야기했다. 평은후(平恩侯)[22]와 시중 김안상(金安上-김일제의 아들) 등은 궁중에 무시로 출입했다. 이때는 곽산이 여전히 상서(尙書)로 있었기 때문에 황제는 지방 관리와 백성들이 올리는 상소는 상서를 통하지 않아도 되도록 했고,[23] 신하들도 자기가 알아서 나아와 황제를 뵙고 갈 수 있게 하니 이에 곽씨들은 황제를 아주 싫어했다.

---

22 허광한(許廣漢, ?~기원전 61년)을 가리킨다. 젊을 때 창읍왕(昌邑王)의 낭(郞)을 지냈는데, 무제(武帝)를 따라 감천궁(甘泉宮)에 갔을 때 실수로 다른 낭의 안장을 자신의 말에 얹었다. 곧 안장을 도둑질한 것으로 몰려 죽게 됐으나 대신에 궁형을 받고 환관이 됐다. 훗날 환자승(宦者丞)이 됐는데, 상관걸(上官桀)이 모반했을 때 증거품을 찾아내지 못한 책임을 물어 액정(掖庭)으로 쫓겨나 폭실대부(暴室大夫)가 됐다. 그때 반란을 일으킨 태자 유거(劉據)의 손자인 유병이(劉病已)가 액정에서 보살핌을 받고 있었는데, 허광한은 그와 같은 관사에서 살았다. 액정령(掖庭令) 장하(張賀)는 본래 유거의 속관이었기 때문에 유병이를 매우 극진히 보살폈고, 자신의 손녀딸을 그에게 시집보내려 했으나 동생 장안세(張安世)가 반대했기 때문에 그만두었다. 당시 허광한의 딸 허평군(許平君)은 나이가 14~15세로, 내자령(內者令) 구후씨(歐侯氏) 집안으로 시집을 갈 예정이었으나 마침 구후씨의 아들이 죽고 말았다. 한편 허광한의 아내는 딸의 관상을 알아보니 매우 존귀해질 상이라고 했기 때문에 매우 기뻐했다. 장하는 허광한에게 딸이 있다는 사실을 알고는 그에게 술을 대접하며 허평군을 유병이에게 시집보낼 것을 권했고, 허광한은 승낙했다. 아내는 이를 알고 노했으나 허광한은 결국 허평군을 유병이에게 시집보냈다. 유병이는 자신의 할머니의 집안인 사씨(史氏)와 함께 허광한의 동생 허순(許舜)과 허연수(許延壽)를 의지했다. 한편 허평군은 혼인한 이듬해에 아들 유석(劉奭)을 낳았다. 원평(元平) 원년(기원전 74년) 소제(昭帝)가 죽고 창읍왕 유하(劉賀)가 즉위했으나 곧 폐위됐다. 뒤이어 유병이가 황제로 옹립됐고(-선제), 허평군은 후궁이 됐다. 대신들은 대장군 곽광(霍光)의 딸이 황후가 될 것이라 생각했으나 곧 선제의 의중을 파악하고, 허평군을 황후(-공애황후)로 세울 것을 주청했다. 그러나 곽광은 허광한이 원래 죄인이었다는 이유로 열후(列侯)에 봉하지 않고 창성군(昌成君)에 봉했다. 훗날 유석이 태자가 됐을 때 허광한은 평은후(平恩侯)에 봉해졌다.

23 상소하는 이가 황제에게 상주할 때 2통의 상주문을 제출하면 상서가 부본을 보고 내용이 좋지 않으면 황제에게 올리지 않았다. 곽산이 상서의 일을 관장한 뒤로부터 선제는 위상의 건의를 받아들여 상서의 심사를 거치지 않게 했는데, 이는 사실상 상서의 권한을 박탈한 것이다.

선제가 처음 즉위했을 때 한미한 시절[微時]의 아내 허비(許妃)를 세워 황후로 삼았다. 현은 막내딸 성군(成君)을 아껴 그를 귀하게 만들고 싶어 은밀하게 부인과(婦人科) 의원 순우연(淳于衍)을 시켜 독약을 섞어 허황후를 죽이고, 이어 광을 설득해 성군을 후궁으로 들인 다음 허황후를 대신해 황후로 세우도록 했다. 상세한 이야기는 「외척전(外戚傳)」에 실려 있다.

허황후가 갑자기 세상을 떠나자[暴崩] 관리들이 여러 의원들을 체포해 연(衍)이 황후의 병을 치료할 때의 과실을 캐내려 옥에 가두고 급박하게 심문하니, 현은 일이 탄로날까 두려워 그간의 일을 광에게 다 털어놓았다. 광은 크게 놀라서 스스로 밝히고 조사하려고 했으나 차마 하지 못하고 망설였다. 황제에게 보고하면서 광은 연을 더 이상 추궁하지 않는 것이 좋겠다는 의견을 냈다. 광이 죽은 뒤에 이야기가 조금씩 새나왔다. 이에 상은 비로소 그 이야기를 듣기는 했지만 실상을 다 알아낼 수는 없어, 마침내 광의 사위 도료장군(度遼將軍) 미앙위위(未央衛尉) 평릉후(平陵侯) 범명우(范明友)를 광록훈(光祿勳)으로 옮겼고,[24] 둘째 사위 제리중랑장 우림감(諸吏中郎將羽林監) 임승(任勝)을 지방으로 내보내[出] 안정군(安定郡) 태수로 삼았다. 몇 달이 지나서 다시 광의 누이의 사위 급사중 광록대부 장삭(張朔)을 촉군(蜀郡) 태수로 삼았고, 손녀사위 중랑장 왕한(王漢)을 무위군(武威郡) 태수로 삼았다. 얼마 후에 다시 광의 맏사위 장락위위(長樂衛尉) 등광한(鄧廣漢)을 소부로 옮겼다. 또 우를 대사마로 삼으면서 관은 작은

---

24 광록훈은 구경(九卿)의 하나로 궁문의 수비를 관장했다. 좌천시킨 것이다.

관을 쓰게 했고,[25] 인끈을 거둬들여 우(右)장군의 둔병과 속관을 거느리지 못하게 함으로써 결국 우는 명목상으로만 광과 같은 대사마의 관명만 지니게 했다. 또 범명우의 도료장군 인끈을 거둬들여 광록훈의 직함만 갖게 했다. 곽광의 셋째 사위 조평(趙平)은 산기 기도위(散騎騎都尉-황제를 근위하는 기병을 관장하는 관리) 광록대부로서 둔병(屯兵)을 지휘했는데, 역시 기도위의 인끈은 거둬들였다. 그리하여 흉노와 월족으로 구성된 기병과 우림군, 미앙궁, 장락궁의 위위 및 둔병의 장군을 모두 황제가 친애하고 신임하는 허씨(許氏)와 사씨(史氏)의 자제들로 대체했다.[26]

우는 대사마가 되자 병을 핑계로 일을 보지 않았다. 우의 장사(長史)를 지낸 임선(任宣)이 병문안하자[候問, 후문] 우가 말했다.

"내가 무슨 병이 있겠는가? 천자[縣官, 현관]께서는 우리 집안의 대장군(-곽광)이 아니었다면 그 자리에 오르지도 못하셨을 터인데 장군의 분묘가 채 마르기도 전에 우리 집안을 모조리 내치고 도리어 허씨와 사씨를 임명하고 내 인끈마저 앗아갔으니 그 이유를 죽어도 모르겠네."

선은 우가 원망하는 것이 깊다는 것을 보고서 이렇게 말했다.

"대장군 때의 성대함이 어찌 다시 오겠습니까! 나라의 권력을 손에 쥐고 사람의 생사가 다 그분 손에 달려 있었지요. 그 시절에 정위 이충(李种)과 왕평(王平), 좌풍익 가승호(賈勝胡), 그리고 승상 차천추(車千秋)의 사위로 소부를 지낸 서인(徐仁)이 대장군의 뜻에 거슬린 죄목으로 옥에 갇혀

---

25 직함은 높이면서 정작 대사마 대장군의 관을 쓰지 못하게 한 것이다.
26 허씨는 선제의 처가이고, 사씨는 외조부의 집안이다.

죽었습니다. 반면 사락성처럼 보잘것없는 집안의 자식도 대장군의 총애를 받자 구경에 이르러 제후에 봉해졌습니다. 만조백관 이하는 단지 풍자도(馮子都), 왕자방(王子方)[27] 등을 섬길 뿐 승상 따위야 어디 있느냐는 식이었습니다. 모든 일에는 때가 있는 법이니[各自有時], 지금 허씨와 사씨는 천자의 골육이므로 귀하게 되는 것은 지극히 마땅할 뿐입니다. 대사마께서 이를 원망하신다면 어리석은 제가 볼 때는 잘못[不可]입니다."

우는 아무 말이 없었다. 며칠 후에 우는 일어나 일을 보았다. 현과 우, 산, 운은 자기 세력이 날마다 깎여나가는 것을 보면서 자주 서로 만나 눈물을 흘리며 자신들의 비운을 원망했다. 산이 말했다.

"지금은 승상이 정사를 마음대로 한다[用事]. 현관(縣官-천자)께서는 그를 신임하시어 대장군 때의 법령을 모두 뜯어고쳐[變易] 공전(公田)을 가난한 사람들에게 나눠주었으니, 이는 대장군의 과실을 널리 알리려는 것이다. 게다가 여러 유생들은 대부분 무지렁뱅이들[窶人]의 자식으로 타향 먼 곳에 와서 굶주리고 추위에 떨다 보니 망령된 말과 정신 나간 소리를 즐겨 지껄이며 꺼리고 숨기는 것이 없다. 대장군께서는 그런 자들을 늘 원수처럼 여기셨는데, 지금 폐하께서는 그런 유생들과 말씀 나누기를 즐기시어 사람마다 상주문을 써서 직접 정사를 논하게 하시는데 우리 집안을 거론하는 글들이 많다. 언젠가 올라온 글을 보았더니 '대장군이 계실 때 임금은 약하고 신하가 강해 대장군이 마음대로 명령하고 권세를 독점했다. 지금도 그 자손들이 정사를 주도하는데 많은 형제들이 더욱 교만하고

---

27 이 두 사람 모두 곽광 집안의 노비로 곽광의 총애를 받았다.

방자해 종묘를 위태롭게 할까 두렵다. 재앙과 이변이 자주 일어나는 것은 전부 그들 때문이다'라고 했다. 그 말이 너무 절통해 내가 그 글을 물리치고 상주하지 않았다. 그후로는 글을 올리는 자들이 더욱 교활해져서 모두 봉사(封事)를 올리는데, 황제께서는 그때마다 중서알자령(中書謁者令-상서(尚書)의 일을 맡아보는 환관)을 시켜 가져오라 해 상서를 거치지 않으니, 점점 더 나를 믿지 않으신다."

현이 "승상이 우리 집안을 자주 거론한다고 하던데 그에게는 무슨 죄가 없겠느냐?"고 물었다.

산이 대답했다.

"승상은 청렴하고 바르니[廉正] 무슨 죄가 있겠습니까? 반면에 우리 집안의 형제나 사위들은 대부분 조심성이 없습니다[不謹]. 또 백성들 사이에서는 곽씨가 허황후를 독살했다고 떠들어대고 있다던데 설마 그런 일이야."

현은 두려운 마음에 다급해져 즉각 산, 운, 우에게 사실을 다 갖춰 털어놓았다. 산, 운, 우는 깜짝 놀라 말했다.

"그런 일이 있었으면 왜 진작 우 등에게 말하지 않았습니까? 현관께서 여러 사위들까지 뿔뿔이 흩어놓고 쫓아낸 이유가 바로 그 때문이군요. 이는 큰일이라 주벌이 작지 않을 텐데 어찌하면 좋겠습니까?"

이에 비로소 간사한 음모[邪謀]가 있게 됐다. 애초에 조평(趙平)의 식객인 석하(石夏)가 천문을 잘 알아 평에게 말하기를 "형혹성(熒惑星)이 어성(御星-마부좌)을 지키는데, 어성은 태복과 봉거도위에 해당하는 별입니다.

이들을 내쫓지 않으면 죽게 될 것입니다"[28]라고 했다. 평은 속으로 산 등을 걱정했다. 운의 장인 이경(李竟)과 친한 장사(張赦)가 운의 집안이 불안에 떠는 모습[卒卒]을 보고서 이경에게 말했다.

"지금 승상과 평은후가 정사를 주도하고 있으니 태부인(太夫人)을 시켜 태후께 말씀드리게 해서 이 두 사람을 먼저 주살하라고 하십시오. 폐하를 움직일 수 있는 분은 태후뿐입니다."

장안의 평민 장장(張章)이 이 말을 밀고해 사건이 정위에게 내려갔다. 집금오(執金吾)가 장사와 석하 등을 체포했으나 뒤에 더 이상 체포하지 말라는 조서가 있었다. 산 등은 더욱 두려움에 떨며 서로 말하기를 "이는 현관이 태후를 무시할 수 없어 더 이상 규명하려 하지 않은 것이다. 그러나 악의 실마리가 이미 드러났고 게다가 허황후를 시해한 일이 있기 때문에 폐하께서 아무리 너그럽고 어질다고 하셔도 좌우에 있는 자들이 폐하의 말을 듣지 않을까 봐 두렵다. 잠시 동안은 몰라도 언젠가는 터지게 돼 있고, 일이 터지면 우리 집안은 몰살당한다. 우리가 먼저 움직이는 것이 낫겠다"라고 했다.

드디어 여러 딸들에게 각자 집으로 가서 남편에게 이 사실을 알리게 하자 모두 말하기를 "이제 어디로 피하겠는가?"라고 했다. 이때 마침 이경이 제후 및 왕과 내통해 죄를 범했는데,[29] 그가 한 말에 곽씨와 연루된 내용

---

28 형혹성은 화성(火星)으로 질병과 전쟁, 도적 등을 상징하고, 어성은 전갈자리의 별로 천자의 수레를 모는 사람을 상징한다. 형혹성이 어성 옆에 출현한 것은 태복이나 봉거도위에 있는 자가 난을 일으킨다는 상징으로 곽산이 봉거도위를 지냈기 때문에 조평에게 이 이야기를 꺼냈다.

29 무제가 회남왕 안(安)의 반란을 평정한 뒤 부익(附益)의 법을 만들었다. 천자의 (중앙) 관리들

이 있어 운과 산은 숙위하기에 마땅치 않으므로 면직시켜 집으로 돌아가게 하라는 조서가 있었다.

광의 딸들은 (평소) 태후에게 무례하게 대했고, 풍자도는 몇 번이나 법을 어겨 상이 이러한 일들을 함께 책망하자 산과 우 등은 한층 두려워했다. 현은 집 안의 우물에서 물이 넘쳐 마당 가득히 흘러 부뚜막의 솥이 나무 위에 걸려 있는 꿈을 꾸었다. 또 대장군이 꿈에서 현에게 "아들을 체포하려는 사실을 아시오? 급히 체포하려 하고 있소!"라고 말했다. 저택에 쥐들이 갑자기 많아져서 사람과 부딪히고 꼬리로 땅에 그림을 그리곤 했다. 올빼미가 몇 번이나 집 앞의 나무 위에서 울었고, 저택의 대문이 저절로 무너졌다. 운의 상관리 저택 문도 무너졌다. 골목 끝에 사는 주민들 여럿이서 어떤 자가 지붕 위에 걸터앉아 기와를 걷어 땅에 던지는 장면을 목격했다. 가까이 다가가니 그자가 없어져 몹시 괴상하게 여겼다. 우는 수레와 기병이 시끌벅적한 소리를 내며 와서 자신을 체포하는 꿈을 꾸었다. 온 집안이 근심에 사로잡혀 있었다. 산이 "승상이 제멋대로 종묘에서 제수로 바치는 양과 토끼, 자라의 수효를 줄였으니 이것으로 죄를 물을 수 있을 것이다"라고 했다.

그렇게 해서 세운 계획은 태후로 하여금 박평군(博平君-선제의 외조모)을 위해 주연을 열어 승상과 평은후 이하를 부르고, 범명우와 등광한이 태후의 명을 받들어 두 사람을 끌어다 벤 다음 천자를 폐위시키고 우를 천자로 세운다는 것이었다. 약속이 정해지고 미처 거사를 하기 전에 운이

이 제후들과 결탁해 사리사욕을 채우는 것을 금지한 법이다.

제배돼 현도군(玄菟郡) 태수가 됐고, 태중대부 임선은 대군(代郡) 태수가 됐다. 산은 게다가 기밀문서를 베껴 유출한 죄를 저질렀다. 현이 글을 올려 장안성 서쪽의 저택을 바치고 말 1,000필을 헌상할 테니 산의 죄를 경감해달라고 청했다. 그때 마침 거사 계획이 발각돼 운, 산, 명우는 자살했고 현과 우, 광한 등은 체포됐다. 우는 허리를 베는 요참형을 당했고, 현과 여러 딸들과 형제들은 모두 처형돼 시장에 버려졌다[棄市]. 오직 곽후(霍后-곽광의 막내딸 성군)만은 폐위돼 소대궁(昭臺宮)에 유폐됐고, 곽씨와 연좌돼 죽임을 당한 집안이 수천이었다. 상은 이에 조서를 내려 말했다.

'예전에 동직실 영사(東織室令史) 장사와 위군(魏郡)의 토호 이경을 통해 관양후 곽운이 대역 모의를 한다고 보고했으나 짐은 대장군 곽광의 연고 때문에 보고를 묵살하고 사건을 묻어버린 채 그들이 새롭게 바뀌기를 기대했다. 그런데 지금 대사마 박륙후 곽우와 그 어미인 선성후 부인(宣成侯夫人) 현, 사촌형제 관양후 곽운, 악평후 곽산, 여러 자매와 사위들이 대역 모의를 해 만조백관을 미혹시키려 했다. 다행히도 종묘 신령의 힘을 입어 거사에 앞서 발각되고 체포돼 모두들 그 죄를 자백했다. 짐은 이 사건을 심히 슬프게 생각한다. 곽씨들로 인해서 잘못을 저지른 사람들 가운데 병신년 이전에 있어 사건을 알아차리지 못했던 사람들은 모두 사면해 풀어주라. 평민 장장(張章)이 역모를 제일 먼저 탐지해 기문무사(期門武士) 동충(董忠)에게 말했고, 동충은 이를 좌조(左曹) 양운(楊惲)에게 고했으며, 양운은 이를 시중 김안상에게 고했다. 양운을 불러 역모의 정상을 보고받았고, 그후에 장장이 글을 올려 위에 다다르니 시중 사고(史高)와 김안상은 자발적으로 사건을 고발해 곽씨 일족이 궁궐 안에 들어오지 못하도록 진언했고, 그 덕분에 저들의 흉계를 막아낼 수 있었다. 모두들 똑같은 공훈을 세웠다. 따라서 장을 봉해 박성후(博成侯)로 삼고, 충을 고창후(高昌侯)에, 운을 평통후(平通侯)에, 안상을 도성후(都成侯)에, 고를 악릉후(樂陵侯)에 봉하노라.'

애초에 곽씨들이 사치를 부리자 무릉(茂陵)에 사는 서생(徐生)이 이렇게 말했다.

"곽씨들은 반드시 망할 것이다. 무릇 사치하면 불손해지고, 불손해지면 반드시 윗사람을 업신여긴다. 윗사람을 업신여기는 자는 도리를 거스르게 된다. 남의 윗자리에 앉으면 많은 사람들이 그를 해치고자 한다. 곽씨들은 권력을 잡은 세월이 오래라서 그들을 해치려는 사람이 많다. 천하 사람들이 그들을 해치려고 하고 게다가 도리와 반대되는 길을 걷고 있으니 망하는 것 외에 다른 무엇이 있겠는가?"

그러고는 소를 올려 말했다.

'곽씨들이 지나치게 번성합니다. 폐하께서 그들을 총애하고 고맙게 생각하신다면 때때로 억눌러서 망하는 지경에까지 이르게 하지는 말아야 할 것입니다.'

글이 세 번 올라갔으나 그때마다 받아들여지지 않았다. 그후에 곽씨들이 멸족되고 나서 그들을 고발한 자들은 모두 후(侯)에 봉해졌다. 어떤 사람이 서생을 위해서 다음과 같은 글을 올렸다.

'신이 듣건대 어떤 나그네가 주인집을 지나다가 부뚜막의 연기통이 직통으로 뚫려 있고, 그 옆에 땔감이 쌓여 있는 것을 보았습니다. 그 나그네가 주인에게 "연기통을 구부리고 땔감을 먼 곳으로 옮겨놓으시오. 그렇지 않으면 화재가 날 것이오"라고 했습니다. 그러나 주인은 아무런 응답도 없었습니다. 갑자기 그 집에 정말로 불이 났습니다. 이웃 사람들이 모두 달려들어 다행히도 불을 껐습니다. 그러자 주인은 소를 잡고 술을 내놓아 이웃 사람들에게 고마움을 표했습니다. 불에 덴 자가 가장 높은 자리에 앉았고, 나머지 사람들은 제각기 한 일에 따라 순서대로 앉았는데, 연기통을 구부리라고 말한 사람은 끼워주지 않았습니다. 누군가가 주인에게 말했습니다.

"저번에 나그네의 말을 들었더라면 소와 술을 소비하지도 않았을 테고, 화재도 당하지 않았을 것입니다. 지금 불을 끈 공을 따져서 손님을 청하되 연기통을 구부리고 땔감을 옮기라고 충고한 사람에게는 아무런 은택도 내리지 않고, 머리를 그을리고 이마를 덴 사람을 도리어 상좌에 앉힌단 말입니까?"

주인이 그제야 깨닫고서 그 손님을 청했다고 합니다. 무릉의 서복(徐福)은 여러 번 상소해 곽씨들이 장차 변란을 일으킬 것이므로 방지해야 한다고 말했습니다. 서복의 상소가 받아들여졌다면 나라에서는 땅을 나누어 작위를 내려주는 비용도 들지 않고, 신하는 역모해 멸족을 당하는 불행도 없었을 것입니다. 지난 일은 다 접어두더라도 서복만이 홀로 상훈을 받지 못했습니다. 폐하께서는 살펴보시고 연기통을 구부리고 땔감을 옮기라고 충고한 계책을 귀중하게 생각하셔서, 머리를 그을리고 이마를 덴 사람의 윗자리에 올려주시기 바랍니다.'

상은 이에 복(福)에게 비단 10필을 내려주고 뒤에 낭(郎)으로 삼았다.

선제(宣帝)가 처음에 세워져 고황제 묘에 알현하러 갈 때 대장군 광이 따라가서 배승(陪乘-수레를 탈 때 존귀한 자가 왼편에 타고 마부가 중앙에 타며 다른 한 사람이 오른편에 타서 수레가 기우는 것을 방지)했는데 상은 속으로 몹시 두려워서 마치 가시가 등에 박혀 있는 것 같았다. 그 뒤 거기장군 장안세가 광의 뒤를 이어 수레를 탔을 때는 천자가 자유자재로 몸을 움직이며 아주 편안하게 여겼다. 광이 죽고 난 후에 그 일족이 멸족을 당하자 세상에서는 이렇게 말했다.

"위세로 주인을 떨게 하는 자는 용납당하지 못하니 곽씨의 재앙은 배승에서 싹이 텄다."

성제(成帝) 때에 이르러 광의 분묘를 지키기 위해서 100호를 두어 관리와 병사들이 제사를 받들게 했다. 원시(元始) 2년에 광의 종숙부 항렬의 증손인 양(陽)을 봉해 박륙후로 삼고 1,000호의 식읍을 주었다.

김일제(金日磾)는 자(字)가 옹숙(翁叔)이며, 본래는 흉노 휴도왕(休屠王)의 태자(太子)였다. 무제(武帝) 원수(元狩) 연간에 표기장군 곽거병(霍去病)이 군사를 이끌고 흉노의 우지(右地)를 쳐서 많은 사람들을 목 벴고, 휴도왕이 하늘에 제사를 지내는 금인(金人)을 얻었다.[30] 그 여름에 표기가 다시 서쪽으로 가서 거연(居延)을 지나 기련산(祁連山)을 공격해 크게 이기고 적들을 사로잡았다. 이에 선우(單于)는 혼야(昆邪)와 휴도를 원망해 서쪽에 머물다가 한나라에게 크게 깨지니 그 왕을 불러 주살하려고 했다. 혼야와 휴도는 두려움에 떨며 한나라에 투항할 것을 모의했다. 휴도왕이

---

30 이 때문에 무제는 뒤에 그에게 금 혹은 김(金)씨 성을 내려주었다.

후회하자 혼야왕은 그를 죽이고서 그 무리들을 함께 이끌고서 한나라에 투항했다. 혼야왕을 봉해 열후로 삼았다. 일제(日磾)는 아버지가 투항하지 않으려다가 살해됐기 때문에 어머니 연지(閼氏), 동생 륜(倫)과 함께 관노비가 돼 황문(黃門)에 보내져 말을 길렀는데 이때 나이 14세였다.

오랜 시간이 흘러 무제(武帝)가 연회를 갖던 중에 말을 둘러보는데 후궁들이 옆에 가득했다. 일제 등 수십 명이 말을 끌고서 전 아래를 지나가는데 후궁들을 몰래 훔쳐보지 않는 사람들이 없었으나 일제 홀로 감히 그렇게 하지 않았다. 일제는 키가 8척 2촌이고 용모도 심히 엄숙했으며, 그가 기르는 말 또한 살찌고 보기 좋아서 상은 기이하게 여겨 이것저것 물어보았고, 일제는 본래의 상황을 잘 갖춰서 대답했다. 상은 그를 특출나다고 여기고서 그날로 목욕을 하고 의관을 갖추게 하고서 제배해 마감(馬監)으로 삼았고, (얼마 후에) 승진해 시중, 부마도위, 광록대부에 올랐다. 일제가 이미 (무제와) 친근해졌으나 일찍이 허물이 없어 상은 그를 더욱 믿고 아껴서 상으로 내려준 것이 수천 금이고, 궐 밖을 나갈 때는 참승(驂乘)했으며 들어와서는 좌우에서 모셨다. 귀척(貴戚)들은 대부분 남몰래 원망하며 이렇게 말했다.

"폐하께서는 망령되이 오랑캐 아이 하나를 얻어서는 도리어 그 아이를 귀중하게 여기시는구나!"

상은 이를 듣고서 그를 더욱 두텁게 해주었다.

일제의 어머니는 두 아들을 가르치고 일깨움에 있어 심히 법도가 있었는데 상은 이를 듣고서 아름답게 여겼다. 어머니가 병으로 죽자 조서를 내려 감천궁(甘泉宮)에 그림을 그려 붙이도록 하고 제목을 '휴도왕 연지'라고 했다. 일제는 그 그림을 볼 때마다 항상 절을 하고서 그 그림을 향해 눈물을 흘린 다음에야 마침내 발걸음을 옮겼다. (상은) 일제의 아들 둘을 모두 아껴주었는데 제(帝)를 위한 농아(弄兒)가 돼 항상 상의 곁에 있었다. 농아는 간혹 뒤에 가서 상의 목덜미를 껴안았는데, 일제가 앞에 있다가 그것을 보고서는 눈을 부라렸다[目=視怒]. 농아는 달아나며 울면서 말했다.

"늙은이가 화가 났다."

상이 일제에 일러 말했다.

"어찌 우리 농아에게 화를 냈는가?"

그후에 농아가 커서도 매사에 조심하지 않고 전(殿) 아래에서 궁인들과 희롱하니 일제가 마침 그것을 보고서 그 음란함을 싫어해 드디어 농아를 죽였다. 농아는 곧 일제의 맏아들이다. 상이 이를 듣고서 크게 화를 내자 일제는 머리를 조아리며 사죄하고서 농아를 죽이게 된 정황을 갖추어 말했다. 상은 크게 슬퍼하며 그를 위해 울고서 그때부터 일제를 마음속으로 공경하게 됐다.

애초에 망하라(莽何羅)는 강충과 서로 사이가 좋았는데, 충이 위(衛)태자를 패망에 이르게 하자 하라(何羅)의 동생 통(通)은 태자를 주살할 때 온 힘을 다해 싸워 작위를 봉받았다. 뒤에 상이 태자의 원통함을 알고서 마침내 충의 종족과 당여들을 주멸했다. 하라 형제는 화가 자신들에게 미칠까 두려워해 드디어 모의해서 역란을 꾸몄다. 일제는 사람의 속마음을 읽는 데 비상한 재주가 있었는데, 마음속으로 그들을 의심해 남몰래 홀로 그들의 동정을 아래위로 살폈다. 하라 또한 일제의 뜻을 알고서 그 때문에 오랫동안 역란을 실행에 옮길 수 없었다. 이때 상이 (감천궁 옆에 있는) 임광궁(林光宮)에 행차했는데, 일제는 병에 걸려 궁궐 내 작은 처소에 누워 있었다. 하라는 통 및 막내동생 안성(安成)과 황명을 고쳐 밤에 출동해 사자를 죽이고 군사를 일으켰다. 다음 날 아침 상이 아직 일어나지 않았는데 하라는 어딘가 밖으로부터 침입해 들어왔다. 일제는 측간으로 몸을 피했는데, 심장이 뛰었고 선 채로 들어가 안에 들어가서 앉았다. 그 순간 하라는 소매에서 번뜩이는 흰 칼을 꺼내 동쪽 곁채 위에 서 있다가 일제를 보고서는 낯빛이 변해, 천자가 주무시는 곳으로 달려 들어가려다가 거문고에 걸려 넘어졌다. 일제는 하라는 꽉 붙잡을 수 있었고 그 틈을 타서 전파해 말했다.

"망하라가 반란을 일으켰다!"

상은 놀라 일어났고 좌우에서 칼을 뽑아 그를 치려 했는데 상은 그들 속에 일제가 있는 것을 알고서는 치지 말라고 했다. 일제는 하라의 멱살을 잡아 진 아래로 내던지니 그를 잡을 수 있었고, 끝까지 수사를 해서 모두 복주(伏誅)했다. 이로 말미암아 (일제는) 충효의 절의를 만천하에 드러냈다.

일제는 스스로 (천자의) 좌우에 있으면서도 눈에 거슬리지 않은 것이 수십 년이었다. 궁녀를 내려주어 궐 밖으로 데려 나가게 했지만 감히 가까이하지 않았다. 상은 그녀의 딸을 궐 안으로 내려와 후궁으로 삼으려 했지만 기꺼이 따르지 않았다. 그의 독실함과 삼감[篤愼]이 이와 같아 상은 그를 더욱 기이하게 여겼다. 상이 병이 나자 곽광에게 어린 임금을 보필할 것을 부탁했지만 광은 그 일을 일제에게 양보했다. 이에 일제가 말했다.

"신은 외국인인 데다가 또 흉노로 하여금 한나라를 가벼이 여기게 할 수 있습니다."

이에 드디어 광의 보좌역[副]이 됐다. 광은 자신의 딸을 주어 일제의 사자(嗣子-장남) 상(賞)의 아내로 삼게 했다. 애초에 무제는 유조(遺詔)를 통해 망하라를 토벌한 공이 있으니 일제를 투후(秺侯)에 봉하게 했으나, 일제는 새로 즉위한 제가 아직 어려 봉해지지 못했다. 정사를 보좌한 지 1년여가 지나 병으로 어려움을 겪게 되자, 대장군 광은 일제를 봉해줄 것을 건의해 병상에서 인끈을 받았다. 하루가 지나 훙(薨)하니 장례용품과 무덤에 쓸 땅을 내려주고, 가벼운 수레와 갑옷을 입은 군인을 보내주어 군진(軍陳)이 무릉(茂陵)에 이르렀고, 시호를 내려 경후(敬侯)라고 했다.

일제의 두 아들 상(賞)과 건(建)은 모두 시중이 됐고, 소제(昭帝)와 거의 동년배라 일어나고 눕는 것을 같이했다. 상은 봉거(奉車), 건은 부마(駙馬) 도위가 됐다. 상이 후(侯)의 작위를 이어받아 두 개의 인끈을 허리에 차자 상은 곽장군에게 말했다.

"김씨 형제 두 사람 모두 인끈을 두 개 찰 수 있게 해줄 수는 없는가?"

곽광이 대답했다.

"상은 아버지를 이어받아 후가 된 것일 뿐입니다."

상이 웃으며 말했다.

"후의 작위라는 게 내가 장군에게 준 것은 아니지 않는가?"

광이 말했다.

"선제(先帝)의 약속이 있기에 공로가 있어야만 후에 봉할 수가 있습니다."

이때 나이는 모두 8, 9세였다. 선제(宣帝)가 즉위하자 상은 태복이 됐고, 곽씨에게 모반을 일으킬 만한 싹이 보이자 글을 올려 아내 곽씨와 이혼할 것을 청했다. 상도 몸소 그것을 안타깝게 여겼기에 그 혼자만 죄를 면할 수 있었다. 원제(元帝) 때 광록훈이 됐고, 훙했을 때 아들이 없어 봉국을 없앴다. 원시(元始) 연간에 끊어진 집안을 이어주어 건의 손자 당(當)을 봉해 투후(秺侯)로 삼고 일제의 뒤를 받들게 했다.

애초에 일제가 데리고서 함께 투항했던 동생 륜(倫)은 자(字)가 소경(少卿)이고, 황문랑(黃門郞)이 됐으나 일찍 죽었다. 일제의 두 아들은 귀하게 됐으나 손자의 경우에는 쇠퇴한 반면 륜의 후사는 드디어 성대해져 아들 안상(安上)이 비로소 귀하게 돼 후에 봉해졌다.

안상은 자(字)가 자후(子侯)로 어려서 시중(侍中)이 됐으며, 성품은 독실하고 지략이 있어 선제(宣帝)가 아꼈다. 초왕(楚王) 연수(延壽)가 반란을 일으키려는 것을 미연에 막은 공로가 있어 관내후의 작위를 받았고, 식읍은 300호였다. 뒤에 곽씨들이 반란을 일으키자 안상은 명령을 전해 궁궐의 크고 작은 문을 막아 곽씨의 친속(親屬)들이 궐내에 들어올 수 없게 한 공로가 있어 봉해져 도성후(都成侯)가 됐고, (관직은) 건장위위(建章衛尉)에 이르렀다. 훙하니 묘지를 두릉(杜陵)에 내려주었고, 시호를 내려 경후(敬侯)라고 했다. 네 아들이 있었는데 상(常), 창(敞), 잠(岑), 명(明)이다.

잠(岑)과 명(明)은 모두 여러 관서[諸曹]의 중랑장이 됐고, 상(常)은 광록대부가 됐다. 원제(元帝)가 태자로 있을 때 창(敞)은 중서자(中庶子)가 돼 총애를 받았으며, 제가 즉위하자 기도위(騎都尉) 광록대부, 중랑장 시중이 됐다. 원제(元帝)가 붕(崩)하자 전례에 따라 근신들은 모두 능에 따라가서 원랑(園郞)이 됐는데, 창은 그 집안이 대대로 충효를 행했다는 명성이 있어 태후가 조서를 내려 창을 궁중에 머물게 해 성제(成帝)를 모시게 했고,

봉거(奉車) 수형도위(水衡都尉)로 삼았다가 위위(衛尉)에까지 이르렀다. 창은 사람됨이 바르고 곧아 감히 천자의 안색을 범해가면서 간언을 올렸기에[犯顏色] 좌우의 신하들이 그를 꺼렸고 상 또한 그를 어려워했다.

창이 심한 병에 걸리자 상은 사자를 보내 원하는 바가 무엇인지를 물으니 동생 잠(岑)을 부탁했다. 상은 잠을 불러 제배해 (외국인 접대를 맡는 홍려 소속의) 사주객(使主客)으로 삼았다. 창의 아들 섭(涉)은 본래 좌조(左曹-문서 담당 관아)였는데 상은 섭을 제배해 시중으로 삼고, 천자의 행차에 대기해 황손 전용 녹거(綠車)에 섭을 실어[31] 아버지 위위(衛尉)의 관사에 보내주었다. 곧바로 졸했다. 창의 세 아들은 섭(涉), 삼(參), 요(饒)다.

섭(涉)은 경술에 밝고 검소하며 절의가 있어 여러 유자들이 그를 칭송했다. 성제(成帝) 때 시중 기도위가 됐고, 삼보(三輔) 지역에 있는 호기(胡騎)와 월기(越騎)를 통솔했다. 애제(哀帝)가 즉위하자 봉거도위가 됐고, 장신소부(長信少府)에 이르렀다. 그리고 삼(參)은 흉노에 사신으로 다녀왔고, 흉노중랑장, 월기교위, 관내도위, 그리고 안정(安定)과 동해(東海) 두 군의 태수가 됐다. 요(饒)는 월기교위(越騎校尉)가 됐다.

섭의 두 아들 탕(湯)과 융(融)은 모두 시중, 제조(諸曹), 장대부(將大夫)가 됐다. 또 섭의 종부제(從父弟) 흠(欽)은 명경과(明經科)로 천거돼 태자문대부(門大夫)가 됐고, 애제(哀帝)가 즉위하자 태중대부 급사중이 됐고, 흠의 종부제 천(遷)은 상서령이 돼 형제가 권력을 쥐었다[用事]. 제(帝)의 할머니 부(傅)태후가 붕하자 흠은 장송(葬送)을 주관하는 일을 맡았고, 직

---

31 이는 황제의 총애를 보여주기 위함이었다.

무를 잘해내어 발탁돼 태산(泰山)과 홍농(弘農) 두 군의 태수가 돼 위엄과 명성을 떨쳤다. 평제(平帝)가 즉위하자 (중앙 조정에) 불려가 대사마 사직(司直)과 경조윤(京兆尹)을 지냈다. 제(帝)의 나이가 어렸기 때문에 사람을 잘 골라서 스승과 벗[師友]을 두었는데, 대사도(大司徒) 공광(孔光)은 경술에 밝고 행실이 고결해 스승이 돼 공씨사(孔氏師)로 불렸고, 경조윤 김흠(金欽)은 집안이 대대로 충효로 이름나 벗이 돼 김씨우(金氏友)로 불렸다. 옮겨서 광록대부 시중이 됐는데, 작질은 중(中) 2,000석이었고 도성후(都成侯)에 봉해졌다.

이때 왕망(王莽)은 새로 평제(平帝)의 외가 위씨(衛氏)들을 주살하고 예법에 밝은 소부(少府) 종백봉(宗伯鳳)[32]을 불러들여 다른 사람의 후계가 되는 일의 마땅함을 설명하게 하고서 공경, 장군, 시중, 조정 신하로 하여금 모두 듣게 할 것을 건의했는데, 이는 안으로는 평제(平帝)를 겁박하고 밖으로는 백성들의 논란을 막으려는 것이었다. 흠(欽)은 집안 형제인 투후(秺侯) 당(當)과 함께 봉해졌다. 애초에 당의 증조부인 일제는 봉국을 아들 절후(節侯) 상(賞)에게 전해주었고, 흠의 조부 안상은 아들 이후(夷侯) 상(常)에게 전해주었으나, 모두 자식이 없어 봉국이 끊어졌기 때문에 망(莽)은 흠과 당을 봉해 그들의 뒤를 받들게 한 것이다.

당(當)의 어머니 남(南)은 곧 망의 어머니 공현군(功顯君)의 동복 동생이다. 당은 남(南)대행(大行-관직명)을 높여서 태부인(太夫人)이라고 불렀다.

---

32 종백이 성(姓)이다.

흠은 이런 인연으로 인해 당에게 일러 말했다.

"이번 조서(詔書)에는 일제(日磾)의 공로는 진술하고 있지만 상(賞)의 일은 없습니다. 당(當)은 손자의 명의로 돼 있지만 실은 증조부인 일제를 계승하고 있기 때문에 마땅히 아버지와 할아버지를 위해 사당을 세워야 합니다. (명목상의 아버지인) 상(賞)은 옛날의 국군(國君)이었기 때문에 대부로 하여금 그 제사를 주관하도록 해야 합니다."

이때 견한(甄邯)이 옆에서 그것을 듣고 있다가 조정 한가운데서 흠을 질책하고서 이어 그를 탄핵해 말했다.

"흠(欽)은 요행히 경술에 능통하다 해 자급(資級)을 뛰어넘어 뽑혀서 유악(帷幄-천자)을 모시게 돼 거듭 두터운 은총을 입어 후에 봉해져 작호(爵號)를 이어받았으니, 빼어난 조정[聖朝]에는 대대로 다른 사람의 후계가 되는 마땅한 절차가 있다는 것을 알고 있을 것입니다. 예전에 고(故) 정도태후(定陶太后)가 예의 근본을 어기고 하늘의 뜻에 거스른 일을 만나는 바람에 효애(孝哀-애제)께서는 그 복을 제대로 누리지 못하셨고, 근래에는 여관(呂寬)과 위보(衛寶)가 다시 간사한 모의를 꾸며 반역에 이르렀다가 모두 복주됐습니다. 태황태후께서는 몸소 이를 징계하시어 슬퍼하고 두려워하시면서 이를 하늘의 뜻을 거스른 잘못, 빼어난 제도를 위반하고 법을 기망한 일, 대란의 재앙을 불러들인 일이라 해 진실로 하늘의 다움을 받들고 빼어난 제도를 준수해 밝히며, 오로지 남의 후가 되는 일을 한결같이 하심으로써 천하의 명을 안정시키고자 하시어, 여러 차례 정전(正殿)에 나아오시어 여러 신하들을 불러 만나보시고 예정(禮經)을 강습하시었습니다. 손자가 할아버지를 잇는 것은 정통이 끊어져 제사의 중한 임무를 맡는 일입니다. (그런데) 상(賞)은 일제의 뒤를 이어받아 그후에 국군(國君)이 돼 대종(大宗)으로서 중한 임무를 맡게 됐으니, 이것이 예(禮)에서 말하는 '조부를 높이기 때문에 종(宗)을 공경한다'라고 하는 것으로 대종이란 끊어져서는 안 되는 것입니다. 흠은 스스로 당(當)과는 후(侯)에 함께 제배돼 뒤를 잇는 은의(恩誼)를 똑같이 해야 한다는 것을 알고 있기 때문에 여러 차례 전중(殿中)과 성중(省中)에서 큰 소리로 당(當)에게 들으란 듯이 말한 것입니다. 당이 만약에 그 말대로 행동에 옮기게 되면 흠 또한 아버지 명(明)을 위해 사당을 세워 이후(夷侯) 상(常)의 사당에 제사를 지내려 하지 않는 것입니다. 그 진퇴와 이상한 말들은 자못 많은 사람들의 마음을 미혹시키고 나라의 큰 기강을 어지럽게 해, 화란(禍亂)의 근원을 열고 선조를 무함하는 불효(不孝)를 저지른 것이니 죄가 이보다 클 수는 없습니다. 더욱이 대신이라면 마땅히 해서는 안 될 일이니 크게 불경(不敬)하다고 하겠습니다. 두후 딩은 어머니 난을 높여 태부인이라고 했으니 예를 잃어 불경을 저질렀다고 할 것입니다."

망(莽)은 태후에게 이를 사뢰었고 태후가 이를 사보(四輔), 공경대부, 박사, 의랑(議郞)에게 내려보내니 모두 이렇게 말했다.

"흠은 적당한 때에 죄에 나아가야 할 것입니다."

알자(謁者)가 흠을 불러와 조옥(詔獄)에 나아가게 하니 흠은 자살했다. 한(邯)은 이로 인해 국체(國體)의 기강을 세우고 사사로이 아첨하는 바가 없으며 충효가 현저하게 드러났다고 해 1,000호를 더 봉해주었다. 장신소부 섭(涉)의 아들 우조(右曹) 탕(湯)을 고쳐서 봉해 도성후(都成侯)로 삼았다. 탕(湯)은 봉작을 받는 날 감히 집으로 돌아가지 않고서 (도성후의 저택으로 가서) 다른 사람의 뒤를 잇는 일의 마땅함을 밝게 보여주었다. 더 봉해 준 다음에 망은 흠의 동생 준(遵)을 써서 후에 봉했는데 구경(九卿)의 자리를 역임했다.

찬(贊)하여 말했다.

"곽광(霍光)은 머리를 묶은[結髮=冠禮] 이래 궁중에서 뽑혀 일어나 군
　　　　　　　　　　　결발　관례
건한 의지를 갖고서 주군에게 도의를 보여주었다. 포대기에 쌓인 어린 소제를 보필하라는 부탁을 받아 한나라 황실을 보전하는 임무를 맡았다. 조정을 주도하고 어린 군주를 옹립했으며, 연왕(燕王)을 꺾고 상관걸 부자를 제거했으며, 권력을 이용해 정적을 제압함으로써 충성을 이루어냈다. 창읍왕을 폐위시키고 선제를 옹립하는 위기에 처해서는 곧은 절개를 내세우고 굽히지 않아 마침내 국가를 바로잡고 사직을 안정시켰다. 소제(昭帝)를 옹립하고 선제(宣帝)를 세우는 계기에 광은 황제의 스승 노릇을 했으므로 주공(周公)과 이윤(伊尹)이라도 그보다 낫겠는가! 그러나 광은 학식이 없어 큰 이치에는 어두웠고, 그래서 음험한 아내의 사악한 책략에 따라 딸을 황후로 세웠다가 넘쳐흐르는 탐욕에서 헤어나지 못해 거꾸러지고 뒤집히는 화를 재촉해, 그가 죽은 지 겨우[財] 3년 만에 온 집안이 죽임을 당
　　　　　　　　　　　　　　　　　　　재
했으니 슬픈 일이다! 옛날에 곽숙(霍叔)〔○ 사고(師古)가 말했다. "(주나라) 문왕(文王)의 아들이자 무왕(武王)의 동생이다."〕이 진(晉)나라 땅에 봉해졌는데, 진나라가 바로 하동(河東)이긴 하지만 (하동 출신인) 광이 어찌 그 후예이겠는가?

김일제(金日磾)는 오랑캐 사람으로 자기 나라를 도망쳐 한나라 궁궐에

서 노예 생활을 했지만, 독실하고 삼감으로써 군주의 눈에 들어 충성스러움과 신의를 스스로 드러내어 공적으로 상장(上將)이 됐고, 봉국을 후사에게 전해 자손들은 대대로 충효를 가졌다는 명성을 들었고, 7대에 걸쳐 궁중에서 모셨으니 얼마나 성대한가? 본래 휴도왕이 금인(金人)을 만들어 천주(天主)에게 제사를 지냈는데 그로 인해 김씨(金氏)의 성을 받았다고 한다."

권
◆
69

조충국·신경기전
趙充國辛慶忌傳

조충국(趙充國)은 자(字)가 옹손(翁孫)으로 농서현(隴西縣) 상규(上邽) 사람인데 나중에 금성(金城) 영거(令居)로 옮겼다. 애초에 기사(騎士)가 돼 6개 군[○ 복건(服虔)이 말했다. "금성(金城), 농서(隴西), 천수(天水), 안정(安定), 북지(北地), 상군(上郡)이 그것이다."]의 양갓집 자제로서 말 타기와 활 쏘기를 잘한다고 해 우림(羽林)에 보임됐다. 그는 침착하고 용감하며[沈勇=침용] 큰 지략을 갖춘 사람이었다. 젊어서부터 장수의 절개를 좋아해 병법을 배웠고, 사방의 오랑캐 일을 훤하게 알았다[通知=明曉, 통지 명효].

무제(武帝) 때 가사마(假司馬)로서 이사(貳師)장군을 따라서 흉노를 치다가 오랑캐에게 대대적인 포위를 당한 적이 있었다. 한나라 군대는 며칠 동안 아무것도 먹지를 못했고 사상자가 많았는데, 충국(充國)이 이에 장사 100여 명과 함께 포위망을 뚫고 적진을 무너뜨리자, 이사가 군사를 이끌고 뒤를 따라 드디어 적의 포위에서 벗어날 수 있었다. 충국은 몸에 20여 군데 부상을 당했고, 이사가 실상을 아뢰었더니 조서를 내려 충국을 행재소(行在所)로 오라고 불렀다. 직접 부상 부위를 살펴본 무제(武帝)는 찬탄하며 그를 제배해 중랑(中郞)으로 삼았고, 뒤에 승진해 거기장군 장사(長史)가 됐다.

소제(昭帝) 때 무도군(武都郡)의 저인(氐人)들이 반란을 일으키자 충국이 대장군 호군도위(護軍都尉)로서 군사를 거느리고 쳐서 평정했고, 이에 중랑장으로 승진해 군사를 거느리고 상곡군(上谷郡)에 주둔했다가 돌아와 수형도위(水衡都尉)[1]가 됐다. 흉노를 쳐서 서기왕(西祁王-흉노의 왕)을 사로잡은 공로로 발탁돼 후장군(後將軍)이 됐고, 수형은 전과 같이 겸했다.

(조충국은) 대장군 곽광(霍光)과 더불어 선제(宣帝)의 책봉을 결정하고, 높이 세우는 공을 세워 영평후(營平侯)에 봉해졌다. 본시(本始) 연간에 포류장군(蒲類將軍)이 돼 흉노를 정벌해 오랑캐 수백 급을 베고 돌아와서 후장군, 소부(少府)가 됐다. 흉노가 10여만의 기병을 대거 출동시켜 남진해 변방 요새에 접근했는데, 부해려산(符奚廬山)에 도착한 그들은 곧 국경을 넘어들어와 노략질을 하려고 했다. 한나라에 항복한 도망자 제제거당(題除渠堂)이 정보를 제공하자 조정에서는 충국을 보내 기병 4만을 이끌고 국경 지방의 9개 군〔○ 사고(師古)가 말했다. "오원(五原), 삭방(朔方), 운중(雲中), 대군(代郡), 안문(雁門), 정양(定襄), 북평(北平), 상곡(上谷), 어양(漁陽)이

---

[1] 관명으로 무제 때 설치됐다. 2,000석의 직급이다. 본래는 염철(鹽鐵)을 관장했으나 뒤에는 상림원의 제반 직무를 관장했고, 기타 주전(鑄錢)과 황실의 재물까지 관할했다. 도위 아래에 5명의 속관을 두었다.

다.")에 주둔시켰다. 선우는 이 소식을 듣자 군대를 이끌고 물러갔다.

이때 광록대부 의거안국(義渠安國)이 (서역의) 강족(羌族)들에게 사자로 파견됐는데, 선령(先零) 추장들은 때때로 황수(湟水-금성군과 임강군의 변새 밖의 강으로 황하로 들어감.) 이북으로 건너가 농사를 짓지 않는 백성들을 내쫓고 목축을 하고 싶다고 제안했다. 안국(安國)은 이를 조정에 보고했다. 충국은 안국이 사자로서 임무를 불경하게 수행했다고 그를 탄핵했다. 그후에 강족들은 앞서 한 말을 빙자해서 국경을 침입해 황수를 건너왔는데 군현에서는 그들을 제대로 막지 못했다. 원강(元康) 3년에 선령이 드디어 수많은 강족 추장 200여 명과 그간의 원한관계를 풀고 인질을 교환하며 맹약을 맺었다. 상이 그것을 듣고서 충국에게 대책을 물으니 이렇게 답했다.

"그동안 강족을 쉽게 제어할 수 있었던 것은 종족마다 추장이 있어 자주 상대방을 공격해 세력이 하나로 통일되지 않았기 때문입니다. 30여 년 전에 서강(西羌)이 반란을 일으켰을 때도 먼저 원수 관계를 풀고 맹약을 맺은 다음에 영거(令居)를 공격해 한나라에 항거했는데, 5, 6년이 걸려서야 겨우 그들을 평정했습니다. 정화(征和) 5년에 이르러 선령 추장 봉전(封煎) 등이 흉노에 사신을 보내자 흉노의 사자가 소월지(小月氏)에 이르러 강족 부족들에게 '한나라 이사장군이 군사 10여만을 이끌고 흉노를 항복시켜 강족 사람들이 한나라를 위해 일하기가 힘들다. 장액군과 주천군은 본래 우리 땅이다. 기름진 땅이니 함께 공격해 이주해 삽시다'라고 꾀었습니다. 이로 말미암아 볼 때 흉노가 강족과 연합하려고 애쓴 것은 한두 번이 아닙니다. 그 이후 서방에서 곤욕을 치른 흉노가 오환족(烏桓族)이 와서 요새를 구축한다는 말을 듣고서는 동방에서 다시 군사를 일으킬까 두려워하고 있습니다. 그래서 자주 위려(尉黎), 위수(危須) 따위의 여러 나라에 사신을 보내 미인과 담비 가죽옷을 미끼로 저들의 책략을 무너뜨리려고 합니다. 그러나 흉노의 계책에 강족들은 동조하지 않았습니다. 흉노가 다시 사자를 보내 강족의 땅에 이를 것입니다. 그들이 사음(沙陰) 땅을 출발해 염택(鹽澤)을 거치고 장갱(長阬)을 지나 궁수새(窮水塞)에 들어가서, 남쪽으로 장액의 속국까지 도달해 선령과 만나는 길을 택할 것으로 추정됩니다. 신은 강족의 변란이 이런 정도에서 그치지 않고 앞으로 재차 다른 종족과 연합하리라고 봅니다. 마땅히 저들의 계책이 실현되기 전에 대비해야 할 것입니다."

그로부터 한 달여가 지나 강후(羌侯) 낭하(狼何)가 과연 사자를 보내 흉노에 이르러 군사를 빌리고서는 선선(鄯善)과 돈황을 쳐서 한나라로 통하는 길을 끊으려고 했다. 충국은 이에 다음과 같은 의견을 냈다.

"낭하는 소월지 종족으로 양관(陽關) 서남쪽에 거주하므로 그 형세로 볼 때 단독으로 이런 계책을 꾸며낼 수가 없습니다. 아마도 흉노 사신이 벌써 강족 땅에 이르러 선령, 한(罕), 견(开)과 마침내 적대 관계를 해소하고 맹약을 맺었을 것입니다. 가을이 돼 말이 살찌면[馬肥] 반드시 변란이 발생할 것입니다. 마땅히 사자를 보내 변경의 군사를 조련시켜 미리 대비하시고 강족에게 칙명을 내려 적대 관계를 풀지 못하도록 막고 그들의 음모를 까발려야 합니다."

이에 따라 승상부와 어사부에서 다시 황제에게 아뢰어 의거안국을 보내 강족을 시찰하고, 각 부족이 어느 편인지 분간하도록 했다. 강족 땅에 도착한 안국은 선령의 추장 30여 명을 불러 모아 그중에서 유달리 완강하고 흉포한 자들을 모두 베어 죽였다. 또 군사를 풀어 해당 종족을 쳐서 1,000여 명의 목을 베었다. 이에 항복했던 강족과 귀순했던 강족 추장 양옥(楊玉) 등이 한나라 관리는 믿고 따를 수 없다며 원망하고 분노했다. 마침내 작은 부족들을 협박하고 을러대서 한나라를 배반하고 국경을 침범했으며, 성과 마을을 공격해 지방 수령을 살해했다. 조정에서는 안국에게 기도위 신분으로 기병 3,000명을 거느리고 주둔해 강족에 대비하도록 했다. 그가 호미(浩亹)에 이르렀을 때 적의 공격을 받아 보급용 수레와 병기를 아주 많이 잃었다. 안국은 군사를 이끌고 영거현으로 돌아와 조정에 보고했다. 이때는 신작(神雀) 원년 봄이었다.

이때 충국의 나이는 일흔을 넘겼고 상은 그가 늙었다고 판단해 어사대부 병길(丙吉)을 시켜 누구를 장군으로 삼는 것이 좋을지 묻도록 하니 충국이 대답했다.

"이 늙은 신하보다 나은 자가 없습니다."

상은 사람을 보내 "장군은 강족 오랑캐가 어떠한 상태이고, 군사가 얼마나 필요하다고 보는가?"라고 물으니 그는 이렇게 답했다.

"백 번 듣는 것이 한 번 보는 것만 못합니다[百聞不如一見]. 군사의 일은 먼 곳에서 짐작해 판단하기가 어려우니, 신은 바라건대 금성군(金城郡)으로 달려가 지도를 그려 방략을 바치겠습니다. 그러나 강족은 보잘것없는 오랑캐에 불과한 데다가 하늘을 거스르고 반란을 일으켰으므로 오래지 않아 멸망할 것입니다. 폐하께서는 일을 이 늙은 신하에게 맡기시고 아무 걱정하지 마시기 바랍니다."

상은 웃으면서 말했다.

"그리하라."

충국은 금성군에 도착해 기병 1만 명이 채워지기를 기다렸다가 황하를 건너려고 했다. 오랑캐들이 행군을 차단할까 염려해 그날 밤 3개 부대의 입에 재갈을 물고서 먼저 황하를 건너게 하고, 강을 건너자마자 바로 진영을 설치하게 했다. 다음 날 동이 틀 때까지 도강을 완료해 마침내 모든 군사가 순서대로 황하를 건넜다. 수십 명에서 100여 명에 이르는 오랑캐 기병들이 한나라 부대 곁에 출몰했다. 충국은 "우리 군사와 말이 지금 한창 지쳐 있으므로 그들을 쫓아가서는 안 된다. 저들은 날랜 기병들이므로 제압하기가 어렵고, 또 우리를 유인하는 군사들일 가능성이 높다. 적을 섬멸하는 것을 공격의 목표로 삼아야지 자그마한 이익을 탐해서는 안 된다"라고 말하고 추격하지 말라는 명을 내렸다.

그는 사망협(四望陿-금성군 남쪽 600리에 있는 3개 협곡의 하나) 가운데로 기병을 파견해 그곳을 정찰하게 했는데 적들이 보이지 않았다. 밤에 군사를 이끌고 위로 올라가 낙도산(落都山)에 이르러 여러 교(校)와 사마(司馬)들을 불러서 말했다.

"나는 강족 오랑캐가 전쟁을 할 줄 모른다는 것을 알고 있다. 만약 적들이 수천 명을 출동시켜 사망협을 막고 지켰다면 우리 군사들이 어떻게 여기로 들어올 수 있었겠는가?"

그는 항상 멀리까지 나가 척후하는 일에 공을 들였고, 행군할 적에는 반드시 전투에 대비했으며, 행군을 멈출 때에는 반드시 진지를 견고하게 구축했고, 신중한 태도를 견지하고 사졸을 아꼈으며, 먼저 작전을 짠 다음에 전투를 개시했다. 그는 마침내 서쪽으로 진군해 금성군에 있는 서부도위(西部都尉)의 진영에 도착해 날마다 군사에게 술과 음식을 실컷 먹이자 군사들은 모두들 그를 위해서 싸우고자 했다. 적들이 수차례 싸움을 걸어왔지만 충국은 수비만 튼튼하게 했다. 포로를 생포했더니 이렇게 말했다.

"강족 추장들이 '당신한테 반기를 들지 말자고 했었다. 천자가 파견한 조 장군은 나이가 팔구십인데도 전쟁을 잘한다고 한다. 한 번 싸우고나 죽고 싶은데 그렇게 할 수 있을지 모르겠다!'라고 서로를 질책한다."

충국의 아들 우조(右曹) 중랑장 앙(卬)이 기문차비(期門佽飛)[2]와 우림고아(羽林孤兒),[3] 흉노와 월족 출신 기병을 별동대로 삼아 영거에 이르렀다. 여기저기서 적들이 출몰해 군량미를 수송하는 통로를 막자 앙이 조정에 보고했다. 조서를 내려 교위 8명에게 효기도위(驍騎都尉), 금성군 태수와 힘을 합쳐 산과 계곡에 은신한 적들을 수색해 체포함으로써 보급로와 나루터를 개척하라고 명령했다.

애초에 한(䍐)과 견(幵)의 추장 미당아(靡當兒)가 아우 조고(雕庫)를 사자로 보내 서부도위에게 "선령이 반란을 일으키려고 한다"라고 말한 적이 있었는데, 그로부터 며칠 뒤 과연 반란을 일으켰다. 그때 조고의 부족민이 상당수 선령에 거주하고 있었는데, 서부도위가 즉시 조고를 붙잡아 인질

---

2 기문(期門)은 한나라 금군(禁軍)의 명칭으로 황제의 호위를 담당했으나, 선제 때 조충국이 이들을 이끌고 강족을 정벌하기도 했다. 차비(佽飛)는 상림원에서 종묘에 쓰는 새를 사냥하는 병사였으나, 선제와 원제 때 강족을 정벌하는 군대에 편입되기도 했다.

3 전한 시대의 상비군으로 무제가 처음 설치했다. 전사자의 자손을 우림군에서 양육해 장성하면 전투에 참여시켰다. 전한 말에는 대신들의 장례에 의장대로 쓰기도 했다.

로 삼았다. 조고는 죄가 없다고 판단한 충국은 이에 그를 풀어주고 돌아가서 추장에게 다음과 같이 고하라고 했다.

"한나라 대군이 죄인들을 죽이러 왔다. 반란자들과 명확하게 다른 행동을 취해 죄인들과 함께 멸망당하지 않도록 하라! 천자께서 강족들에게 고하노니, 범법자들을 체포하고 베어 없애면 그 죄를 사면하노라! 죄를 범한 큰 부족의 추장 한 사람을 베면 돈 40만을 하사하고, 어중간한 부족의 추장을 베면 15만을, 작은 부족의 추장을 베면 2만을 하사하며, 큰 장정은 3,000, 여자와 늙은이와 어린이는 1,000의 돈을 하사하겠다. 아울러 체포한 자의 처자와 재물은 전부 그에게 줄 것이다."

충국은 위엄과 신의를 보여 한과 견의 백성과 그들에게 협박당한 부족을 회유하고 항복시켜 적의 계책을 무산시키고, 그들이 극도로 피로할 때를 기다려 마침내 공격할 심산이었다.

그때 상은 이미 삼보(三輔)와 태상(太常)의 이형도(弛刑徒), 삼하(三河), 영천(潁川), 패군(沛郡), 회양(淮陽), 여남(汝南) 등지의 재관(材官), 금성, 농서, 천수, 안정, 북지, 상군 등지의 기사(騎士)와 강족으로 구성된 기병을 징발했고, 무위, 장액, 주천의 태수가 제각기 보유한 군사를 합쳐서 모두 6만 명이었다. 그때 주천군 태수 신무현(辛武賢)이 상에게 아뢰어 말했다.

'여러 군의 병사들을 모두 남산(南山-기련산(祁連山))에 주둔시켜 전쟁에 대비한다면 북쪽 변방은 텅 비어 오래 버틸 형세가 못 됩니다. 어떤 사람은 가을과 겨울에 군대를 출동시키자고 제안하기도 합니다만 이것은 적들이 국경 바깥에 있을 때의 전략입니다. 적들이 조만간에 침략해올 태세인데, 날이 춥고 지세가 험난해 한나라 말은 이 겨울을 견디지 못합니다.

무위, 장액, 주천에 주둔하는 기병은 1만 기(騎) 이상이 지쳐 수척해졌습니다. 그러므로 말에게 먹을 것을 충분히 공급한 뒤 7월 상순에 30일분의 식량을 싣고서 부대를 나누어 장액과 주천을 동시에 출발해 공동으로 선수(鮮水) 가에 있는 한과 견을 공격하는 것이 좋을 듯합니다. 적들은 목축을 생업으로 삼고 있는데 지금은 모두 여기저기 흩어져 있습니다. 군대가 분산해 출동하게 되면 그들을 다 죽이지는 못해도 그들의 가축을 빼앗고 처자식을 포로로 잡을 수 있습니다. 그러면 다시 군사를 이끌고 돌아왔다가 겨울에 재차 공격해 한나라 대군이 자주 출병하면 적들이 반드시 두려움에 떨며 무너질 것입니다.'

천자는 이 글을 충국에게 내려보내 강족의 상황을 잘 아는 교위 이하 장교, 사병들과 폭넓게 토의하라고 지시했다. 충국과 장사(長史) 동통년(董通年)은 글을 올려 이렇게 말했다.

'무현(武賢)은 기병 1만 명을 가볍게 이끌고 두 길로 나눠 장액군을 출발해 1,000리 먼 길을 돌아서 진군하려고 합니다. 말 한 마리당 30일분의 식량을 싣는다고 했는데, 그러면 쌀 두 가마 네 말이요, 보리 여덟 가마입니다. 게다가 의복 장구와 병기가 있으므로 그렇게 해서는 적을 쫓아가지 못합니다. 설사 어렵사리 적지에 도착한다고 해도 적들은 반드시 군사의 진퇴를 신중히 해 조금씩 군사를 이끌고 퇴각해, 수초 사이로 들어가거나 산림 속으로 들어갈 것입니다. 우리 군사가 뒤를 쫓아 깊숙이 들어가면 적들은 즉시 앞의 험한 지세를 차지해 버티고, 뒤의 요새를 지켜 한나라의 수송로를 끊어버릴 것입니다. 그때에는 분명 큰 손해를 입거나 위기에 처해 오랑캐들에게 비웃음거리가 됩니다. 이 치욕은 1,000년이 지나도 회복할 길이 없습니다. 무현은 저들의 가축을 빼앗고 처자를 포로로 사로잡을 수 있다고 생각하는데, 아무래도 빈말에 불과할 뿐 최상의 계책은 아닙니다. 또 무위군의 여러 현이나 장액군의 일륵현(日勒縣)은 모두 북쪽 국경에 인접해서 왕래하기에 장애물이 없는 골짜기와 물과 풀이 있습니다. 신은 흉노가 강족들과 음모를 꾸며 곧 대대적으로 침입할까 염려됩니다. 장액과 주천을 지켜 차단하고 서역으로 가는 길을 끊는 것이 중요하므로 여러 군의 상비병은 출동시킬 수 없습니다. 선령이 반역의 우두머리이고, 다른 종족은 협박에 못 이겨 따랐을 뿐입니다. 따라서 한과 견의 애매모호한 잘못을 드러내지 말고 그대로 덮어둔 채 먼저 선령을 제거해 저들을 진정시키자는 것이 신들의 계책입니다. 그렇게 하면 분명히 잘못을 후회하고 원래의 선량한 모습으로 돌아갈 것입니다. 이때 그들의 죄를 사면하고 저들의 풍속을 잘 이해하는 훌륭한 관리를 선발해 다독거리고 화합·복종시킬 생각입니다. 이것이 군사를 온전히 보전하고 변경을 안전하게 지키는 책략입니다.'

천자는 이 글을 내려보냈다. 공경(公卿)들과 조정에서 의견을 내는 자들은 선령은 병력이 강력하고, 게다가 한과 견의 원조까지 받고 있으므로 한족과 견족을 먼저 깨뜨리지 않으면 선령을 도모할 수 없다고 보았다. 상은 마침내 (시중인) 허연수(許延壽)에게 벼슬을 내려 강노(彊弩)장군으로 삼고 무현을 파강(破羌)장군으로 삼은 다음 새서를 내려 그의 계책을 좋은 것으로 받아들였다. 그리고 글을 보내 조충국을 다음과 같이 꾸짖었다[讓=責].

'황제는 들판에서 노숙하며 몹시 고생하는 후장군(後將軍)을 위문하노라! 장군의 계책에 따르면 정월에 이르러서야 한 부족을 공격하리라 예상했다. 그런데 강족 사람들은 보리를 수확하면 처자식을 멀리 피신시키고 정예병 1만여 명을 동원해 주천군과 돈황군을 침략할 것이다. 우리 변경의 군사는 수가 적고, 백성들은 변경을 지키느라 농사를 짓지 못하고 있다. 지금 장액군(張掖郡)의 동쪽은 벼 한 섬에 100여 전(錢)이 나가고, 꿀 한 묶음에 수십 전(錢)이 나간다〔○ 사고(師古)가 말했다. "그만큼 귀하다는 말이다."〕. (게다가) 군량미를 수송하는 일까지 발생해 백성들이 고통스러워 소요를 일으키고 있다. 1만여 명의 많은 군사를 거느린 장군이 가을이 되자마자 일찌감치 물과 풀의 이익을 차지할 기회를 이용해서 적들의 가축과 곡식을 탈취하지 않고, 겨울을 기다려 출격하려고 하고 있다. 그때가 되면 적들은 식량을 비축해두고 험준한 산속에 숨을 것이고, 반면에 장군의 군사들은 추위에 떨어 손발이 터질 것이므로 이익이 될 일이 어떻게 생기겠는가? 장군은 중국의 비용은 생각지 않고 여러 해를 넘겨 보잘것없는 적을 이기고자 하는데, 그렇게 하기를 원치 않는 장군이 있겠는가?

이제 조칙을 내려 파강장군 신무현이 병사 6,100명을 거느리고, 돈황군 태수 쾌(快)는 2,000명을 거느리고, 장수교위(長水校尉) 부창(富昌), 주천군의 후(候-빈객을 접대하는 관리) 풍봉세(馮奉世)는 착(婼)과 월지(月氏) 종족의 병사 4,000명을 거느리게 하니 대략 1만 2,000명이다. 이들이 30일분의 식량을 가지고 7월 22일을 기해 한 부족을 공격하고, 선수(鮮水) 북쪽 구비의 모서리 부분으로 들어갈 것이다. 이곳은 주천군으로부터 800리 떨어졌고 장군으로부터는 1,200리쯤 떨어져 있다. 장군은 군사를 이끌고 평탄한 길을 따라서 함께 진군하라. 설사 적을 따라잡지 못한다고 해도 적들이 동방과 북방에서 한나라 군대가 함께 출동했다는 소식을 접한다면, 마음이 분산되고 그들에게 협조하는 무리들도 떠날 것이다. 비록 적을 섬멸하지는 못한다 해도 와해시킬 수는 있을 것이다. 벌써 중랑장 조앙(趙卬)에게 조칙을 내려 흉노와 월족 출신의 차비사사(佽飛射士)와 보병 2개 부대를 거느리고 가서 장군에게 병사를 보태주게 했다. 현재 5개의 별이 동방에 출현했으므로 중국에는 크게 이롭고 오랑캐들은 크게 패할 조짐이다. 태백성(太白星)이 높이 출현했으므로 군사를 쓰되 적진 깊숙이 침입해 과감하게 전투하는 자는 길하고, 과감하게 전투하지 않는 자는 흉한 징조다. 장군은 화급하게 무장해 하늘이 준 때를 타서 불의한 무리를 섬멸하도록 하라. 만 가지 일이 온전해 불리함이 없을 테니 달리 의심하지 말라!'

이미 상의 꾸지람을 받은 조충국은 장군이 명령을 받고 군대를 통솔해 변방에 나가면, 조칙을 받더라도 형편에 맡게 자신의 신념에 따라 국가의 안녕과 이익을 도모해야 한다고 판단했다. 이에 그는 글을 올려 사죄한 다음 군사행동[陳兵]의 이로움과 해로움[利害]을 설명했다.

'신이 살펴보건대 기도위 안국이 이전에 요행히도 (천자께서) 하사하신 글을 받아 한 부족에게 사자로 파견할 만한 강족 사람을 뽑아 보내서 저들에게 고했습니다. 한나라 대군이 틀림없이 가되 한 부족만은 섬멸하지 않겠다고 해 저들의 음모를 무산시키려고 했습니다. 폐하의 은혜와 덕망은 너무도 두터워 신하들이 미칠 수 없습니다. 그러므로 신은 홀로 남몰래 폐하의 성대한 덕망과 뛰어난 계책을 끊임없이 찬미했습니다. 따라서 견의 추장 조고(雕庫)를 파견해 천자의 지극한 다움을 선포하라고 해 한과 견 부족들은 천자의 밝은 조칙을 들어서 알고 있습니다. 현재 선령 강족의 양옥(楊玉-강족 우두머리의 이름)은 기병 4,000명과 전공(煎鞏-서강의 부족 이름)의 기병 5,000명을 인솔하고, 숲이 우거진 산에서 바위로 진지를 구축해 방비하다가 형편을 봐서 침략할 태세입니다. 한 부족은 아직 국경을 침범하지 않았습니다. 지금 선령을 놔두고 먼저 한을 공격한다면 죄를 지은 자를 풀어주는 대신 무고한 자를 죽이는 격이고, 원수를 많이 만들어 두 가지 해를 만드는 꼴이므로, 참으로 폐하의 본래 계획에 부합하지 않습니다.

병법에 "공격하기에 힘이 부족한 자도 수비는 넉넉히 할 수 있다"라고 했고, 또 "전쟁을 잘하는 자는 적을 불러들이고 적에게 끌려가지 않는다"라고 했습니다.[4] 지금 한 부족이 돈황군과 주천군을 침략하고자 병마를 정비하고 전사를 훈련시키며, 선령이 도착하기를 기다리고 있습니다. 가만히 앉아서 적을 불러들이는 호기를 잡은 것입니다. 푹 쉬고 있는 군사로 피로에 지친 적을 공격한다면 승리를 얻는 길입니다. 돈황과 주천 두 군의 병사는 수가 적어 수비하기에도 넉넉지 않은데, 더구나 출동시켜 적을 공격한다면 이는 적을 불러들이는 계책을 버리고 적에게 끌려다니는 길을 선택하는 것입니다. 어리석은 신의 판단으로는 옳지 않습니다. 선령 강족 오랑캐는 한나라를 배반하고자 한과 견의 부족과 적대 관계를 풀고 맹약을 맺었습니다. 그러나 마음속으로는 한나라 군대가 도착해 한과 견이 배반할 가능성에 대해 두려움이 없을 수 없습니다. 어리석은 신은 선령이 먼저 한과 견의 위급한 처지를 달려가 구해줌으로써 그들과 맺은 맹약을 견

4　둘 다 『손자(孫子)』에 나오는 말이다.

고하게 다질 것이라고 판단합니다. 이런 때 우리가 먼저 한 부족을 공격한다면 선령은 반드시 그들을 원조할 것입니다. 현재 오랑캐는 말이 살찌고 양식이 한창 풍족할 때입니다. 그들을 공격해도 손상을 입히지 못하고 도리어 선령으로 하여금 한 부족에게 은덕을 베풀어 맹약을 견고하게 다지고, 도당을 단합시킬 계기를 만들어주지나 않을까 신은 염려스럽습니다. 오랑캐들의 맹약이 견고하고 도당이 단합한다면 정예병이 2만여 명이므로 여러 작은 종족을 협박해 곁에 붙도록 하면, 막수(莫須-서강의 작은 부족 이름)와 같은 부족은 함부로 이탈하지 못합니다. 그럴 경우에 적들의 병사는 점차 많아져 저들을 섬멸하는 데 몇 배의 힘이 더 들 것입니다. 신은 국가의 우환이 두세 해에 그치지 않고 10년을 넘길까 걱정입니다.

　신은 천자의 두터운 은혜를 입어 부자가 함께 높은 벼슬아치가 됐습니다. 신은 지위가 상경(上卿)에 이르고 작위는 열후(列侯)입니다. 보잘것없는 제 나이가 일흔여섯으로 천자의 밝으신 조칙을 받들다가 죽어서 구렁텅이를 채우고 뼈가 썩지 않은 채 굴러다닌다고 해도, 아무것도 아쉬워하지 않을 것입니다. 오직 군대가 어떻게 하면 이롭고 해로운가를 상세하게 파악하는 것만 생각할 뿐입니다. 먼저 선령을 섬멸하면 한과 견 같은 부족은 굳이 군사를 출동시키지 않아도 복종한다는 것이 신의 판단입니다. 선령을 섬멸했는데도 한과 견이 복종하지 않는다면 정월을 넘기고서 공격하는 것이 사리에도 합당하고 시기적으로도 적합합니다. 지금 군대를 출동시키는 것이 이롭다는 것을 정녕 모르겠사오니 오로지 폐하께서 잘 살펴보시고 판단하시기 바랍니다.'

　6월 무신일에 상주한 그의 건의에 대해서 (상은) 7월 갑인일에 새서를

내려보내 충국이 건의한 대로 시행하라고 했다.[5]

충국은 군대를 이끌고 선령이 있는 지역에 이르렀다. 적들은 오래도록 한곳에 모여 주둔하다 보니 기강이 해이해져서 한나라 대군을 멀리서 바라보고는 수송용 수레를 버리고 황수(湟水)를 건너려고 했는데, 적들이 퇴각하는 길이 비좁아 충국은 천천히 행군해 그들을 몰아갔다. 그때 누군가가 유리한 처지에서 적을 쫓아가는 행군이 너무 느리다고 했다. 그러자 충국이 말했다.

"이자들은 궁지에 몰린 적이므로 몰아세우면 안 된다. 천천히 추격하면 뒤도 돌아보지 않고 달아나겠지만 급박하게 추격하면 방향을 돌려 죽기를 각오하고 싸울 것이다."

많은 장교들은 "옳은 말씀입니다"라고 했다. 물을 건너다가 익사한 적이 수백 명이었고, 항복을 받거나 목을 벤 적이 500여 명이었으며, 노획한 말과 소, 양이 10여만 마리였고, 수레가 4,000여 량이었다. 한나라 군대가 한 부족 지역에 도착하자 충국은 전군에 명을 내려 백성이 모여 사는 촌락을 불태우지 말 것과 전답에 들어가 말에게 풀을 먹이지 말라고 했다. 한 부족은 그 명령을 듣고서 "한나라가 과연 우리를 공격하지 않는다!"라며 기뻐했다. 추장인 미망(靡忘)이 사람을 보내 "옛 땅으로 돌아갈 수 있도록 해주시오!"라고 말했다. 충국은 이러한 내용을 조정에 보고했고 아직

---

5 6월 무신일에서 7월 갑인일은 7일간이다. 조충국이 주둔하고 있는 금성군은 장안에서 1,450리 떨어진 거리이다. 왕복 2,900리의 먼 길임에도 불구하고 건의와 조치가 대단히 신속하게 처리됐음을 보여준다.

회답을 받지 않은 상태였다. 미망이 스스로 그를 찾아오니 충국은 음식을 하사하고 자기 부족으로 돌아가서 부족민을 깨우치도록 했다. 호군(護軍) 이하 많은 장수들 모두가 "이자는 반란을 일으킨 추장이므로 장군 마음대로 돌려보내면 안 됩니다"라고 하자 충국이 말했다.

"제군들은 변통 없이 그저 법조문만 따라 행해 자신의 안녕만을 추구할 뿐 국가를 위해 충성스런 계책을 세우지 않고 있소."

그의 말이 미처 끝나기도 전에 새서가 도착해 미망에게 금전으로 속죄시키라고 명했다. 뒤에 그는 힘들게 군사를 동원하지 않고 한 부족을 항복시켰다.

그 해 가을에 충국이 병이 들자 상은 글을 내려 말했다.

'후장군에게 조서를 내리노라. 다리 정강이의 병과 설사 때문에 고생한다고 들었거니와, 장군은 연로한 데다가 병까지 겹쳤으니 하루아침에 변고를 당해 세상을 떠날까 짐은 매우 걱정하고 있다. 이제 파강(破羌)장군에게 조칙을 내려 장군이 주둔한 곳으로 가서 장군의 부장(副將)이 돼 하늘이 내려준 유리한 형편과, 장교와 병사들의 드높은 사기를 타서 12월에 선령과 강족을 공격하라고 했다. 만약 병이 심하거든 주둔한 곳에 머물러 출동하지 말고, 파강장군과 강노(强弩)장군만을 보내도록 하라.'

이때 서강(西羌) 부족 중에서 항복한 자가 1만여 명이었다. 충국은 적들이 필연코 무너지리라고 판단해 기병을 쉬게 하고 둔전(屯田)을 시행해 저들이 지치기를 기다리려고 했다. 그러한 내용의 상주문을 작성하고 아직 조정에 올리지 못한 상태일 때 마침 군대를 진격시키라는 새서를 받으니, 중랑장 앙은 두려워서 빈객을 보내 충국에게 다음과 같이 간언했다.

"정녕 군사를 출동시키면 적군을 격파하고 장수를 죽여 그 나라를 전복시킬 수 있으므로 장군께서는 조서를 준수하는 것이 좋습니다. 출동시키는 것의 이로움과 해로움이야 굳이 다툴 필요가 있겠습니까? 하루아침에 천자의 뜻에 부합하지 않아 수의사자(繡衣使者)[6]를 파견해 장군을 책망하신다면 장군의 몸조차 보전할 수 없을 테니 어떻게 국가의 안녕을 책임질 수 있겠습니까?"

그 말에 충국은 탄식해 말했다.

"어찌 그리도 언사가 불충한가! 처음부터 내 말을 따랐다면 서강 오랑캐들이 이런 지경까지 왔겠는가? 지난번 서강에 파견할 사자를 천거할 때 나는 신무현을 천거했으나, 승상과 어사대부가 다시 황제께 아뢰어 의거안국을 파견해 결국에는 서강의 일을 망쳐놓았다. 금성(金城)과 황중(湟中)은 곡물 값이 한 섬에 8전(錢)이다. 내가 사농중승(司農中丞) 경수창(耿壽昌)에게 일러 200만 섬의 곡식을 사놓으면 서강 사람들이 감히 난동을 부리지 못한다고 말했다. 그러나 경수창은 100만 섬을 매입하자고 요청했고, 결과적으로는 40만 섬을 사는 데 그쳤다. 그마저도 의거안국이 두 차례 사자로 간다고 해 매입한 곡식의 절반을 써버렸다. 이 두 가지 실책을 범하는 바람에 서강 사람들이 일부러 감히 반역을 저질렀다. 털끝만큼의 차이가 나중에는 천 리의 차이가 난다고 하더니 이 일을 보면 정말 그렇다. 지

---

6 수의(繡衣)를 입은 직지어사(直指御使)로 무제 때 처음 시행됐다. 황제의 의중을 직접 받아 지방을 순찰하며 조사하고는 군흥법(軍興法-한나라 군법의 일종으로 전쟁 수행 중에 인력과 물자를 조달하는 것과 관계된 법)을 적용해 엄중하게 처리했다.

금 전쟁을 오래 끌어 결판이 나지 않은 상태인데 사방의 오랑캐들이 갑자기 동요해 틈을 타서 봉기하면 제아무리 지혜로운 자라도 뒷마무리를 잘 할 수가 없다. 서강만을 걱정할 틈이 있을까? 나는 결단코 죽음으로써 내 할 일을 할 것이다. 밝으신 주상께 충성스런 간언을 드리는 것이 옳다!"

드디어 둔전(屯田)에 관해 아뢰어 말했다.

'신이 듣건대 군사 동원[兵]이란 다툼을 밝히고 해악을 제거하는 방법이라고 했습니다. 그래서 밖에서 군사를 써서 효과가 나야 안에서도 복이 생기는 것이니, (그 사용을) 삼가지 않으면 안 될 것입니다. 신이 거느린 장교와 사병, 마소는 양식으로 매달 양곡 19만 9,630섬, 소금 1,693섬, 꿀 25만 286가마를 소비하고 있습니다. 오랑캐의 난리가 오래 지속되고 해결되지 않으면 부역이 쉬지 않고 계속될 것입니다. 그렇게 되면 또 다른 오랑캐들이 갑자기 생각지도 않은 데서 변란을 일으키고, 서로 결탁해 함께 봉기함으로써 밝으신 폐하께 걱정을 끼쳐드릴까 두렵습니다. 결단코 적을 이길 계책을 조정에서 미리 토의해 정하는 방법은 적당하지 않습니다. 게다가 서강의 오랑캐는 계략을 써서 격파하기는 쉬워도 군사를 써서 부숴버리기는 어렵습니다. 그래서 그들을 공격하는 것은 좋은 방법이 아니라고 신은 생각합니다.

신이 계산해보건대 임강현(臨羌縣)으로부터 동쪽 호미(浩亹)에 이르기까지 서강 오랑캐들이 경작하던 전답과 백성들이 개간하지 않은 공전(公田)이 거의 2,000경(頃) 이상입니다. 그 사이에는 무너져 못 쓰는 역사(驛舍)가 많습니다. 신이 전에 병사를 이끌고 산에 들어가 크고 작은 목재 6만여 그루를 벌목해 물가에 쌓아놓았습니다. 이제는 기병을 쉬게 하고 형벌을 감면받기 위해서 군대에 응모한 자들과 회양국(淮陽國), 여남군(汝南郡)의 보병 및 사적으로 종군한 장교와 사병을 남겨두면 전부 1만 281명입니다. 이들이 소비하는 양곡은 한 달에 2만 7,363섬이고 소금은 308섬인데, 이들을 요충지에 분산 배치하고자 합니다.

얼음이 녹으면 쌓아둔 목재를 물길을 따라 내려보내 향정(鄕亭)을 수리하고 수로를 준설하며, 황협(湟陜) 서쪽의 도로에 다리 70개를 만들어 선수(鮮水)의 좌우 양안까지 이르도록 만들겠습니다. 봄이 돼 농사를 지을 때 한 사람당 20무(畝)의 전답을 줍니다. 4월에 풀이 돋으면 군의 기마병과 속국의 호기(胡騎)들로부터 건장한 말을 각각 1,000마리, 부마(副馬)로 그 10분의 2인 200마리를 징발해 목초지에서 풀을 뜯게 하고, 농사를 짓는 주민을 보호하는 유격병(遊擊兵)으로 삼겠습니다. 여기서 나는 곡식을 금성군(金城郡)에 포함시켜 곡물을 더 많이 축적하고 비용을 절감시키겠습니다. 그러면 대사농(大司農)에게 수송하라고 한 곡식 중에서 1만 명이 한 해에 먹을 식량은 이 둔전에서 생산하는 곡물로 충분히 보충할 수 있습니다. 삼가 전답의 소재지와 사용할 기물의 장부를 바치오니 폐하께서 재가해주시기를 바라나이다.'

그의 건의에 상은 다음과 같은 회답을 보냈다.

'황제는 후장군에게 묻노라. 기병을 쉬게 하고 1만 명을 전답에 남겨서 경작시키겠다고 한 것은 장군이 계획한 대로 시행하라! 다만 적은 언제 섬멸할 것이며 전쟁은 언제 결판날 것인가? 그 이로운 점에 대해 심사숙고해 다시 상주하라!'

충국은 서장(書狀)을 올려 말했다.

'신이 듣건대 제왕의 군대는 온전한 승리를 추구하므로 전략을 중시하고 전투를 가볍게 여긴다고 했습니다. 전투를 통해서 100번 이기는 것이 최상의 방법은 아닙니다.[7] 그렇기 때문에 먼저 적이 우리를 이길 수 없는 상태로 만들고, 그다음에 적을 이기기를 기다리는 것입니다. 오랑캐의 습속이 예의를 아는 나라와는 다르지만 해를 피하고 이익을 취하고자 하며, 친척을 아끼고 죽기를 두려워하는 점은 그들도 똑같습니다.

지금 적들은 그들의 비옥한 땅과 좋은 목초지를 잃은 채 먼 땅에 몸을 기탁해 멀리 도주하느라 시름에 빠져 있습니다. 그래서 친척들 사이에도 마음이 벌어지고, 반란을 일으킬 마음이 생겼습니다. 밝으신 폐하께서 군사를 돌려 군사행동을 중지하고 1만 명을 전답에 남겨두어 농사를 짓게 한 뒤, 하늘의 때[天時]를 따르고 지리적 이점[地利]을 타서 적을 이길 기회를 기다리십시오. 그렇다면 저들이 즉각 죄를 자인하고 항복하지는 않겠지만 승패의 판가름을 1년 안에 바라볼 수 있습니다. 서강[羌虜]은 와해돼 그동안 항복한 자가 1만 700여 명이고, 신이 회유하는 말을 듣고 자기 부족을 설득하러 간 자가 70여 명입니다. 이것은 무기를 쓰지 않고 앉아서 서강의 적을 해체시키는 방법입니다.

신은 삼가 출병하지 않고 머물러 둔전(屯田)하는 이점을 열두 가지로 조목조목 말씀드리겠습니다. 보병 9교(校)[8]의 장교와 사병 1만 명을 농토에 머물게 해 전투 준비를 시키면 전답을 경작해 곡식을 얻게 되므로 위력과

---

7 『손자(孫子)』「모공(謀攻)」편에 나오는 말이다.

8 1개 부대가 1교(校)다.

은덕을 함께 행사합니다. 이것이 첫 번째 이점입니다.

또 서강 오랑캐를 비옥한 땅으로 돌아오지 못하도록 몰아냄으로써 저들 무리는 빈곤에 빠져 결국 무너지고, 자기들끼리 서로 배반하는 단서를 제공합니다. 이것이 두 번째 이점입니다.

이곳에 거주하는 백성들이 군사들과 함께 전답을 경작함으로써 농사를 포기하지 않습니다. 이것이 세 번째 이점입니다.

군마(軍馬) 한 마리가 한 달에 먹는 식량은 둔전병(屯田兵) 한 사람의 1년 식량에 해당합니다. 기병을 해체해 그에 드는 큰 비용을 절감합니다. 이것이 네 번째 이점입니다.

봄이 되면 무장한 사병의 숫자를 줄여 황하와 황수(湟水)를 통해서 배로 곡물을 임강현에 수송합니다. 그 광경을 서강 오랑캐에게 보여주면 위세와 무력을 떨칠 수 있고, 적을 제압하는 방법을 대대로 후세에 전하게 됩니다. 이것이 다섯 번째 이점입니다.

한가한 때 벌목한 재목을 물에 흘려 아래로 내려보내 역사를 수리하고 금성군을 풍족하게 만듭니다. 이것이 여섯 번째 이점입니다.

출병할 때에는 위험을 무릅쓰고 가서 뜻밖의 성공을 거두고, 출병하지 않을 때에는 반기를 든 적들로 하여금 바람이 세고 몹시 추운 곳에 숨느라 서리와 이슬에 젖고, 풍토병과 동상에 걸리는 환난을 겪게 만듭니다. 이는 가만히 앉아 적을 기필코 이기는 방법입니다. 이것이 일곱 번째 이점입니다.

험하고 멀리 떨어진 지역을 지나 적을 추격하느라고 죽고 상하는 해가 없습니다. 이것이 여덟 번째 이점입니다.

안으로는 엄중한 위세와 무력을 손상시키지 않고, 밖으로는 오랑캐가 틈을 타 침입하는 형세를 제공하지 않습니다. 이것이 아홉 번째 이점입니다.

또 황하 남쪽의 대견(大汧)과 소견(小汧)을 두렵게 만들어 다른 변란을 일으키지 못하게 합니다. 이것이 열 번째 이점입니다.

황협(湟陜)의 도로에 다리를 놓아 선수(鮮水)까지 길을 뚫어 서역을 제압하고 천 리 먼 곳까지 위세를 떨치게 합니다. 그뿐만 아니라 베개를 베고 침상에 누운 것처럼 편안히 다리 위를 건너게 합니다. 이것이 열한 번째 이점입니다.

큰 비용을 절감하고, 게다가 부역을 중지해 불의에 닥칠 변란을 방비하게 합니다. 이것이 열두 번째 이점입니다.

군사를 농토에 머물게 하면 열두 가지 이점이 생기고 출병하면 열두 가지 이익을 잃습니다. 신 조충국은 재주가 모자란 데다가 보잘것없는 몸이 나이가 들어 쇠약해져 장구한 계책[長冊=長策]을 알지 못하오니, 밝으신 조칙을 내리시어 공경 대신과 참모들로 하여금 자세하게 토의해 채택하게 해주시기 바랍니다.'

상은 다시 다음과 같은 회답을 내려보냈다.

'황제는 후장군에게 묻노라. 장군이 말한 열두 가지 이로운 점을 잘 들었다. 장군은 적이 죄를 자인하고 항복하지는 않겠지만 승패의 판가름을 1년 안에 바라볼 수 있다고 말했다. 1년 안에 바라볼 수 있다는 것은 이번 겨울을 말하는가? 아니면 어느 때를 지칭하는가? 장군은 한나라가 군사를 상당수 해산시켰다는 소식을 접한 적들이 곧 장정들을 모아 경작하는 백성과 도로 위의 둔전병을 공격하거나 괴롭히고, 다시 백성들을 죽이고 약탈할 가능성에 대해서는 고려하지 않은 듯하다. 그럴 때에는 어떻게 막을 것인가? 또 대견(大开)과 소견(小开)이 예전에 '우리가 한나라 군에 선령의 소재처를 알려주었더니 출동해 공격하지는 않고 오래도록 머물러만 있었다. 5년 전에 부족을 가리지 않고 우리까지 공격한 일을 되풀이하지나 않을까〔○ 여순(如淳)이 말했다. "(선제) 본시(本始) 5년(기원전 69년) 선령을 정벌할 때 대견과 소견이 선령과 다른 마음을 품고 있음에도 불구하고 구별하지 않고 공격했기 때문에 이러한 말을 했다."〕?'라고 말했다. 그들은 속으로 늘 공포에 떨고 있다. 지금 군대가 출동하지 않는다면 변란이 발생해 그들이 선령과 한 무리가 될 가능성은 없겠는가? 장군은 계책을 깊이 생각해 다시 상주하라!'

조충국이 다시 상주해 말했다.

'신이 듣건대 군사 동원은 계책[計]을 세우는 것을 근본으로 삼는다고 했습니다. 따라서 (일에 앞서) 많은 것을 고려한 자가 적게 고려한 자를 이깁니다. 선령(先零) 강족(羌族)의 정예병 중에 현재 남은 숫자는 7,000에서 8,000여 명에 불과합니다. 그들은 터전을 잃고 멀리 객지를 떠돌며 여기저기 흩어져서 굶주림과 추위에 고생하고 있습니다. 한과 견, 막수(莫須)가 노약자와 가축의 상당수를 약탈하고, 게다가 배반하고 돌아가는 자가 끊이질 않습니다. 모두들 상대방을 체포하고 칼로 베는 자를 포상한다는 천자의 밝으신 명령을 들어서 잘 압니다.

어리석은 신이 판단하건대 적들이 무너지는 것은 며칠에서 몇 달을 기다리면 기대할 만하고 아무리 멀어도 내년 봄이면 가능합니다. 이 때문에 승패의 판가름을 1년 안에 바라볼 수 있다고 말씀드렸던 것입니다. 북쪽 국경은 돈황으로부터 요동에 이르기까지 1만 1,500여 리에 달하는데, 요새를 타고 봉수대가 줄지어 세워져 병사 수천 명이 배치돼 있습니다. 적들이 여러 번 큰 무리를 지어 공격했으나 손해를 입히지 못했습니다. 지금 보병 1만 명을 머물게 해 둔토에 주둔시키면 지세가 평탄하기 때문에 높은 산에 올라가서 먼 곳을 조망하는 이점이 많습니다. 부대 간에 서로 보호해 참호와 망루를 설치해 진영이 끊어짐 없이 연달아 있고, 병기와 화살을 날카롭게 갈아놓고 전투 도구를 정비해놓았습니다. 만에 하나 봉홧불이 전해오면 서로 힘을 합쳐 싸울 태세를 갖추어 편히 쉰 군사들이 피로한 적을 기다립니다. 이는 군사행동의 이점입니다.

어리석은 신이 판단하건대 둔전하는 것이 안으로는 군비가 들지 않는 이점이 있고, 밖으로는 방어에 대비하는 이점이 있습니다. 그리고 기병을 해산했다고는 하지만 1만 명이 머물러 경작하는 것을 본 적들은 자기들을 사로잡으려는 수단이라고 인식할 것이 분명합니다. 흙더미가 무너져 내리듯이 저들이 폐하의 덕망에 귀의할 때가 분명히 오래지 않을 것입니다. 다른 종족에게 그들의 처자를 맡겨둔 채 강과 산을 건너 멀리까지 달려와 침략을 감행하지 못한다는 점입니다. 또 둔전하는 군사들이 정예병 1만 명인 것을 보면 감히 다시는 처자들을 거느리고 옛 땅으로 복귀하지 못할 것입니다. 이것이 어리석은 신의 계책입니다.

적들이 앞으로 현재 머문 곳에서 반드시 와해되리라고 판단하는 이유가 여기에 있습니다. 이것이 싸우지 않고서도 적들이 스스로 무너지게 하는 책략입니다. 적들이 소규모로 침략해 약탈하고 때때로 백성을 죽이는 일이야 그 밑뿌리까지 갑자기 없앨 수는 없습니다.

최상의 전쟁은 적을 굳이 이길 필요가 없어 구차하게 칼날을 맞부딪치지 않는 것이고, 최상의 공격은 적을 굳이 취할 필요가 없어 구차하게 민중에게 수고를 끼치지 않는 것이라고 신은 들었습니다. 정녕코 출병시키려고 할 것 같으면 비록 선령을 섬멸하지는 못한다 해도 적들이 소규모 침략도 못하도록 막을 수 있을 때에 하는 것이 좋습니다.

그런데 지금은 소규모 침략도 막지 못하면서 오히려 가만히 앉아 적을 이기는 방법을 버리고 모험을 하는 방법을 취하려고 합니다. 진군한다고 해도 끝내 이익을 얻지 못하고 속만 텅 비게 만들어 우리만 피폐하게 만들고, 중국의 존엄함만 깎아내려 체면을 손상시키고 말 것입니다. 이것은 오랑캐에게 보일 모습이 아닙니다.

또 대군이 한번 출병하면 환군해서는 다시 이곳에 머물지 못하고 황중(湟中)도 비워둘 수가 없습니다. 이러한 사정에 부닥치면 다시 부역을 징발하지 않을 수 없습니다. 게다가 흉노에 대비하지 않을 수 없고, 오환(烏桓)도 우려하지 않을 수 없습니다. 지금 오래도록 군수물자를 수송하느라 그 비용이 막대합니다. 비상시에 쓸 비용을 다 쏟아부어 한 지역에만 넉넉하게 공급하는 것은 이롭지 않다고 생각합니다. 교위 신임중(辛臨衆)이 다행히도 천자의 위엄과 덕망을 받들어 두터운 폐물을 가지고 가서 수많은 서강 종족들을 다독거리고 위문하며 밝으신 조칙을 고했습니다. 당연히 모든 자들이 천자의 다움에 따를 것입니다. 저들이 예전에 한 말 가운데 '5년 전에 한 일을 되풀이하지나 않을까?'라는 내용이 있었다고 하지만 다른 마음을 품은 것은 분명 아닐 것입니다. 이러한 의심스러운 점 때문에 출병할 필요는 없습니다.

신은 조칙을 받들어 군대를 이끌고 변새를 벗어나 멀리까지 출격했습니다. 천자의 정예병을 다 거느리고 산과 들에 병거(兵車)와 갑옷을 흩어놓았습니다. 조그마한 공훈도 세우지 못하고서 혐의를 피하는 요령만을 구차하게 터득해 뒷날의 책임 추궁을 면하려는 것은 불충(不忠)한 신하에게는 이익이지만 밝으신 군주와 사직에는 복이 아니라고 생각합니다. 신이 정예병을 동원해 불의한 무리를 토벌하는 행운을 얻었는데도 오래도록 천벌을 받을 적을 섬멸하지 못했으니 만 번 죽을죄에 해당합니다. 폐하께서 관대하고 어지셔서 신을 차마 죽이지 못하시고, 신에게 여러 번 계책을 심사숙고하라 명하셨습니다. 어리석은 신이 엎드려 심사숙고하고서 도끼로 내리치는 죽임을 피하지 않고 죽음을 무릅쓴 채 어리석은 생각을 진술하오니 폐하께서 살펴보시기를 바랄 뿐입니다.'

충국의 상주문이 올라올 적마다 (상은) 곧장 이를 공경 대신과 참모에게 내려보냈다. 처음에는 그의 계책에 찬동하던 이가 열에 셋이었으나 중간에는 열에 다섯이고, 최후에는 열에 여덟이 됐다. 조서를 내려 앞서 이롭지 않다고 말한 자를 힐책하자 다들 머리를 조아리며 복종했다. 승상 위상(魏相)은 "신은 어리석어 군무(軍務)의 이로움과 해로움을 잘 알지 못합니다. 뒤에 장군이 여러 차례 내어놓은 책략을 보면 그 말이 항상 옳았습니다. 신은 그의 계책이 반드시 쓸 만하다는 것을 보장합니다"라고 말했다. 이에 상은 충국에게 다음과 같은 회답을 보냈다.

'황제는 후장군에게 묻노라. 장군이 올린 상주문에서 강족 오랑캐를 이길 방법을 제시했는데 이제부터 장군의 말을 따르고자 한다. 장군의 계책이 옳다. 머물러 둔전하고, 해산시켜야 할 인원과 말의 수를 보고하라! 장

군은 억지로라도 식사를 할 것이며, 군사행동을 신중히 하며 스스로를 아끼기[自愛]를 바라노라!'

(하지만) 상은 파강(破羌)과 강노(强弩)장군이 여러 차례 마땅히 쳐야 한다고 말한 바 있고, 또 충국의 말대로 둔전하는 곳이 분산돼 있어 적의 침범이 염려됐기 때문에, 이에 두 가지 계책을 병행하기로 하고서 두 장군과 중랑장 앙에게 조서를 내려 출격하라고 했다. 강노는 출병해 4,000여 명을 항복시켰고, 파강은 2,000급을 베었으며, 중랑장 앙이 베거나 항복을 받은 자 또한 2,000여 급이었는데, 충국이 항복을 받은 자는 다시 여기에 더해 5,000여 명이었다. 조서를 내려 군대를 해산하고 충국만 홀로 머물러 둔전하라고 했다.

이듬해 5월 충국이 아뢰어 말했다.

'강(羌)은 본래 5만 명의 군사가 있는데, 베어 죽인 적군이 7,600급이고, 항복한 자가 3만 1,200명이며, 황하와 황수에 빠져 죽거나 굶어 죽은 자가 5,000 내지 6,000명이니 숫자로 추정해볼 때 여기에서 빠져 전공(煎鞏)과 황저(黃羝)로 도망친 자는 4,000명에 지나지 않습니다. 강의 미망 등이 자신의 과오를 자책하고[自誚=自責] 있으므로 반드시 사로잡을 수 있을 것이니 둔병을 중지하기를 청합니다.'

상이 청을 재가하자 충국은 군사를 추슬러 돌아왔다. 그와 친하게 지내던 호성사(浩星賜)가 그를 환영하며 이렇게 설득했다.

"사람들은 파강과 강노가 출격해 많은 적을 베고, 항복한 포로를 많이 얻었기 때문에 오랑캐들이 무너졌다고 말하고 있소. 그러나 식자들은 적의 형세가 곤경에 처해 (한나라) 병력이 출동하지 않았다고 해도 저절로 항복했을 것이라고 여기고 있소. 장군은 즉각 상을 알현하고서 마땅히 두 장군이 출격한 것에 공훈을 돌리고, 저들이 세운 공은 어리석은 신하가 미칠 바가 아니라고 해야 합니다. 그렇게 한다면 장군의 계책은 실패하지 않을 것이오."

충국이 말했다.

"나는 나이가 들었고 작위는 이미 최고의 자리에 이르렀소. 한때 용병(用兵)한 일을 사실대로 아뢰어야지 과시하는 혐의가 있다고 해서 밝으신 군주를 속여서야 되겠소? 군대의 형세는 나라의 중대한 일이므로 마땅히 후세의 모범이 돼야 하오. 이 늙은 신하가 목숨이 붙어 있을 때 한번 폐하께 군대의 이해(利害)에 대해 명확하게 말씀드리지 않는다면 갑자기 죽을 경우 누가 마땅히 다시 말할 수 있겠소?"

결국 자신의 속뜻을 말했다. 상은 그의 계책이 맞다고 여겨 신무현을 장군에서 면직시켜 (원래의 직책인) 주천군 태수로 돌려보냈고, 충국은 다시 후장군 위위(衛尉)가 됐다.

그 해 가을 강의 부족 약령(若零), 이류(離留), 저종(且種), 예고(兒庫) 등이 힘을 합해 선령의 큰 추장 유비(猶非)와 양옥(楊玉)의 목을 베고, 아울러 제택(弟澤), 양조(陽彫), 양아(良兒), 미망(靡忘) 등 많은 추장들이 전공과 황저에 흩어진 4,000여 명을 이끌고 한나라에 항복했다. 그래서 약령, 제택 두 사람을 수중왕(帥衆王)에 봉하고, 이류, 저종 두 사람을 후(侯)로 삼고, 예고를 군(君)으로, 양조를 언병후(言兵侯)로, 미망을 헌우군(獻牛君)으로 삼았다. 처음으로 금성군에 속국을 설치해 항복한 강족을 그곳에서 살게 했다.

조서를 내려 호강교위(護羌校尉)를 맡을 만한 사람을 추천하라고 했는데, 이때 충국은 병석에 있어 4개 부(府)[9]에서 신무현의 막내동생 탕(湯)을 천거했다. 충국은 황급히 병석에서 일어나 아뢰었다.

"탕은 술주정을 하므로 오랑캐의 일을 맡을 수 없습니다. 차라리 탕의 형 임중(臨衆)이 낫습니다."

그때 탕은 이미 알현하고 부절을 받은 뒤였으나 천자는 조서를 내려 바꿔서 임중을 썼다. 그 뒤에 임중이 병으로 면직되자 5개 부에서 다시 탕을 천거했고, 탕은 자주 술에 취해 강 사람들에게 술주정을 했기 때문에 그들이 반란을 일으켰으니 결국 충국의 말대로 됐다.

애초에 파강장군 무현이 군중에 있을 때 종종 중랑장 앙과 사담(私談)을 나누었는데 한번은 앙이 이런 말을 했다.

"거기장군 장안세(張安世)가 예전에 일찍이 상의 마음을 불쾌하게 한 적이 있어 상이 그를 주살하려고 했는데, 우리 집안의 장군께서 안세가 전대를 허리에 차고 붓을 머리에 꽂은 채, 무제를 섬긴 지 수십 년으로 충성스럽고 근면하다는 평을 받았으므로 마땅히 그를 보전하는 것이 좋겠다고 말씀드렸지요. 안세는 이 때문에[用是] 죄를 모면할 수 있었소."

충국이 개선해 군사에 관한 일을 말해 무현은 장군 자리에서 물러나 옛 관직인 주천군 태수로 돌아가게 되니, 이를 몹시 한스럽게 여겨 글을 올려 앙이 성중(省中)에서 한 말을 밖으로 누설했다고 고발했다. 앙은 금지

---

9 승상부(丞相府), 어사부(御史府), 거기장군부(車騎將軍府), 전장군부(前將軍府)를 가리킨다. 여기에 후장군부(後將軍府)를 더하면 5부다.

령을 어기고 충국 막부의 영군사마(營軍司馬) 가운데 들어가 둔병을 어지럽힌 죄에 연루돼 옥리에게 내려지자 자살했다.

충국이 사직을 청하자 안거사마(安車駟馬)와 황금 60근을 내려주고 파직해 사저에 머물도록 했다. (그러나) 사방 오랑캐에 관한 중대한 토의가 있을 때마다 조정에서는 항상 군사회의에 그를 참여시켜 대책을 물었다. 그는 나이 86세 때인 감로(甘露) 2년에 죽었고, 시호를 내려 장후(壯侯)라 했다. 작위를 아들에게 전해 손자 흠(欽)까지 이르렀고, 흠은 경무공주(敬武公主)와 혼인했다[尙]. 주(主-공주)가 아들을 낳지 못하자 주는 흠의 양인(良人) 습(習)에게 임신했다고 사칭하게 했다. 그러나 실제로는 다른 사람의 아들을 습의 아들이라고 한 것이다. 흠이 죽고 그 아들 잠(岑)이 작위를 이어받았으며, 습은 태부인(太夫人)이 됐다. 그런데 잠의 친부모가 금전과 재물을 요구하는 것이 끝이 없어 분에 못 이겨 서로 고발했다. 잠이 흠의 친아들이 아니라는 이유로 봉국은 없어졌다. 원시(元始) 연간에 공신의 후예를 잘 대우할 때 충국의 증손인 급(伋)을 다시 봉해 영평후(營平侯)로 삼았다.

충국은 곽광과 공훈의 등급이 같아서 미앙궁에 그의 화상이 그려졌다. 성제(成帝) 때 서강에 변란이 일어난 적이 있었는데 상은 장수로 쓸 만한 신하가 간절하게 생각나 충국의 훌륭한 공을 다시 칭송하고서, 이에 황문랑(黃門郎-황제의 생활과 기거를 담당하는 관서로 황궁 안에 있어 황제를 가까이하는 직책) 양웅(楊雄)을 불러 충국의 화상 옆에 찬송하는 글을 지어 써놓게 했는데 그 글은 이러했다.

'신성한 선제 때 선령이란 오랑캐 있었네

선령이 발악하여 한나라 서부를 침략했네

한나라가 무장을 명하니

바로 후장군, 천자의 군사를 거느리고

토벌하러 나갔네

저들의 땅에 가서 위엄과 덕으로 회유했네

공을 세우려는 주천군 태수는 이기지 못한다며

한과 강으로 군대를 진격시키자고 청했네

천자는 그에게 명하여 선수(鮮水)로 가게 하셨네

영평후는 절의를 지켜 상주문을 자주 올렸네

적을 헤아려 승리를 거두니 위엄과 지략을 당할 자 없었네

마침내 서융(西戎)을 이기고 장안으로 개선했네

귀방(鬼方)[10]이 복종하여 천자에 조회하지 않는 자 없네

옛날 주나라 선왕(宣王) 때 방숙(方叔)과 소호(召虎)[11]가 있었는데

시인이 공훈을 노래해 『시경(詩經)』에서 읊었다네

한나라가 중흥할 때 조충국이 무공을 세웠으니

굳셈과 위엄이 저들 뒤를 계승했다네.'[12]

---

10 상고의 종족 이름으로 은주(殷周) 시대에 중국 서북방을 지배한 강성한 세력이었다. 또 중국 변방의 소수민족을 가리키는데 여기서는 선령 강족을 지칭한다.

11 방숙은 형만(荊蠻)을 정벌했고, 소호는 회이(淮夷)를 정벌했다.

12 양웅의 이 글은 안대회가 옮긴 『한서열전(漢書列傳)』에 실린 글을 그대로 전재했다. 한문학자의 운문 번역이기에 한 글자도 고치지 않았다.

충국은 후장군이 된 이후 두릉(杜陵)으로 이주했다. 신무현은 강(羌)의 군대에서 돌아온 후 7년이 지나 다시 파강(破羌)장군이 돼 오손(烏孫)을 정복하고 돈황군(敦煌郡)에 이르렀는데, 그후에는 출진하지 않았고 중앙의 부름을 받아 아직 도착하기도 전에 병으로 졸(卒)했다. 아들 경기(慶忌)는 대관(大官)에 이르렀다.

신경기(辛慶忌)는 자(字)가 자진(子眞)으로 어려서 아버지의 보임(保任-보증)으로 우교(右校)의 승(丞-보좌관)이 됐고, 장라후(長羅侯) 상혜(常惠)를 따라서 오손(烏孫)의 적곡성(赤谷城)에 둔전했으며, 오손의 흡후(歙侯-오손의 관직 이름)와 전투를 벌여 적진을 함락하고 적을 물리쳤다. 혜(惠)가 그 공을 위에 아뢰니 제배해 시랑을 삼았고, 승진해 교위(校尉)가 됐으며, 장교와 병사들을 이끌고 언기국(焉耆國-서역 36국의 하나)에 주둔했다. (중앙으로) 돌아와 알자(謁者)가 됐는데, 이때까지는 아직 이름이 알려지지 않았다. 원제(元帝) 초에 금성군(金城郡)의 장사(長史)에 보임됐고, 무재(茂才)가 있다 해 천거돼 낭중 거기장(군)에 올랐으며, 조정에서는 많은 사람들이 그를 중하게 여겼다. 옮겨서 교위가 됐고, 승진해 장액군(張掖郡) 태수가 됐다가 주천군(酒泉郡)으로 옮겼는데, 가는 곳마다 이름을 드러냈다.

성제(成帝) 초에 (중앙에) 불려와 광록대부가 됐고, 좌조(左曹) 중랑장으로 승진했다가 집금오(執金吾)에 이르렀다. 이 무렵 무현과 조충국 사이에 틈이 있었는데, 뒤에 충국의 집안사람이 신씨(辛氏)를 죽인 일이 있었고, 경기가 집금오에 이르자 그 아들이 조씨(趙氏)를 죽인 일에 연루돼 주천태수로 좌천됐다. 1년여가 지나 대장군 왕봉(王鳳)이 (상에게) 경기를 천거하며 이렇게 말했다.

"전에 두 군의 태수로 있으면서 공적을 드러냈고, 중앙에 불려 들어와서는 조정의 여러 자리를 거쳤는데, 믿고 따르지 않는 사람들이 없었습니다. 행실이 질박하며 바르고 곧으며, 어짊과 용맹은 많은 이들의 마음을 얻었고, 군사의 일에 통달했으며, 계책은 명확하고 위엄은 무거워 나라의 주석을 맡길 만합니다. 그의 아버지 파강장군 무현은 지난 시대에 이름이 높았고, 서방 오랑캐들에게 위엄이 있었습니다. 신 봉(鳳)은 마땅히 경기의 윗자리[右=上位]에 오래 있어서는 안 될 것입니다."
　　　　　　　우　상위

마침내 다시 불러 광록대부와 집금오(執金吾)로 삼았다. 수년 후에 작은 법[小法]에 걸려 운중(雲中)태수로 좌천당했다가 다시 불려와 광록훈이
　　　소법
됐다. 이때 여러 차례 재이가 일어나자 승상 겸 사직(司直) 하무(何武)가 봉사를 올려 다음과 같이 말했다.

"(춘추시대) 우(虞)나라에 궁지기(宮之奇)가 있었기 때문에 진(晉)나라 헌공(獻公)은 잠을 이루지 못했고,[13] 위청(衛靑)이 (대장군의) 자리에 있었

---

13 기원전 655년 괵(虢)나라를 치기 위해 우나라를 통과해야 했던 진(晉)나라는 우공(虞公)에게 많은 뇌물을 주면서 길을 통과하게 해줄 것을 요청했다. 이때 궁지기가 우공에게 아뢰기를 "수레의 덧방나무와 바퀴가 서로 의존해 떨어질 수 없고[輔車相依], 입술이 없으면 이가 시리듯이
　　　　　　　　　　　　　　　　　　　　　　　　　　　　　보거상의
[脣亡齒寒], 괵은 우와 일체이므로 괵이 망하면 우도 망할 것입니다"라며 그 요청을 물리칠 것
순망치한
을 청했다. 진나라 헌공이 잠을 이루지 못한 것은 그 때문이었다. 그러나 뇌물에 눈이 어두운 우공이 결국 그의 말을 따르지 않고 진나라의 침공군에게 길을 내어주자 궁지기는 "진은 괵을 멸망시키고 나서 우도 멸망시킬 것이다"라고 예언하고 우나라를 떠났다. 과연 진은 그 해 괵을 멸망시키고 돌아오면서 불의에 우를 쳐서 멸망시키고 우공을 잡아갔다.

기 때문에 회남왕(淮南王)은 음모를 접어야 했습니다. 그래서 뛰어난 이가 조정에 있으면 적의 공격을 꺾고[折沖=折衝] 어려움을 눌러 재앙의 형세가 아직 나타나지 않았는데도 이기는 것입니다. 『사마법(司馬法)』에 이르기를 "천하가 비록 평안해도 전쟁(에 대한 대비)을 잊으면 반드시 위험해진다"라고 했습니다. 무릇 장군이 미리 대비책을 갖추지 않으면 갑작스러운 일[卒=俄]에 제대로 대응할 수 없고 병사가 평소에 훈련하지 않으면 목숨을 걸고서 적과 싸우기 어렵습니다. 이 때문에 선제(先帝)께서는 열장(列將)의 관직을 세우시어 가까운 혈친들이 안쪽을 맡고, 다른 성씨들이 바깥쪽을 막도록 하셨습니다. 그 때문에 간사한 음모[奸軌]는 싹이 트기도 전에 파멸당했으니 진실로 그것은 만세의 장구한 계책입니다. 광록훈 경기(慶忌)는 행실과 의로움이 닦여지고 바르며, (성품은) 부드러우면서도 굳세고, 도탑고 두터우며[柔毅敦厚], 생각하는 바는 깊고도 멀리 내다봅니다. 예전에 변방의 군(郡)에 있을 때에는 여러 차례 적을 깨뜨려 포로로 붙잡아 외방의 오랑캐들 사이에서는 그 이름을 모르는 자가 없었습니다. 최근에 큰 이변들이 줄지어 일어났지만 아직 그에 대한 대응은 없었습니다. 게다가 오랫동안 전쟁이 일어나지 않았습니다. 『춘추(春秋)』에 이르기를 "큰 재난이 아직 이르지 않았을 때 미리 그것을 막으라"라고 했으니 경기를 조아관(爪牙官-황제 근위병)으로 삼아 대비하신다면 환란의 근심이 사라질 것입니다[不虞][○ 사고(師古)가 말했다. "우(虞)는 헤아림[度]이다. 불우(不虞)란 적의 뜻을 헤아리지 못해 어려움을 겪게 되는 것을 말한다."]."

그 후에 제배해 우장군 제리(諸吏) 산기(散騎) 급사중으로 삼았고, 1년여 후에 옮겨서 좌장군(左將軍)으로 삼았다.

경기는 평소 몸가짐이 공손하고 검소했으며, 음식과 피복은 더욱 절약했다. 그러나 천성적으로 수레와 말을 좋아했고, 선명(鮮明)함으로 인해 좋은 평판을 얻었기에 오직 이 점에서는 지나친 바가 있었다. 나라에는 호랑이와도 같은 신하로서 태평한 시대를 만나 흉노와 서역 사람들이 직접 와서 귀의했으며, 그의 위엄과 신의를 공경했다. 나이가 다할 때까지 관직에 있었다. 맏아들 통(通)은 호강(護羌)교위가 됐고, 둘째 준(遵)은 함곡관 도위가 됐으며, 막내 아들 무(茂)는 수형도위로 있다가 군수로 나갔으니 모두에게 장수의 풍모가 있었다. 종족 및 지족들 중에 2,000석 관리에 이른 사람이 10여 명이다.

원시(元始) 연간에 안한공(安漢公) 왕망(王莽)이 정권을 쥐고서[秉政] 경기가 본래 대장군 봉(鳳)을 키워주었고, 세 아들이 모두 유능하다는 것을 알고서 그들을 가까이하며 두텁게 대해주려고 했다. 이때 망(莽)은 바야흐로 위엄과 권세의 칼자루를 세우고서 견풍(甄豐), 견한(甄邯)을 써서 자신을 돕게 하니, 풍과 한은 새로운 귀근(貴近)이 돼 조정에 위세를 떨쳤다. 수형도위 무(茂)는 스스로 명신의 자손이며, 형제가 나란히 조정의 반열에 있다고 생각해 두 견(甄)에 맞서 조금도 굽히거나 섬기려 하지 않았다. 이때 평제(平帝)가 어려서 외가인 위씨(衛氏)가 경사(京師)에 들어올 수 없었는데, 호강교위 통(通)의 맏아들 차형(次兄)이 평소 제(帝)의 외척 위자백(衛子伯)과 서로 사이가 좋아 두 사람이 함께 유협(游俠)하니 빈객들의 방문이 성대했다. 여관(呂寬)의 사건이 일어나게 되자 망은 위씨들을 주살했다. 두 견(甄)은 여러 신씨(辛氏)들이 위자박의 심복이 돼 안한공의 은혜를 배반하고 좋지 못한 짓을 하려는 모의를 했다고 말을 지어냈다. 이에 사직

(司直) 진숭(陳崇)은 신씨의 종친인 농서군의 신흥(辛興) 등이 백성들을 침탈하고, 여러 고을에 그 위력을 행사했다고 고발하는 글을 올렸다. 망은 드디어 통(通)의 부자, 준(遵)·무(茂) 형제, 그리고 남군(南郡)태수 신백(辛伯) 등을 취조해 그들을 모두 주살했다. 신씨는 이로 인해 폐절됐다. 경기는 본래 적도(狄道) 사람으로 장군이 됐고 창릉(昌陵)으로 이주했다. 창릉(昌陵)이 없어지면서 장안(長安)에 머물러 살았다.

찬(贊)하여 말했다.

"진(秦)과 한(漢)나라 이래로 산동(山東)에서는 재상이 많이 나왔고, 산서(山西)에서는 장수가 많이 나왔다. 진나라 장군 백기(白起)는 미현(郿縣) 사람이고, 왕전(王翦)은 빈양(頻陽) 사람이다. 한나라가 일어난 뒤로 욱질현(郁郅縣)의 왕위(王圍)와 감연수(甘延壽), 의거(義渠)의 공손하(公孫賀)와 부개자(傅介子), 성기현(成紀縣)의 이광(李廣)과 이채(李蔡), 두릉(杜陵)의 소건(蘇建)과 소무(蘇武), 상규현(上邽縣)의 상관걸(上官桀)과 조충국, 양무현(襄武縣)의 염포(廉褒), 적도현(狄道縣)의 신무현과 신경기 등이 모두 용맹함과 무예로 세상에 이름을 드날렸다. 소씨와 신씨 부자는 절의로도 명성이 높았고, 이들이 많은 장수들 가운데서도 특히 칭송할 만하다. 그밖에 이루 헤아릴 수 없이 많은 장수들이 있다. 이렇게 산서에 장수가 많은 이유는 무엇일까? 산서의 천수, 농서, 안정, 북지의 여러 군은 처한 형세가 서강, 흉노와 아주 접근해 있기 때문에 백성들의 습속이 전쟁에 익숙하고 훈련이 돼 있으며, 따라서 용력(勇力)과 말 타기와 활쏘기를 높이 숭상한다. 그러므로「진풍(秦風)」의 시에 이르기를 '천자께서 군사를 일으키니 내 무기를 닦아서 그대들과 함께 가리라'¹⁴라고 노래했다. 그 지역의 기풍과 습속이 예로부터 그러했으니 지금의 노래가 강개한 것도 그 옛 풍류가 여전히 남아 있기 때문일 뿐이다."

---

14 『시경(詩經)』「진풍(秦風)」'무의(無衣)' 편의 구절이다. 진나라 사람이 천자를 도와 종군한 일을 읊었다.

권
◆
70

부개자·상혜·
정길·감연수
·진탕·단회종전
傅常鄭甘陳段傳

부개자(傅介子)는 북지군(北地郡) 사람으로〔○ 사고(師古)가 말했다. "「조충국전」의 찬(贊)에 이르기를 '의거(義渠)의 공손하와 부개자'라고 했으니 그렇다면 개자는 북지군 의거 사람이다."〕 종군하기 위해 관리가 됐다. 이에 앞서 구자(龜茲), 누란(樓蘭) 두 나라[1]는 모두 이미 한나라의 사자를 죽인 바 있었는데 상세한 이야기는 「서역전(西域傳)」에 실려 있다. 원봉(元鳳) 연간에 이르러 개자(介子)는 준마감(駿馬監)으로 있으면서 대완(大宛)에 사자로 가려고 했다. 이에 조서를 내려 그에게 누란, 구자 두 나라를 문책하게 했다.

개자는 누란에 이르러 그 왕이 흉노를 시켜[敎=使] 한나라의 사자를 막고서 죽인 일을 꾸짖었다.

---

1 둘 다 서역에 있는 나라다.

"(한나라의 대병력이 곧 올 텐데) 왕이 만약에 흉노를 사주하지 않았다면 흉노의 사자가 여기를 지나 여러 나라에 이르렀는데 어찌 아무 말도 하지 않는 것인가?"

왕은 사죄하며 굴복해 말했다.

"흉노의 사자가 얼마 전 이곳을 지나갔고, 마땅히 오손에 가는 도중에 구자를 통과해서 갔습니다."

개자는 구자에 이르러 다시 그 왕을 꾸짖자 그 왕도 사죄하며 굴복했다. 개자가 대완으로부터 돌아와 구자에 이르렀을 때 구자 사람들이 말했다.

"흉노의 사자가 오손에서 돌아와 여기에 있습니다."

개자는 이에 그 하급 관리와 병사들을 이끌고 가서 함께 흉노의 사자를 주참(誅斬)했다. 돌아와 일을 아뢰자 조서를 내려 개자를 제배해 중랑(中郞)으로 삼았고 승진해 평락감(平樂監)이 됐다. 개자가 대장군 곽광(霍光)에게 일러 말했다.

"누란과 구자는 그런 짓을 자주 반복하니 주벌하지 않고서는 징계해 다스릴 수가 없습니다. 이 개자가 구자를 지나갈 때 그 왕은 사람들에게 가까이 다가갈 것이므로 쉽게 만날 수가 있으니, 바라건대 가서 그를 칼로 찔러 여러 나라들에 위엄을 보이겠습니다."

대장군이 말했다.

"구자까지는 길이 머니 먼저 그것을 누란에서 시험해보도록 하라."

이에 건의해 그를 보냈다. 개자와 사졸들은 모두 황금과 폐물을 싸가지고 겉으로는 외국에 내려줄 선물이라고 명목을 붙여 크게 말했다. 누란에 이르자 누란왕은 개자와 가까이하고 싶어 하지 않아 했기에, 개자는 겉으로 무리를 이끌고 물러나는 척하면서 그 서쪽 경계에 이르러 역관(譯官)을 시켜 말했다.

"한나라 사자가 황금과 수놓은 비단을 가지고 와서 여러 나라들에 내려주려고 하는데, 왕께서 와서 받지 않으신다면 나는 서쪽 나라로 가지고 갈 것입니다."

그 자리에서 황금과 폐물을 꺼내 역관에게 보여주었다. 역관이 돌아가서 왕에게 보고하니 왕은 한나라의 물건이 탐이 나 사자를 오게 해 만나보았다. 개자는 함께 앉아서 술을 마시다가 물건들을 진열해놓고서 보여주었다. 술을 마셔 모두 취하자 개자가 왕에게 말했다.

"천자께서 저를 시켜 은밀하게 왕께 드리라고 하신 말씀이 있습니다."

왕은 일어나 개자를 따라서 장막 안으로 들어갔고 사람들을 물리치고서 둘만이 이야기를 하려 하는데[屛語], 장사 두 사람이 뒤에서 나와 그를 칼로 찌르자 칼날이 가슴에서 교차돼 선 채로 죽었다. 그의 귀인과 좌우의 신하들은 모두 뿔뿔이 달아났다. 개자는 누란왕이 한나라를 배반했던 죄를 고하며 일깨워주었다.

"왕이 한나라를 배반한 죄가 있기에 천자께서 나를 보내 왕을 죽이고 마땅히 한나라에 있는 왕의 동생 위도기(尉屠耆)로 바꿔서 세우게 하셨다. 한나라의 군대가 바야흐로 도착할 것이니 감히 조금도 움직이지 말라. 움직이게 되면 나라를 멸할 것이다."

드디어 왕의 목을 갖고서 돌아와 대궐에 이르자 공경과 장군, 그리고 의자(議者)들은 모두 그 공로를 경하했다. 상은 이에 조서를 내려 말했다.

'누란왕 안귀(安歸)는 일찍이 흉노의 간첩이 돼 한나라 사자를 정탐하거나 차단하고, 군대를 동원해 위사마(衛司馬) 안락과 광록대부 충(忠), 기문랑 수성(遂成) 등 세 명과 안식(安息), 대완국(大宛國)의 사자를 죽이거나 약탈하고, 그들이 가진 부절과 인장, 그리고 헌상물을 도둑질했으니 하늘의 이치를 심하게 거슬렀다. 평락감(平樂監) 부개자가 부절을 갖고 사자로 가서 누란왕 안귀를 주벌해 그의 목을 베어, 북궐(北闕)의 머리에 겂으로써 곧음으로 원한을 갚아[以直報怨]〔○ 사고(師古)가 말했다. "『논어(論語)』에서 공자가 한 말이다. '곧음으로 원한을 갚고 다움은 다움으로 갚아라.' 이는 곧 나에게 원한을 맺히게 한 자에 대해서는 곧은 도리를 써서 되갚아야 한다는 말이다."〕 군사 대중을 번거롭게 하지 않았다.² 이에[其=於是] 개자를 봉해 의양후(義陽侯)로 삼고 식읍 700호를 내려준다. 병사들 중에 왕을 칼로 찌른 자는 모두 시랑(侍郞)에 보임하라.'

개자가 훙(薨)하고 나서 아들 창(敞)이 죄가 있어 작위를 이어받지 못해 봉국이 없어졌다. 원시(元始) 연간에 (왕망은) 공신의 집안을 이어준다며 다시 개자의 증손 장(長)을 봉해 의양후로 삼았는데, 왕망이 패망하자 마침내 끊어졌다.

상혜(常惠)는 태원(太原) 사람이다. 어릴 때 집안이 가난해 스스로 떨쳐 일어나 응모해 체중감(杕中監)〔○ 사고(師古)가 말했다. "체중은 마구간 이름이다."〕 소무(蘇武)를 따라 흉노에 사신으로 가서 함께 10여 년 동안 억류됐다가 소제(昭帝) 때에야 겨우 돌아왔다. 한나라에서는 그의 근로(勤勞)

---

2 출병할 필요가 없었다는 말이다.

를 아름다이 여겨 제배해 광록대부로 삼았다. 이때 오손(烏孫)공주가 글을 올려 말했다.

'흉노가 기병을 발동해 차사(車師)에서 훈련하고서 차사와 흉노가 하나가 돼 함께 오손을 치려 하니 빌건대 천자께서 구원해주소서.'

한나라는 군사와 말을 기르면서 흉노를 칠 것을 토의했다. 때마침 소제(昭帝)가 붕(崩)하고 선제(宣帝)가 막 즉위한 초기인 본시(本始) 2년에 혜(惠)를 오손에 사자로 보냈다. 공주와 곤미(昆彌)가 모두 사자를 보내 혜를 통해 말했다.

"흉노가 연이어 대군을 발동해 오손을 치고 거연(車延)을 차지했으며, 사지(師地)를 못살게 굴면서 그 백성들을 거두어갔고, 또 사자를 보내 공주를 내놓으라고 협박하고 우리를 한나라와 끊어놓으려 하고 있습니다. 곤미가 바라건대 나라의 정예 5만 기병을 발동해 온 힘을 다해 흉노를 치고자 합니다. 부디 천자께서 군대를 출동시키시어 공주와 곤미를 구해주소서."

이에 한나라는 대대적으로 15만 기병을 발동시켜 다섯 장군〔○ 사고(師古)가 말했다. "기련(祁連)장군 전광명(田廣明), 포류(蒲類)장군 조충국(趙充國), 무아(武牙)장군 전순(田順), 도요(度遼)장군 범명우(范明友), 전(前)장군 한증(韓增)이다."〕이 길을 나눠 나아갔는데 상세한 이야기는 「흉노전(匈奴傳)」에 실려 있다.

혜(惠)를 교위(校尉)로 삼아 부절을 갖고 가서 오손의 군대를 보호하게 했다. 곤미는 몸소 흡후(翕侯) 이하 5만여 기병을 이끌고 (혜와 더불어) 서방에서 들어가 우곡려(右谷蠡)의 정(庭)에 이르러 선우(單于)의 아버지 항렬이 되는 사람들과 형수, 거차(居次-공주), 명왕(名王) 기장(騎將) 이하 3만 9,000명을 사로잡고, 말, 소, 노새, 낙타 등 5만여 필과 양 65만 두를 얻었으며, 오손은 노획물들을 모두 자신들이 가졌다. 혜는 이졸 10여 명과 함께 곤미를 따라서 돌아왔는데, 오손에 미처 이르기도 전에 오손 사람들이 혜의 인끈과 부절을 훔쳐갔다. 혜는 귀국했지만 스스로 주살될 것이라 여겼다〔○ 사고(師古)가 말했다. "인끈과 부절을 빼앗긴 것은 왕명을 욕되게 한 것[辱命]이기 때문이다."〕. (그러나) 이때 다섯 장군은 모두 아무런 공로를 세우지 못했는데, 천자는 혜 홀로 사자로 가서 적을 이기고 사로 잡았다 해 드디어 혜를 봉해 장라후(長羅侯)로 삼았다. 다시 혜를 보내 황금과 폐물을 가지고 가서 오손의 귀족들 중에서 공로가 있는 자들에게 내려주고 돌아오게 했는데, 혜는 이를 틈타 청을 올려 구자국이 일찍이 교위 뇌단(賴丹)을 죽인 일이 있는데, 아직 그들을 주벌하지 못했으니 다시 가서 그들을 칠 것을 청했으나 선제(宣帝)는 허락하지 않았다. 대장군 곽광은 혜에게 넌지시 일러[風=諷] 하고 싶은 대로 하도록 했다. 혜는 장교와 병사 500명과 함께 오손에 이르렀다가 돌아오면서 지나는 길에 서쪽 나라 병력 2만을 발동하고, 부사(副使)로 하여금 구자국의 동쪽에 있는 나라 병력 2만과 오손의 병력 7,000을 발동하게 해 세 방면에서 주자를 공격하면서, 아직 병력들이 다 모이지 않았는데도 먼저 사람을 보내, 전에 한나라 사자를 죽인 상황을 들어 책망을 했다. 왕은 사죄하며 말했다.

"그것은 나의 선왕 시절에 귀족인 고익(姑翼)이 잘못을 저지른 것일 뿐 내 죄는 아닙니다."

혜가 말했다.

"만일 그렇다면 고익을 결박해오면 내가 왕을 놓아주겠소[置=放]."
치 방

왕이 고익을 붙잡아 혜에게 데려오자 혜는 그의 목을 치고서 돌아왔다.

훗날 (혜는) 소무(蘇武)의 뒤를 이어 전속국(典屬國)이 됐고, 외국의 사정을 훤하게 알아서 부지런히 일해 여러 차례 공로를 세웠다. 감로(甘露) 연간에 후(後)장군 조충국이 훙하자 천자는 드디어 혜를 우(右)장군으로 삼고, 전속국의 직위는 그대로 유지하게 했다. 선제(宣帝)가 붕(崩)하자 혜는 원제(元帝)를 섬겼고, 3년 만에 훙하니 시호를 장무후(壯武侯)라고 했다. 봉국은 증손자까지 이어졌고 (후한) 건무(建武) 연간에 마침내 끊어졌다.

정길(鄭吉)은 회계(會稽) 사람으로 병사로 종군해 여러 차례 서역에 출진했고, 그로 말미암아 낭(郞)이 됐다. 길(吉)은 사람됨이 강인하고 뜻이 굳세며 외국의 일에 정통했다. 장건(張騫)이 서역과 통하게 만들고, 이광리(李廣利)가 그곳을 정벌한 이후 처음으로 교위(校尉)를 두었고, 거려(渠黎)에 둔전을 두었다. 선제(宣帝) 때에 이르러 길은 시랑(侍郞)으로서 거려에서 둔전해 곡식을 비축해두었는데, 그것을 바탕으로 여러 나라의 병사들을 징발해 차사(車師)를 공격해 깨뜨린 공로로 승진해 위사마(衛司馬)가 됐고, 사자로 가서 선선(鄯善) 서쪽의 남도(南道)[3]를 보호했다.

신작(神爵) 연간에 흉노가 서로 분란이 일어나 일축왕(日逐王) 선현전(先賢撣)〔○ 사고(師古)가 말했다. "撣의 발음은 (탄이 아니라) 전(纏)이다."〕이 한나라에 투항하고자 해 사람을 시켜 길(吉)과 서로 의사를 주고받

---

3   서역으로 가는 데는 남도와 북도 두 개의 길이 있었다.

왔다. 길은 거려와 구자의 여러 나라들에서 5만 명을 징발해 일국왕, 1만 2,000여 명의 백성과 소왕장(小王將)[4]을 맞이하니, 이들은 길(吉)을 따라 하곡(河曲)에 이르렀는데, 도망치는 사람들이 제법 있어 길이 뒤쫓아가서 그들의 목을 베었고, 드디어 그들을 이끌고서 경사(京師)에 이르렀다. 한나라에서는 일축왕을 봉해 귀덕후(歸德侯)로 삼았다.

길(吉)은 이미 차사(車師)를 깨뜨렸고, 일축을 투항시켜 위엄을 서역에 떨쳤고, 드디어 남도에 이어 차사 서쪽의 북도(北道)를 보호했기에, 그래서 도호(都護)[○ 사고(師古)가 말했다. "남도와 북도 두 도로를 모두 보호했기 때문에 그것을 일러 도(都)라고 한 것이다. 도(都)란 크다[大] 혹은 총괄하다[總]는 뜻이다."]라고 불렀다. 도호를 두게 된 것은 길에서부터 시작된 것이다. 상은 그의 공로와 업적[功效]을 아름답게 여겨 이에 조서를 내려 말했다.

'도호 서역 기도위(騎都尉) 정길(鄭吉)은 외부의 오랑캐를 막아내고 위신을 널리 밝게 떨쳤으며, 흉노 선우의 종형(從兄) 일축왕의 무리를 맞이했고, 차사의 도자성(兜訾城)을 쳐서 깨뜨려 그의 공로와 업적은 현저하다[茂著]. 이에[其] 길을 봉해 안원후(安遠侯)로 삼고 식읍은 1,000호로 한다.'

길은 이에 서역의 중앙에 막부를 세워 오루성(烏壘城)을 쌓았고, 여러 나라들을 누르고 어루만져주었으며[鎭撫], 그들을 주벌하거나 회유했다. 한나라의 호령(號令)이 서역에 반포된 것[班=布]은 장건(張騫) 때 처음 시작돼

---

4 소왕을 도와 군사를 거느리는 장수를 말한다. 흉노좌우왕, 좌우곡려왕, 좌우대장 등 무릇 24장이 대왕장이고 나머지는 소왕장이다.

정길(鄭吉) 때 완성됐다. 상세한 이야기는 「서역전(西域傳)」에 실려 있다.

길이 훙하자 시호를 무후(繆侯)라 했다. 아들 광(光)이 이어받았는데 훙하자 아들이 없어 봉국을 없앴다. 원시(元始) 연간에 공신(功臣) 집안 중에서 죄를 짓지 않고 다른 이유로 (봉작이) 끊어진 집안을 봉해주었는데, 이때 길의 증손자 영(永)을 봉해 안원후로 삼았다.

감연수(甘延壽)는 자(字)가 군황(君況)으로 북지(北地) 욱질(郁郅) 사람이다. 젊어서 양가(良家)의 자제로 말 타기와 활쏘기에 능해 우림(羽林)이 됐고, 돌던지기와 무예에서는 당할 자가 없었으며, 일찍이 우림의 정루(亭樓)를 훌쩍 뛰어넘어, 이로 말미암아 낭(郞)이 됐다. 수박(手搏)이 뛰어나 기문(期門)이 됐고, 재주와 힘으로 (천자의) 총애를 받았다. 점점 승진해 요동(遼東)태수가 됐다가 면직됐다. 거기(車騎)장군 허가(許嘉)가 연수를 추천하니 낭중(郎中) 간대부(諫大夫)로 삼았고, 사서역도호기도위(使西域都護騎都尉)가 됐으며, 부교위(副校尉) 진탕(陳湯)과 함께 공동으로 질지선우(郅支單于)를 주벌해 목을 벤 공으로 의성후(義成侯)에 봉해졌다. 시호를 장후(壯侯)라 했다. 봉국은 증손자에게까지 전해졌는데, 왕망이 패망하면서 마침내 없어졌다.

진탕(陳湯)은 자(字)가 자공(子公)으로 산양(山陽) 하구(瑕丘) 사람이다. 어려서 책을 좋아했고 속문(屬文-문구를 얽어서 글을 짓는 것)에 능했다. 집안이 가난해 고용살이를 하느라 절도가 없었고, 고을에서 이렇다 할 칭송을 받지 못했다. 서쪽으로 가서 장안(長安)에 이르러 관직을 구하러 다니다가 태관(太官)의 헌식승(獻食丞)이라는 관직을 얻었다. 여러 해가 지나 부평후(富平侯) 장발(張勃)이 탕(湯)과 사귀게 됐는데, 탕의 능력을 높이 평가했다. 초원(初元) 2년에 원제(元帝)가 열후(列侯)들에게 조서를 내려 무재(茂材)를 천거토록 하니 발(勃)이 탕을 천거했다. 탕은 천임(遷任)을 기다리느라 아버지가 죽었는데도 고향으로 돌아가 복상(服喪)을 하지 않았다. 이에 사예(司隸)가 탕에게는 봐줄 만한 행실이 없다고 아뢰니 발은 인재를 천거하면서 실상과 동떨어졌다 해 봉읍 200호가 깎였는데, 마침 훙하니 그로 인해 시호를 무후(繆侯)[5]라고 받았다. 탕은 감옥에 내려져 논죄됐다. 뒤에 다시 천거를 받아 낭(郎)이 됐고, 여러 차례 외국에 사신으로 나갈 것을 청했다. 오랜 시간이 흘러 서역 부교위로 승진해 감연수와 함께 출국했다.

  이에 앞서 선제(宣帝) 때 흉노에 내분이 일어나[乖亂] 5명의 선우가 다투어 서게 되자, 호한야(呼韓邪)선우와 질지(郅支)선우가 나란히 아들을 보내 (한나라 조정에) 입시(入侍)케 하자 한나라는 둘 다 받아주었다. 그후에 호한야선우가 직접 한나라에 들어와 신하로 칭하고서 조현(朝見)하자, 질지는 호한야가 힘이 약해져 한나라에 투항한 이상 스스로 (흉노의 땅에) 돌아올 수 없다고 여기고 곧장 서쪽으로 가서 흉노 서부의 땅[右地]을 차지했다. 마침 한나라는 군대의 호위를 붙여 호한야선우를 보내주었는데, 질지는 이를 빌미로 드디어 서쪽으로 가서 호게(呼偈), 견곤(堅昆) 정령(丁

---

5 사람을 잘못 천거했다는 뜻이 포함돼 있다.

슈)⁶을 깨뜨리고 이들 세 나라를 병합해버렸다. 한나라가 호한야를 지키고 보호하면서 자신들은 도와주지 않는 데 앙심을 품고, 한나라 사자인 강내시(江乃始) 등을 괴롭히고 모욕을 주었다. 초원(初元) 4년(기원전 45년) 사자를 한나라에 보내 헌상품을 바치고, 그 대신 입시했던 아들을 구하기 위해 한나라에 귀부하기[內附=歸依]를 원했다. 한나라는 토의 끝에 위사마(衛司馬) 곡길(谷吉)을 보내 그 아들을 호송토록 했다. 어사대부 공우(貢禹)와 박사 광형(匡衡)이 볼 때는 춘추(春秋)의 의리상 '오랑캐[夷狄]에게 허락해준다는 것은 한 번에 만족하지 않는다'⁷라는 것이었다. 그러나 지금 질지선우는 교화를 흠모하면서도 아직은 제대로 순화되지 않은 데다가 그들의 본거지가 단절되고 먼 곳에 있기 때문에, 마땅히 사자는 그 아들을 변경 요새까지 데려다주고서 돌아오는 것이 맞는 일이었다. 길(吉)은 글을 올려 말했다.

'중국과 오랑캐 사이에는 기미(羈縻)라 해 끊지 않는 의리를 갖고 있는데, 지금 그의 아들을 10년 동안이나 온전하게 길러주었으니 베풀어준 은택이 아주 두터운 것입니다. 그런데 헛되이 끊어버리고서 호송해주지도 않고 가까운 요새 근처에서 돌아온다면, 이는 그들을 내버리고서 돌봐주지 않겠다는 것을 내보이는 것이니 교화를 향해 우리를 따르려는 마음을 없

---

6 모두 흉노의 소국 이름이다. 호게 혹은 오게(烏偈)는 흉복의 북쪽에 있었고, 견곤은 강거(康居)의 북쪽이며, 정령에는 북정령과 서정령이 있는데, 여기서는 오손(烏孫)에 속한 서정령을 가리킨다.

7 『춘추공양전(春秋公羊傳)』 문공(文公) 9년과 양공(襄公) 29년에 나오는 말이다. 오랑캐의 요구는 일정한 절제를 두어 한꺼번에 다 들어주면 안 된다는 말이다.

애버리는 것이며, 그동안 베푼 은혜를 버리게 하고 뒤에 가서 원망을 갖게 만드니 좋지 않습니다[不便]. 의견을 내는 자들이 볼 때 과거 강내시는 적에게 대응하는 술수가 없었고, 지혜와 용기 또한 부족해 치욕을 당한 것이라 했는데, 이 점은 신도 미리 우려했던 바입니다.

신은 다행히도 강력한 한나라의 부절을 갖고 있고, 밝고 빼어난 조서를 받들어 두터운 은혜를 널리 일깨울 것이니, 마땅히 무도한 짓을 하지 않을 것입니다. 만약에 짐승과 같은 마음을 품고서 신에게 무도한 짓을 가한다면 선우는 오래도록 이어질 큰 죄를 짓는 것이 될 테니 반드시 더 멀리 도망가서 감히 변경에 접근하지도 못할 것입니다. 한 명의 사신이 죽어 백성을 편안케 하는 것은 나라의 계책이며 신이 바라는 바입니다. 바라건대 저들의 왕정[庭=王庭]까지 호송할 수 있게 해주십시오.'

상이 이를 조정 신하들에게 보이자 우(禹)는 다시 다투어 길이 그곳까지 가는 것은 반드시 나라에 후회를 가져올 일이라며 허락해서는 안 된다고 했다. 우장군 풍봉세(馮奉世)는 보내도 좋다고 하니 상이 허락했다. 사신단이 도착하자 질지선우는 화를 내며 끝내 길 등을 죽였다. 그러고는 한나라에 잘못을 했다는 것을 스스로 알고서, 그리고 호한야가 더욱 강해졌다는 것을 듣고서 드디어 서쪽 강거(康居)[8]로 달아났다. 강거왕은 딸을 질지의 아내로 삼게 했고, 질지도 딸을 강거왕에게 주었다. 강서는 질지를 대단히 존경해 그의 위력을 빌려 여러 나라들을 위협코자 했다. 질지는 여러 차례 그의 군사를 빌려 오손(烏孫)을 쳐서 깊숙이 적곡성(赤谷城-오손의

---

8 지금의 신강성에 위치했던 오손왕국의 서쪽에 있다.

수도)까지 쳐들어가 일반 백성들을 죽이고 약탈했으며, 가축들을 몰고왔으나 오손은 감히 추격을 하지 못하니 서쪽 변경은 텅 비게 돼 사람이 살지 않는 지역이 (사방) 1,000리나 됐다.

질지선우는 스스로를 큰 나라라고 자부하며 그 위력과 명성을 아주 무겁게 여겼고, 게다가 전쟁에 승리하는 바람에 더욱 교만해져 강거왕이 예로 대해주지 않는다며 화를 내면서 강거왕의 딸과 귀인(貴人), 그리고 백성 수백 명을 죽였고, 그중 일부는 사지를 잘라내 도뢰수(都賴水)[9] 안에 던져버렸다. 백성들을 동원해 성을 짓는데 매일 500명이 일하게 해 2년 만에 축성을 마쳤다. 또 합소(闔蘇)와 대완(大宛) 등 여러 나라에 해마다 공물을 바치도록 질책하자 감히 그것을 내지 않는 나라가 없었다. 한나라에서는 세 차례 사자를 보내 강거에 이르러 곡길 등의 시신을 요구했으나, 질지는 사자를 힘들게 하고 모욕을 줄 뿐 어떻게든 조서를 받들려 하지 않은 채 도호(都護-서역도호)를 통해 글을 올려 말했다.

'사는 곳이 궁벽진 곳이라 바라건대 강한 한나라에 귀부할 계책으로 아들을 보내 입시케 하겠습니다〔○ 사고(師古)가 말했다. "이는 한나라를 조롱하는 것이다."〕.'

그의 교만함이 이와 같았다.

건소(建昭) 3년(기원전 36년) 탕(湯)과 연수(延壽-감연수)가 서역으로 출

---

9 아라비아어(語)로는 탈라즈(혹은 탈라스), 중국 사서(史書)에는 도뢰수(都賴水) 또는 달라사(怛羅斯) 등으로 기록돼 있다. 천산산맥(天山山脈)의 지맥인 탈라스 연산(連山)에서 시작해 북쪽으로 흘러내리다가 사막으로 사라지는 강이다.

발했다. 탕은 사람됨이 차분하면서도 용감하며[沉勇=沈勇], 큰 생각[大慮]
을 갖고 있어 계책과 꾀가 많았고, 특별한 공적[奇功]을 세우기를 좋아해
매번 성읍이나 산천을 지날 때는 늘 높은 곳에 올라 먼 곳을 바라봤다. 이
미 나라 밖의 일을 다뤄봤기 때문에 이때 연수와 함께 계모(計謀)를 세우
며 말했다.

"오랑캐들이 큰 종족을 두려워해 복종하는 것은 그들의 천성 탓입니다.
서역은 본래 흉노에 속해 있었는데 지금은 질지선우의 위엄과 명성이 멀
리까지 소문나 있고, 오손과 대완을 침범해 능멸하면서 늘 강거를 위해 계획
을 세워 그 두 나라를 항복시키고자 하니, 만약에 그가 이 두 나라를 얻
게 된다면 북쪽으로 이열(伊列)을 치고, 서쪽으로 안식(安息)을 차지하고,
남쪽으로 월지(月氏)와 산리조과(山離烏戈-서역의 나라 이름)를 물리쳐 여
러 해가 지나게 되면 성곽을 가진 여러 나라들은 위태로워질 것입니다. 또
질지의 사람들은 잽싸고 용맹스러우며[剽悍] 싸우고 정벌하는 것을 좋아
해 자주 승전하는데, 이들을 오랫동안 그냥 자라게 둔다면 반드시 서역의
근심거리가 될 것입니다. 질지선우가 비록 단절돼 있고 멀리 있지만 오랑
캐들은 단단한 성곽과 강한 쇠뇌로 지키지 않으니, 만약에 둔전에 있는 장
교와 병사들을 발동해 오손의 많은 병사들을 몰아서 따르게 해 곧바로
그 성의 아래로 향하게 하면, 저들은 도망치려 해도 갈 곳이 없고, 방어하
려 해도 스스로를 지키기에 모자랄 것이므로 천 년의 공로를 하루아침이
면 이룰 수 있습니다."

연수도 그렇다고 여겨 이를 청하는 글을 올리려 하니 탕이 말했다.

"국가(國家-천자)와 공경들이 의논해봤자 큰 계책은 평범한 사람이 보

는 것이 아니니 일을 반드시 따라주지 않을 것입니다."

연수는 오히려 미적거리며 들어주지 않았다. 마침 그가 오래 병들어 탕은 홀로 황제의 명령을 고쳐서[矯制], 성곽을 가진 여러 나라의 병사들과 차사(車師-나라 이름)의 무기교위(戊己校尉)가 거느린 둔전하는 장교와 병사들을 발동시켰다. 연수는 이를 듣고서 놀라 병상에서 일어나 중지시키려 했다. 탕은 화를 내며 칼자루를 쓰다듬으면서 연수를 질타해 "대군이 이미 모였는데, 애숭이[豎子] 따위가 대군을 막으려 하는가?"라고 하자 연수는 드디어 그를 따르면서 부대를 챙기며 군진을 정렬하고, 양위(揚威), 백호(白虎), 합기(合騎)라 불리는 별동대를 더욱 증설하니 한나라와 호군(胡軍-흉노의 군대)을 합해 4만여 명이었다. 연수와 탕은 소를 올려 교제한 것에 대해 스스로를 탄핵하고서 군사 상황을 진술했다. 그날로 군대를 이끌어 나누어 행군시켰는데 6개의 교(校)로 나누었다. 그중 3개 교는 남쪽 길을 따라서 총령(蔥嶺)을 넘어 대완을 치고, 다른 3개 교는 도호 자신이 거느리고서 온숙국(溫宿國-신강성 온숙)을 출발해 북쪽 길을 따라 적곡(赤谷)으로 들어가 오손을 지나 강거의 경계를 건너서 전지(闐池-발하슈 호수)의 서쪽에 이르렀다. 그런데 강거의 부왕(副王) 포전(抱闐)이 수천의 기병을 이끌고 적곡성 동쪽을 노략질하고 대곤미(大昆彌-오손왕)의 1,000여 명을 죽였으며, 가축들을 몰고간 것이 너무 많았고, 뒤에서부터 한나라의 군사와 함께 서로 따라잡아서 뒤에 오던 군수 부대[輜重]를 자못 도적질했다. 탕은 호병(胡兵)을 풀어 그들을 쳐서 460명을 죽였고, 그들이 납치했던 백성 470명을 빼앗아 대곤미에게 돌려주었으며, 말과 소와 양을 제공해 군사들을 먹이게 했다. 또 포전의 귀인인 이노독(伊奴毒)을 포로로 잡았다.

강거의 동쪽 경계로 들어가 군사들에게 노략질을 하지 못하도록 명을 내렸다. 몰래 그들의 귀인인 도묵(屠墨)을 불러 만나보고서 위엄과 신의로 타이르며 함께 술을 마시고 맹약을 하고 난 뒤 그를 보내주었다. 지름길로 내달려 선우성(單于城)에서 60리 못 미친 지점에 멈춰 군영을 구축했다. 다시 강거의 귀인 구색(具色)의 아들인 개모(開牟)를 잡아 향도로 삼았다. 구색의 아들은 곧 도묵의 어머니의 동생인데 모두 선우에게 원한을 품고 있었기 때문에 질지의 내부 사정[情]을 소상히 알고 있었다.

다음 날 이끌고 행군을 하다가 성에서 30리 못 미친 지점에 멈춰 군영을 구축했다. 선우가 사자를 보내 "한나라 병사들이 어쩐 일로 왔는가?"라고 해서 응답했다.

"선우께서 글을 올려 '사는 곳이 궁벽진 곳이라 바라건대 강한 한나라에 귀부할 계책으로 아들을 보내 입시케 하겠습니다'라고 하셨으니 천자께서는 큰 나라를 저버린 채 강거에 뜻을 굽혀 살아가고 있음을 불쌍히 여기시어 도호장군[10]으로 하여금 선우의 처자를 맞이하도록 했습니다. 그러나 좌우의 사람들이 놀라서 움직이게 될까 봐 감히 성 아래에까지는 나아가지 않았습니다."

사절이 여러 차례 오가며 서로 대답하고 보고했다. 연수와 탕은 그 때문에 이렇게 꾸짖었다.

"우리는 선우를 위해 먼 곳에서 왔는데 오늘까지도 명왕(名王)과 대인

---

10 이때 감연수가 서역도호였는데, 군대를 거느리고 있었기 때문에 장군이라 부른 것이다.

에게는 장군을 만나보고서 일을 받아들이는 자가 없으니〔○ 사고(師古)가 말했다. "명왕은 여러 왕 중에 가장 높은 사람이고, 일을 받아들이는 자란 교명(敎命)을 받아 일을 행하는 자를 말한다."〕어찌 선우께서는 큰 계책을 소홀히 해 손님과 주인의 예를 잃어버리는가! 병사들이 왔고 길은 멀어 사람과 가축들의 피로[罷=勞]가 극에 이르렀고 식량도 다했으니, 아마도 스스로 돌아갈 수 없지 않을까 두려운데 선우께서는 대신들과 더불어 계책을 잘 살피기를 바라오."

다음 날 앞으로 나아가 질지성의 도뢰수 변까지 가서 성에서 3리 떨어진 곳에 머물러 군영을 구축하고 진을 펼쳤다. 선우성의 위를 바라보니 다섯 색깔의 깃발들을 세워놓고, 수백 명이 갑옷을 입은 채 성 위에 올라 있었고, 또 100여 기병들이 성을 나와 성 아래를 내달리며 오갔고, 보병 100여 명은 문을 끼고서 물고기 비늘 모양의 진[魚鱗陣]을 치고서 군사훈련을 하고 있었다. 성 위에 있는 사람들이 한나라 군대를 부르며 소리쳤다.

"덤벼봐라[斗來]!"

한나라 100여 기병들이 군영을 향해 달려오자 군영에서는 모두 쇠뇌를 당겨 그들을 지향하니 한나라 기병들은 이에 물러갔다. 자못 장교와 병사들을 보내 성문에 있는 기병과 보병들에게 활을 쏘니 그들은 다 성안으로 들어갔다. 연수와 탕은 군사들에게 명해 북소리를 들으면 모두 성 아래로 가까이 다가가 사방에서 성을 에워싸고, 각각 지킬 곳에서 참호를 파고 문을 막고 방패를 앞세우고, 창과 쇠뇌를 가진 사람이 뒤에서 성루 위에 있는 사람을 올려다보면서 쏘도록 하라고 시키니 성루에 있던 사람들은 아래로 도망갔다. 토성 밖에는 이중으로 된 나무성이 있었는데, 나무성에서 활을 쏘니 자못 밖에 있는 사람들을 죽고 다치게 했다. 밖에 있는 사람들도 땔감에 불을 붙여 나무성을 태우고, 밤중에 기병이 밖으로 나오려고 하자 이에 맞서 활을 쏘아 죽였다.

애초에 선우는 한나라 군대가 왔다는 소식을 듣고 도망치려 했으나 강거가 자신에게 원한을 품고 있어 한나라를 위해 내응(內應)할 것이라 의심했고, 또 오손의 여러 나라들 군사가 모두 발동됐다는 소식을 듣고 스스로 갈 곳이 없다고 여겼다. 질지는 이미 나갔다가 돌아와서는 이렇게 말했다.

"굳게 지키는 것이 더 낫다. 한나라 병사들은 멀리서 왔기 때문에 오랫동안 공격하지 못할 것이다."

선우는 마침내 갑옷을 입고 성루 위에 있었고, 여러 연지(閼氏-선우의 왕비)와 부인 수십 명도 모두 밖에 있는 사람들을 향해 활을 쏘았다. 밖에 있는 사람이 활을 쏘아 선우의 코를 명중시키고 여러 부인들도 제법 죽었다. 선우는 성루에서 내려와 말을 타고 내실[大內]에 있는 사람들도 나가 싸우도록 독려했다. 밤이 되고 절반쯤 됐을 때 나무성이 뚫리고 안에 있던 사람들은 물러나 토성으로 들어와서 성에 올라 함성을 질렀다.

이때 강거의 군대 1만여 기병이 나뉘어 10여 곳에서 사방으로 성을 에워쌌고, 그들과 더불어 서로 호응했다.[11] 밤에 자주 군영으로 달려가보았지만 불리해 그때마다 퇴각했다. 날이 밝자 사방에서 불이 일어났는데 장교와 병사들은 기뻐서 크게 소리치며 이를 따라다녔고, 징과 북소리가 땅을 흔들었다. 강거의 병사들은 이끌려 퇴각했고 한나라 병사들은 사방에

---

11 한나라 군대는 질지와 강거의 군대 사이에 끼게 됐다.

서 방패를 들고 나란히 토성 안으로 들어갔다. 선우의 남녀 100여 명이 내실로 뛰어들어갔다. 한나라 병사들이 불을 놓고서 장교와 병사들이 다투어 들어갔는데, 선우는 상처를 입고 죽었다. 군후가승(軍候假丞) 두훈(杜勳)이 선우의 머리를 벴고, 한나라 사절 두 명과 곡길 등이 싸가지고 왔던 백서(帛書)를 찾았으며, 여러 노획물들을 그것을 얻은 자에게 주었다. 연지, 태자, 명왕 이하 모두 1,518급을 벴고, 산 채로 사로잡은 사람이 145명이며, 항복한 오랑캐는 1,000여 명이었는데, 성곽을 가진 여러 나라에서 군사를 발동한 15명의 왕에게 주었다.

이에 연수와 탕은 소를 올려 말했다.

'신들이 듣건대 천하의 큰 대의는 마땅히 섞여서 하나가 돼야 하니 옛날에는 당(唐-요임금)과 우(虞-순임금)가 있었고, 지금은 강력한 한나라가 있습니다. 흉노의 호한야선우는 이미 북쪽의 번국을 칭했는데, 오직 질지선우만이 배반하고 거역해 아직도 그 죄를 굴복시키지 못해, 대하(大夏)의 서쪽은 강력한 한나라의 신하가 될 수 없다고 여겼습니다. 질지선우는 백성들에게 참혹하고 악독한 짓을 행해 그 커다란 악이 하늘에까지 이르렀습니다. 신 연수와 신 탕은 의로운 병사들을 이끌고 천자의 주토[天誅]를 행해, 폐하의 신령스러움에 힘입고 음과 양이 나란히 감응하며, 하늘의 기운도 세세하고 밝아 적 진지를 함락시키고 적을 이겼으며, 질지의 머리와 명왕 이하를 베었습니다. 마땅히 고가(藁街)¹² 에 있는 오랑캐들의 저택들 사이에 머리를 걸어두어 만 리 밖에까지 보임으로써, 강력한 한나라를 침

---

12 장안에 있던 길거리 이름으로 외국 사신들의 숙소가 집결해 있었다.

범하는 자는 설사 아무리 멀리 있다고 해도 반드시 주벌한다는 것을 밝혔습니다.'

일을 유사(有司)에 내려보냈다. 승상 광형(匡衡), 어사대부 파연수(繁延壽)는 이렇게 말했다.

"질지와 명왕의 머리는 다시 여러 나라를 거쳤기에 오랑캐들 중에 들어서 알지 못하는 자들이 없습니다. 『월령(月令)』에 따르면 봄은 '길짐승의 뼈[骼]는 가리고, 날짐승의 뼈[胔]는 묻는' 때라고 했으니 마땅히 내걸어서는 안 됩니다."

거기장군 허가, 우장군 왕상(王商)은 이렇게 말했다.

"춘추시대에 협곡(夾谷)의 회맹에서 배우 시(施)가 제후를 모독하자 공자는 그를 주살했고, 바야흐로 한여름이었으니 머리와 발을 각기 다른 문으로 내보냈습니다. 마땅히 열흘간 내걸어둔 다음에 파묻어야 할 것입니다."

조서를 내려 장군들에게 이 문제를 토의하게 했다.

애초에 중서령(中書令) 석현(石顯)은 일찍이 누이를 연수에게 시집보내려 했으나 연수가 받아들이지 않았다. 그리고 승상과 어사 역시 제의 명을 고치는 것을 싫어해 모두 탕의 의견에 동의하지 않았다. 탕은 평소 탐욕스러워 노획한 재물들을 요새에 갖고 들어와 법을 어긴 것이 많았다. 사예교위(司隸校尉)가 글을 써서 도중에 통고하니 장교와 병사들을 붙잡아 그들을 조사했다. 이에 탕이 소를 올려 말했다.

'신과 장교 및 병사들은 함께 질지선우를 주살하고, 또 요행히 그 가족들을 사로잡거나 족멸해 만 리에 군대의 위력을 떨쳤으니, 마땅히 사자가 와서 도로에서 맞이하고 노고를 위로해야 합니다. (그런데) 지금 사예는 도리어 그들을 잡아 가두고 조사를 하니, 이는 질지를 대신해서 신들에게 복수를 하는 격입니다.'

상은 일어나 장교와 병사들을 풀어주고 현과 도에 명을 내려 술과 음식을 갖춰 군대를 맞이하라고 했다. (경녕(竟寧) 원년(기원전 33년)) 참수한 선우의 머리가 (경사에) 이르자 전공에 대한 논의가 있게 됐는데 석현(石顯)과 광형(匡衡)은 이렇게 말했다.

"연수와 탕은 자기들 마음대로 군사를 일으키고 황제의 명을 바꿨는데도 요행히 주살되지 않았는데, 여기에다가 작위와 봉토를 다시 더해준다면 뒤에 사명을 받드는 자들은 다투어 위태로움을 틈타 요행을 노릴 것이고, 오랑캐들 쪽에서 일이 생겨나면 나라에 어려움을 초래할 것이고, 점점 더 문제를 풀기가 어려울 것입니다."

원제는 속마음으로는 연수와 탕의 공석을 아름답게 생각했지만 형과 현의 의견을 거듭 어길 수가 없어 그 토의는 오랫동안 결정이 나지 않았다.

이에 전(前) 종정(宗正) 유향(劉向)이 소를 올려 다음과 같이 말했다.

'질지선우가 (우리 한나라의) 사자(使者)나 관리 혹은 병사를 가두어 죽인 것[囚殺]이 100여 명에 이르는데, 이들 사안은 외국에 다 드러나게 돼 우리의 위엄을 상하게 하고, 우리의 무거움을 헐어버려 많은 신하들이 다 민망하게 여기고 있습니다. 폐하께서는 분명히 그들을 주륙하고 싶어 하셨고, 그 뜻을 일찍이 잊으셨던 적이 없습니다. 서역도호(西域都護) 연수와 부교위(副校尉) 탕은 폐하의 뜻을 이어받고, 신령에 의탁해 여러 수백 오랑캐 무리들의 속상을 다스리고[總=治], 성곽의 병사들을 장악해

[攬] 100번의 죽을 고비를 무릅쓰고 단절된 지역으로 들어가, 마침내 강거(康居)를 짓밟고 다섯 겹의 성을 도륙했으며, 흡후(歙侯-강거의 장수)의 깃발을 뽑고[搴] 질지의 머리를 잘라 만 리 밖에 걸어두어 곤륜산 서쪽에 위엄을 드날려 곡길(谷吉)의 치욕을 씻어주고, 훤히 밝은 공적을 세웠기 때문에 모든 오랑캐들이 무서워하며 엎드렸고, 두려움에 떨지 않는 자가 없었습니다.

호한야선우(呼韓邪單于)는 질지가 이미 주살당한 것을 보고서 한편으로 기뻐하고 한편으로 두려워하면서[且喜且懼], 대세의 흐름을 따라[鄕風] 의로움을 사모해 말을 타고 달려오고[馳義],[13] 머리를 조아리며 빈객으로 찾아오며, 북쪽의 번속들[北藩]은 정성을 다해[愿] 지키면서 대대로 신하로 불리고자 했습니다. (이렇게 해서) 천 년의 공로를 세우고 만세의 평안을 이루었으니 여러 신하들의 큰 공훈 가운데 이보다 큰 것은 없습니다.

옛날에 주(周)나라 대부 방숙(方叔)과 윤길보(尹吉甫)가 선왕(宣王)을 위해 험윤(獫狁-한나라 이전의 흉노를 부르는 이름. 엄윤이라고도 함)을 주살하자 수많은 오랑캐들이 주나라를 따랐습니다. 저 『시경(詩經)』에 이르기를 "융거(戎車)가 많으니) 많고도 많고 성대하기도 성대해 천둥 같고 번개 같도다. 뛰어나고도 진실한 방숙이여! 험윤을 정벌하니 만형(蠻荊)이 위엄에 눌려 찾아오는구나[嘽嘽焞焞 如霆如雷 顯允方叔 征伐獫狁 蠻荊來威]!"[14]라고 했고, 『주역(周易)』에 이르기를 "적 우두머리를 벤 것[折首]

---

13 사고(師古)의 풀이에 입각해 옮겼다.

14 「소아(小雅)」 '채기(采芑)' 편에 나오는 구절이다.

을 아름다이 여기니 비적의 무리들을 얻게 된 것이다"라고 했으니, 이는 가장 나쁜 사람을 주살한 것을 아름답게 여기고, 또 여러 순종하지 않던 자들이 다 와서 따르게 됐다는 말입니다.

지금 연수와 탕이 주살해 (위엄을) 떨친 바[所誅震]는 설사 『주역(周易)』의 적 우두머리를 벤 것이나 『시경(詩經)』의 번개와 천둥[雷霆]도 미칠 수가 없을 것입니다. 큰 공로를 논할 때에는 작은 과실은 기록하지 않으며, 크게 아름다운 사람을 드러낼 때에는 아주 작은 흠은 잡지 않는 법입니다. 『사마법(司馬法)』에 이르기를 "군공(軍功)에 대한 포상[軍賞]은 달을 넘겨서는 안 된다"라고 했으니 이는 백성들이 좋은 일을 했을 때 얻는 이익을 빨리 백성들에게 주도록 하기 위함입니다. 대개 무공(武功)(에 대한 포상)을 서두를 때는 그 사람을 (귀하게) 쓰는 것을 중하게 여깁니다. 윤길보가 개선하자 주나라는 그에게 두터이 상을 내렸는데, 이에 대해 『시경(詩經)』에 이르기를 "길보가 잔치를 열어 기뻐하니 이미 복록을 많이 받았도다. 돌아오기를 호(鎬)[15]에서부터 하니 내 가는 길 오래고도 멀구나[吉甫燕喜 旣多受祉 來歸自鎬 我行永久]"[16]라고 했습니다. 1,000리 밖에 있는 호(鎬)도 오히려 멀리 있다고 여겼는데, 하물며 만 리 밖이었으니 연수와 탕의 수고로움은 지극했다고 하겠습니다.

연수와 탕은 지금까지도 아직 복록을 받는 보답을 얻지 못하고, 도리어 목숨을 걸고서 이룬 공적을 굽히고 오랫동안 도필(刀筆) 앞에 꿇고 있

---

15 문맥상 호경(鎬京)은 아니다 아마도 주나라 때 북방에 있던 섬서성의 어느 도시로 보인다.

16 「소아(小雅)」'유월(六月)' 편에 나오는 구절이나.

으니, 이는 공로를 세운 자를 권면하고 장병들을 격려하는 도리가 아닙니다. 옛날에 제(齊)나라 환공(桓公)은 전에는 주나라 왕실을 높인 공로[尊周之功]가 있었고, 후에는 항(項)을 멸망시킨 죄[滅項之罪][17]가 있었습니다. 그런데 군자들은 공적으로 허물을 덮어주었고, 그를 위해 죄와 관련된 부분은 언급을 꺼렸습니다. 이사(貳師)장군 이광리(李廣利)는 5만의 군사를 잃고 억만의 비용을 쓰면서 4년간의 죽을 고생을 거친 다음에야 겨우 준마 30필을 얻었고, 또 비록 완왕(宛王) 모고(母鼓)의 머리를 베기는 했지만 오히려 그에 들어간 비용을 회복하는 데 부족했고, 심지어 그의 사사로운 죄악도 많았습니다. 그러나 효무(孝武)(황제)께서는 만 리를 가서 정벌한 것이라 해 그의 허물을 기록하지 않았고, 드디어 두 명의 후(侯)와 세 명의 경(卿)을 봉해 제배했으며, 2,000석 관리로 승진한 자는 100여 명이었습니다.

(그런데) 지금 강거국은 대완(大宛)보다 강하고, 질지(선우)의 이름도 완왕보다 무거우며, 사자를 죽인 죄는 말을 억류한 것보다 심한데도 연수와 탕은 한나라 병사들을 번거롭게 하지 않았고, 한 말의 식량도 소비하지 않았으니 이사(貳師)와 비교할 때 그 공덕은 100배입니다. 또 상혜(常惠)는 자기 욕심을 따라서 오손(烏孫)을 쳤는데도, 그리고 정길(鄭吉)은 스스로 찾아온 일축왕(日逐王)을 받아들인 것만으로도 오히려 둘 다 땅을 나누어 작위를 받았습니다[裂土受爵]. 그래서 그 위엄과 무공과 부지런함과 수고로움[威武勤勞]은 방숙과 길보보다 크며, 공적을 늘어놓고 과오로 그것

---

17 항(項)은 하남성 항성현에 있었는데 기원전 643년 제나라가 멸망시켰다.

을 덮는다면 제나라 환공과 이사보다 뛰어나며, 최근에 이룩한 공로로만 보더라도 안원후(安遠侯-정길)와 장라후(長羅侯-상혜)보다 높은데, 그 큰 공로는 아직 드러나지 않은 채 작은 잘못만 자주 퍼져나가니 신은 남몰래 이를 마음 아파하고 있습니다. 마땅히 이번 기회에 그들에게 걸려 있는 죄목을 풀어서 그들의 명적(名籍)[18]을 회복시키시고 허물을 없애시어, 법으로 다스리지 마시고 그 작위를 귀하게 높여줌으로써 공로가 있는 사람을 격려해주십시오.'

이에 천자는 조서를 내려 말했다.

'흉노의 질지선우(郅支單于)는 예와 의로움을 배반하고 한나라 사신과 관리, 그리고 선비 등을 억류해 죽임으로써 도리를 크게 어겼으니 짐이 어찌 그것을 잊겠는가? (그럼에도) 주저하며[優游] 정벌하지 못한 것은 군대를 출동하는 것이 어렵고[重=難], 또 그것은 장수들을 힘들게 하기 때문이다. 그 때문에 몰래 참으며[隱忍] 아무런 말도 하지 않았던 것이다. (그런데) 이번에 감연수와 진탕 등이 상황을 살펴 때의 이로움[時利]을 올라타고서 여러 나라들의 성곽을 연결해 군사를 일으켜 정벌에 나서, 천지와 종묘의 신령에 힘입어 질지선우를 주토하고 그의 머리를 베어서 얻었고, 또 연지(閼氏-선우의 왕비)의 친족들과 명왕(名王) 이하 수천 명을 베었다. (감연수 등의 정벌 단행이) 비록 의리를 뛰어넘고 법을 어긴 것[干=犯]이기는 하지만, 국내적으로는 단 한 명의 장부도 동원하지 않고 나라의 창

---

18 조선시대의 고신(告身)이나 직첩(職牒)과 같은 것으로 관직을 맡을 수 있는 자격을 갖춘 사람들의 명단을 가리킨다.

고조차 열지 않은 채 적들의 식량을 군량미로 삼아 만 리 밖까지 공적을 세웠고, 위엄을 통해 많은 오랑캐들[百蠻]을 떨게 했으며, 이름은 온 천하
백만
[四海]에 빛났고, 나라를 위해 잔적들을 없애 군대가 쉴 수 있도록 했으며,
사해
변경 지역은 이로써 안정될 수 있었다. 그러나 이들은 오히려 죽음의 두려움을 벗지 못하고서 그 죄가 큰 것만을 근심하고 있으니, 짐은 이를 심히 민망하게 여기고 있다. 감연수와 진탕을 사면해 그들의 죄를 결코 다스리지 말라[勿治].'
물치

공경에게 조서를 내려 그들에게 봉작하는 문제를 토의하도록 했다. 의견을 내는 자[議者]들은 모두 마땅히 군법에 따라서 선우를 잡아 목을 베
의자
라는 명을 내려야 한다고 했다. 광형(匡衡)과 석현(石顯)은 '질지는 본래 도망쳐서 나라를 잃었는데, 외진 곳[絶域]에서 (선우라는) 칭호를 도둑질
절역
한 것이니 진짜 선우가 아니다'라고 생각했다. 원제(元帝)는 안원후(安遠侯) 정길(鄭吉)의 옛일을 취해 1,000호에 봉하라고 했는데, 형과 현은 다시 다투었다. 마침내 연수를 봉해 의성후(義成侯)로 삼고 탕에게는 관내후의 작위를 내려주었으며, 식읍은 각각 300호씩으로 했고, 추가로 황금 100근을 내려주었다. 상제와 종묘에 아뢴 후 천하에 대사면령을 내렸다. 연수를 제배해 장수교위(長水校尉)로 삼고, 탕을 제배해 사성교위(射聲校尉)로 삼았다.

연수는 성문(城門)교위와 호군(護軍)도위로 승진했고, 벼슬에 있을 때 훙했다. 성제(成帝)가 즉위한 초기에 승상 형(衡-광형(匡衡))이 다시 아뢰었다.

"탕(湯)은 2,000석 관리로 받들어 사자(使者)가 됐는데, 오랑캐들 속으로 나아가 명령을 제 마음대로 하면서[顓命] 몸을 바로 해 아랫사람들의 솔
전명

선수범이 되지 못하고, 거둬들인 강거(康居)의 재물들을 도둑질하고, 관속들에게는 '멀리 떨어진 지역에서의 일은 다시 따지지 않는다'라고 말하기까지 했습니다. 이는 비록 사면령 이전의 일이기는 하지만 마땅히 그 자리에 두어서는 안 될 것입니다."

탕(湯)은 이에 연루돼 면직당했다.

그 뒤에 탕이 글을 올려 강거왕의 시자(侍子)는 왕자가 아니라고 말했다. 그런데 조사를 해보니 실제로 왕자였다. 탕은 옥에 갇혀 사형선고를 받았다. (이에) 태중대부(太中大夫) 곡영(谷永)이 소를 올려 탕을 변호하면서 다음과 같이 말했다.

'신이 듣건대 초(楚)나라에 자옥득신(子玉得臣)이 있어 (진(晉)나라) 문공(文公)은 그 때문에 좌불안석했고,[19] 조(趙)나라에 염파(廉頗)와 마복(馬服)이 있어 강대한 진(秦)나라도 감히 정형구(井陘口=태행산맥 가운데 조나라의 서쪽에 있는 험난한 길목)를 들여다볼 생각도 못했으며, 근래에는 한나라에 질도(郅都)와 위상(魏尙)이 있어 흉노가 감히 남쪽으로 사막을 향하지 못했습니다. 이로 말미암아 말씀드리건대 전쟁에서 이긴 장수는 나라의 손톱과 어금니와 같은 신하[爪牙=爪牙之臣]이니 무겁게 여기지 않으면 안 됩니다.

대개 "임금[君子]은 (전쟁을 알리는 경계의) 북 치는 소리를 듣게 되면

---

19 자옥득신은 초나라의 대부이며, 자옥은 그의 성이고, 득신은 이름이다. 『춘추(春秋)』 희공(僖公) 18년(기원전 632년) 초나라의 득신이 군사를 이끌고 진(晉)나라 문공의 군사와 성복에서 싸워 크게 패했다. 이때 진나라의 군사들은 크게 기뻐했으나 문공은 오히려 "득신이 아직 초나라에 있기 때문에 근심이 없어진 것이 아니다"고 말했다.

먼저 장군이 될 만한 신하가 누구인지를 생각한다"라고 했습니다. 남몰래 보건대 관내후 진탕은 예전에 부(副)서역도호로 나가 있으면서 질지(郅支-질지선우)의 무도함에 분노했는데, 그 왕에 대한 주벌이 가해지지 않는 것을 민망하게 여겨 계책을 가슴속에 가득 품고서 의로움과 용맹을 떨쳐 일으켜, 마침내 출병해 질풍처럼 달려가 오손(烏孫)을 마구 무찌르고, 멀리 나아가 도뢰수(都賴水)에 집결해 3중으로 된 성을 도륙하고 질지의 머리를 베었으니 10년간 미뤄왔던 주벌을 가한 것이고, 변경의 관리들이 오랫동안 쌓았던 치욕을 설욕한 것이며, 그의 무위(武威)가 수많은 야만족들을 떨게 만들어 그의 무력이 서해(西海)[20]에까지 뻗어간 것은 한나라 초 이래 외국 정벌에 나섰던 그 어떤 장군들에게서도 보지 못했던 일입니다.

(그런데) 지금 탕은 나라의 일에 대해 옳고 그름을 말했다는 죄를 입어 감옥에 들어간 지 오래됐고, 시간이 많이 흘렀음에도 결정이 이뤄지지 않은 채 법을 다스리는 관리는 그를 사형[大辟]에 처하려고 합니다. 옛날에 백기(白起, ?~기원전 257년)가 진(秦)나라 장수였을 때, 남쪽으로는 (초나라의 수도) 영(郢)을 뽑아버리고, 북쪽으로는 조괄(趙括)을 파묻어버리는 공을 세웠음에도 가는 털끝만 한 잘못을 이유로 두편(杜郵)에서 죽음을 내리니, 진나라 백성들은 그를 가엽게 여겨 눈물을 흘리지 않는 사람이 없었습니다.

지금 탕은 몸소 도끼를 들고서 만 리 밖의 적들을 멍석 말듯 타격해 피바다를 만듦으로써 그 공을 종묘에 올렸고, 상제에게도 고해 군사들이 그

---

20 청해(青海)의 별칭이다.

의 의로움을 흠모하지 않는 바가 없습니다. 그런데 나라의 일을 말했다 해 죄를 얻게 되니 이보다 큰 잘못은 없을 것입니다. (『서경(書經)』) 「주서(周書)」에 이르기를 "임금 된 자라면 마땅히 신하들의 공은 기억하고 신하들의 허물은 잊어야 한다"라고 했습니다. 무릇 개와 말도 사람에게 헌신한 노고가 있으면 휘장이나 덮개라도 써서 그 시신을 덮어주어 그에 보답하는데 하물며 나라의 공신 된 자야 어떻게 해야 하겠습니까?

신이 남몰래 두려운 것은 폐하께서 군대의 북소리에 홀려 주서(周書)의 뜻을 제대로 살피시지 못하고, 휘장이나 덮개(의 보은)를 사용하는 것을 잊으시어 탕을 그냥 평범한 신하[庸臣]로 대하시면서 끝내 법을 다루는 관리들의 의견을 쫓아서 온 백성들로 하여금 진나라 백성들과 같은 한을 품게 하신다면, 이는 국난에 목숨을 바쳤던 신하를 권면해주는 바가 아닙니다.'

글이 올라가자 천자는 탕을 감옥에서 꺼내주고 그의 작위를 빼앗아 사졸로 삼았다.

여러 해 후에 서역도호 단회종(段會宗)이 오손에게 포위되자 역전(驛傳)의 기병을 통해 글을 올려 서역 성곽의 여러 나라들과 돈황의 군사를 징발해 자신을 구원해달라고 했다. 승상 왕상, 대장군 왕봉(王鳳), 그리고 백관들이 토의를 했으나 여러 날이 지나도록 결론을 내리지 못했다. 봉(鳳)이 말했다.

"탕(湯)은 계략[籌策]이 많고 외국의 사정에 능통하니 물어볼 만합니다."

상이 탕을 불러 선실(宣室)에서 만나보았다. 탕은 질지를 칠 때 동상[寒病]에 걸려 양쪽 팔을 굽히거나 펴지를 못했다. 탕이 들어와 뵈려 하자 조서를 내려 절을 하지 못하게 하고 회종(會宗)이 아뢴 글을 보여주었다. 탕은 거절하며 말했다.

"장상과 구경들이 모두 뛰어난 재주가 있고 두루 밝은데, 소신은 늙고 쇠해[罷癃] 큰 일에 관한 계책을 내기에 적합지 않습니다."
　　파륭

상이 말했다.

"나라에 급한 일이 있으니 그대는 사양해서는 안 될 것이다."

이에 말했다.

"신은 이번 일은 조금도 걱정할 필요가 없다고 봅니다."

상이 말했다.

"어째서 그런가?"

탕이 말했다.

"무릇 오랑캐 병사 다섯 명이 한나라 병사 한 명을 상대해야 하니 어째서이겠습니까? 무기는 투박해 무디고 쇠뇌는 예리하지 못하기 때문입니다. 그런데 지금 듣건대 저들이 자못 한나라의 기술을 배웠다고 하지만 여전히 세 명이라야 우리 한 명을 상대할 수 있습니다. 또 병법에 이르기를 '외부에서 오는 적은 두 배가 되고, 지키는 쪽은 그 절반이 된 연후에야 대적할 수 있다'라고 했습니다. 그런데 지금 회종을 포위한 자들의 수가 많다고 해도 회종을 이기기에는 부족하니 부디 폐하께서는 아무런 걱정을 안 하셔도 됩니다. 또 병사들이 행군을 할 때 가벼운 장비로는 50리를 가고, 무거운 장비로는 30리를 갑니다. 그런데 지금 회종은 성곽의 여러 나라들과 돈황의 군사를 징발하려 하고 있지만 시일이 걸려서야 도착할 것이기 때문에 그들은 이른바 복수의 병사는 될지언정 위급을 구해줄 용도는 아닌 것입니다."

상이 말했다.

"어찌해야겠는가? 반드시 포위를 풀 수 있겠는가? 언제쯤이나 풀릴 것이라 생각하는가?"

탕은 오손의 군사는 오합지졸[瓦合]이라 오랫동안 공격을 할 수가 없고 옛일에 비춰볼 때 며칠 안 걸릴 것이라는 것을 알았기에 그래서 이렇게 답했다.

"이미 풀렸을 것입니다."

손가락을 꼽으며 날을 계산해보더니 이렇게 말했다.

"지금으로부터 닷새 이내에 좋은 소식[吉語]이 들려올 것입니다."

4일째 되는 날 군서(軍書)가 도착했는데, 이미 포위가 풀렸다는 내용이었다.

대장군 봉(鳳)이 아뢴 것에 따라 탕을 종사중랑(從事中郎)으로 삼았고, 막부에 관한 일은 하나같이 탕의 뜻대로 결정됐다. 탕은 법령에 밝았고 일을 하면서 세력을 만들었으며, 말에 설득력이 있어 그의 의사를 대부분 따르게 만들었다. 늘 사람들에게서 금전을 받고서 상주문(上奏文)을 대신 써주었는데, 결국은 이 때문에 망하게 됐다.

애초에 탕은 장작대장(將作大匠) 해만년(解萬年)과 서로 친했다. 원제(元帝) 때 이래로 위릉(渭陵)에 백성들을 옮겨 읍(邑)을 일으키는 것이 금지돼 왔다. 성제(成帝)는 초릉(初陵) 조성을 시작했지만 몇 년 후에 패릉(覇陵)의 곡정(曲亭) 남쪽 땅을 좋아해 다시 그곳에 능을 조성했다. 만년이 탕과 서로 의기투합해 이렇게 말했다.

"무제 때의 장인 양광(楊光)은 만든 물건이 여러 차례 상의 마음에 들어 장작대장이 됐고, 대사농 중승 경수창(耿壽昌)은 두릉(杜陵)을 조성해 관내후에 봉해졌으며, 장작대장 승마연년(乘馬延年)은 노고를 인정받아 작질이 중(中) 2,000석에 이르렀다. 지금 초릉을 조성하면서 읍을 일으켰으니 큰 공로를 이루게 되면 나도 마땅히 큰 상을 받을 것이다. 자공(子公)의 처가가 장안에 있고, 자녀들도 장안에서 나고 자랐으니 동쪽을 좋아하지 않을 것이므로 마땅히 이사를 가고 싶어 할 것이고, 땅과 집을 하사받을 수 있을 것이니 두 사람 모두에게 좋을 것이다."

탕은 내심 그것이 좋겠다고 여겨 곧바로 봉사(封事)를 올려 말했다.

'초릉은 경사(京師)의 땅으로 가장 비옥하기 때문에 하나의 현(縣)을 세울 수가 있습니다. 천하의 백성들이 제릉(諸陵)으로 이주하지 않은 것이 30여 년이나 되니 관동(關東)의 부자들은 더욱더 많아졌고, 그 다수가 좋은 논밭을 구획해 가난한 백성들에게 역사를 시키고 있습니다. 따라서 이들을 초릉으로 이주하게 해 경사를 강화하고 제후들을 약화시키며, 또한 중간층 이하의 사람들의 빈부를 고르게 할 수가 있습니다. 저 탕도 처자와 가족을 데리고 초릉으로 이주해 천하에 모범을 보이겠습니다.'

이에 천자는 그 계책을 따라 과연 창릉(昌陵)의 읍을 일으키고 뒤에 그곳으로 내군국(內郡國)의 백성들을 이주하게 했다. 만년은 스스로 큰소리치기를 3년 만에 완성하겠다고 했으나 뒤에 결국 이루어내지를 못했고, 여러 신하들은 점점 그것의 불편함을 말했다. 유사에 내려 토의하게 하니 모두 이렇게 말했다.

"창릉은 낮은 것을 높이고 흙을 쌓아 산을 만들고 있기 때문에 편방

(便房)[21]을 헤아려볼 때 여전히 평지 위에 있으며,[22] 객토(客土) 중에서는 유명(幽明)의 혼령을 보호하지 않고 밖의 것을 엷게 해 견고하지 않습니다. 졸병과 형도(刑徒)인 공인들은 거만(鉅萬)을 헤아리는데 기름을 태워가며 밤에도 작업을 하기에 이르렀고, 동쪽의 산에서 흙을 캐내 능묘 지역을 채우게 되니 또 곡식과 같은 값입니다. 작업을 시작한 지 몇 년이나 돼 천하가 두루 피곤해하고 있고, 국가도 재정적으로 힘들어 창고가 텅 비었고, 아래로는 백성들에 이르기까지 모두가 힘들어 하고 있습니다. 예전의 능은 원래의 모습을 이용하기 때문에 진짜 흙에 근거를 두고 있고, 형세가 높고 넓은 데 두었고, 근처에는 조상들의 능묘가 있고, 그곳은 전에 또 이미 10년간의 공력을 들인 실마리가 있으니 마땅히 돌아가 옛날의 능(-초릉)을 회복시키고 백성들을 옮기지 않아야 할 것입니다."

상은 이에 조서를 내려 창릉 조성을 중단하도록 했는데 상세한 이야기는 「성제기(成帝紀)」에 실려 있다. 승상과 어시가 창릉 읍 안에 지었던 집들을 없앨 것을 청하니 상주문을 아직 실무자들에게 내려보내지 않았다. 이에 사람들이 탕에게 "저택을 철거하지 않는다면 다시 이주시킬 수 있지 않은가?"라고 묻자 탕이 말했다.

"현관(縣官)은 장차 여러 신하들의 말을 고분고분 들어서 오히려 다시 이주시킬 것이오."

이때 성도후(成都侯) 상(商-왕상)은 새로 대사마 위장군(衛將軍)이 돼

---

21 제사 지내는 사람들이 쉴 수 있도록 만들어놓은 방을 말한다.
22 지대가 낮아 많은 흙을 가져다 부었는데도 여전히 보통 지역의 높이만큼만 됐다는 뜻이다.

정사를 보필했는데 평소 탕과 사이가 좋지 않았다. 상은 탕이 한 이 말을 들고서 탕이 대중을 미혹시켰다며 감옥에 내려 그 죄상을 조사할 것을 건의했다. 탕은 예전에 기도위(騎都尉) 왕망(王莽)을 위해 글을 올려 이렇게 말한 적이 있었다.

'아버지가 일찍 죽었다 해 그만이 홀로 봉해지지 않았으나 어머니 명군(明君)이 황태후를 공손하게 봉양하느라 더욱 노고가 컸으니 마땅히 봉해야 할 것입니다.'

결국 왕망은 신도후(新都侯)가 됐다. 그후에 황태후의 동모제 구삼(苟參)이 수형도위(水衡都尉)로 있다가 죽자 아들 급(伋)이 시중이 됐는데, 삼(參)의 처는 급이 봉해지기를 원해 청탁을 하고 다녔는데, 탕이 그로부터 황금 50근을 받고서 전과 같이 글을 올려주기로 약속했다. 또 홍농(弘農) 태수 장광(張匡)이 100만 전 이상의 뇌물을 받아 교활 부도(不道)한 죄에 걸려들어 조서가 내려와 집에서 신문을 받게 됐는데, 감옥에 내려질까 두려워 사람을 시켜 탕에게 이를 통보했다. 탕은 그를 위해 억울함을 호소해 동월(冬月-처형 시기)을 넘길 수 있게 해주었고, 그 사례로 200만 전을 받는 등 모두가 이런 식이었다. 이런 일들은 사면령이 있기 이전에 있었다. 뒤에 동래군(東萊郡)에서 겨울에 흑룡(黑龍)이 나타나자 어떤 사람이 탕에게 물으니 탕은 이렇게 말했다.

"이것이 이른바 현문(玄門)이 열렸다라고 하는 것이오. 천자가 미행(微行)해 자주 밖으로 나가시는데, 들고 나시는 것이 일정한 시기가 없기 때문에 그래서 용이 제때가 아닌데 나온 것이오."

또 마땅히 다시 사람들을 이주시킬 것이라고 했는데, 이 말을 서로 전한 자가 10여 명이었다. 승상과 어사가 아뢰었다.

"탕이 대중들을 미혹시켜 부도한 짓을 했고, 망령되이 이변을 주상 탓으로 돌렸으니 이는 신하라면 마땅히 입에 담아서는 안 되는 말로 큰 불경(不敬)에 해당합니다."

정위(廷尉) 증수(增壽)가 의견을 내어 말했다.

"부도(不道)란 바른 법을 무시하는 것이고 범한 것의 경중에 따라 죄를 가려야 하는 것이지만 신하가 그것을 이어받아 판결을 하더라도 중정(中正)을 잃는 것이 되니, 옥사를 정위로 넘기고 아무런 친연 관계가 없는 사람이 먼저 보고한 다음에 천자께 보고드리는 것이 형벌을 바로 하고 인명을 중하게 여기는 방법이 될 것입니다. 밝은 군주는 백성들을 불쌍히 여겨 제서(制書)를 내리시어 창릉의 조성을 중단하고 백성들을 옮기지 않는다고 이미 선포하신 바 있습니다. 탕은 망령되이 의도적으로 서로 말하면서 다시 이주할 것이라고 말을 하기는 했으니 설사 자못 놀라는 일이 있기는 했지만 그것이 유포된 바는 적었고, 백성들도 소동을 일으키지 않았다는 점에서 대중을 미혹했다고 할 수는 없을 것입니다. 탕이 말을 지어서 하고 있을 수 없는 일을 헛되이 말한 것은 신하로서 해서는 안 되는 것이니 이는 큰 불경입니다."

제(制)하여 말했다.

'정위 증수가 마땅히 옳다. 탕은 예전에 질지선우를 토벌한 공로가 있으니 이에 탕을 면직시켜 서인으로 삼고 변방으로 유배를 보내도록 하라.'

또 말했다.

'진(前) 장작대장 만년은 망령되고 불충해 망령되이 헛소리를 지어냈고 많은 세금을 허비케 했으며, 노역을 번거롭게 해 백성들을 힘들게 해 졸도(卒徒)들이 죄를 짓게 만들고, 그로 인해 죽는 자들이 이어지게 해 많은 백성들에게 큰 해독을 끼쳐 나라 안에 원망이 들끓게 했다. 비록 사면령을 입었다고는 하나 경사(京師)에 살게 해서는 안 될 것이다.'

이에 탕과 만년은 둘 다 돈황으로 유배를 갔다.

시간이 흘러 돈황태수가 글을 올려 '탕은 전에 몸소 질지선우를 주살하고 그 위엄이 외국에까지 널리 미쳤으니 탕을 변방 요새에 두는 것은 마땅치 않습니다'라고 하자 조서를 내려 탕을 안정군(安定郡)으로 옮겼다. 이에 의랑(議郞) 경육(耿育)이 글을 올려 일처리의 마땅함을 말하면서 탕의 억울한 사정을 말했다.

'연수(延壽)와 탕은 빼어난 한나라[聖漢]를 위해 깊은 곳에 숨어 있는 이치를 갈고리로 끌어올려 먼 곳에까지 이르는 계책[鉤深致遠][23]으로 나라의 위엄을 끌어올리고, 나라에 여러 해 동안 쌓였던 수치를 설욕하고 외진 곳에서 제 마음대로 하는 왕(-질지)을 토벌하고 1만 리 밖에 있어 통제하기 힘들던 오랑캐를 깨뜨렸으니 무엇으로 여기에 비하겠습니까! 선제(先帝)께서는 이를 아름다이 여겨 마침내 조서를 내리시어 그들의 공로를 선명하게 드러내셨고, 연호를 바꿔[24] 새로운 역법을 시행했으니 이는 끝없이 전해질 것입니다. 이에 호응해 남군(南郡)에서는 흰 호랑이를 바쳤고 변경에서는 더 이상 경비가 사라졌습니다. 그때 마침 선제께서는 병으로 누우

---

23 『주역(周易)』「계사전(繫辭傳)」에 나오는 말로 심모원려(深謀遠慮)와 같은 뜻이다.

24 연호를 경녕(竟寧)으로 바꿨는데, 그 뜻은 국경을 안정시켰다는 뜻이다.

셨지만 오히려 드리운 뜻을 잊지 않으시고 여러 차례에 걸쳐 상서(尙書)로 하여금 승상을 질책케 해 그들의 공적을 세워 일으키셨습니다. 오직 승상 광형만이 그들을 배척해 인정치 않는 가운데 연수와 탕에게 겨우 수백 호를 봉해주셨으니, 이는 공신과 전사에게는 희망을 잃게 만드는 조치였습니다.

효성황제께서는 국가대업의 바탕을 이으시고 오랑캐 정벌의 위엄에 올라타시어 군대를 움직이지 않아도 나라는 무사했지만, 대신이 간사한 쪽으로 기울어 참소하고 아첨하는 무리들이 조정에 있게 돼, 일찍이 본말이 전도됨으로 인한 어려움[本末之難]을 생각함으로써 일이 일어나기 전에 막아야 하는 경계를 하지 않은 채, 오로지 임금의 권위만 강조하면서 이미 나라에 공이 있는 사람을 배척하고 질시해[排妬] 탕을 고립시켜서 억울한 죄를 덮어씌워 감옥에 집어넣었습니다. (그래서) 탕은 스스로 해명을 하지 못한 채 결국 아무 죄도 없이 늙은 몸으로 돈황에 내비려졌는데, 마침 그곳은 서역으로 통하는 길목이라 위엄과 명성이 높은 섭외사신[折衝之臣]들이 오가며 하는 말들이 그의 죄를 더하게 해, 다시 질지의 잔당들에게 웃음거리가 되게 만들었으니 참으로 슬플 뿐입니다.

지금까지 저 밖의 오랑캐들에게 사명을 받든 자들 중에서 일찍이 질지를 주살해 한나라의 국위를 높이자는 말을 했던 사람은 없었습니다. 무릇 다른 사람의 공을 끌어들여 적을 두렵게 하고, 다른 사람의 몸을 버려 참소를 관철하니 어찌 애통하지 않겠습니까? 또 평안할 때 위급함을 잊지 말고 번성할 때 반드시 쇠퇴함을 깊이 생각해야 한다고 했는데, 지금 나라에는 평소 문제께서 여러 해를 쌓은 절약과 검소로 인해 쌓았던 것과 같은 풍부한 축적이 없고, 또 무제께서 천거해 썼던 용맹하고 걸출한 신하들이 없고 다만 오직 진탕 한 사람뿐입니다. 아마도 다른 세상이 폐하께 미치지 않았더라면[不及]²⁵ 오히려 국가가 그의 공을 추록(追錄)하고, 그의 묘를 봉하고 표창함으로써 후대 사람들을 권면하는 것을 바라보았을 것입니다. 탕은 다행히 그 몸이 빼어난 세상을 만나 공로가 아직 오래되지 않았는데도, 도리어 간사한 신하들이 그를 폄훼하고 내쫓아 멀리 배척해 이리저리 도망이나 다니게 만들었으니 죽더라도 시신을 둬야 할 곳조차 없습니다.

멀리 내다볼 줄 아는 선비라면 이런 것들을 잘 헤아리지 않을 수 없을 터이니 탕의 공적은 여러 세대에 걸쳐서도 쉽게 이룰 수 없는 것인데 반해, 탕의 잘못이란 사람이라면 누구나 갖고 있는 것이니 탕에게 계속 이와 같이 할 경우에는 지금부터 다시 근육과 뼈대가 부서지고 몸과 뼈가 산과 들에 다 드러나게 된다 해도 오히려 또다시 혀나 나불거리는 무리들에게 제재를 당하고 질시하는 신하들에게 포로가 될 것입니다. 이것이 신이 나라를 위해 심히 걱정하는 까닭입니다.'

글이 올라가자 천자는 탕을 돌아오게 해주었고 장안에서 졸했다.

그가 죽은 후 여러 해가 지나 왕망이 안한공(安漢公)이 돼 정권을 쥐자 이미 마음속으로 탕에게 입은 옛 은혜에 감사하고 있었고, 또 황태후에게

---

25 상당히 묘한 표현인데 원래의 문장을 살려 옮겼다. 다른 세상이란 곧 애제(哀帝)의 시대를 말한다. 즉, 이 말은 '애제가 계속 살아 성제에게 황위가 전해지지 않았더라면'이라는 뜻이다. 좀 더 줄여 말하면 '애제의 시대였다면'이라는 뜻이 된다.

아첨을 하고자 질지를 토벌한 공을 들어 원제(元帝)의 묘호를 높여 고종(高宗)이라고 칭했다. 또 탕과 연수는 그들이 전에 세운 공로에 비해 상이 엷고 또 후승(候丞) 두훈(杜勳)은 상을 받지도 못했기 때문에, 이에 연수의 손자 천(遷)에게는 1,600호를 익봉(益封)해주었고, 탕은 추시(追諡)해 파호장후(破胡壯侯)라고 했으며, 탕의 아들 풍(馮)을 봉해 파호후(破胡侯)로 삼았고, 훈(勳)은 토적후(討狄侯)로 삼았다.

단회종(段會宗)은 자(字)가 자송(子松)으로 천수(天水) 상규(上邽) 사람이다. 경녕(竟寧) 연간에 두릉(杜陵)현령으로서 오부(五府-승상, 어사대부, 거기장군, 대장군, 우장군)의 천거를 받아 서역도호(西域都護) 기도위 광록대부가 됐고, 서역 사람들은 그의 위신을 존경했다. 3년의 임기를 다 마치고 돌아오자 제배해 패군(沛郡) 태수로 삼았다. 선우(單于)가 내조하게 되자 안문(雁門) 태수로 자리를 옮겼다. 몇 년 후에 법에 걸려 면직됐다. 서역의 여러 나라들이 글을 올려 회종의 복직을 청하나 양삭(陽朔) 연간 중에 다시 도호로 삼았다.

회종(會宗)은 사람됨이 큰 절의[大節]를 좋아하고, 공명(功名)을 자랑스러워했으며, 곡영(谷永)과 서로 사이가 좋았다. 곡영은 그가 나이가 들어 다시 먼 곳으로 가게 된 것을 가슴 아파해 편지를 보내 경계하는 말을 전했다.

'족하께서 먼 나라들을 회유하는[柔遠] 아름다운 다움이 있어 다시 도호의 중직을 맡게 됐다니 참으로 아름답구려! 아름답구려! 그대의 재능이라면 도성에서도 얼마든지 공경이나 재상의 자리를 맡을 수 있건만 어찌 반드시 곤륜산에 공적을 새기고 온갖 오랑캐를 통솔하며, 풍습이 다른 이민족을 회유해야 할 필요까지 있는 것이겠소. 그대의 깊은 생각이야 이 어리석은 자가 알기나 하겠소. 그럼에도 불구하고 붕우로서 멀리 길 떠나는 벗에게 한 마디라도 주어 감히 내 속마음을 숨기지 않겠소이다. 바야흐로 지금은 한나라의 다움이 성대해 먼 나라들이 다 와서 빈복(賓服)하고, 부개자, 정길, 감연수, 진탕의 공적은 한 생애에서 다시 볼 수 없는 것들이지만, 바라건대 우리네는 옛 관습에 구애돼 특별한 공로를 세우려 하지 말고 임기를 마치고 잘 돌아와주오. 그 또한 충분히 안문(雁門)의 불운[踦]기을 보충할 수 있을 것이오. 만 리 밖에서는 몸이 가장 중요하다고 여겨주시오. 바라건대 이 어리석은 말을 깊이 헤아려 생각해주오.'

회종은 이미 출발했다. 여러 나라들에서 (왕들은) 자제를 보내 교외에서 맞이했다. 소곤미(小昆彌)[26] 안일(安日)은 예전에 회종에 의해 세워졌기 때문에 그 은혜를 고맙게 여겨[德] 가서 알현하고자 했으나, 여러 흡후(翕侯-군사령관)들이 말려 뜻을 이루지 못했고 드디어 구자에 이르러 알현했다. 성곽의 여러 나라들은 직접 와서 귀순했다. 강거(康居)태자 보소닉(保蘇匿)이 무리 1만여 명을 이끌고 투항하려 하자 회종은 그 상황을 아뢰었고, 한나라(조정)에서는 위사마(衛司馬)를 보내 길에서 맞이했다. 회종은 무기(戊己)교위의 병사들을 발동해 사마를 따라가서 항복을 받았다. 사마가 그 무리가 많은데 두려움을 느껴 영을 내려 투항자 전원을 묶으려 하

---

26 곤미는 오손왕국의 수장에게 붙이는 칭호다. 오손이 두 개로 나눠졌기 때문에 대곤미와 소곤미가 있었다.

자 보소닉은 원망하는 마음을 품어 무리를 이끌고 달아나버렸다. 회종이 임기를 마치고 돌아왔는데, 이때 자기 마음대로 무기교위의 병사들을 발동하는 절차를 제대로 밟지 않았다 해 죄를 입었지만, (천자는) 조서를 내려 속(贖)하는 것으로 대신할 것을 명했다. 제배해 금성(金城)태수로 삼았는데 병으로 면직됐다.

1년여가 지나 소곤미가 자기 나라 백성들에게 살해되자 여러 흡후들은 크게 혼란에 빠졌다. (이에 금성태수로 나가 있던) 회종을 불러 좌조(左曹) 중랑장 광록대부로 삼아 오손을 어루만져 회유하게 하고[安集, 안집], 소곤미의 형 말진장(末振將)을 세워 그 나라를 안정시키고 돌아왔다.

이듬해 말진장이 대곤미를 죽였는데 마침 병으로 죽자 한나라는 한스러웠지만 (말진장에게) 주벌을 가할 수가 없었다. 원연(元延) 연간에 다시 회종을 보내 무기(戊己)교위의 여러 나라들의 병력을 징발해 곧바로 말진장의 태지 반구(番丘)를 주살했다. (그에 앞서) 회종은 대군이 오손에 들어가면 반구를 놀라게 해 그가 도망쳐버려 잡을 수 없을까 걱정해서 바로 발동한 군사를 점루(墊婁)의 땅에 머물게 하고서, 정예 쇠뇌병 30명을 뽑아 지름길로 곤미가 있는 곳에 가서 반구를 불러 "말진장은 골육끼리 서로 죽이고 한나라 공주의 자손을 죽였으나 끝내 한나라의 주벌을 받고서 죽지 않았으니 사자가 조서를 받아와서 반구를 주살하고자 한다"고 꾸짖고서 직접 칼로 반구를 쳐서 죽였다. 관속(官屬) 이하가 놀라고 두려워해 말을 내달려 돌아갔다.

소곤미 오이미(烏犁靡)라는 자는 말진장의 형의 아들인데 군사 수천 기병을 거느리고 회종을 포위하니 회종은 자신이 와서 반구를 주살한 뜻을 말했다.

"지금 나를 에워싸서 지키며 죽인다면 마치 한나라의 소 털 하나를 차지하는 것과 같을 것이다. 완왕(宛王)과 질지(郅支)의 머리가 고가(槀街)에 걸렸었다는 것은 오손에서도 아는 바일 것이다."

곤미 이하는 승복하면서 이렇게 말했다.

"말진장이 한나라에 죄를 지어 그 아들을 주살한 것은 그렇다 쳐도 오직 나에게만 알려주고 그로 하여금 마시고 먹게 할 수도 없었단 말인가?"

회종이 말했다.

"곤미에게 미리 알려 그가 도망쳐 숨게 했다면 큰 죄가 된다. 곧바로 마시고 먹게 해 나에게 보냈다면 골육 간의 은혜를 다치게 했을 것이다.[27] 그래서 미리 고하지 않았던 것이다."

곤미 이하는 크게 울면서 포위를 풀고 갔다. 회종이 돌아와 일을 아뢰자 공경들은 토의해, 회종이 잘 판단해 일의 마땅함을 얻어 가벼운 무장을 한 병력을 이끌고서 오손 깊숙이 들어가 즉각 반구를 주살하고 나라의 위신을 선명하게 떨쳤으니 마땅히 큰 상을 더해주어야 한다고 의견을 모았다. 천자는 회종에게 관내후의 작위를 내려주고 황금 100근을 하사했다.

이때 소곤미의 막내 삼촌 비원치(卑爰疐)는 무리를 거느리고서 곤미를 해치려 하니 한나라에서는 다시 회종을 보내 안집(安集)하게 했고, 도호

---

27 안이미는 안일의 아들이고, 말진장은 안일의 동생이며, 죽은 반구는 말진장의 아들이므로 안이미는 죽은 반구와 사촌 간이다. 이렇게 되면 골육인 사촌을 죽인 사람에게 넘겨주는 셈이 된다.

손건(孫建)과 함께 힘을 합쳤다. 이듬해 회종이 오손 안에서 병이 나서 죽으니 나이 75세였는데, 성곽의 여러 나라들은 그를 위해 발상(發喪)하고 사당을 세웠다.

찬(贊)하여 말했다.

"원수(元狩) 연간 때 장건(張騫)이 처음으로 서역과 통한 이래 지절(地節) 연간에 이르러 정길(鄭吉)이 도호(都護)라는 명칭을 세우고, 왕망(王莽) 때에 이르기까지 (도호는) 모두 18명이며, 전부 용맹과 지략을 기준으로 뽑았으나 그중에서 공적이 있는 사람만 이 편에 갖춰놓았다. 염포(廉褒)는 은혜와 신의로 칭송을 들었고, 곽순(郭舜)은 청렴함과 공평함[廉平]으로 두드러졌으며, 손건(孫建)은 위엄을 통해 뛰어남을 드러냈지만 그 나머지는 이렇다 할 것이 없다. 진탕(陳湯)은 이렇다 할 행검(行檢)이 없고, 스스로를 제대로 다삽시 못하나가 끝내 곤란한 지경에 빠졌는데, 의견을 내는 자[議者]들이 그를 불쌍하게 여겼기에 그 점을 감안해 열전에 포함시켰다."

KI신서 9070

완역 한서 ❼ 열전列傳 3

1판 1쇄 인쇄 2020년 4월 3일
1판 1쇄 발행 2020년 4월 17일

지은이 반고
옮긴이 이한우
펴낸이 김영곤
펴낸곳 (주)북이십일 21세기북스

출판사업본부장 정지은 **서가명강팀장** 장보라
서가명강팀 강지은 안형욱
서가명강사업팀 엄재욱 이정인 나은경 이다솔
교정 및 진행 양은하 **디자인 표지** 김승일 **본문** 김정자
영업본부이사 안형태 **영업본부장** 한충희 **출판영업팀** 김수현 오서영 최명열
마케팅팀 배상현 김윤희 이현진
제작팀 이영민 권경민

출판등록 2000년 5월 6일 제406-2003-061호
주소 (10881) 경기도 파주시 회동길 201(문발동)
대표전화 031-955-2100 **팩스** 031-955-2151 **이메일** book21@book21.co.kr

(주)북이십일 경계를 허무는 콘텐츠 리더
21세기북스 채널에서 도서 정보와 다양한 영상자료, 이벤트를 만나세요!
페이스북 facebook.com/jiinpill21 **포스트** post.naver.com/21c_editors
인스타그램 instagram.com/jiinpill21 **홈페이지** www.book21.com
유튜브 youtube.com/book21pub
서울대 가지 않아도 들을 수 있는 명강의! 〈서가명강〉
유튜브, 네이버 오디오클립, 팟빵, 팟캐스트, AI 스피커에서 '서가명강'을 검색해보세요!

ⓒ 이한우, 2020

ISBN 978-89-509-8752-7 04900
  978-89-509-8756-5 (세트)

- 책값은 뒤표지에 있습니다.
- 이 책 내용의 일부 또는 전부를 재사용하려면 반드시 (주)북이십일의 동의를 얻어야 합니다.
- 잘못 만들어진 책은 구입하신 서점에서 교환해드립니다.